陶铸在广东

中共广东省委党史研究室 编

中共党史出版社

图书在版编目（CIP）数据

陶铸在广东 / 中共广东省委党史研究室编 . -- 北京：中共党史出版社，2023.9

ISBN 978-7-5098-6307-7

Ⅰ . ①陶… Ⅱ . ①中… Ⅲ . ①陶铸（1908-1969）—生平事迹 Ⅳ . ① K827=7

中国国家版本馆 CIP 数据核字（2023）第 083450 号

书　　名：陶铸在广东
作　　者：中共广东省委党史研究室

出版发行：中共党史出版社
责任编辑：赵雨　安胡刚（特约）
责任校对：申宁
责任印制：段文超
社　　址：北京市海淀区芙蓉里南街 6 号院 1 号楼　邮编：100080
网　　址：www.dscbs.com
经　　销：新华书店
印　　刷：保定市中画美凯印刷有限公司
开　　本：720mm × 1000mm　1/16
字　　数：490 千字
印　　张：34　16 面插页
版　　次：2023 年 9 月第 1 版
印　　次：2023 年 9 月第 1 次印刷
书　　号：ISBN 978-7-5098-6307-7
定　　价：88.00 元

此书如有印装质量问题，请联系中共党史出版社读者服务部 电话：010-83072535
版权所有 • 侵权必究

编 委 会

主　任　易　立
副主任　梁向阳　刘　敏　胡　耿

主　编　胡　耿
副主编　陈宪宇　秦华忆

陶铸（1908—1969）

陶铸在广东工作时期的照片

1954年6月30日，周恩来（中）一行从日内瓦回国，陶铸（左）等到广州机场迎接

1954年11月，刘少奇（左四）、周恩来（左二）、罗瑞卿（左三）、陶铸（左一）在广东省视察胡椒园

1955年1月31日，陶铸（左）在广东省人大一届二次会议上签到

1956年1月30日，陶铸（左二）出席广州市10万人在越秀山体育场庆祝社会主义改造胜利联欢大会

1956年5月21日，毛泽东（右三）到广州市岭南文物宫参观广东水产展览馆，陶铸（右二）陪同

1956年5月29日，毛泽东参观广州造纸厂，陶铸陪同

1957 年 4 月，刘少奇在广州观看粤剧演出，陶铸（右二）陪同，并与演员们合影

1958 年 1 月 24 日，毛泽东在广州中山纪念堂接见省、市直属机关和军区干部，并观看了文艺演出，陶铸（右二）陪同

1958 年 4 月 30 日，毛泽东视察广州市郊的棠下农业社时与群众一起欢度“五一”国际劳动节，陶铸陪同

1958 年夏，陶铸在广州白云山省委干部农场的高产试验田劳动

1958年7月，陶铸在澄海县冠山高级农业生产合作社参加劳动，休息时与农民亲切交谈

1958年秋，陶铸在广州市清平街视察时参加清理淤泥劳动

1959 年 1 月，陶铸与陈郁前去从化看望周恩来和邓颖超到广州治病和疗养

1959 年 1 月，陶铸在东莞调研时与中山大学中文系师生座谈

1959 年春，陶铸参加修整广州东湖的劳动

1959 年 2 月，陶铸向广东省农业先进单位授旗

1960 年 2 月 4 日，邓小平等视察江门新会农业机械厂，陶铸陪同

1960 年 2 月 5 日，邓小平等参观佛山市卫生街道，陶铸陪同

1960 年，毛泽东在省委小岛一号楼接见陶铸

1961 年 3 月，毛泽东（右五）、彭真（右六）在广州讨论“农业六十条”时与陶铸（左）等合影

1963 年 12 月 6 日，陶铸陪同周恩来、张治中参观黄埔军校旧址

1963 年 12 月 9 日，陶铸陪同周恩来在中山纪念堂观看粤剧

1964年2月25日，陶铸陪同贺龙、徐向前、聂荣臻、叶剑英、罗瑞卿接见广州部队几个会议的代表

1964年春，陶铸与王匡一起接见文艺界人士

1964 年 9 月，陶铸到花县花山公社新和大队蹲点，与当地农民一起座谈

1965 年春节，朱德（左六）、董必武（左八）、贺龙（左十）、徐向前（左二）、聂荣臻（左四）、陶铸等在广州

1965 年 2 月 9 日，陶铸参加在越秀山体育场举行的广州 3 万多贫下中农代表誓师集会，掀起农业生产新高潮的大会

1965 年 6 月 5 日，陶铸接见出席广东省贫下中农代表和农业先进单位代表会议的代表，并与代表们合影

1965 年 8 月 21 日，陶铸到中山大学参加广州青年和日本青年的友好联欢活动

1966 年春，陶铸（左四）与王匡、张汉青、马恩成、白云起在从化

目　录

一、工作概述

陶铸（1908—1969），又名陶际华，号剑寒，化名陶磊。湖南祁阳县人。陶铸同志是中国共产党的优秀党员，坚定的马克思主义者，久经考验的无产阶级革命家，忠诚的共产主义战士，党和军队卓越的政治工作者，党和国家的优秀领导人。新中国成立后，陶铸在中共中央中南局担任领导工作，1951 年 2 月任中共广西省委代理书记，主持广西剿匪工作。随后，陶铸奉调广州，于 1951 年 11 月出任直接领导广东省工作的中共中央华南分局第四书记。从那以后直至 1966 年离开，陶铸长期在广东担任中共广东省委第一书记、中共中央中南局第一书记等领导职务，历时 15 年之久，为包括广东在内的中南地区的社会主义革命和建设事业倾注了大量心血，作出了重要贡献。

（一）建设广州，重新塑造祖国的南大门

广州作为广东的省会，解放初却是城市破败，千疮百孔。陶铸十分关心广州的建设，亲自找当时的广州市委书记王德说："广州是大革命的发源地，是祖国的南大门，我们要抓紧时间，把广州建设好，让海外归侨一踏进南大门，就看到解放后的新中国的新气象。"

解放初期，国家和地方的财政经济都很困难，对广州市的整治工作也因经费问题进展迟缓，群众对市容改变不大颇有意见。对此，陶铸内疚地说："这是对我们共产党的批评啊！"市容建设意义大，困难更大。但陶铸认准是该办的事，有再大的困难，他都会挺身而出。1953 年 5 月，陶铸兼任广东省人民政府代主席，他亲自与省市其他领导研究广州的建设规划，提出具体意见。市郊黄埔公路的改建，广州至从化温泉公路铺沥青，还有东风路的修筑、中山八路的扩建，以及白云山风景区的设置，

海珠广场的美化和市区几个公园人工湖的修浚工作，都是在陶铸的具体设想和指导下完成的。

解放初期的广州，称得上是公园的仅有一个中山公园。陶铸积极带头并发动机关干部义务劳动，改造臭水沟、沼泽地，挖淤泥，建人工湖，接连在广州市内建成有山有水的七个公园，著名的麓湖、东山湖、流花湖、荔湾湖，就是他精心组织设计出来的。麓湖原是荒山环绕、杂草丛生的一片洼地。每当雨季，泛滥成灾，街道、农田被淹，给人民生命财产造成损失。陶铸于 1958 年亲自发动群众，经两个多月的苦战，把麓湖建成了一个美丽的人工湖。东山湖本是污秽不堪的一片臭涌，是严重的蚊蝇孳生地。陶铸十分关心东山湖的建造，亲自指定专人负责这项工程。经一年多努力，东山湖建成开放，成为具“东湖春晓”美称的一景。流花湖一带原是牛皮寮，臭得行人掩鼻而过。在陶铸关怀下也建成了秀丽的人工湖。荔湾湖原是一个个污水塘及一片片西洋菜地，每遇洪水季节即成水患。陶铸和广州市人民委员会动员人民义务劳动，经一年多艰苦劳动，建成既美丽，又能防洪、蓄洪的人工湖，“水浸西关”的水灾从此绝迹。

珠江两岸的整顿改造和建设，就是在他亲自关怀督促下完成的。珠江北岸原是布满零乱不齐的大、小码头及影响市容的破烂建筑。在珠江沿岸的改造中，有不少房子要拆迁，陶铸顶住了各种阻力，坚决支持改建方案。整顿工作从 1964 年初开始，经一年时间完成。珠江南岸原是一些修造小船艇店户、竹木业和铁器小手工业户、货仓堆栈转运临时竹木码头等，还有不少“水上人家”的临时性竹木房子。他亲自找设计人员共同研究改造，分批分期为“水上人家”建造新的住宅，使其“居有其室”，从此结束了广州珠江两岸的渔民、船工长年在风雨中飘摇的苦难生活史。珠江两岸改造成为美观畅通的长廊，给广州市增添了风采，真正成了名副其实的美丽的珠江。人们高兴地说：“一江流水增风采，两岸游人尽欢腾。”

著名的广州华南植物园，就是他一手规划指导建成的。1958 年，华南植物园开始建设，陶铸提出“科学的内容，公园的外貌”的建园指示，多次审阅建园规划，每年都亲自到华南植物园检查督促建园进展，及时解决了资金、劳力、领导干部调配等问题。他还对华南植物园建设提出设绿肥区、果树区、竹类区、油料植物区、棕榈植物区、观赏植物区、孑遗植物区、经济植物区以及苗圃、药圃、兰圃、花圃八区四圃的设想，得到华南植物园科学家的赞赏，并予以实施。

广州的每一项市容建设，都倾注了陶铸的心血。他常说，广州是祖国的南大门，把市政建设搞好了，对生产对人民的生活有利，在政治上、经济上均有重大意义。

（二）因地制宜，提出把全省工作重点放在农村

解放前的广东省，粮食一直不能自给。解放后的最初几年，广东每年要从外省调进粮食。1952 年国民经济恢复时期结束后，陶铸从广东的实际情况出发，坚决地提出把全省的工作重点放在农村。他以亲身在农村深入调查研究的第一手材料，写出了《广东省第一个五年计划以农业为重点的依据》的专题报告。1955 年 9 月，他在中共广东省第二次代表会议上要求省、地、县委都要全力以赴地把农业生产搞好。坚定地提出把全省工作的重点放在农村，充分体现了陶铸的远见卓识。

为了发展农业，陶铸十分重视水利建设。从 1954 年开始，他领导全省人民掀起了兴修水利的热潮。当时广东水利条件不好，每年种植水稻面积 3000 多万亩，真正有水利设施灌溉的仅 900 多万亩，所以大部分地区是种一季稻。开始修建水利工程主要是筑堤防洪，在珠江三角洲，将许多单薄低矮的堤围，实行联围筑闸，塞支强干，加高培厚，兴修了一些大围大堤以及引水、蓄水的工程。随着生产的发展，规模不断扩大，转向修建大、中型水库工程。全省有名的水利、水电工程，如雷州半岛的青年运河、防风林、阳江海陵大堤以及流溪河水电站、新丰江水电站、高州水库、汤溪水库、深圳水库及东江引水工程等，都是陶铸亲自决定的。全省起关键性作用的大型水利工程，如 24 座蓄水 1 亿立方以上的水库，座座留下了他考察的足迹。由于省委和陶铸的重视，以及水利干部

和人民群众的共同努力，水利工程建设不但进展快，而且建得扎实，没有一个报废的，有不少工程投资少，质量高，效益大。像新丰江水库装机容量 28 万千瓦，只投资了 2 亿元。到 1965 年，全省 80% 以上农田都有了灌溉设备，再没有发生过像 1955 年那样的全省性大旱和 1959 年东江那样大的洪涝灾害，而且开始了东江、宁江、流溪河、锦江等江河的流域治理。

陶铸特别重视农业科学研究，在培育良种、发展经济作物等方面下了很大功夫。他曾经多次去省农科院、华南农学院、林科所、植物研究所、海南热带作物研究院看望科技研究员，关心和询问他们的工作和生活情况，帮助解决困难，对他们工作予以充分肯定和支持。1959 年，广东省农科院培育出“广场矮”“珍珠矮”等矮秆高产良种，秆矮粗壮，每亩多施几十斤化肥，刮八九级大风也不会倒伏了，因此每亩单产可以达到七八百斤，甚至 1000 斤，矮秆良种的育成是革命性的大突破。陶铸非常高兴，对农业科学家黄季芳、黄耀祥和农民育种家洪群英等同志都给予了很大的表扬和鼓励，对全省农业科研工作是很大的推动。在以粮食生产为主的同时，陶铸还提出，要充分利用广东的独特自然条件，积极地大量发展经济作物，他非常关心发展海南、湛江的橡胶事业，对发展广东的甘蔗、蚕桑、黄麻、咖啡、胡椒等热带、亚热带经济作物和柑橘、香蕉、菠萝、荔枝等岭南名果也花费了许多心血。

在以陶铸为首的省委的正确决策下，广东省农业得到迅速发展。到 1965 年，广东省粮食不但可以自给自足，改变了多年来吃粮靠外调的局面，而且每年还上调国家商品粮 10 亿多斤，蔗糖、黄麻、畜牧、生猪、水产品的产量也都有显著增长。

（三）组织生产，奠定建设新广东的工业基础

解放初期，广东工业基础十分薄弱，特别是重工业几乎是空白，而广

东又处在国防前线，国家基本上不在广东安排重大工业建设项目。陶铸从大局出发，根据广东实际，强调充分利用、发挥资源优势和人才优势，自力更生，艰苦创业，发展工业。他说："只要有三四年时间不打仗，我们就可以把工厂盖起来，并生产出成品，赚回成本，活跃国民经济。"并指示："广州市应该建设成为以轻工业为主，又有一定重工业和交通运输业的城市。"他坚持认为：广州市的工业建设应以轻工业为主，但决不能仅仅满足于只有轻工业。为此，他决定扩建广州重型机器厂，新建广州氮肥厂、广州钢铁厂等一批重工业工厂。扩建广州重型机器厂要生产大型的设备，需要有 2000 吨以上的水压机，这种机器当时全国只有三台，陶铸亲自向中央有关部门联系，终于给广东调拨来了一台。

陶铸善于利用广东的自然资源和华侨优势。他十分关注海南岛丰厚的天然橡胶资源，到广东的第二年，就向中财委建议，在广州设立天然橡胶研究院，立即得到陈云同志的同意。广东是甘蔗的主要产区，也应该是生产食糖的主要基地，但当时全广东省只有两个小糖厂。一个是华侨糖厂，一个是顺德糖厂。1954 年 1 月 10 日，陶铸从广东的地理气候优势出发，亲拟电稿请示中央，要求中央农村工作部批准广东扩大种蔗面积 50 万亩，并希望计委投资在广东再新建两个糖厂。他在给中央的报告中提出：这个计划实现到 1955 年底，广东省每年就可以外调食糖 40 万吨。当年陶铸发展广东食糖的决策，为今天广东制糖工业的大发展奠定了基础。他还积极争取华侨对广州工业的支持，经过多方努力，组织华侨投资公司筹资新建了一些工厂，如华侨糖厂和公私合营绢麻纺织厂等。

陶铸还千方百计组织力量进行重点企业建设。在国民经济的恢复时期，陶铸从实际出发，连续几年，在全省以县为单位，大抓"五小"工业（小五金、化肥、水泥、电力、水利），并大小结合，把广州原来仅有的几十个人的小型纺织加工厂，扩建成三个大的纺织厂。他还亲自给中央写报告，批准在广州建设一个造纸厂。

陶铸在经济调整中坚持实事求是、对人民负责。20 世纪 60 年代初，中央提出了"调整、巩固、充实、提高"的八字方针，决定对国民经济实行调整。广州市在"大跃进"期间新办的一批轻工企业，如自行车厂、照相机厂、手表厂、油脂化工厂和保温瓶厂面临“撤留”问题。一种意见认为：自行车厂亏本，照相机需求率不高，手表厂应搬出广东。另一种意见则认为：这几个产品都有长远发展潜力，应当保留并积极发展。陶铸则亲自到各个企业实地调查，了解情况，听取老工人的意见综合进行考虑，最后决定：留下。他说：“大跃进教训的根本点，就是坚持毛主席实事求是的思想作风，不能听到风，就是雨，一哄而上，一哄而下，这个亏我们吃够了。”“发展轻工业的方针不能丢，好不容易建起来的几个轻工业骨干工厂不能砍”。今天，这批企业已经发展成为广州市重要的轻工企业了。

在他和省委一班人领导下，到 1958 年，广东的钢铁、造船、机械制造、化肥、化工、轻工业等工业项目都逐步发展起来，为新广东的经济建设奠定了重要的基础。

（四）重视统战，善于发挥各方人才的作用

在主政广东期间，陶铸十分重视做好对各界人士的统战工作。他在党内许多会议上反复讲：广东这个省份资本主义发展较早，又是孙中山的故乡，是民主革命和国共合作的发源地，民主人士多，老朋友多，港澳同胞 90% 以上是广东人，广东的统战工作做得好，对海外影响很大。

他在主持广东工作期间，每年至少有两三次同党外知名人士举行座谈会，向他们通报党和国家以及全省的重大事件、大政方针、工作任务，并征求他们的意见，对港澳同胞的上层人士也如此。对一些意见，往往马上作出答复或要求有关部门查处。民主党派和人民团体的负责同志会后往往把陶铸的讲话（除限制传达范围的以外）向各自的成员传达。所以民主党派成员和工商界人士至今对此念念不忘，说陶铸在广东时好像和我们相处很近，隔不多久就可以听到陶铸的声音。20 世纪 60 年代初，陶铸还约请中南五省和港澳的文化艺术界人士到从化温泉举行报告会、

座谈会、联欢会，还让人陪他们到各地去参观游览。1965 年，陶铸指示在广州举办了一次中南戏剧会演，他和中南地区的文化艺术界人士在白云山举行了座谈会，在交流意见中谈笑风生，中南各省的文化艺术界人士都感到中南局的领导对他们十分关怀、十分亲切。陶铸就是这样主动接近党外人士，广交朋友，做好统战工作的。

对党外人士的工作安排和政治安排，是一项特别需要慎重对待的工作，抓好这方面的工作，有利于加强团结，安定情绪，调动积极性。毫无疑问，陶铸在这方面干得特别有胆有识。在他亲自安排下，先后有 8 位党外人士担任了副省长，10 位担任省政府正厅局长，31 位担任过副厅局长。许多有代表性的民主人士如李章达、陈汝棠、蚁美厚等，都和陶铸交谊至深。他不仅重视党外人士的安排，还要求省、市统战部门要使担任实职的党外人士做到有职有权。对签发公文、主持和参加会议以及看文件等方面作出规定并检查其执行情况，以利于发挥党外人士的积极性。

陶铸十分重视知识，重视人才，爱护知识分子。在广东，陶铸有一大批高级知识分子的朋友，一些知名教授、专家、学者诸如陈寅恪、陈耀真、毛文书、杜国庠、浦蛰龙等，都是他的知交。他经常亲自登门求教，促膝谈心，倾听意见和要求。举凡他们的学术研究、职务安排、政治待遇以及生活上的住房、坐车、医疗等问题，陶铸都不时过问，亲自督促落实。中山大学教授陈寅恪是非常有名的爱国历史学家，陶铸对他关心最多。因他经济困难，眼睛不好，不便看报，就送给他一部质量很好的收音机。以后年岁更大了，研究学问需要助手，又请中大给他配了助手。知道他喜欢京剧又不能出来看戏，派京剧团去中大为老教授们专场演出。红线女是粤港地区粤剧界知名演员，1955 年她从香港回到广东，陶铸以省长的名义，专门接见倾谈，欢迎她回来振兴粤剧。她本来是想改行当电影演员的，经陶铸亲自劝说，便毅然继续从事粤剧事业。关山月是知名的岭南派画家，解放初期市场上不易买到好的纸和笔墨，陶铸知道后，利用到北京开会的机会，专门去荣宝斋买宣纸和笔墨回来送给关山月。1961 年，他亲自组织出版《广东名画家选集》。陶铸每年都要接待专家教授座谈两次，还到各校了解师生生活情况、工作和学习条件以及教学科研方面的问题，随时提出改进工作的意见。他还经常约请院校党委书记到他家里商量学校应兴应革的事情，要求校党委负责人要注意改善党同知识分子的关系，团结广大知识分子，办好学校。

陶铸也是党内较早注意正确对待知识分子的领导人之一。早在1955年12月，他就在广东省知识分子工作会议上明确指出，知识分子“发生了根本性的变化”。1961年，他在讲话中公开提出，不要再用“资产阶级知识分子”这个名词了。1962年，在广州召开的全国话剧、歌剧和儿童剧创作座谈会和全国科学工作会议上，陶铸第一个发言，主张给知识分子“脱掉资产阶级的帽子”，“应该叫人民知识分子”。当时参加会议的周恩来、陈毅等中央领导也予以肯定和赞赏，并分别发表了为知识分子“脱帽加冕”的重要讲话，在全国知识界引起极大反响，使广大的广东知识分子深受鼓舞。

（五）亲力亲为，热情关注文化宣传事业

陶铸历来重视文化宣传工作，在革命战争年代，他就亲自抓报纸和文艺，鼓舞士气，团结人民战胜敌人。

如同在戎马倥偬的革命战争年代一样，陶铸在领导广东的工作中十分关注宣传和文化工作，深信“没有文化建设不了社会主义”。

陶铸想要办一张富有趣味性、知识性，与群众生活息息相关、为群众所喜闻乐看的报纸。1957年10月1日，在他的倡议和亲自规划下，创办了《羊城晚报》。他对这张报纸抓得很紧，不管政务如何繁忙，都经常亲自过问。从晚报的办报方针，直到版面、标题、编版、选题及栏目，几乎没有不过问的。为了改进晚报，陶铸还经常到报社和编委们开会研究，有时这种会一直开到深夜。他经常对晚报的编辑记者说：“报纸的文章要短一些。比较长的文章，要加插小标题。版面一定要活泼一些。不要滥

用特大号标题。每个时期和每天的报纸，都要有中心。”他还把兄弟省市出版的一些晚报都铺在地上，他就蹲在地上，对照着来看，边看边议，吸其所长，补己之短，使《羊城晚报》办得特色鲜明。这张晚报，深受广州市民的喜爱，还走出广州市、广东省，一直发行到我国北部边陲黑龙江边的漠河镇。

他亲自倡议创办了《羊城晚报》等群众喜闻乐见的报纸，陶铸对文化事业非常关心。他到广州的第一件事，就是盖起了一座在当时来说是颇具规模的科学馆。他亲自决定筹建珠江电影制片厂，还批准花了成百万港币，从香港进口摄影设备，建筑了现代化的摄影棚，建起了我国华南电影事业中心、电影制片厂等一些重要的文化设施。为关心爱护知识分子，他专门成立“高知”办公室，帮助高级知识分子适当解决副食供应，给予必要的照顾。陶铸还非常重视文化建设和各项社会事业。在他直接关心下问世的《欧阳海之歌》《南海长城》等脍炙人口的小说和戏剧、电影作品，把政治性和艺术性有机结合起来，获得了良好的社会反响。1965年，他领导组织中南地区的戏剧会演，历时一个半月。这次会演有3000多名戏剧工作者参加，先后演出50多个剧目，成为当时文化界的一件盛事，对推动我国文学艺术的繁荣和发展发生了积极的影响。

陶铸还特别重视教育事业的发展，亲自兼任暨南大学校长，带头为学校的建设捐款。每年春秋两季，他坚持与教育工作者见面座谈，并定为制度，戏称为“春秋二祭”。这给许多知识分子以极大的鼓舞，使他们对党和政府感到特别亲切。

（六）注重调研，深入解决广东实际问题

陶铸十分注重调查研究。他常说，我们要想真正把工作做好，不犯错误，就是要到群众中去搞调查研究，凡是不能解决的问题，只有到群众里面去调查研究。调查研究是做到实事求是的唯一方法，是搞好工作

的最根本的方法。他在广东的 15 年里，为了解决广东的一些实际问题，他带头发扬党的优良传统和作风，深入基层到县、乡（公社）甚至大队和生产队调查研究，作风民主，认真倾听下级和群众的不同意见和建议，一年 365 天，除了到中央开会和省里会议及必要的活动外，大部分时间都是到基层（农村、街道、工矿企业、学校、医院等）调研，全省 108 个市县，他去过 105 个县，足迹遍及了南粤大地。在他的影响下，广东的许多干部都逐渐形成自觉深入基层、调查研究的好风尚。

正如陶铸所说，要真正搞好调查研究，必须要真正下去，要下到生产队。他是这样说的，也是这样带头做的。他到基层调研时，不是浮于表面，走马观花，而是一竿子到底，直接到最基层。刚到广东时，为了尽快完成土改工作，他就强调必须要深入到群众中，做到“三同”。他几乎跑遍了全省，多次深入区、乡、村调研，视察、蹲点和参加土改的整队工作，掌握和了解土改的具体情况，还亲自到新会县棠下乡蹲点，检查、督促土改完成情况，就住在一位麻风病人的隔壁。随着农村大变革，陶铸多次深入农村调查研究，了解群众的生产生活，总结群众的实际经验，对农村工作具体指导。不管是到曲江、乐昌等粤北农村调研，还是到粤西、汕头地区调研，都是住在最基层的村子里。如多次到汕头澄海县冠山大队、揭阳棋盘大队调研，每次都是步行入村，访贫问苦，开调查会、座谈会，虚心听取群众意见。为了了解和掌握广东农村开展社会主义教育运动和“四清”运动的实际情况，他亲自下去蹲点，直接取得实践经验，指导全区的运动。1963 年 6 月至 9 月，到花县炭步公社鸭二大队蹲点三个月。1964 年 9 月至 11 月，带领中南局机关和广州市、花县的干部，农业科技人员，加上一批大学生，到花县花山公社新和大队蹲点三个月，住在向东生产队的一户贫农家中，坚持和农民“三同”（同吃、同住、同劳动），开展“四清”运动。在向东生产队，他没有公开自己的身份，化名王科长，找了不同的群众作调查，有老人、青年、普通社员、干部等，与群众完全打成一片，切实了解农村的实际情况。1960 年九十月间，他带领几位同志到粤西和海南去检查工作，用时一个多月，一路静悄悄，行程近万里，沿途与县、公社、大队甚至小队基层干部进行广泛接触，也到群众中作了一些调查、访问，通过所见、所闻、所议、所想，既发现了问题，也指出了解决问题的方法。这次调查访问，形成了26篇《随行纪谈》，加上陶铸为《随行纪谈》亲自写的序言，通过《南方日报》及时登载出来，在社会上反响很大。

陶铸非常注重调查研究与一切经过试验的工作方法，认为这是工作中带根本性的方法。他只要听到有地方创造了先进经验，或者树为先进典型，不管路途远近和艰辛，都要亲自实地去看、去访问、去调查、去培育，并把它推向全省。对这些先进典型几乎每两三年通过各种方式就要去检查一次。如清远的洲心、花县的花东和花山、东莞的虎门、汕头的冠山和枫溪、南海的大沥、新会的圭峰山、阳江的海陵岛、湛江的雷州林场和鹤洞水库、电白的博贺等地，都是他经常去的。1962年6月，他亲自带领工作组到清远洲心公社，通过深入各大队、生产队调研，对实行产量责任制的"洲心经验"予以肯定，指出"洲心经验"是"把私人积极性和集体积极性高度结合"的好办法。省委发出《介绍清远县洲心公社实行产量责任制——批转省委工作组的一个调查材料》，将"洲心经验"向全省各地区、各县（市）推广，并取得较好成效。1962年8月的中央北戴河会议上，陶铸将"洲心经验"报告给毛泽东，经中央批准，在新会、清远、惠阳、花县等七个县进行试验，取得了较好成效。

正是由于陶铸在主政广东时期，经常深入基层、深入实际，认真倾听群众呼声，调查研究，实事求是，直接掌握了大量的第一手材料，能够根据具体实际情况有针对性地安排各方面的工作，对存在的各种问题按照形成的成熟思路大刀阔斧、雷厉风行去处理，解决了广东存在的许多实际问题，促进了广东政治、经济、社会各方面的发展。

（七）绿化造林，大力改变山区落后面貌

广东素有"七山一水二分田"之称。解放前，由于战火连绵，山火频

发，乱砍滥伐，森林覆盖率极低，许多荒山野岭，寸草不生，水土流失极为严重，生态环境恶化，耕作条件极其恶劣，严重影响山区的发展和人民生活。陶铸在广东工作期间，十分关心绿化造林，认为这是造福子孙的千秋大业，是社会主义建设的大事，总是不遗余力地关心和扶持绿化造林事业的发展。

陶铸在很多场合都提倡大力发展绿化造林，他指出，发展林业具有长远的战略意义，不仅农业需要林业，工业也需要。林业搞不好，就会影响工农业生产，影响人民生活。林业是关系国家经济建设的重大问题。木材缺乏和粮食缺乏一样，是十分苦恼的事。为了加强领导，发展林业生产，他提出凡是山区多，以林业为主或农林并重或林业占很重要地位的县，都要建立林业科。他广泛发动群众开展大规模的绿化造林活动，对造林不积极、不认真的干部要严厉批评，对乱砍伐树木的，要严加惩处，甚至判刑。他到下面调研或者视察时，特别关注当地森林绿化情况，对绿化工作做的好的地方予以表扬，对绿化工作做的不好的毫不客气，当面批评，一起研究解决。他到新会视察时，了解到新会县委书记重视造林，圭峰山绿化工作做的很好，懂很多农业林业方面的知识，对他称赞不已，表扬他是一个好的县委书记。到东莞检查工作时，看到公路两旁树木零零落落，就对县委书记说要注意绿化，绿化搞不好不行呀！到粤东惠来县检查工作时，当看到县城马路两旁新种的树苗由于管理不善，东倒西歪，而且县委书记对种树不重视，对许多树种是一问三不知，他大为恼火，严厉批评。1960 年 9 月至 10 月，陶铸到粤西调研，当沿途看到湛江的高州、化州、雷州等地公路两旁绿化比较好，许多荒坡和山岗上都种上了各种树木，有的地方绿树成荫，非常高兴。湛江电白县，原是一个寸草不生的荒山坡地，是有名的旱灾和鼠疫流行的地方。电白县委书记领导群众把沙滩全部栽上了木麻黄，长成了一大片绿洲。陶铸对电白的绿化工作十分重视，多次到电白视察，与电白县委领导一起深入实际，调查研究，制定了改造电白面貌的许多规划，他视察了造林绿化闻名的博贺林带，并将博贺林带命名为“三八林带”（绿色长城）。围绕博贺“三八”林带，他建议博贺修建“三八”公路和海滨大堤，等等。他对电白县委书记绿化造林工作给予高度评价，并对他说："电白"堪称"电绿"城。后来把电白县委书记调到广州任农委主任，让他把电白造林绿化经验在广州地区推广。

陶铸还十分关心林场的建设。1950年，广东国有林场只有7个，仅仅局限在林区个体造林和互助组造林，只有5000多亩，大部分山区都是荒野。陶铸来到广东后，十分重视林场建设，他多次在会议上提出，各地应该认真把造林工作抓起来。每个县要搞一二个国营林场，各地委也要搞一二个，省也集中力量搞几个，省、地、县三级一齐搞，一定要搞好。除了国营以外，还必须发动群众——集体与个人来搞，采取两条腿走路的办法，大力发展乡村林场，走合作化道路，扩大林场规模。在陶铸的组织规划下，通过植树造林，一大批林场逐渐形成规模，到1962年，国营林场达到233个，经营面积达到1413万亩。粤北的九峰山林场、西江林场、怀集林场、雷州林场、连山林场等一批大型林场，面积数百万亩，远远望去，郁郁葱葱，一片林海，非常壮观，对当地生态环境的改善起到了非常重要的作用。1963年3月，陶铸专门到肇庆、湛江地区考察5个县的林业情况。对西江林场、雷州林场、湛江南三岛、电白博贺防护林带、海陵岛防护林带等所取得的成就给予了充分肯定，也指出了许多需要解决的问题。

陶铸非常注意对荒山的开发利用。新会的圭峰山，原来是一大片荒山。新会县委加大对圭峰山的开发，建成了圭峰农场，并在此建立了培训青年干部的试验场，效果很好，得到陶铸和省委的肯定。1956年八届二中全会上，新会县委书记党向民向毛泽东汇报了新会的做法，得到毛泽东的肯定。陶铸把圭峰山的经验向全省推广，要求各地每个县（市）都要尽可能的选择一个地方来建立机关干部试验的农场。在陶铸的推动下，各地纷纷建立机关干部试验农场。如汕头地委在汕头市郊建立一个面积达170亩的试验农场。佛山地委和专署在南海县设立一个450亩的试验农场。一些县的试验农场设在国营农场或畜牧场。番禺的莲花山、南海的西樵山、顺德的顺峰山等都在当时作为农场得到开发并初具规模，成为现在广东有名的山水旅游景点。

在陶铸的关心指导下，广东的绿化造林工作成效显著，不但许多荒山披上了绿装，一片片青山林海，郁郁葱葱，而且改变了山区的落后面貌，也为后来广东成为“全国荒山造林绿化第一省”奠定了坚实的基础。

（八）勇于负责，坚持共产党人实事求是原则

正如陈云 1978 年 12 月 24 日在陶铸同志追悼会上所讲的，“勇于负责”是陶铸同志的优良作风之一。陶铸对党忠诚，襟怀坦白，光明磊落，对工作敢于负责，从不推诿。对错误，具有深刻的反省精神，勇于担责，主动承认自己的错误，坚持共产党人实事求是原则。

1952 年，陶铸作为华南分局第四书记，主要负责广东的土改工作。他根据中央指示，结合广东的具体情况，采取了一系列组织措施，把土改作为“压倒一切”的中心工作，依靠大军、依靠南下干部，充分发动群众，开展声势浩大的土改运动。到 1953 年 4 月，全省土改胜利完成。但是，在土改运动中，由于执行政策上存在打击面过宽，错划阶级、分配粗糙，团结面不够广等偏差，挫伤了一部分华侨和当地干部。陶铸认识到自己工作中的偏差后，勇于主动承担责任，主动组织复查，认真纠正。但限于当时的历史条件，这些问题也不可能得到完全解决。陶铸也不隐瞒自己的错误，在 1953 年 2 月给中共中央的报告中，陶铸更是坦率地检查了自己在领导土改中存在的缺点。

1958 年，随着全国“大跃进”，高指标、浮夸风、瞎指挥、“共产风”严重泛滥，许多省份夸大虚报粮食产量，广东受其影响，各地纷纷虚报粮食产量，造成“粮食大丰收”的假象。由于对粮食产量估计不足，省委号召“实行吃饭不要钱，粮食不限量供应”。结果不到两个月，粮食不够吃，开始出现饿肚子现象。1959 年 1 月，陶铸带领一个调查组到东莞做农村调查，在东莞县召开的“反瞒产”大会上，认为是地方干部打了埋伏，在全省举行“反瞒产”运动。事实证明，“反瞒产”运动严重脱

离实际、脱离群众，伤害了基层干部，各地普遍缺粮更严重。陶铸通过调查，看到工农业面临的严重问题，专门组织省委召开会议，检讨这一时期的工作，代表省委首先向党中央、毛主席作了书面检讨，认为他在1958年领导广东工作中，“估产高了，用粮多了，战线长了”。得到毛主席的肯定，表扬他敢于向中央反映真实情况，敢说真话，勇于承担领导责任。1959年5月，陶铸在汕头主持召开省委常委扩大会议，针对存在的问题带头作自我批评，承担错误，并从领导方法上进行剖析总结。明确宣布下面出现的缺点、错误应由省委主要负责，并把检讨写成《总路线与工作方法》的文章在《南方日报》上公开发表。特别是对于“三餐吃干饭”的错误，他不仅多次在党内作检讨，而且在1960年春专门到潮安县召开群众大会，向群众作检查、道歉。后来，陶铸常向人们谈及此事，深感内疚。在当时的条件下，能在大会上直面问题、承认错误，这是非常难能可贵的。

“大跃进”以来，特别是庐山会议后，广东和全国一样开展“反右倾”斗争，党内的正常民主生活受到了相当程度的损害。为了从思想认识上纠正“左”的倾向，从组织上健全党的民主生活，陶铸多次召开全省干部会议，一方面要求省委应当虚心听取和接受下面不同的意见和建议，另一方面在会上公开指出自己存在的缺点，带头进行自我批评，“再一次向同志们做检讨”，对被处分错了的干部实行平反。

陶铸非常关心广东教育。他刚到广东不久就出席省教育厅和广州市教育局组织的广州地区的中等学校教师开展思想改造运动报告会，在会上作动员报告。多次召集教育部门的领导，询问和关注中小学教学质量问题。20世纪50年代末至60年代初期，广州地区许多中学的教学质量普遍下降，其中1959年广东高考合格率由1957年的22.7%下降到本年的9.49%，在全国排16位。陶铸认为，必须“大声疾呼，大题大做，大张旗鼓来搞”。接着于12月召开地市委文教书记会议，提出“千方百计提高教学质量”的口号。针对中小学出现的一系列问题，他通过调研，发现落后的原因是党内一些同志把党的领导片面地理解为党委包办一切，不但包办，还排斥学校有经验的老校长、老教师，严重挫伤了教师的工作积极性。在广州市中学校长、党支部书记和教师恳谈会上，针对广州教育存在的问题，他主动承担责任，说广州市是文化有基础的城市，学校弄成这样，首先责任在我这个省委书记，因为没有抓好。他不是一味追究学校责任，而是勇于担责，深深地感动了在场的每一个人。

（九）率先垂范，彰显共产党人本色

陶铸一生忠于革命，忠于党的事业。他在 1959 年 1 月间所著的《松树的风格》中有这样一段话："我想：所谓共产主义风格，应该就是要求人的甚少，而给予人的却甚多的风格。"他号召党员干部学习"松树的风格"："只要是为了人民的利益，粉身碎骨，赴汤蹈火也在所不惜。而且毫无怨言，永远浑身洋溢着革命的乐观主义的精神。"

陶铸生性耿直、坦诚，从不隐瞒自己的观点。更可贵的是，他对往事具有深刻的反省精神，敢于承认自己的过失。他曾发表《太阳的光辉》一文，阐明伟大的党也会有缺点的道理，认为共产党人对于自己的缺点和错误，应如日月经天，光明磊落。工作中的陶铸就善于听取意见，而且能在某些时候收回自己原来的看法。有时，事后他考虑到别人的意见是正确的，就会立即打电话来说，你的意见对，就照你的意见办吧。

陶铸注重实际，不尚空谈。对于工作中的问题，他总是注意进行实地考察，集中群众智慧，提出解决办法。他在广东省和中南局工作期间，每年都要抽出三四个月以至更多的时间，深入工厂、农村、学校，深入山区、海岛和生产第一线，解决问题，总结经验，指导工作。他曾经说："调查研究与一切经过试验是我们工作方法中的重要方法，对于唯物论者来说，这是工作中带根本性的方法。"

陶铸艰苦朴素、严于律己。他每次到基层工作，总是事先"约法三章"：不准迎送；不准请客；不准送礼。并让随行人员监督检查，具体落实。他下乡蹲点，从来都是轻车简从，坚持与群众"同吃、同住、同劳动”。他特别反对摆阔气、讲排场，坚持反对假公济私。他在广州工作和生活多年，居住的房子从来没有更换过。住房维修时，因维修费超过了预算，他还将自己多年的积蓄上交机关，以补维修款之缺。有人建议在广州从化温泉建楼办公，他坚决反对。

在陶铸的带领下，广东的绝大多数干部工作积极，克己奉公，气氛活跃，工作成绩突出。陶铸常说，我们是当权的党，但不能滥用权力，人民给我们这个权力，就要为人民办好事情。“我们的每一项政策，每一个行动，都是为了群众的利益。”正是基于对党和人民事业高度负责的精神和极端深厚的感情，陶铸几十年如一日，克勤克俭，清正廉洁，始终保持了一个共产党员的本色。

二、文稿摘录（1952—1966）

切实做到深入问题[①]

（1952 年 4 月 29 日）

深入必须通过“三同”扎根串连

我们共产党发动群众的基本方法是说服教育，我们今天发动农民强调“三同”扎根串连，便是适应今天中国农民最好的说服教育与组织方法。这种对农民的个别组织与个别教育，对我党来说又是有其历史传统的。今天我们有了全国政权当不应该拒绝许多有益的新作法，如政府撑腰自上而下号召宣传，特别是农民代表会等形式可以很好的进行集体训练，培养骨干，提高觉悟。正因为如此，我们有许多同志就只注重于政府自上而下宣传号召和集体教育训练等形式，而完全忽视作为发动农民仍必须依靠进行个别组织个别教育这个最基本的作法。所以群众运动就显得“官气”很浓而“民气”很淡。以这样“官气”很浓，所做出来的群众运动一定是基础不深，经不起风暴的，要使群众工作打下好的基础，不深入到农民中去，不使农民觉得你是他们一伙，经过一个一个的教育

① 这是陶铸同志在中共中央华南分局扩大会议上讲话的一部分。

与组织起来的总算是不可靠的。所以“三同”扎根串连这就不是一进村的敲门砖，门一敲开，有了几个积极分子或者斗争已经搞起来了就可以不需要“三同”和扎根串连了。如果把“三同”扎根串连只当做这样简单的工作手段，而不是当做一种根本的群众工作作风，任何时候、任何工作阶段都必须运用的作法，这种认识就是没有把“三同”扎根串连当做个别教育。个别组织发动农民的最根本的作法来接受，也就是说深入群众决议不够，总是象葫芦瓜按在水里似的不断朝上浮。这样可以保证：同志们虽然也是多少吃了点苦，成绩还是等于零的。为什么现在有些同志住在农民家里，而不能把农民发动起来？其道理就是他的“三同”扎根串连是假的，只是形式上的，思想作风仍是与农民格格不入。在这种情形下，农民当然不会向你讲知心话，你又怎能来解除他的思想顾虑和提高其觉悟呢？他有思想顾虑觉悟不高，又怎能向你反映乡村的真实情况积极起来斗争呢？这样你又怎样能教育与培养出农民干部来呢？连这个基本作风问题都未解决，还说什么发动农民呢？当然这是一个思想作风长期改造的问题……我以为应当向农民学习，多吸收一些农民的优良品质，我们决不应太自私了，否则我们对革命干部这个光荣的称号，特别是共产党员与青年团员这个光荣称号能不有愧于心吗？不错，我们大多数同志在这一点上是表现得很好的，这次区党委与地委表扬了300多个工作比较艰苦深入的同志，这样办的很对，但我以为还应努力，百尺竿头再进一步。

要解决深入问题，首先要求领导深入，做出榜样并为下面解决工作方法问题

深入要有人带头，要表现极大的决心，蔚成为风气。这次会议区党委与地委负责同志马上随队下乡，这是一个好榜样，各级应跟着下去，应下到村与土改队员和群众直接见面，不要走马看花，“深入”在汇报与干

部会议上。在整顿队伍会议上我讲过，县区干部应与土改队员生活打成一片。各县汽车交上保存，除地委以上主要领导干部外，下乡搞土改凡实行“三同”的一律不要带警卫员。过去新会县某区长搞土改后面带4个警卫员，这作风是坏透了，这算做什么群众工作，搞什么土改呢？今后绝不许再有。

领导上光是在生活作风上做出榜样还是不够的，必须在工作作法上经常为下面解决问题，才能使下面深入下去。深入固然决心很重要，但完全不解决方法问题也不能说服下面同志的。这里我仅提最主要的两点。一是领导干部自己掌握一点，总是亲自先下手去摸出经验，以作示范来带动大家的工作。一是在自己领导下的干部中注意他们的工作表现，及时把他们工作中好的经验交流，象中山的一个区长刘正［振］本那样。刘正［振］本那个区的工作是深入的，干部情绪是很高的，他就能为下面解决工作方法问题。

在工作领导上，以县委来讲，必须在县书所在地把前线司令部建设起来，架好电话，把油印员与交通员带在身边，县书除亲自掌握本乡工作（配专名助手）并要密切与各土改工作连［队］联系，要照顾全面的领导。其他各县委委员应是分头出去，掌握一乡，定期回来（有问题临时回来）反映情况解决问题后又分头出去，总之是出去回来，回来出去，既不是各据一方，也不是都堆在上面。县书有目的有时为着研究与解决某一工作问题，也可以出去，但绝不要“周游列国”似的到处跑。战地会议应学打篮球那样的开法，看出问题很短时间商量解决，决不要开长会开大会总结一套什么“经验”，应多开小会、短会，多解决工作中具体发生的问题与迅速传播对下面工作真有帮助的“小经验”。

（摘录自中南军政委员会土地改革委员会:《土地改革重要文献与经验汇编》）

宣传工作很重要[1]

（1952 年 12 月 24 日）

大家都知道宣传工作是很重要的。中国革命之所以能胜利，首先是因为有了马克思列宁主义的革命理论。中国党从来是重视宣传工作的。我们知道，发动群众最基本的便是宣传和组织群众，二者是不能偏废的。尤其到今天，全国胜利了，教条主义被彻底克服了，知识分子也大都经过考验和锻炼了，如果说，过去因为有了宣传工作，革命才能取得胜利，那末今后宣传工作就要提到更加重要的地位。目前的经济建设没有文化建设的配合也是搞不好的。所谓工作的重要性，主要是指这种工作在一定的历史阶段中对推动社会的发展起什么作用。今天我们的条件比以前好得多了，可以自由地进行宣传，不象过去在蒋介石统治下动辄遭到杀身之祸了。解放三年多来，我们有了很大的建树，今天除了少数敌人以外，广大人民都是拥护我们的，共产党的威信很高。但我们有些干部却反而不愿做宣传工作了，这是不对的。现在广大群众看着我们，需要拿马列主义去教育他们，提高他们。解放后，我们虽然做了很多工作，但还不能完全满足群众要求，必须教育群众关心政治，更多地懂得革命道理，逐渐克服自私观念，提高集体观念，否则是不可能走向社会主义的。这工作应以较长时间有系统地来进行。不重视宣传工作，就会使一切工

① 这是陶铸同志在中共中央华南分局宣传工作会议上讲话的一部分。

作落在形势的后面。

解放三年多来，学校对学生系统地进行马列主义教育是很不够的，今天的学生许多就是明天的干部，如果他们受了马列主义的思想教育，加上一定的技术，对我们的建设工作将会起非常重要的作用。因此，党必须领导好学校教育工作。过去没有功夫，今后转入建设，要培养干部，而培养干部便要教师来教育，通过正规学校来培养，必须把这个阵地巩固起来。要巩固阵地，首先就必须进行学校教师的思想改造。学校教师思想改造，必须从思想上解决问题，不能采取粗暴的办法，做法要稳妥，要采取教育改造的方针。

报纸是党指导工作最重要的工具之一，同时是组织群众教育群众的重要工具。目前系统教育群众的有效工具，一是学校，一是报纸，我们必须将全省的报纸办好，充分发挥它的效能，使它更好地为党的中心工作服务。今后的宣传工作应以报纸工作为重点之一。我们必须知道，今天广大的工人、农民及其他阶层的群众，迫切要求提高政治觉悟与思想水平，报纸必须成为党对群众的教育工具，宣传党的政策，为群众解决问题。

目前，报纸最需要作好的有两点：第一，是联系实际，多登载群众的创造典型，更有力地来推进工作；第二，是加强批评，要敢于与一些违法乱纪现象和各种落后倾向作斗争，力求从各方面来改进我们的工作。希望各区党委宣传部最近把报纸检查一下，找出优缺点，拟出今后改进报纸工作的计划，并争取每乡有一份农民报，每乡有一个读报组。要做到经常联系、指导他们，使报纸在群众中发挥它的威力。我们不要忘记，组织读报是一种有效的宣传方式。

办农民报的同志们，必须克服认为小报不起作用的观点。确实了解、掌握群众的要求，努力学习马克思列宁主义、毛泽东思想，把自己的工作搞好。各区党委应集中力量办好农民报。

宣传工作只依靠宣传干部，力量是很小的，必须组织广大群众进行宣传工作。如报告员、宣传员以及读报员等都是群众中的很好的宣传者，如果我们把他们组织起来，就一定能扩大宣传的威力。在土改复查地区，一定要组织起读报组；在有党支部的乡村，一定要组织宣传员，同时在区委以上的机关（包括政府机关），适当地组织报告员。另外，要有重点地在村里组织起俱乐部，作为剧团、文化站、读报组、宣传员等活动的阵地。土改中没收来的收音机，全部发给农民群众团体。一个区搞一个收音站。凡是土改复查后没有把宣传员、读报组建立起来的，就是复查工作没有完全搞好。

广东农村的党组织，多是新建立起来的，由于党的教育不够，多数党员的思想水平很低：即使有一部分党员，入党时间较长，但因过去在游击环境下，党的生活过得较差，其思想水平也不高；革命胜利后，党由农村进入城市，有的党员受了资产阶级的思想影响，开始变质，因此，党的思想工作，必须加强，必须适应国家大规模经济建设的要求，为提高共产党员的素质而努力。

目前，作好党的思想工作要注意下面几点：

一、要整顿好党的思想、作风，要强调学习、强调党内团结。为此目的，必须加强党性、党的组织原则的教育。目前外来干部有些骄气，本地干部也有些不服气，这是骄傲的两种表现形式，都要反对。反对不虚心，骄傲自大。有些机关不理睬或不重视群众的意见，报纸应进行有效的揭露与批判，展开批评与自我批评。

二、关于纪律性问题。现在党内的无纪律现象仍然很严重。我们应该知道，工人阶级不同于小资产阶级，它是依靠组织来进行工作的。在遵守纪律的问题上，我们应强调自觉，同时通过各种教育方式，促进大家自觉性的提高。我们要争取在很短时间内，改变过去游击环境下形成的无组织无纪律的状态。一切工作都要按政策、法令、指示办事。宣传部门要做个榜样。

三、要强调学习，强调关心政治，人人都要不断进步，跟上形势的发展，反对靠老资格、靠过去的功劳吃饭。

（摘录自《陶铸文集》）

要妥善解决侨眷中的遗留问题[①]

（1953 年 1 月）

前面已讲过，今后要逐渐过渡到以生产建设为主要任务上面去，因此，怎样迅速地解决侨眷中的遗留问题并把他们组织到生产建设的队伍里去，是我们华侨工作的重要问题。我下面就围绕着这一中心来讲一些问题：

（一）首先要做好争取团结侨眷工作，不然就谈不上生产。现在有的侨眷对我们不满，有要出国的想头，没有的，情绪也不高。不少侨眷给国外写信，不要寄侨汇来，侨眷生活主要靠侨汇，不寄侨汇来连他们的生活都成问题，更谈不上生产。不解决这一问题，侨汇势必减少，对我们增加生产资金有影响（一年侨汇有 ××，是生产的很大一笔资金），600 万侨眷的劳动力不发挥起来，也是一种浪费。同时，这些人的生活包袱也将要由我们背起来。

自然，争取团结侨眷工作的意义还不仅如此，把 600 万侨眷的生产、生活问题搞好，在国外的 700 万华侨就会拥护我们（自然，现在有很多华侨是拥护我们的），这对战胜美、蒋的斗争是带有重要意义的。现在，蒋介石在拼命争取这 700 万，台湾仅只 600 万人口，700 万对他是很大一股力量。等于加上一个台湾，而美帝也在做分化华侨工作，假如我们争

① 这是陶铸同志在中共中央华南分局第一次华侨工作会议上讲话的一部分。

取了这一部分力量，就等于把无数把刀插在敌人的心脏，等于打垮一个台湾，假如敌人把这一部分力量争取过去，对我们是不利的，因为他们是中国人，讲话有力量，至对于给蒋介石那更是很大的帮助，人力物力都是为台湾所极端重视的。中央是很重视这一问题的，并化［花］了很大力量来做这一工作。但我们在土改中却出了一些偏差（有些地区是严重的），这就使这一工作受到不应有的损失。

但是，只要我们从思想上把这一问题重视起来，我们是有条件做好这一工作的。首先是新生的祖国对这些华侨是爱护的。过去，国民党想尽办法来剥削华侨，我们不但不剥削他们，而且很好地对待他们。第二是他们的家乡在这里，他们的祖先和亲人生在这里死在这里。他们远在重洋，寄人篱下，社会上没有地位，又没有政治权利，他们是不可能不想念并留恋祖国的。第三是华侨的旗帜现在拿在我们这里，承志同志的父亲廖仲恺先生，以及何香凝先生，宋庆龄先生，陈嘉庚先生与承志同志本人在华侨的心目中是有威信的，他们和华侨有着很好的联系。我们有着这些有利的条件是可以做好工作的。

（二）应彻底克服全省干部中对侨眷的“左”的思想。在这一问题上，分局始终是清醒的，对一些问题规定的是很严格的，叶剑英同志在这里的时候，对这一问题就很重视，中央和分局又在9月发出过指示，但直到今天还有些地方有漏洞，仍在违反政策。自然，这些犯错误的同志不见得是有意犯错误，主要是思想问题没有解决，这些思想都是些对侨眷的“左”思想。主要表现在下面几方面：

1. 认为华侨容易搞，可以搞出侨汇来。存在着这样的油水观点，只是片面的想满足贫雇农的要求，因此搞了一次又搞一次，甚至有的在人家死了后，还向外要侨汇，这虽然为数不多，但影响很坏。他们不知道：“拾了一颗芝麻，丢了一个西瓜”，因这样做而受到的损失远非他得到的一些所能弥补。

2. 不承认或没有照顾到华侨的特殊性。有的同志认为：“对广东的地主兼工商业追余粮那样严格，为什么国外就要特殊呢？他不是地主吗？”所谓华侨，大多数是在从前在国内没法安身谋生活了，才离开自己的亲人跑到国外去的，在国外吃一饭碗是不容易的，他们在家里置一些房子土地，有的是被剥削剩下来的一点钱置的（有的也是剥削来的，但多是属于资本主义性质的剥削）。自然，他们也曾用土地剥削了农民，但我们应该认识到华侨地主对土地的占有是带有些特殊性，要照顾他们一些。再加上国外工作的需要，就更应该照顾一些。

3. 单纯的由本地出发，单纯的由农民的利益出发。认为把本地搞好，农民拥护我们就行了，管他国外怎么样。还有的认为：我这是给农民搞东西，又不是贪污，上级知道了也没有大关系。因而助长了不正确的思想与行动，甚至有的地区的偏差，在看到分局的电报后，仍不停止。

今天要讲清楚，所有这些思想都是不好的，都必须彻底克服。今后在华侨问题上要特别照顾一些，不要因小失大，得不偿失。

（摘录自广东省档案馆馆藏档案）

胜利完成土改，全力转向生产[①]

（1953 年 4 月 14 日）

广东全省规模的土地改革运动已经结束了，虽然尚有七百万人口地区还要进行土改复查，但可以说是基本上完成了，这是个历史性的伟大胜利。土改结束后，我们的任务是什么？我们的任务是：全力转向生产，以便从发展生产中继续改善人民生活。土改的目的，就是要摧毁旧的封建的生产关系，建立一个新的生产关系，即摧毁地主阶级的土地所有制，建立农民的土地所有制。有了这样一个前提，我们就有条件全力来搞好生产了。自然，广东转向生产是有点仓促，如一部地区还没有完成复查，查田定产也未搞或未搞完，尤其是大多数干部和群众还停留在“土改思想”而没有建立起“生产思想”，以及缺乏领导生产的经验等等；但正因为如此，我们在领导思想上和领导精力上，就要全力来抓生产，特别是要抓紧从改革到生产此一转变上的一些关键问题，才能使我们的工作有一明确方向，使转变中不致多走弯路。

怎样才能转得好？即要把“生产压倒一切”的任务提出来。很多干部是怕提“压倒一切”的，但依然必须提出来。因为，生产是我们目前工作中的主要环节，只要把转向生产的工作做好，其他一切工作都会在围绕着发展生产的总任务下面逐项做好。什么叫“生产压倒一切”？就是

① 这是陶铸同志在中共中央华南分局扩大会议上的总结报告的一部分。

说，全党各部门的工作，无例外地都要配合这一中心任务，都要在有利于此一中心任务的前提下考虑自己的工作。不然，我们的工作就会遭受很大的损失。农民分得了土地后，是满腔热情的，但如不把它引导到生产上去，这热情就会逐渐减退以至消逝，就会使农民失掉了前进的勇气和方向，就会产生退坡思想，就仍会使农村出现饿饭的现象，许多问题都会发生，我们的工作就会与实际脱节，就会成为被动或束手无策。这一条真理，已为全国各地的经验所证明。所以我们转向生产虽然有点仓促，但依然必须突出地提出来，这对我们的工作是很有好处的。

由土地改革到生产的转变的关键在什么地方？正如中央和中南局所指出的，在于稳定农村新的生产关系，即确保与巩固农民的土地所有制。土改之前，农村的旧的生产关系，是封建地主阶级的土地所有制，它障碍了农民生产的积极性，障碍了生产力的发展；我们领导农民群众起来打烂这一旧的生产关系，从而建立了适应生产力发展的、刺激农民生产积极性的新的生产关系——农民的土地所有制，这是一个历史性的伟大胜利。因而确保与巩固农民的土地所有制，不论在巩固土改胜利、安定人心上，不论在刺激农民生产情绪，进一步发展生产上，都有极重大的意义。而我们现在农村中新的生产关系确实还没有确立与巩固起来，表现在农民们虽然分得了土地，但他们还没有确确实实感觉到这块土地是自己的，自己要从这块土地上取得一切生产与生活资料，使生活一天天地变好。更由于我们在财经工作以及公粮负担上有偏差，更使他们对勤劳致富还有怀疑，他们的眼睛不是望着自己的土地，而是望着政府的救济，幻想着或恐惧着吃“大锅饭”。还有，农村里二流子还未经过改造，生产秩序还不好，勤劳的农民还顾虑自己生产好了会“冒尖”，怕再来次革命。这些问题如不加以解决，发展生产怎么可能呢？这是我们在转向生产时所必须解决的问题。

农民的土地所有制，其特点在于是农民的私有经济而非公有经济，在于是分散经营的个体经济而非集中经营的集体经济。因而农民的私有制与个体经济，便是农村新的生产关系的基本特点。我们的各项政策和工作，如果不从这一点出发，就会犯错误，就会损害农民的生产积极性并使农村新的生产关系处于不稳定状态。在土地改革中，我们摧毁了地主阶级的土地私有制，但另外也给许多农民以错觉，似乎共产党在现在也要消灭其它一切私有制。这种糊涂观念，必须在干部与群众中予以澄清，必须强调确保与巩固农民的土地私有制，使农民懂得我们并不是一般地反对私有观念，从而安下心来，在这样一个新的生产关系的基础上从事生产。比如说，目前农村中有的农民口粮不足，但也有不少农民即使吃到夏收也还有余粮，而有余粮的农民不敢把余粮借给别人，这样，在农民群众中就不能自己互通有无，解决困难。我们应该允许借贷自由，有借就应该有还，不允许强借或赖债，诸如此类都应该有法律加以保障。乡村干部有余粮的可以首先带头借给别人，或者采用象澄海所提倡的信贷合作社办法，以推动借货自由政策的实施。在目前来说，把农民的私有权确立起来，对生产是有很大好处，有很大作用的，因为目前只有在农民的私有制的这一基础上，才能充分发挥农民的生产积极性，才能把农民的暂时的直接的利益和国家建设的长远利益（也是农民的长远利益）结合起来。

为此，全省应该开展一个宣传运动，宣传土改的胜利，宣传保护农村新的生产关系，以解除农民的思想顾虑，树立劳动致富的观念。同时，还要以事实证明给农民看，比如把查田定产搞好，把产量定下来，以后即根据这一产量依率缴纳公粮，因个人努力而增产的部分不再增加负担；比如凡是复查结束了的地方，一律停止追交尚未交足的余粮，并严格制止任何侵犯私有财权的行为；比如在提倡互助合作运动中，要充分利用旧有的互助形式，要严格执行自愿与两利的原则，不能采取某些变相的侵犯私有财权的作法；总之，凡是有碍于确立农民私有财权的作法，都是有害的，都应坚决防止。

要把生产搞好，我们还必须有力地来解决农村目前生产中存在的困难。困难中最重要的是春耕到夏收前的口粮问题。其次，还有补肥、农具、畜力缺乏等问题。因为土改后农民家底很薄，这些问题在土改后一定时期内还会存在的。口粮问题（也就是春荒）虽然在广东不算很突出，但也必须正视，要做好政府的借贷和救济工作，土改果实没分配的赶紧分配下去，实行借货自由，提倡群众自己解决问题。而主要的还是集中力量把春耕搞好，帮助农民把秧插好，“一年之计在于春”，解决了这一问题农民就有了“望头”，有了“生计”。秧插好后，则要发动群众在夏收前大量搞副业，实行生产度荒。广东农村的副业生产是大有可为的，只要深入调查一下，就可以看到每个乡都会有些办法，如土特产、手工业、采矿、木材以及各地建设中所需要的人工等。在商业机关，则要好好组织城乡交流，帮助农民把需要卖出的东西尽量卖出去，必要的话，我们多收购多积压一些也是应该的。生产及商业中的一些限制，应该尽量放宽一些。总之，我们的各项工作，都应从有利于解决农民的生产与生活困难这一点出发，而不能单单从自己的“任务”出发，这是一切从事经济工作的干部所必须了解的。

为了搞好生产，还必须彻底打击地主的反攻与反革命分子的破坏活动，树立良好的农村社会秩序。我们要在“结合生产，保护生产”的口号下，严防地主的反攻与反革命分子的破坏活动。因为只有农村社会秩序安定了，大家才能更好安心生产。还有农村中有些不好好劳动的二流子，还有些在纠正错划阶级中脱下地主富农帽子而心内尚存不满的人，对这些人应当很好帮助其搞好生产，特别是对一些过去斗错了的应设法援助解决生产困难。至于其中有些拿“大错不犯、小错不断”的办法向乡村干部调皮，不好好遵守农村的生产秩序，也是不允许的，今天必须强调守法，强调遵守社会秩序，任何人都不能违犯政府法令与破坏社会秩序，应该给乡村干部撑腰，区乡干部有权劝导、批评和制止这些不利于农村生产的不良行为。对反动会道门，应在镇压其反革命的首要分子与教育、争取一般会众的方针下予以取缔，使反革命分子失去掩护，使农村的社会秩序最后安定下来。

此外，还要充分发挥区乡干部领导农民生产的作用。过去我们搞土改，区乡干部只会“打地主、分果实”，而现在则要领导农民生产了。但区乡干部多是才提拔起来的，能力弱，有一些困难。因而我们要教育区乡干部全力搞生产，使他们学会领导生产的办法。特别是乡干部，必须以生产领导生产，如果自己田里的庄稼象癞子头上的头发一样，就没有本钱去领导生产。现在一个乡三个人的供给可以养五个人，即一个文书完全脱离生产，其余两个人的供给可养四个人，即乡长、副乡长、农会主席、民兵队长四个人都半脱离生产，使他们能一面工作，一面生产。此外，乡里的委员会太多，乡干部兼职也太多，都不利于生产，因而在组织上必须予以精简。乡里只准有乡政府、党支部、团支部、农会、民兵、妇女会、治安、宣传读报等八种机构（某些地区原有水利会的组织仍应予以保持），以便乡村干部专力把生产领导好。对乡村的工作任务应尽量减少，任何乱分配区干部以过多的工作任务的现象都必须坚决反对与制止。

（摘录自《陶铸文集》）

要大力反对官僚主义[①]

（1953 年 4 月 22 日）

现在全国都展开了反官僚主义的斗争，华南当然不能例外。最近，有些地区的群众对我们有些不满，其原因主要就是由于我们工作上的官僚主义所造成的。我党和群众的关系是很好的，但有了官僚主义、命令主义、违法乱纪的地方，就影响了党和群众的关系，或者是把党和群众的关系破坏了，使群众对我们不满，甚至个别地方发生打干部的情形。我看这样也有好处，因为他会把我们那些躺在官僚主义温床上酣睡的人们警醒起来。不然，你批评他工作中的缺点，他还不高兴，甚至他还会反过来说你是官僚主义，说你不了解他那里的实际情况。

去年华南“三反”时，反官僚主义的口号是提出来了。但当时主要的是大体上解决了一个贪污问题，而官僚主义问题则根本未解决。分局对广东严重的官僚主义与分散主义，过去是看到了的，但是因为去年要集中力量搞土改，抽不出力量与时间来，因此没有解决。现在呢？我看是可以解决而且到了必须解决的时候了。因为土改已经完成，有力量也有时间了，而最重要的是绝大部分干部有了觉悟。因此，贯彻中央提出的反官僚主义、反命令主义，反违法乱纪，目前不但可以解决，而且就各种情况来看，在华南解决这一问题还有其特殊意义存在。

① 这是陶铸同志在分局、省府直属机关反官僚主义大会上的总结报告的一部分。

有的同志问：为什么中央今天这样强调地提出反官僚主义、反命令主义、反违法乱纪呢？应该说，我们的党一开始就是按照马列主义的原则建立起来的革命的党，是一开始就与广大群众建立起密切联系的党。但这不能说是我们党内一点官僚主义作风也没有了，因为我们党不是一个人，而是由许多人组成的，我们来自中国旧社会各阶层，要改造成为健全的共产主义者，不是一下子就可以办到的。况且，我们党也不是离开中国社会而孤立地存在着的，它和中国社会有着千丝万缕的联系，旧社会的遗毒仍会从各方面来侵蚀我们。因此，我们党不可能一点都不沾染官僚主义的灰尘。

不过，党在地下时，在农村时，在打游击时，官僚主义确是比现在是少得多的。全国胜利之后进了城，官僚主义就容易滋长起来。以我个人的感觉来说，在城市机关里住久了，群众观点就差些，跑到工厂、乡村住几天，和工人、农民共吃几餐饭，群众观点就多了些。特别是高级干部在城市里，住的是洋房，有沙发，有汽车，生活已够舒适，如果从前群众观点再不多，在这种环境下，是会逐渐更形减少以致完全消逝的。过去在延安，在敌后根据地时，和群众在一块吃，一块睡，天天老乡前老乡后，群众有话就对你说，你也很容易理解群众，这样当然就会懂得群众疾苦，有群众观点。像这次废除小盐田的事情，弄得这样糟，白花了200多亿还得罪了9万多盐民，如果在过去敌后根据地，是绝不会产生的。因为命令一下，群众反对，马上就知道了。现在不同了，不但那些同志看不见盐民，盐民要把意见反映到他们的耳朵里也很不容易。现在领导上高高在上，看不到实际情况，加上轻易听信那些没有群众观点的旧人员的假报告，说什么“废场转业，盐民非常拥护”，这样就不能不造成严重的恶果。

还有一种情况，我们也必须指出。现在不少干部思想中只有业务观点，脱离政治，不考虑政策问题，他们只考虑如何去完成“任务”，而不去或很少考虑完成“任务”后的结果怎样。完成上级任务好不好呢？好。但有些人的观点是不对头的。直率地讲，他们想完成任务是为了可以得到上级表扬，自己可以藉此而“青云直上”，有了这么一个“升官”的观点，因此当他们布置工作时，当他们完成“任务”时，就不会想到群众，也不会想到这件事情的结果怎样。如废除小盐田问题，如果当时考虑一下，废除小盐田以后，靠小盐田来生活或是补助生活的9万多人的生活问题，我们就不会做这样一个决定。又如去年旧历年关收购土糖问题，如果考虑到农民要过年，需要把糖卖出去换回他们需要的东西，我们就不会以单纯的“财经”观点对收购采取消极的态度，以致使糖价一跌再跌，虽后来分局发觉纠正了，但仍使农民受到很大损失。又如交通厅，在将要春耕时（土改复查也很紧张），农民们忙的不可开交，却要动员2、3百万民工来修公路，据说他们选择了这么一个时期，是因为这一时期天气好，少雨，容易修。这当然是很好，但他们就不会想到农民们“一年之计在于春”，也自然不会想到农民们正在紧张地与地主阶级做斗争，如不也是分局发觉后停止，其给农民的损失是会很大的。又如合并乡村小学、辞退小学教员事，不是分局发觉纠正，也会造成党在人民中很坏的影响（已辞退的几千教员，现必须做善后处理）。

以上这些事例，都说明我们在进了城以后，过去有群众观点的，现在是越来越稀薄了；过去没有群众观点的，现在是更变本加厉了。我们党虽然经常的和各种不良倾向作斗争，但进了城以后，官僚主义确确实实是在滋长着。不少人的耳朵听不到群众的声音，眼睛看不见群众的影子，只是坐在自己的舒服的房间里发号施令，怎能够不官僚主义呢。

因此，反官僚主义、反分散主义一定要大力开展起来。那么反下去会不会损伤元气，会不会为敌人所利用来制造谣言？我们不少同志在脑子里还存在着这么一种糊涂观念，因而对党内斗争也就往往采取调和的态度，缺乏勇气。他们没有理解到，我们的党是革命的党，为了维护党的原则，为了维护群众的利益，只要采取反官僚主义的方法是正确的，开展党内思想斗争，不但不会削弱我们党的力量，而且会百倍地增强我们的力量。怕敌人造谣吗？我们不反官僚主义，敌人报纸也天天造谣骂我们。恰恰相反，如果我们不能负责任的向人民把问题讲清楚，把内部坏的东西清除掉，那将更便于给敌人利用。因为纸不能包火，坏事情是掩盖不住也不应该掩盖的，把一切坏的事情都无情地揭露出来、敢于承认自己的错误并迅速地改正这一错误。我们党的伟大就在这里。

今天，分局有决心，也有条件、有力量，可以而且也必须把这个问题彻底解决。为了党的前进，分局这一决心，我相信是会得到全体同志的拥护的。

……

二、关于反官僚主义的界线与方法问题

我以为，分局与省、市一级的官僚主义作风主要表现在如下两个方面：

首先是（也是我们这里表现的最突出的）不了解下情，又不经过党委研究讨论，擅作主张、乱发指示，直接损害群众利益。前面所说的那些事件都足以说明这一问题。

其次是根本不能解决工作中的任何问题，也就是“饱食终日，无所用心”，坐在机关里，你办我的“公”，我办你的“公”。我想这是很普遍的。很多机关可以检查一下，你们许多问题解决了没有？工作检查过没有？把经验总结出来了没有？你们每天的时间是怎样用掉的？到底为群众做了多少事情？又有几件是群众高兴的事情？如果这样追问几下，是很难得到满意的答复的。这种官僚主义虽不如前者那么严重，那么直接地损害群众的利益，但他不能解决问题，不能很好地执行党的政策，最终也是损害群众利益的。

由于领导机关存在着严重的官僚主义，就一定会产生下面的命令主义。如果领导上不了解下情，不考虑下面干部的具体情况，又不听下面的意见，乱发指示，任务一大堆，你说你的最重要，他说他的是中心，你说只准做好，他说不准做坏，下面人手少，特别是区乡就是那么几个干部，那一件不执行，就给人家扣一顶“无组织无纪律”的帽子。在这种情况下，为什么不产生命令主义呢。自然，干部水平低，许多干部不会或不大会运用群众路线来办事情也是产生命令主义的原因。但主要的是由于上面分配任务不恰当而产生的。只有上面官僚主义肃清了，下面的命令主义才会减少。

违法乱纪也是与官僚主义分不开的。凡是官僚主义严重的地方，违法乱纪就要多一些。因为那些官僚主义者们，坐在机关里饱食终日无所用心，不了解下情，不了解干部，更无从及时地察觉干部做了些什么事情，也更谈不到教育与提高干部。比如，省府有一个科长，打电话到海南岛通知一个干部来开会，那个干部说风浪太大，不能依时赶到，他却说，为什么不坐汽车来？想一想吧，他连海南岛是个“岛”都不知道，那怎么能要求他知道下面哪些干部有违法乱纪呢？假如我们对一些干部的违法乱纪情况及时发觉及时处理并帮助他们，教育他们，有许多干部是可以不至于一错再错以致不可挽救的。但是，我们也必须说明，官僚主义者对违法乱纪分子并不能负完全责任。有不少违法乱纪分子就是品质非常恶劣，如有色金属管理局的几个腐化了的党员；如虐打老婆的顺德县糖厂经理郑某；又如用手枪逼婚的曲江粮食局副局长李某等，是恶劣到了极点的，是坏人做坏事，即使是十足的官僚主义者也是从来没有下过命令叫他们这样做的。

因此，我们在反官僚主义、反命令主义、反违法乱纪时，一定要目的明确，划清界线。

必须在组织上解决如下几个问题：

（一）经过反官僚主义，检查工作以后，必须要调整一下组织，各机构应力求紧缩精干，要加强党委的领导，要大大加强各部门的党、团员的核心作用，团结与提高所有工作干部。对留用人员应该着重使他们的思想得到改造，确立他们的为人民服务的观点；对本地干部应该使他们尽量在现有基础上提高一步；对外来干部要求要严格，要使他们起更多的模范作用与带头作用。经过检查工作、组织调整和反官僚主义运动，凡是党的作风很好的、党的原则性很强的、工作表现很好的干部应放手提拔。同时，要在土改队里抽调1000个干部到省府来，给我们机关里增加些新血液。并从省府机关中抽1000个干部到区乡下面去锻炼一下，并成为制度，以后要轮流换班下去，以加强群众观点与对下情的了解。

（二）加强各部门党委与支部工作，机关里要有专职管党的工作。省府直属党委应向分局组织部经常汇报党的工作。组织部应定期检查政府各部门党的工作。

（三）要建立严格的工作检查制度。光是看表格，看报告，听汇报不行，应深入到工作中去，从工作中去了解干部，发现干部。同时，要建立奖惩制度，好的要表扬，有错误的要教育提高，很坏的要处分。

（四）工作当中必须提倡亲自动手，调查研究。并要按照下列规定的四个程序进行工作：1. 所有工作计划、命令，一定要经过调查研究，弄通情况后才能发出。2. 发出后一定要求贯彻。要及时地派出检查组，深入了解情况，并将好的经验及时总结介绍，使运动迅速展开。3. 运动起来后，要深入下去，进一步发现问题，解决问题，推进运动。4. 要很好地结束运动，要有很好的总结报告，总结报告就是每一件工作做的怎样的具体纪录。

（五）生活制度应很好的建立并严格的执行。这次经过反官僚主义以后，应把生活制度很好地建立起来，应力求生活严谨、朴素、紧张，并做到上下生活打成一片。为此，房子问题，这次应加以合理调整。按地区做到机关集中，宿舍与办公室分开，搞好机关福利与文化娱乐。并要定出些制度来，那些人可以住一幢房子，那些人可以住一间房子，一般干部的宿舍应设法改善。汽车使用问题也应规定，那些人可以有一辆汽车，那些人可以几个人用一部汽车，都应有一个制度，而大家则应按照制度来办事。生活简单点，朴素点，对工作是有很大的好处的。

（摘录自广东省档案馆馆藏档案）

为实现社会主义而奋斗[①]

（1953 年 10 月 3 日）

一、明确过渡时期党的总路线和总任务

毛主席已指示我们："从中华人民共和国成立到社会主义改造基本完成，这是一个过渡时期。党在这个时期的总路线和总任务，是要在一个相当长的时期内，基本上实现国家工业化和对农业、手工业以及资本主义工商业的社会主义改造。这条路线应是照耀着我们各项工作的灯塔，各项工作离开它就要犯右倾或'左'倾的错误"。这一次中央召开的第二次全国财经会议，又着重学习了这个过渡时期党的总路线和总任务，并以之来检查了近四年来我们的税收、贸易财政等部门的工作。意义是极为重大的。因为我们今天已处在过渡时期新的阶段——即由经济恢复的阶段开始进入经济建设的阶段，这就必须通过检查工作，以具体的事实来教育全党更好地认识与掌握党在过渡时期的总路线和总任务。因为不

① 这是陶铸同志在中共华南第一次代表会议上关于过渡时期党的总路线总任务的传达报告的一部分。

在全党更好地讲清楚这个问题，我们便无法达到经济建设的目的与要求。在以往的经济恢复几年中，我们固然基本上执行了党在二中全会关于这条路线所决定的原则性的方针政策，因而获得了伟大成绩，但前一阶段在实现国家工业化和对农业、手工业以及资本主义工商业的社会主义改造上，是带有准备与创造条件的性质，还不是像今天这样，已经把“为实现社会主义而斗争”的任务提到党的议事日程上来了。也就是说，今后我们的总目标就是为如何实现国家工业化和对农业、手工业以及资本主义工商业的社会主义改造而奋斗，这是伟大的新的历史时期的开始，这是伟大的历史任务，它已不仅是一个理论向题，而且是一个实践问题了。我们每一个共产党员在这伟大的斗争中，为了不犯错误，取得胜利，就必须保证任何时候不能违背这一党的总路线和总任务，必须在自己的工作中坚决地加以贯彻执行。

二、经济建设的目的与要求

前面已提到，今天我们是为实现社会主义而奋斗，而经济建设就是为着这个目的而具体组织行动，只有通过它，才能过渡到社会主义。因此，经济建设的要求是要争取经过两个到三个五年计划的建设，逐步地基本上实现国家工业化和对农业、手工业以及资本主义工商业的社会主义改造。怎样逐步地基本上实现国家工业化，即是要建设强大的国营工业，特别集中力量于重工业（和国防工业）的建设（如这次公布 141 个大企业建设）。据估计，我国现代工业在国民经济中的比重已达到 28%，而苏联宣布实现工业化时工业的比重是 70%（见 1933 年斯大林的第一个五年计划总结），相比还差 42%。我们也要做到工业比重占 70%时，才能算“基本上工业化了”，这不是很简单的事情。仍以苏联为例，苏联第一个五年计划工业比重增加速度仅 22%（原沙皇时代，工业比重为 42%，虽经革命与内战期间破坏的很历害，但到 1928 至 1929 年度第一个五年计划时，已恢复并增加到48%），我们第一个五年计划速度照1952年工业生产总值增加一倍即平均每年递增15%。其中国营（包括地方国营）五年总产值共约增加一倍半，即平均每年增加20%左右；私营工业的总产值，五年共约增加27%左右，即平均每年增加5%左右，这当然是由于苏联的巨大援助才有可能提出。如果全党努力，能够使这一计划实现，则两个到三个五年计划，基本上实现国家工业化是有把握的。

怎样逐步地完成对农业、手工业以及资本主义工商业的社会主义改造呢？简单地说，对农业和手工业的个体经济是经过逐步合作化；对资本主义工商业是经过利用、限制和改造。党对小私有者的农业、手工业改造方法和对资本主义工商业的改造方法是不相同的。党对农民和手工业者的生产资料私有制是不能采取废除的办法而只能采取教育他们，提高他们的觉悟，由他们自愿地由私有制变为公有制。毛主席曾不断地告诫我们：严重的问题在于教育农民。在中国，对农民和手工业的社会［主义］改造，可能比苏联需要更多的时间与更艰苦的工作（苏联到1928年，集体农庄还只有2%—3%，但到1930年，各重要谷物产区就发展到40%至50%，1931年则达到80%以上。到1934年底，加入集体农庄的农户占全苏联农户总数四分之三，土地则占全部播种地的90%），这是由于我们实行五年计划建设工业基础差（我们恢复时间太短促，工业比重也远不如苏联在宣布实行第一个五年计划时的比重），以及中国的农业和手工业为世界最大的大洋大海的原故。正因为如此，在中国要实现社会主义，对农业与手工业进行社会主义改造就更显得有巨大的意义。而五年计划建设如没有这方面的配合，也就很难完成工业本身建设的任务。

党对资本主义工商业最后处理的办法，是废除生产资料私有制，争取资产阶级分子（可能是大部）接受社会主义改造，由剥削者变成劳动者（可能一小部分变为坚决抗拒社会主义改造的分子，作为对资产阶级当作一个阶级来说，则是消灭的方针）。党在取得政权时，没有采取没收资本主义和剥夺资产阶级的政策，原因是：由历史上看，他们对人民民主革命斗争采取了一定程度的参加或保守中立的立场，没有理由加以没收剥夺；为了对付帝国主义的威胁和压迫，需要团结一切可能团结的力量；

为了改变我们国家经济落后状态，需要利用一切有利于国计民生的资本主义因素（占数量很大，现代工业中占第二位，私人工商业中的职工有380万到420万人）。

自然，党也不许对资本主义采取自由放任的政策。因为：当前资本主义工商业中存在着有害于国计民生的部分（特别是大批发商的将捣乱市场），需加以淘汰排除；资本主义经济与社会主义经济本质上相矛盾，必须使前者为后者服务，资本主义经济最后必须消灭。

经济建设只有以发展国营（社会主义的）工业为基础，并逐步地实行对农业、手工业的合作化，和对资本主义工业经过国家资本主义形式，最后改造为社会主义工业，和对资本主义商业逐步限制以达到最后排除掉。这就是我们经济建设的总的要求。

三、进入经济建设时期国内外的基本情况

首先是朝鲜停战。这是中国人民的胜利；是以苏联为首的民主社会主义阵营的胜利；是世界爱好和平力量的胜利。这一胜利对于我们开始进入经济建设阶段是有极大意义的——即是使我们进行经济建设获得充分的时间和保障，因美帝是确被我们打输了，我之力量被锻炼的更为坚强，我之国际威望提高，美帝阵营内部矛盾加剧，美帝当不敢再轻于一试。特别北朝鲜的坚强存在，对于世界和平，对于我国国防的屏障是有不可估量的作用的。但是我们也不能忽视，世界资本主义包围形势仍然存在，朝鲜停战也只是军事的停战，真正的和平解决朝鲜问题还很多很大。因此，“边打边建”的论点不能动摇（只能把“打”字改做“抗”字），而且，只有不断地加强我们的国防力量，才能使我们的经济建设的成果得到充分的、最后的保证。

其次是国内。人民民主专政日趋巩固，表现为：各种改革运动的胜利，尤其是土改的完成，国民经济的恢复，社会主义经济成分的增长，

国营领导地位的加强，广大劳动人民积极性的发扬。所有这些，对我们经济建设都是极有利的。但是必须指出：我国的经济和教育是落后的，是发展不平衡的；而五种经济同时存在，情况又是很复杂的。我们一方面已经有了现代化的工业，可以为国家工业化做基础；另一方面，我们又有极其广大的个体经济的农业和手工业以及数量很大的私营商业，而现代化工业中亦有数量颇大的私营工业。这就要求我们在进入经济建设时，对待与农民和手工业者的矛盾要和对待与资产阶级的矛盾严加区别。要向资产阶级进行比过去更为紧张的利用、限制、改造的斗争，这是由于今后在国内关系上工人阶级与资产阶级的矛盾将成为主要的矛盾。与此同时，还可以想见在相当长时期内，中国的生产一般地将是不足，而若干生产品过剩将是局部的、个别的现象，因此，在一定时期内保证建设与满足人民需要的矛盾也将会表现出紧张状态。最近市场的脱销所表现的紧张状态，虽与半年多来我们主观措施不当有很大关系，但与上述资产阶级向我们斗争和需供不调是分不开的。所以，“边稳边建”的论点也是不可动摇的。因为只有做到经济稳定，经济建设才能顺利完成。

四、五年经济建设计划的方针

中央已经确定，我们第一个五年建设计划期内的基本任务是：集中力量发展重工业，建立国家工业化和国防现代化的基础，保证国民经济中社会主义成份的比重稳步增长。在这一总目标下，相适应地发展农业和轻工业，积极地、有步骤地促进农业和手工业的合作化，正确地发挥私营工商业和个体农业、手工业的作用，并在发展生产的基础上提高人民物质水平和文化水平。

为了实现上述的基本任务，中央并规定了以下的方针和政策。

第一，发展国家的重工业，是五年建设的中心环节。尽管建设重工业需要巨量资金、较长的时间和比较复杂的技术，但我们决不能舍弃这一方针而选择另外的方针。因为只有建设国家的重工业，即发展五金、燃料、电力、机械、基本化学、国防等工业，才能保证国防的巩固和国家的安全；才能建立强大的经济力量，保证我国在经济上的完全独立；才能给轻工业以广阔发展的前途，给我国农业的改造提供物质的和技术的条件，使我国经济不断地上升，人民的生活不断地提高。这一切，正是我国逐步地过渡到社会主义的物质基础。

集中力量建设国家的重工业，决不是说就可以忽视国家轻工业的发展、地方国营工业和手工业的发展，以致放松对这些事业的领导。恰恰相反，由于我国是经济落后、人口众多的大国，为了满足城乡人民在生产和生活方面日益增长的需要，适当发展国家的轻工业、地方国营工业和手工业，是有极其重要的意义的。在发展轻工业中，国家直接经营的，主要是纺织工业和一些规模较大的造纸工业、食品工业、医药工业。国家直接掌握这些主要的轻工业，不仅是为了保证工业消费品的供应，保证国营商业对市场的领导，同时可以为国家积累建设的基金。

地方国营工业的发展，应充分照顾到我国经济的分散性和不平衡性，按照就地取材、就地制造、就地推销的原则，调整和发挥现有设备的能力，并根据需要与可能举办一些中、小型企业，以便更好地为国营工业和国家的建设事业服务，为当地的人民生产和生活的需要服务。

为人民所需要的手工业，目前在国民经济中占相当的比重，它在今后一个很长的时间内，仍是不可缺少的经济力量。因此，对于一切还不能为现代工业代替而为人民群众所需要的手工业，特别是为农业生产服务的手工业，应助其积极性，根据需要使之适当发展，或予以维持，注意提高质量，并稳步地将其引向合作化的道路。

在我国工业的基本建设和生产中，必须注意到生产资料和消费资料的增长速度，并使前者与扩大再生产的速度相适应，后者与人民购买力提高的速度相适应。

第二，在我国发展经济的过程中，必使社会主义经济成分的比重不断得到增长，这是我国发展经济的根本道路。只有不断增长社会主义经济成分的比重，才能保证人民民主制度的日益巩固和发展，最后使我国取得社会主义的胜利。

因此，我们必须以最大的力量来发展国营工业和国营商业，巩固国营经济在整个国民经济中的领导地位。当然，这并不是说，我们就可以忽视正确地利用资本主义经济的积极性。对于资本主义，在总的限制政策下，应利用和改造其有利于国计民生的部分，削弱以至淘汰其不利于国计民生的部分。

对于资本主义工业和资本主义商业，在限制的程度上应有所区别。对资本主义工业，在有原料和有销路的条件下，应充分发挥其设备能力，为国家和人民的需要服务，并根据条件通过国家资本主义的几种经营方式，逐步将其纳入计划的轨道。因此，对资本主义工业，应适当扩大收购、包销、加工、订货的范围，在条件成熟时，对其中重要的企业，首先是生产资料的企业，实行公私合营。对于资本主义商业，应采取逐步限制与排除的政策；对于大批发商，必须进一步加以限制，逐步代替，争取在六、七年内基本上达到排除之目的。

第三，进一步巩固工农联盟，应成为我们一切计划和政策的出发点。为了巩固工农联盟，从长远看，就是要逐步地实行工业化和农业集体化；在目前，首先就是要进一步发展我国的工业和农业，并在此基础上扩大商品流转，以加强城乡的经济联系。因此，在五年当中，对发展农业特别是增产粮食，应给予很大的注意。因为只有发展农业和增产粮食，才能逐步地提高农民生活的水平，从农业方面积累工业建设的资金，并扩大工业品市场，促进工业的发展；也只有发展农业和增产粮食，才能保证工业原料的充分供应，并扩大商品粮食的来源，以满足城市和对外贸易的需要。为了使农业生产不断地获得发展，在目前条件下，一方面应着重发挥农民互助合作的积极性，另方面又应关心和照顾单干农民的积极性，并稳步地引导单干农民走向互助合作的道路。

为了进一步巩固工农联盟，我们的工业，必须担负起满足农民所必需的生产资料与生活资料的任务，我们的国营商业与供销合作社必须正确地掌握价格政策，在降低工业产品成本和商品流通费的前提下，有计划地逐步地适当地降低部分工业品的价格，并保证工业品的及时供应。我们的财政与信贷部门又必须正确地掌握税收政策和信贷政策，使农业生产的发展与农业税之间，保持合理的比例关系，并认真解决某些农户生产中的困难，以便使农业获得不断扩大再生产的条件。

第四，必须发挥现有工业基地作用（如鞍钢等）与建立新的工业基地（如华钢），这不仅在打下国家工业化基础为建设各种工业提供重要的物质保证，并且在技术上与干部培养上也有着决定的意义。所谓重点建设还必须体现在工业基地建设的集中力量上。

第五，在生产发展的基础上，提高劳动人民物质和文化生活的水平，是我们国家建设的目的。必须在制定计划时根据可能作具体的规定。因为只有劳动者物质和文化生活的改善，才能更广泛地吸引广大人民群众参加国家的建设事业，并发挥高度的积极性和创造性，为更加美好的未来而奋斗。

在确定劳动生产率和工资增长的指标时，应掌握劳动生产率增长的速度大于工资增长的速度，以保证国家资金的积累，促进国家工业进一步的发展。

第六，必须使我国的五年建设计划有一定的后备。没有后备的计划，就不足以应付情况的变化和偶然的事件，而在我们经济生活中，情况的变化和发生偶然事件的可能性是经常存在着的。因此，在财力方面和物资方面，必须保有一定的后备，否则就无法确保计划的完成，而且可能使国家遭受严重的损害。

保有后备另一方面的意义，还在于我国的第一个五年建设必须为第二个五年建设准备条件，特别是准备资源的条件和技术的条件。因此，按照需要加强地质勘察的力量，大力培养技术人材，不仅对于第一个五年建设十分必要，而且对于我国长远的建设事业来说，更有其重大的意义。

［摘录自《中国共产党广东省历届代表大会及全会文件汇编第一卷（1949 年 11 月—1961 年 12 月）》］

在经济建设中华南党的任务[1]

（1953年10月3日）

一、华南的政治经济情况与地区特点

（一）政治情况：到今天为止，整个华南地区所有改革算已大体上完成，特别是主要的改革——土改、镇反、民改。就华南的工作条件来看，还是完成得比较好的，尤其是半年多来在农村进行土改复查，抓紧解决遗留问题；在城市与内河沿海进行民改与补课（特别在广州市，几乎以全力抓紧），因此可以说，现在的华南对城乡工农群众的发动与组织，对其觉悟的提高，是打下了一定的基础。而对封建制度的摧毁，对五种反革命分子的清除，也是搞得比较彻底的（尚有小部分地区与少数工矿、邮电、交通部门还不彻底）。由于做到了这两条，加以国防建设的抓紧与国防力量的强大，以及华南人民的革命传统，各老根据地和抗战游击区的工作基础，人民民主专政是取得了初步的巩固了。作为国防前线的华南，从此可以说是有了较牢固的依靠。但是，由于华南解放较迟，两省

① 这是陶铸同志在中共华南分局第一次代表会议上的传达报告的一部分。

一市的工作都多多少少走了些弯路，这就使华南的改革结束得最迟，而许多由改革转到建设的准备工作，做得极不充分；同时，在某些改革上还存在着不充分与出现遗留问题特多尚未完全解决好的状况。还有，华南为国防前线，帝国主义的破坏比较直接，蒋匪将会不断在沿海进行袭扰，这对于华南工作将增加困难。

这样一种情况，一方面说明华南今天迎接国家的五年经济计划建设有了一定的条件（政治上有了保证），可以担负起给予它的任务；另方面则必须在今后工作中知道自己的弱点，更加谨慎小心，积极努力做好工作，在今后工作中有意识的对过去工作上的先天不足给以弥补，并要时时刻刻加强对敌人的警惕与战争思想的准备。

（二）经济情况：华南自解放以来，随着改革即着手进行了各项经济恢复工作。在农业方面，如广东粮食的生产，在 1952 年已达到 175 亿斤谷子的水平（包括杂粮与冬种作物产量，但不包括经济作物），当已超过国民党战前的粮食产量。因广东向为经济作物产区，粮食一向不够而要靠外粮进口的，去年广东不但进出两抵，还多调了 6 亿斤粮食出口（广西一也多调出 6 亿斤，广西从前虽也调出一些粮食，但从未调出这样大的数目），并保证了今年全省粮食的供应。其它经济作物恢复情况，现尚摸不清，但广东主要的甘蔗产量也超过或接近于战前水平，因现在种蔗面积已达到 94 万亩（比战前稍多一些），产量已达到 56 亿多市斤。其他方面则还尚未恢复到战前水平（如蚕丝、水果）。至水产的恢复，则更未达到战前水平（战前最高产量为 41 万吨，我到 1952 年只产 29 万吨）。

在工业方面：不管是国营，地方国营与私营，除了有相当数量是属于重工业（如电、洋灰、采矿、机器等）外，华南的工业（主要在广州和广东）主要是制糖、碾米、榨油、缫丝、织布、针织、皮革、制胶、制药、纸烟、制盐、造纸等轻工业。这些工业过去是有相当基础的，乃是华南今后配合全国经济建设发展自己的地方工业的很有利的条件。但现尚有相当一部分（如缫丝、制胶、碾米等）并未恢复或未完全恢复，有的虽已恢复或接近恢复，并有个别的新的扩建与发展，如制糖，国营与地方国营糖厂现已达到年产 13 万吨的规模，加私营与手工业经营为 30

万吨的年产量；造纸也达到年产 3 万余吨，加私营与手工业的则多于此数；盐的产量（主要为手工业，已恢复到年产 700 万担），却仍存在不少问题。尤其是广东省的相当数目的地方国营工业，现尚处于无人管理的状态。干部很弱，生产改革未搞好，生产品质量很差，成本很高，一直在亏本。如不积极设法改变这种情况，是会把现有的基础也搞垮的，自然更谈不上新的发展。

在手工业方面：华南手工业是特别发展的，其出品不仅满足华南人民的需要，而且有许多远销国内各地及海外（如抽纱、兴宁土布、香云纱等）。解放后，美帝实施禁运，许多土产外销受到限制，加以土改、五反等影响，某些手工业是受了些打击。但在今年，全国实行大建设以来，所有土产都能销售（个别除外，如抽纱尚未打开销路），滞销变成畅销，畅销变成脱销，在此刺激下，手工业生产大有恢复与发展，特别为广大农民在土改后所需要的生产资料以及对广大人民生活资料所需要的手工业生产的恢复与发展是很快的。当然，某些手工业过去为地主阶级统治时代所需要的，现则一蹶不振或者只能维持一时，这种情况应认为是健康的现象。可以肯定，华南的手工业是有广阔的前途的，是华南经济建设一个绝不可忽视的方面。

在商业方面：华南因为地方轻工业有相当基础，经济作物特别发达，手工业特别发展，又加物产丰富，交通方便，所以商业也特别发达。如广东城镇就特别多，据税务局调查，每天收税 1000 万元以上的城镇就有一百零一个。解放以来，我们对城镇的保护与商业的恢复是给予了足够的注意的。土改、五反等对城市工商业虽不无影响，但总的说来，对城市工商业的保护是做到了的。特别经过去冬对工商业的调整，今年以来淡季不淡，各城市营业额都大为增加（如广东省国营商业营业额去年不到 40000 亿，今年则可争取到 80000 亿），广州今年税收可超任务完成 4000 亿，广东省今年完成 35000 亿，比去年多 7000 亿。这都说明，华南的商业恢复也是有很大成绩的。这对于今后发展华南经济建设，扩大城乡交流，满足人民需要与为全国建设积累资金均有极重要的作用。反之，商业在华南如搞不好，则问题很大，最主要的是会引起农民对我不满与要背起城市广大人口失业的包袱。然而，今天在商业上国营比重占的太少，如广东现国营批发只占30%多一点（广州市较好，已上升到38%，广西则已达到70%的批发比重），这一情况是无论如何也需要改变的，否则，便无法领导市场，很好发展生产与配合全国的经济建设。

（三）地区特点：华南地区确比较复杂，南与港澳相连，西与芒街河内紧接，海岸线长达7000余华里（包括海南岛），岛屿港湾数达几百个，而最值得注意的是内部阶级与民族关系显得特别复杂，据现有统计5300万总人口中，城镇人口约1000万，少数民族800万（大小7个自治区），侨眷600万，沿海渔盐民及内河船民约200余万，这就决定了我们在经济建设中的生产指导上必须照顾不同地区情况与不同条件的特点，发挥各界各族人民的积极性来参加建设。特别是少数民族数目很大，生产困难特多，更必须大力帮助其搞好生产。

华南地区大多数属亚热带，气候温暖而雨量充沛（平均雨量为一千五百公厘，在我国来说，算是多雨的地区），大部分地区见不到霜雪。因此，全年都是农作物的生产季，这是农业生产最优良条件之一。比如：水稻收两季后还可冬种小麦、蕃薯、油菜以及别种蔬菜等作物。又如蚕桑，在江浙一年只春秋两季可收成两次，在珠江三角洲地区，一年则有七、八次的收成，并有许多农作物不是全国各地都能种植的，其中最著名的（经济价值也是很大的）是水果，如荔枝、香蕉、菠萝、柑、橙、龙眼、柚、木瓜、洋桃等。经济作物如：甘蔗、黄蔴、桐油、松香、烟、茶等出产也特别丰富，尤其是甘蔗的前途无限美好，将来华南将成为全国最大最理想的产糖区（现仅广东产糖已占全国总产量三分之一）。此外，还有许多有价值的东西，如橡胶、金鸡纳霜、菠萝蔴、椰子、咖啡、可可、八角、肉桂、香茅草等，更只有华南才能出产（云南也可出些）。所以，华南的农业（包括经济作物）具有很优越的发展条件，潜在力量很大，只要我们努力，是可以做到使华南成为粮仓，为工业需要提供大量的粮食和原料，以及满足人民需要的必需品的。还由于华南海岸线很长，海水长年不冻，渔盐及其它水产也特别丰富。此外，华南森林与矿产也是很丰富的。这些，都必须在经济建设中引起很好的注意。

华南地区轻工业之所以比较有基础，商业之所以很发达，这是与华南私人资本有雄厚势力分不开的。如广州市私人工业占工业比重 72%，广东省私人工业比重亦占 60%左右，这是一个极大的力量。当我们考虑华南的经济建设时，必须重视这一事实，必须很好地运用（利用、限制、改造资本主义工商业的方计），经过国家资本主义的道路，使其变为社会主义的一部分。这不仅在配合五年经济建设计划有很重要的作用，对华南加速经济建设与实现华南工业化，也是具有很重要的作用的。

综合上述，华南地区在经济建设中是具有许多有利条件的，如农业生产条件的优越性，工业有相当基础，手工业与商业很发展，这些都需要在今后经济建设中很好注意并加以运用。但亦必须重视存在的一些困难与要照顾其特点。这些是：改革留下的尾巴很大，经济恢复工作尚未完成，加之地区复杂，阶级关系复杂，以及处在国防前线等。这都是今后在华南的经济建设中需要很好注意与时时警惕的。

二、在五年经济建设计划中，华南党的任务

华南在五年经济建设中所处的地位问题。五年计划的方针已明确规定，主体是发展工业——主要是集中力量发展重工业与国防工业，同时又规定也不是孤立的发展工业，需要有各方面的配合和有比例的发展，因此，全国各地的建设都必须包括在五年经济建设计划的整体之内，无条件的服从它、配合它，保证建设计划的顺利进行。华南本身虽未担负大的工业建设任务，但现已确定的也有黎海铁路的修建、海南铁砂矿、广州造纸厂、平桂锡矿的扩建，以及准备新建两三个糖厂（规模与顺德的差不多），再就是为工业提供重要原料的橡胶垦殖（共 250 万亩，争取七、八年后普遍割胶能年产 15 万吨到 20 万吨）和继续加强国防的建设。重要的工业，如这次已确定五年计划内建设的 141 个大企业，未分配给华南地区一个，是完全合理的。这是由于：第一，华南为国防前线，不

应把重要的工业摆在这个地方；第二，华南资源不明，现无建设重工业的条件。因此，华南在五年经济建设计划中，应无条件地为配合全国工业建设服务。

华南在五年经济建设中的地位的确定，也就规定了华南党在这一时期的任务。我们的任务是什么呢？中央已有指示，即是：两省应以最大力量做好农村工作，发展农业和手工业生产，以配合全国的工业化建设。同时，必须抽调一部分较强的干部去加强城市、工矿工作，搞好现有的国营工厂。五年计划的指标是：广州纸厂扩建争取年产 6 万吨，四村水泥厂增加设备争取年产 35 万吨，海南铁砂矿增加设备争取年产一百万吨，平桂锡矿争取年产五千吨，糖厂加上新建两三个厂争取年产 15 万吨到 18 万吨，其它如电厂、机器厂等，争取超过原任务。必须指出：华南搞工业的重点，应放在搞好与发展地方国营工业和改造资本主义工商业这上面，这就是在不放松对国营工厂的领导下，要积极而适当地发展地方工业和以大力对资本主义工商业的社会主义的改造。还有，要搞好商业和其它财政工作，这一点对华南很重要。

广州市及其他几个工业有些基础的城市，则必须以抓工业为中心。特别是广州市的工业，不管从数量或质量上来看都很可观。如六个国营工厂，生产量并不算少：西村洋灰厂产量现已达年产 25 万吨，占全国现有洋灰总产量近 10%，广州造纸厂产纸量则占全国总产量 10%还多；还有，全市发电量是超过武汉的。至于地方国营工厂，大小数目达 50 多个，有的生产品数量虽不多，但为全国工业建设所需要（如氧气工厂、锌板工厂等）。还值得指出的是，广州私人工业数量很不少（拥有有动力的工厂大小约两千家，其中 10 人以上的有八百家），虽大多数规模不大，但其产品多种多样，从精细仪器、机械、建筑器材（小五金）以至日常用品，不但可以行销全国，且有部分出口。在广州市，如果在五年计划中进一步搞好现有国营工业，还可以提高产量是不成问题的。对地方国营如能充分发挥其潜力，进行必要的增加设备与进行某些扩建，生产也是可以大大提高的。对私人工业，如能在五年内争取上述两千家中的八百家做到实行国家资本主义化和能在五年内争取国家能投些资进去，或争取吸收私人资本再建立与扩建一些工厂，广州是可以改变现在的面貌的（现在广州商业比重虽大，今后可以不称之为商业城市）。广州市的发展方向是必须争取这种改变的迅速到来，这对于广州市本身的发展与繁荣，对于华南的经济建设的推动，对于全国经济建设的配合，都是有很大意义的。特别重要的是，只有这样做，整个华南转向以工业建设为重点时，我们就可以有一个“基地”了。这应该是华南今天以发展农业为中心而同时不可放松与忽视的一个方面。

由此看来，华南今天在经济建设中的地位虽是从属的，但又是重要的，是国家工业建设中不可缺少的环节，并且是将来大有发展前途的一个环节。因此，在五年经济建设期间，我们要集中力量搞好农业与渔、盐、林，矿，为工业提供粮食与原料；搞好地方工业与手工业，和改造资本主义的工商业；增加生产，发展经济，以满足城乡人民在生产和生活方面日益增长的需要；在农业及渔、盐、林业发展的基础上，在地方工业与手工业发展的基础上，在逐步改造资本主义工商业的基础上，搞好商业、税收等工作，以活跃经济，稳定市场，并为国家工业建设提供资金；还要搞好勘测资源的工作，为将来国家在华南建设大工业准备条件；此外，还要提供经济建设的干部给中央。这些任务，只要全党努力，是完全可以完成的。

［摘录自《中国共产党广东省历届代表大会及全会文件汇编第一卷（1949 年 11 月—1961 年 12 月）》］

华南目前的工作方针①

（1953年10月24日）

一、华南党任务的确定

（一）华南目前工作方针是以发展农业为第一位任务，今后一定时期内，一切工作都要贯彻这一方针。这一方针的决定，是由客观情况决定的，不是谁愿意不愿意的问题。工业建设没有农业的配合是建设不好的，而华南在农业的配合上是起着重大和特殊的作用的，轻视这种作用，不安心于农村工作是错误的。必须向干部讲清楚，工业很重要，要有人去做，但这并不等于农业不重要，或可以轻视农业。事实上，现在全国干部4/5在为农村工作。大家都搞工业，是没有那么多地盘的。华南没有工业任务，就更要抓农业。如果放弃农村阵地，不搞好农业生产和对农民与手工业的社会主义改造，中国社会主义是无法实现的。同时，作为个人来讲，不管搞什么，只要钻进去，就能够搞出名堂来。由此看来，这一任务是光荣的、重大的，我们要很好的来完成。

① 这是陶铸同志在中共中央华南分局第一次代表会议上的总结报告的一部分。

（二）华南以农业为第一位任务，并不等于不搞工业，恰恰相反，我们要以足够的力量来抓工业。重工业还需要一个时期，但轻工业是有条件的，可以大大发展。现在要做好准备工作，以便将来转向以工业为中心。各城市（有工业的），特别是广州，必须使之逐渐改变现有的面貌，成为华南工业建设的阵地。

抓工业主要是抓地方工业。在不放松对国营工业的领导下，主要搞地方工业。因为国营工业是中央定下来了，很难再发展，而地方工业只要有人有力量就可以大大发展。这次，我们争取中南多分配我们一些人，以后增产节约不必上缴，都可用在发展地方工业上。五年计划是广州10000亿；广东8000到10000亿；广西6000到8000万。特别是广州要积极起来，整个五年计划，搞好了，可以成为华南工业的一个阵地，失业人口也可以大大减少。工业不多的城市，可以多搞些手工业。

华南私人工商业势力很大，对他们实行社会主义改造，使其逐渐成为国家的工商业，也很重要（尤其是广东）。

（三）商业与财经工作的重要性。要配合发展农业和对农业手工业以及私人工商业进行社会主义的改造，必须搞好商业。搞好商业，才能斩断资产阶级与农民的联系，促使农民易于接受我们的改造和使资产阶级工商业能更顺利的接受以实行国家资本主义化。而在稳定市场与多为国家积累资金上，也必须搞好商业与财经工作。

（四）为体现新的方针，秋收后，不管城市和乡村，应讯即全面结束改革，全面转向生产与经济建设和全面的实现社会主义的改造。不然，无法很好的转向生产。现在全国拖着我们转，我们虽仍有尾巴，但要带着尾巴跟上全国，我们条件虽差一些，但毕竟是有条件的，只要根据条件，不盲目冒进就行。

前报告中，提到困难少。我们困难，主要在于是新地区，具体讲四条：1. 尾巴很大；2. 准备工作不充分，有的生产未恢复战前水平，财经工作也无经验；3. 资产阶级势力很大，我们主观力量弱，而今后斗争锋芒主要是对准他；4. 国防前线，靠近敌人，出点乱子就严重、震动大。因此，一方面要坚决贯彻中央方针，跟上全国；另方面要根据本地区情况，不能患脑充血。即是，又不能“左”倾，也不能右倾。

……

［摘录自《中国共产党广东省历届代表大会及全会文件汇编第一卷（1949年11月—1961年12月）》］

关于文艺创作上的一些问题[①]

（1954 年 1 月）

一

我们现在正处在一个伟大的时代，一个逐步地实现国家的社会主义工业化和逐步地实现国家对农业、手工业和资本主义工商业的社会主义改造的时代，也就是说，我们的国家正处在伟大的社会主义革命和社会主义建设的时代。在这样一个伟大的时代，文艺工作者应该发挥他们重大的作用。

在我们的国家，民主革命阶段的任务已经完成，已经推翻了三大敌人在中国的统治，建立了革命的政权。从中华人民共和国成立起，中国革命已经进入社会主义革命阶段，即把中国建成为社会主义社会的阶段。也就是说，在完成民主革命的任务以后，随即进行社会主义革命和社会主义建设，逐步建成和健全社会主义的各项制度，发展社会主义的各项事业。要完成这样一个巨大的任务是极端艰巨的。可以设想得到，在这

① 这是陶铸同志在广州文艺界学习会上的讲话摘要一部分。

一时期是需要经过比以往革命更广泛、更深刻得多的斗争。这不仅是对被改造的社会阶级而言，就是每一个革命干部与广大人民，也需要进行巨大的自我教育、自我改造的思想斗争。

有人说，我难道还要思想改造吗？我看是需要的。从前我们是从事新民主主义革命，甚至在中华人民共和国才成立的两三年内，在广大农村中的主要矛盾还是封建势力与广大农民群众之间的矛盾。我们解决这一矛盾是经过土地改革，废除封建地主的所有制；而资本主义所有制基本上是未被触动的。因之，人们的思想的改变是有限度的。而现在则不同了，现在国内主要的矛盾是资本主义与社会主义之间的矛盾，在农村中也已表现出个体小农经济与农业的社会主义集体化之间的矛盾，当然，这其间还存在着封建势力残余与广大人民之间的矛盾，这就要求我们必须以社会主义革命战胜资本主义和封建势力的残余；这就要求我们所有的人都要做一番思想改造的工作，把我们的思想进一步武装起来。假如我们满脑子非社会主义思想，而想很好地完成社会主义革命这一伟大的任务，那是不可设想的；何况我们从事文艺工作的，正是要以自己的思想来影响别人的呢。事实不是如此么？我们许多文艺工作者都是从旧社会里走过来的，脑子里或多或少地沾染上了剥削阶级的思想意识，如果不把这些脏东西去掉，就不能很好地工作。我所说的思想改造斗争，就是指的这一方面的思想改造斗争。

在社会主义思想与资本主义思想、封建主义思想斗争中，文艺这一武器，是起着很大的作用的。一篇社论，一个报告，自然能起作用，但假如有一篇小说，一部电影，一出戏，一幅画，一首诗，一支歌子能够真实地反映了现实，引起了群众的共鸣，因而使人思想上有所提高，我看，它的作用有时也不在社论与报告之下。加之，目前一般群众文化水平不高，通过文学艺术作品中的艺术形象来对他们进行教育，比较容易接受，这就更可以看到文艺这一武器在思想改造中的重大意义了。

同时，另外一个情况也值得我们注意：解放后人民物质生活提高了，因而对文化生活要求也随之提高，他们伸出手来向我们要东西，而且要得非常迫切。这一要求是完全正当的。我们职责所在，没有理由不去满足他们的要求。

既然文艺作品有这么大的作用，既然广大群众对文艺作品有这么迫切的要求，那末，我们的文艺创作情况又怎么样呢？我看，总的说来，我们的文艺创作是处在一种“供不应求”的情况中。

我先谈一点自己的印象。我最近走了几个地方，看了几次文工团的演出，大致都是那么几个节目，而这些节目又可以分为以下三类：一、苏联的以及东欧人民民主国家的；二、少数民族的；三、古典的（或是以历史为题材的）以及民间的。所有这些演出都是可以的。但我们不能不指出，在这些演出中，缺少和我们现实生活紧密结合的、深刻反映现实的东西（在表现少数民族的节目中自然有一部分是反映现实的，但代表性有限）。而这些，正是我们最需要的。因为只有从群众现实生活中提炼出来的东西，对群众才更有现实的教育意义。电影、小说、诗歌也都或多或少呈现了这样一种情况。

现在人民的要求是那么迫切，而我们的作品却出现“供不应求”的情况，我看这是一种危机。猪肉有过供不应求，但经过号召农民多养猪，调整一下价格，也就解决了；食油也有过供不应求，但在计划扩大种花生的面积后，也是可以解决的，但是文艺作品“供不应求”却不是调整价格与扩大面积可以解决的。因为这问题要比解决猪肉和花生问题复杂得多，因此更值得我们注意，要很好地加以解决。

二

那末，是什么原因造成了文艺作品的“供不应求”呢？在华南，有着几种不同的看法。大家都在找原因，但是我们要找出主要的原因来，然后才可以对症下药，真正地解决这一问题。不然，它就会阻碍我们的创作，使我们的创作停滞不前。

是不是华南的作家力量弱，因此创作不出东西来呢？我看不是这样。

华南的作家是不少的，而且其中有不少作家从前写了很多东西，有的还出版了不少书。这虽然不能说我们的力量很强，但基本力量是不弱的，艺术才能是有的，也就是说把现实生活用文字等工具艺术地表现出来的才能还是有的。

是不是作家们创作了很多作品，被群众“打回”了，因而归罪到群众要求过高呢？我看不是这样。不少作品连作者和编者自己看了都过意不去，不敢拿出来，群众连看都没有看到，这怎么能说是要求过高呢？我倒有个相反的看法，群众要求倒是不高的，因为他们懂得，有作品比没有作品好，只要没有毒素而有点文艺味道和教育意义，他们就可以接受。自然，群众看到太不象样子的作品是要提出意见的，但这绝不是挑剔，也更不能把它看做是创作不出作品来的原因。

是不是领导上要求过高呢？我看也不是。华南的领导上从来也没有提过过高的要求，因为创作也是一个发展过程，一下子是不一定会写出水准很高的作品来的。自然，领导上也不是没有要求的。领导上要求只一条：写出东西来，要有进步的立场，没有毒素；要有一定的感动人的力量，能给人以教育。我看这是起码条件，不能算是要求过高。假如我们对有毒素的作品不闻不问，那还算是什么领导呢？那就是放弃了领导。对于这一点我们要坚持，这是一个原则问题。假如说作家们就因为这一点而创作不出作品来，这是说不过去的。

是不是批评家衡量作品的尺度过高，因而使作家望而生畏，放下笔了呢？我看不是这样。在全国说来不是这样，在华南说来更不是这样。有个别批评可能过火了一点，但总的说来不是要求过高。在华南我们看到了什么批评呢？我看是很少的。自然，在华南有些作品发表了出去，读者提了一些意见，这正说明了读者对我们的作品是关心的，我们应该欢迎。如果说仅仅为了读者提了些意见，就要搁笔，就要改行，就产生不出作品来了，那能够讲得通吗？显然是讲不通的。

那末，是不是华南地区落后，影响了作家的创作呢？这样的论调也是不正确的。比起全国来，华南地区由于解放较迟，某些方面的工作也确是开展得慢一些；但工作开展得慢半年、一年和作家的创作有什么关系呢？假如说，向全国介绍工作方法和某个工作的经验，工作开展得慢些确是有关系的，但领导上从来没有要求过作家来向全国介绍华南的工作方法和工作的经验（即使是通过艺术形式）。因为作品是要写人的，写人的思想活动，写人的精神品质的。

而华南的人民，华南的党组织，华南的部队，在过去，特别是解放后几年来，完成了各种社会改革，恢复了生产，英勇地保卫了祖国的南大门；在现在和全国人民一道，正遵循着党的过渡时期的总路线，逐步地过渡到社会主义社会去。为着实现社会主义革命和社会主义建设，华南人民一切创造的热情和智慧将会更加发扬起来，一切新的崇高的品质将更普遍地产生出来，我们将在这一过程中看到无数新的人、新的事，他们是感动人的，是能给人以教育的。这难道不值得我们写下来吗？

和许多人的看法恰恰相反，我看华南是有很多东西可以写的。譬如，海南岛的五指山，那里的人民原来用很古老很原始的方法耕田，但他们也积极地在发展生产，也在沿着社会主义社会的道路前进，这中间是多么巨大的一个变化啊！这中间是有多少欢乐和激情，是有着多少新与旧的斗争、先进与保守的斗争啊！又譬如，我曾经到边防上的一座山上去，那里有守卫着祖国边防的一个班，那个班已经一年没有换班下山了。他们住的屋子只是用几块铁皮盖成的，风可以吹进去，雨可以淋进去，太阳把铁皮晒得烫手，屋子里象蒸笼一样。夜里，很多蛇就出来捉老鼠，有时候，蛇或老鼠就掉在他们的床上。他们不苦吗？我问他们为什么不要求换班下山，他们说："我们自己要求不换，因为我们对山上的情况熟悉，警戒有把握些。"这样一种战士，为什么他们能忍受这些，一心一意地保卫祖国呢？他们该是有着多么崇高的品质！又譬如，多少工厂超额完成了任务，多少工人有了发明和创造；又譬如，在农村里，农民受了几千年的压迫，现在翻身了，他们积极地从事生产、防旱、防汛、防风，每一次斗争都出现了无数英雄人物。所有这些，难道不是我们作家所需要描写的吗？我看是非常需要的。

华南的人民在前进，华南的革命和建设事业在前进。所谓工作上开展得较迟，仅仅是短时间的问题。所以绝不能得出这么一条结论：因为华南地区工作开展得较迟，就写不出作品来。

那末，产生不出好作品到底是什么原因呢？我看最主要的原因还是作家深入生活不够。可能有人说：又是生活问题！那又有什么办法呢？真理是不怕重复的。毛主席说：“它们（按指人民生活）是一切文学艺术的取之不尽、用之不竭的唯一的源泉。这是唯一的源泉，因为只能有这样的源泉，此外不能有第二个源泉。”

下面我就讲一讲关于作家深入生活的问题。

三

我想先谈一下在什么样的情况下才能够创作出好的作品来。常常听到一些作家说：只有有着丰富的生活基础，有着丰富的感情，为他自己所经历，所看到的生活深深地感动了的时候他才能够写出好的作品来。我不是作家，没有这方面的体验，但我完全相信这一说法是正确的。

鲁迅的创作就是如此。以《阿 Q 正传》为例，鲁迅看到了中国旧社会的无比的黑暗，看到了中国人民的痛苦的生活、多灾多难的命运，感到非把它说出来不可，才借“阿 Q”这一人物把他的话说出来的。他的第一部小说集子叫《呐喊》，顾名思义，也正是表明他的无可忍受的激情。

但是我们的作品是在什么样的情况下产生的呢？我看有这样一些情况：有的是出题目；有的是觉得自己是个作家，拿不出作品来不光彩；自然，还有的是有一些名利观点。在这样一种情况下，象榨甘蔗（而且是雨水不足、肥料缺乏的旱地里所生产出来的甘蔗）一样，用机器压力榨出来的点点滴滴的作品，自然不会热情洋溢，更不会感动读者了。

我一直认为：我们要了解并描写那些先进的人，要描写他们崇高和伟大的灵魂，首先自己就要成为一个有着崇高和伟大的灵魂的人。一个满脑子剥削阶级的思想意识的人，叫他去描写为建设社会主义祖国而奋不顾身的人们的思想感情，那自然是不可能的。我看，华南产生不出好的作品来，和这个也很有关系。我们的国家已经进入社会主义革命和社会主义建设的阶段了，而“人类灵魂的工程师”的脑子里没有多少社会主义蓝图，那是很难写出好作品来的。

因此，我们可以这样说，我们没有创作出作品和好的作品来，这是因为我们的作家一方面没有深入到生活里去；另方面是作家的思想感情还没有跟上时代的要求。自然，这是一个问题的两方面。

因此，作家要深入到生活里去。深入到生活中去，先得要解决一下自己的思想感情问题，只有思想感情基本上对头了，才可以逐渐深入下去（在深入生活中当然也可以继续改造自己，提高自己的思想，丰富自己的感情）。不然，你即使“深入”生活十年，和农民、工人在一个床上睡，也不能很好地了解他们，因为那只是“同床异梦”。

但这是不是要求作家把问题解决得很好才能够深入生活，才能够从事创作呢？自然也不是这个意思。因为要彻底解决这问题是一个长期的、艰苦的过程。我们所要求的是“基本上”解决，因为不如此就没有一个立脚点。只要做到基本上解决，在深入生活中还可以不断地改造自己，提高自己。对于从事创作的要求也是如此。

那末，深入生活深入到哪里去呢？

这就要问，创作究竟要表现什么？要表现人，但也不是漫无边际地表现，主要是表现人的思想状况，表现人的精神品质。表现人的思想中的积极的一面，也表现其消极的一面。而在我们的国家里，绝大多数人的思想的主要的一面自然是积极的，并且最终也一定是积极的一面战胜消极的一面（这中间自然是循着每个人不同的生活道路，因此有着不同的、曲折的过程，不然就是公式化、概念化）。通过自己的观点和艺术手法把这些真实地表现出来，引起读者内心的共鸣，给读者以教育，使读者思想提高一步，使我们的生活日趋美化。这就是我们创作的目的所在，也是一个作家的责任所在。

因此，我们说深入生活是要深入到人的精神和思想里去。要深入到里面去掌握其发展的规律，深刻地了解一下我们的人民在生活中是循着怎样的规律斗争的；深刻地了解一下我们的人民每一天在怎样思想，怎样喜怒哀乐，怎样过日子。如果真的把这些了解到了，就可以说是了解到人的灵魂了。只有了解到人的灵魂，才可以进一步进行创作，才算是深入了生活，也才能做个“人类灵魂的工程师”。医生要了解一个人的内部，可以借助于显微镜，借助于爱克斯光；但是，作家要了解一个人的灵魂，却没有这样的仪器。因此，作家的深入生活的艰苦性，主要表现在深入人的思想的艰苦上。要想深入到群众的思想深处，除了长期的、耐心的、艰苦的工作外，是没有第二条道路的。现在有的人讲要到群众中落户，有的人讲要在某一个地区踏踏实实地干几年实际工作，在工作中建立一个“基地”，就都是这个道理。但是，有些作家好象对这个道理懂得还不透彻，把深入生活看得很容易，看成象采摘树上的花朵一样容易。因此，他们就不是长期地、耐心地、艰苦地深入到生活里去，而只是短期地、急促地、轻飘地浮在生活的表面，而且他们还认为这样下去，一年半载就一定可以写出大作品来。象这样的生活，自然不会了解到人的灵魂，也自然不会写出好作品来。

但光是深入到生活里去还是不成，还要仔细地观察、体验和分析。要仔细到什么程度呢？要仔细到象跟你的爱人谈恋爱的时候一样。她的一个眼神，一句话，一笑，一颦，都会引起你的注意并研究她为什么。因为知道了她为什么，才会“心心相印”。我看，我们作家真是做到了这一步，那他就一定可以从生活中得到深刻的感受并获得更丰富的创作素材。

另外，我还想指出，现实的生活是很丰富的，一个人的生活是和各方面联系起来的，因此，作家的生活也是需要多方面的，太狭隘了是不成的。有些人认为从多方面去丰富自己的生活是一种浪费，这种认识是不对的。当然，写哪一个题目就去深入哪种生活，也是可以的，但切不可把自己当作下乡小贩，为卖而买，现买现卖。我们是作家，多从生活中积蓄一些材料是什么时候都有好处的。

对于深入生活问题，我只讲这么一些外行人的话，供大家参考。

四

关于创作上的批评和自我批评。

要创作好的作品，批评与自我批评是不可少的。自然，批评应该是善意的，是为了帮助创作而不是妨碍创作的；而作者则应该欢迎批评，拿出自我批评的精神来，修改自己的作品，使自己的创作不断提高。

为什么我们把批评提得这样高呢？我们是马克思主义者，是辩证唯物论者，我们认为一切客观事物都是可以认识的，但是要逐渐来认识，不是（也不可能）一下子就可以认识的。因此就要强调实践，强调用批评与自我批评来修正我们实践中所暴露出的缺点和错误。一个作家的创作就是他的实践，是不是有人说某某作家的创作已经臻于完善地步而再用不到批评了呢？我看是没有人这样说的。同时，一个作家对自己的作品也总是象一般人对待自己的孩子一样，容易犯只看到好处而看不见缺点的毛病。这就更需要读者、批评家来批评，把作品中的正确的、好的地方肯定下来；把缺点或错误的地方指出来，这样，我们的创作才能一步步提高。

批评是需要讲缺点的。但是讲缺点，有些人接受起来就不痛快，再遇见别人提得严厉一些、尖锐一些，有些作家就感到“灰心”，甚至想“改行”。有的作家说：“你们不懂得创作的辛苦，不尊重作家的劳动。”我想，读者和批评家是会懂得创作的辛苦，也会尊重作家的劳动的；但这并不能使他们“缄口无言”，他们是有权利也应该对我们的创作提出意见来的，即使是严厉些、尖锐些，只要对我们的创作有好处，也应很好加以考虑。作家应该多拿出点勇气来，欢迎这些批评，接受这些批评。

何况，作品出版了，人家花了钱，花了时间，看出了不对头的地方，难道连一点意见也不叫人家提吗？你写一本书，也就是发表了你的意见，你发表了那么多意见，要改造人家的灵魂，人家提一点意见你也不舒服，未免太“专制”了一点吧。自然，读者提意见是从各个角度来提的，我们接受时要考虑到这一点。不虚心接受别人的意见自然写不出好作品来；

但毫无取舍地接受所有的意见也不见得就会写出好作品来的。

我们共产党人是把接受批评当做一种高尚品质的。如果认为批评就是伤害了你的尊严，那是一种陈旧的看法，应该抛弃这一看法。华南有些作家是有成就、有地位的，这是他的荣誉，但不要因为“成就”和“地位”就背上一个包袱，因而就不接受别人的批评，认为一批评就是抹煞了你的功绩，忘掉了你的辛劳。这都是些不必要的想法。我们要放谦虚一些，很好地接受别人的批评，以期创作出更好的作品来。

五

最后，再讲一讲党对文艺工作的领导等问题。

今后要加强党对文艺工作的领导。过去华南分局宣传部是做了不少工作的，但是否做得很够了呢？我看还是不够的。今后分局要在政治上、思想上来关心作家们，使他们多听些报告，参加一些必要的会议。作家协会也要尽量来帮助作家们，解决一些工作上的困难、特别是创作上的困难。今后作家与作家协会的工作做得好与不好，就是要看创作出来的作品质量如何，这是唯一的衡量工作好坏的标准。

所谓帮助，不是给作家出题目，也不是叫作家限期交卷。自然，不限期并不是说作家就可以不工作，只是坐在屋子里等“灵感”，而是要辛勤地工作，因为只有辛勤地工作，才能产生出好作品来，而一个作家又总是迟早要产生出作品来的。如果一个作家几年时间，一点东西都写不出，甚至八年、十年还是一点东西都写不出来，那他的思想方法和工作方法就肯定有些问题。我们不限期，不出题目，不叫作家配合每一个具体工作任务，这是因为创作是属于思想领域的工作，是要根据每个人的具体情况（譬如他所熟悉的生活，他所擅长的笔墨等等）来写的，作家在这方面自然是完全自由的。当然，所谓熟悉的东西也必须是对人民有益，对社会主义革命和社会主义建设有益的东西。

其次，我们要采取多鼓励的办法。我们对艺术作品的要求是高的，但这并不是一下子就能达到的，它需要有一个过程。因此，只要有些教育意义和有些感动人的力量的作品，就可以发表。音乐、戏剧、舞蹈符合这一起码条件的也可以演出。总之，要多给大家发表和演出的机会。这就是一种很好的鼓励，这就会帮助我们的创作和演出向前发展。

作家下乡、下厂、下部队，是创作生活中很重要的一个方面。我们的作家应当经常到下面去，要深入到生活里去，几个月，一两年或者更长的时间都可以，倒不一定规定每次下去都要有多长时间和都要写出东西来，但一定要有所收获，就是说要比以前更深刻地了解人的思想，丰富自己的生活。只要我们有恒心，能深入到生活里去，是会写出东西来的。写大东西，我并不反对，但并不一定急于写大的。先多写一些小的，这一方面可以很快地反映现实；另方面可为写大东西打下个基础。我问过一些作家，他们都说经历过这样的过程。

作家也要抓紧学习马克思列宁主义，学习毛泽东著作，学习党的方针政策，现在说来，就是要很好地学习党在过渡时期的总路线，要弄清它的实质，要了解各方面在各个时期的成就，因为人民生活中的一切问题，人民的思想感情，都和总路线有关系，我们如果不很好地学习它，就一切都无从下手。

但是，文学的表现方法究竟不同于科学的表现方法。作为一个作家，必须有一定的政治修养，又必须有一定的写作才能。一个仅是生活很丰富而毫无写作能力的人毕竟不能称为作家。华南的作家们是有一定的写作才能的，但要更提高一步，以期能更好地反映这一伟大的现实。因此，作家们的笔就要经常地练，有的写了虽不一定能发表，但对提高自己的表现能力是会有帮助的。

最后，我还希望作家们多读一些好的作品：古典的，民间的，外国的好作品，要多读；当代的好作品更要多读，而且要很好地研究。慢慢地，就有可能写出象样子的作品来。

（摘录自《陶铸文集》）

要大力加强组织工作[①]

（1954 年 3 月 24 日）

组织工作的任务问题

第一，为了令组织工作来保证总路线的实现，凡在华南地区的城市、农村、厂矿、企业中的一切共产党的组织——从分局到各支部、小组，要把工作迅速的转变过来，使之成为实现总路线的领导者与组织者。但是，是否所有一切党的组织都起了这个作用呢？据我了解，有不少党的组织还未很好的起了这个作用，自觉的、系统的使组织工作为总路线服务。当然，农村中支部在购粮运动中所起的作用这是很好的。但只把购粮运动当作是一个突击任务来完成就很不够了。总路线是过渡到社会主义社会的体现，因之，要求组织部门今天的工作，不仅是调动几个干部，和干部谈谈话，忙于琐碎的事务里。而组织工作的中心任务是组织实行社会主义改造的转变。

第二，所有党员必须是社会主义改造坚决的执行者与模范。社会主义

① 这是陶铸同志在华南区第三次组工会议、第二次纪检会议上讲话的一部分。

改造是靠党员带头，但是，农村中的自发势力会影响他们的。因此，在农村中必须加强社会主义教育，认识到互助合作的好处，使之自觉地走互助合作的道路，而自发势力就不可怕了。目前，广东有40%的乡已建立党支部，广西亦有30%的乡建立支部，但还要继续发展。我们要扩大党的组织，提高党员的质量，都是为了在农村很好地领导农民走社会主义道路，用自己的模范行动去影响农民，互助合作运动就会顺利发展，社会主义改造迅速前进！工厂内搞社会主义劳动竞赛，要依靠工人群众及党的领导作用，所有的生产部门，没有党的组织就要建立起来，并使党员能起模范带头作用。

干部决定一切，在今天是有现实意义的，干部好，工作发展就快，干部弱，工作就容易搞垮。

组织部门要有新的工作作风。目前组织部门任务上有很大改变，过去业务是比较简单，今后是复杂的，干部不懂业务，不能挑选干部，干部称不称职很难了解！当然，作风的改变是慢慢来的。

加强党的监督、纪律工作。组织部在党内是主要部门，组织威风不够强，这不是要我们的威风使干部像小鬼见阎王的意思，而是很多干部不怕组织部，觉得组织部不能解决问题，可以随便不受党章国法的约束，自己毛病很多，组织部管不了他。我们国家这样大，党员又这样多，今后组织部门要掌握干部思想情况，要严格执行纪律，加强组织部门的监督作用，加强对党员干部的管理及教育干部。同时要掌握以奖励为主。

关于调配干部问题

经过此次会议，批判了本位主义思想，大家的思想通了，干部上调是不能拖延的，要有决心的把优良干部派到工业中去，支援工业的建设，这次抽调十分不强，可能削弱些，工作会有些影响，分局意见分两批调：4月左右，分局、省府在机关上调三分之一，留三分之二。向各地抽调于

8月上送中央中南，现在农村正搞生产、大选、公债、夏征等工作，有半年时间作准备工作，使调走一批后能立刻补缺。在抽调干部时，海南可少调些。在抽调干部的同时，要做好培养提拔干部工作，因为韭菜不吃不长，干部提拔了有朝气，这样中央要调多少就可给多少。华南有15余万党员，还可继续发展，同时亦可以逐步提拔，特别是地方干部，有很多本地干部压着未有提拔，把干部提到县、提到区来，保持县、区委的经常满员。外来干部中有些文化低，地方语言不懂，可以调动一下，能分配工作的分配工作，不能的就送去学习，提高文化。有些年纪大，着急回家的，就把文化提到高小的程度，然后介绍回本地工作较好。其遗缺可提拔一些地方干部充任。

（摘录自广东省档案馆馆藏档案）

培养社会主义建设人才是中等学校的历史责任[①]

（1954 年 3 月 29 日）

（一）如何重视与办好中等学校教育问题

广东中等学校教育办得是不错的，去年到中南去投放大学的学生的成绩很好，这就是具体的说明。但是不是能说已经办的很好了呢？我看也不能那样说。因为我们说办的不错，是根据以往的条件来说的，如果根据目前的要求来看，那就差得还很远。那么，现在我们是不是有条件把我们的中等学校办得更好，使他能逐步的赶上国家与人民的需要、时代的需要呢？我看是有条件的。

办好中等学校教育的关键在什么地方呢？

首先是（也是最重要的）所有从事这一工作的同志，都要从思想上真正认识中等学校教育的重要性。如果认识到这一点，大家高度发挥积极性，即使条件差些，有些困难，也是可以办好的。不然，条件再好也办不好。是不是大家在思想上都已经认识到中等学校教育的重要性了呢？

① 这是陶铸同志在广东省中学、师范教育会议上讲话的一部分。

我想，大家是会认识到的；但也还存在着一些问题。如有的人认为：既然是重视，为什么党委不来看一看，解决存在的困难；既然是重视，为什么干部问题总是没很好地给予配备；既然是重视，为什么有些经费问题也总是不能很好地解决呢？是的，这些都是事实，党委在这一问题上有缺点，但也有其客观原因。但是，这是不是就可以抹杀了中等学校教育的重要性了呢？我看是不能的。一件事物的重要性，通常都是决定于这一事物的本身，而不决定于谁个重视不重视。如果本身重要，今天不被重视，明天也会被重视的；如果本身不重要，即使被重视了，也只是昙花一现罢了。

我们说中等学校重要，究竟它表现在哪些方面呢？究竟我们要从哪些地方、用什么观点来看它的重要性呢？

我们可以先从具体问题上看一看。今年广东文教经费近一万亿（连小学及卫生体育等均包括在内），占省的经费的 40%。去年广东增产 14 亿斤谷，也仅是这个数目。这么大的一笔款子用在这方面，怎么能说它不重要呢？要知道，每一个钱都是劳动人民的血汗，如果不重要，我们一个钱也不会花，更不用说这么大的数目。另方面，广东中学生几十万（加上小学生就有几百万），我们要把他们培养成社会主义的新人，要把他们培养成我们的伟大的事业的继承者，党和人民把这样一份重要的任务托付给我们，我们如果真的对党、对人民负责，战战兢兢犹恐完不成这一任务，还怎样能说它不重要呢？

更重要的，我们还要从社会发展的需要与人民的需要来看中等学校教育的重要性。我们的国家正处在一个新的历史时代，这就是要把我们的贫困的、落后的、农业的国家，变为富强的、先进的、社会主义工业化的国家。在这样一个伟大的时代，我们迫切地需要各方面的人材，中等学校在这一方面担负着双重的、重大的任务。一方面要培养大部分能初步掌握一般知识的人才，到不同的工作岗位上去；另方面要输送一部分到大学，使他们被造就为专门的人才。从社会发展的观点来看，我们今后主要的任务是发展生产，但这和提高文化是分不开的，因为没有文化不但无法从事工业，而且农业也要机械化，没有文化也是不行的了。我们社会主义的最终目标，不但要使全民物资生活条件好，而且要使全民知识份子化，消灭智力劳动与体力劳动的本质差别。这样一个伟大的历史任务，从事中等学校教育的同志们要担负起来。

担负着这样一个伟大的历史任务，站在这样一个重要的历史岗位上，是重要的，也是光荣的。

但是，我们有些同志还不是从人民的需要、社会发展的需要上来看这一问题，而是从另外一个角度上来看这一问题。他们认为哪里人多哪里就重要，哪个工作一时之间被重视了就重要，因此，中等学校一时还不那样“热闹”就认为中等学校教育不重要了。应该指出，这种看法是一种庸俗的看法，是一种错误的看法。

三年来，领导上对学校教育放松了一下，但这是由于领导上在搞社会改革，一时之间腾不出手来。这自然不能影响中等学校本身的重要性，而且一时的放松，也正是为了搞好社会改革后才能以大力去加强它。从现在起，领导上必须逐步来加强（但也不能要求一下子就加强很多）学校教育的工作，这是现在已经有了这种可能，而在需要上更是十分迫切的缘故。事实上，从去年以来，学校教育已有所加强了。如用了相当大的力量搞思想改造；派进去了一批干部。自然，这种加强还是不够的，还需要继续加强。

因此，现在的问题是要求各级领导与学校教工全体同志，共同努力，重视学校教育工作，一定要把它办好。几年来，特别是去年虽有很大进步，但离要求还差得远，学校中存在的急需解决的问题还不少，如学生纪律性很差、教学质量还低、制度还不够健全、教职员之间还不够团结、不少教职员还不够安心工作等等。只有把这些问题解决了，我们的学校教育工作才能向前大大迈进一步。

其所以产生以上这些现象，原因自然很多，但主要的原因却在于不少教职员不安心于学校教育工作（更谈不到对学校教育重要性的认识）。如果只是抱着“当一天和尚撞一天钟”的态度来工作，那怎么能会把学校教育工作办好呢？因此，我们要求所有做教育工作的同志们都要安心于这一工作，并切实地负起责任来，要把教育事业作为个人的终身事业，要真正的钻进去，这就是为党、为人民服务的具体表现。

据说，在学校里不安心工作的有这么三种类型的人：一种人认为自己是“过渡的校长”，这种人多是比较老的，办教育多年的人，他们认为自己是从旧社会里来的，现在仍旧在工作，只是因为没有人能够代替他，一旦有人可以代替他时，他就会被辞退。我们不能不指出，这是一种错误的想法。党用一个人主要是看他的工作表现怎样，只要他工作得有成绩，挽留还怕挽留不住，怎么还会把他辞掉呢？而且这种老教育家，正是具有丰富的宝贵的教学经验的人，为什么要平白无故地不让他们继续发挥自己的专长呢？第二种人认为自己是“改过的校长”，这种人多是犯了错误调到学校里来的，自然，有错误一定要改正，但是否只有学校才是改正错误的场所呢？我看谁也不能这样说，因为任何工作岗位都可以是改正错误的场所。我倒是主张以后有错误的人不再调到学校里去，而且错误严重的人还要把他调离学校，免得给人以错觉。第三种人认为自己来搞学校教育工作，是走了“冷门”。这种人多是从土改队中调来的，他们说：从前有些会议可以参加，现在不能参加了；从前有些文件可以看，现在看不到了。我看这些都是些小问题，从前领导上把这一点疏忽了，只要你们提醒一下就可以解决，自然不能根据这一点就把学校教育工作看做“冷门”。所有上述这些想法和看法，统统是错误的，应该加以纠正。只有这样，我们才能够安心于学校教育工作，才能够认识到学校教育工作的重要性，也才能够切实负起责任来，钻进去，真正把学校教育工作做好。

（二）过渡时期文化教育的性质问题

对于这一问题本来是没有什么可争论的，因为梁代厅长在传达全国中学教育会议时，已经讲得很清楚了。但听说还有一些同志在某一点上不大清楚，譬如有的说，现在我们的经济成份既然是多种的，还不能说是一个单一的社会主义经济，那么，文化教育的性质为什么却已是社会主义了的呢？这是他们没有看到，目前我们在经济上虽然还有几种，但社会主义经济是站在领导的地位上的，而且我们的政权是工人阶级及其政党领导的政权，它的目的就是为了使社会主义的经济成为我国唯一的经济。我们的文化教育正是要培养为这一目的而服务的人才，正是要以这种思想来教育学生，因而它自然可以说是社会主义性质的了。并且我们应该了解，一般讲来，经济基础的转变是比较慢的，而作为政权及指导政权工作的思想意识等上层建筑，虽然是从经济基础上派生的现象，但它的转变却是比较快的，而且当它一旦转变，就会成为极大的积极力量，积极帮助自己基础的形成与巩固。明白了这一点，我们就应该更透彻地了解，过渡时期的文化教育的性质为什么是社会主义性质的而不是新民主主义性质的了。

又有的说，共同纲领上规定的文化教育是新民主主义性质的，现在我们提社会主义性质的，是不是共同纲领上规定错了呢？现在的文化教育是社会主义性质的，这是肯定的，但是不是共同纲领上的规定就错了呢？我看也不能这样说，因为我们的过渡时期虽然是在中华人民共和国成立之日起就开始，但才一开始，农村中的土地改革及其他改革还没有完成，财政经济恢复工作还没有完成，那时候只是一个准备时期，所以共同纲领那样规定还是可以的。但到了现在，关于学校教育的性质，就必须更加明确与更加肯定起来。

（三）全面教育提出后的摆法问题

这次全国中学教育会议提出，要把学生们培养成为积极参加社会主义建设和保卫祖国的全面发展的新人，也就是把他们培养成有社会主义的政治方向，辩证唯物主义的世界观和共产主义道德，有文化科学的素养，有健康的身体，也就是毛主席所指示的“身体好、学习好、工作好”。因此要进行全面发展的教育。

几年来，我们在进行全面发展教育上是有缺点的，开始时是政治思想教育多了一些，后来却又变成文化科学教育为主而忽视了政治思想教育，这自然都是偏向。今后要进行全面发展的教育是十分必要的。但有人说：到底哪个最重要呢？三者之间以哪个为主呢？我看，既然是“全面”，那就哪一面也重要，这是个怎样结合得更好的问题，而不是哪个为主的问题。譬如：一个中学生没有了文化科学知识那怎样能算是个中学生呢？因此在教文化科学规定的钟点内，一定要把文化科学教好，更不能随便的侵占其教学时间。这自然不是说政治思想教育不重要了，都知道，我们培养的是社会主义的知识份子而不是资本主义的知识份子，尤其是政治思想教育在中学里没有固定的教学时间，这就更值得注意，特别就广东目前情况来看，学校内政治空气不浓，更需要加强政治思想教育。我这样说，并不是想把这些问题孤立起来，我认为它们是可以很好的结合起来的。譬如教历史，我们就可以通过历史来教学生们怎样用历史唯物论的观点来看待历史上的那些事件与人物，要教育他们懂得我们说某一个人进步是因为他能够根据生产力的发展，对生产关系进行了微小的，或者是巨大的改革，因而使生产前进了一步；要他们懂得推动历史的力量是群众的力量，先进阶级的力量，而不是某一个人的力量，因而也批判了那种“英雄造时势”的错误想法。譬如教自然，我们就可以通过自然教学来使学生们加强唯物观点，使他们知道世界上的一切都是由物质组成的，都是可以被认识的，因而也就批判了那些神秘的，甚至是迷信的观点。我说到这些，自然丝毫也没有减低体育卫生教育的意义，这原是极浅显的道理，一棵树的树干枯萎了，那自然开不出茂盛的花，结不出硕大的果实来，尤其是年轻的一代，正处在身体发育的时期，因此我们就更要注意这一问题。

有的校长说：“我管政治思想教育，不管文化科学教育”；有的教师说：“我管文化科学教育，不管政治思想教育”。这都是片面的看法，要贯彻全面发展的教育，必须要从全面来认识这些问题。

此外，在进行全面教育时，教师还必须以身作则，要求自己是一个有社会主义思想的人，要用自己的一言一行来对学生进行“无言之教”，这一点也是很重要的。

（四）对知识分子政策的贯彻与加强学校的团结问题

党对知识分子历来都是重视的，这是由于只要他们能把自己的知识贡献给人民的事业，人民的事业就会得到很大的好处。大家都知道，我们所进行建设的社会是社会主义社会，共产主义社会，而这样的社会没有高度的文化水平，没有高度的科学水平是不能实现的。我们的党之所以重视知识分子的基本观点就在这里。党的这一基本观点和历来的反动统治阶级有着本质上的不同，历史上那些统治人民的阶级，他们并不想叫人民有文化，他们只想把人民训练为一种愚昧状态，以便于他们的统治。他们对待知识分子是使其成为愚弄人民的工具。因此，那时候那些有良心的，看到了并同情人民的疾苦的知识分子就常常与当时的统治阶级发生矛盾，甚至处于对立的状态中。我们重视并使用知识分子则是为了使他们为人民的幸福，人民的美满生活（包括文化生活）来贡献自己的力量。这就是我们党的基本观点和历来的反动统治阶级的观点本质上不同的所在。

党对知识分子的政策，概括的讲起来就是一句话：使用与改造。所谓使用，就是使他们发挥其所长，把他们的知识贡献于人民的事业。所谓改造，就是使他们去掉自己的缺点，能够更好地，更积极地为人民服务。有些人一听到“改造”就不舒服，这是不必要的。我们都从旧社会里走出来的人，在我们的思想上都存在着不少从旧社会里带来的脏东西，我们说改造，就是多装进一些新的思想，使这些新思想来占领那些旧思想的阵地。这是应该高兴的，有什么不舒服的呢？！

但是，我们也不能不指出，有些学校的领导者在贯彻党对知识分子的政策上，在团结全校教职员共同办好学校的问题上做得是不够的，是有缺点的，有的甚至可以说是错误的。

从现存的问题来看，其中主要的，也是最突出的问题，是有些学校的领导者在思想上存在着“左”的情绪。譬如，有的人错误地提出了“依靠先进，团结中间，孤立后进”，“进步的团结，落后的打击”等口号；有的人检讨说：“我对于落后的教师，总看不顺眼，总是公开的批评他们，却没有一次表扬过他们”。我们也可以这样说，所谓“左”的情绪主要的是表现在对待落后教师的问题上。

应该怎样来对待落后的教师呢？这是搞好学校团结、发挥全校教职员积极性的关键之一。我们应该首先明确，什么样的人是落后的教师。落后的教师既不是反革命分子（反革命分子是要逮捕的），也不是品行极端恶劣的分子（品行极端恶劣的分子是不配为人师表的），而落后教师却是这样一种人：他们的政治觉悟还不够高，脑子里旧思想多了些，有些东西甚至不易一下子除掉，因而新的思想也不易一下子装进去，但是他们是在工作着，并且很多是在努力地工作着。由于这些教师受的旧影响比较深，我们在帮助他们的时候就更应该耐心，多花费一些时间和力量，必要的时候还可以等待一下；由于这些教师感觉到自己落后因而产生了自卑感，我们就更应该多表扬，少批评，表扬他的成绩，虽然仅仅是小小的一点成绩，但这一点也可以照亮他前进的道路；由于这些教师在为人民工作着，所以我们只有团结共事，耐心帮助，而不能采取其他错误的办法。有些人不懂得这些道理，因此有了一些错误的想法和做法。譬如有人说：“落后教师是不可改造的”，这种看法是错误的，要知道，除了反革命分子以外，任何人都是可以改造的；又有的人想用阶级斗争的方式来进行教师的改造，这自然也是错误的。要知道，我们对落后教师的改造是革命人民内部的事，而这一改造是建立在自觉的基础上的，我们主要的是要依靠批评与自我批评的方法来进行这一工作；还有的人一提到改造，就是要打击，因此“改造落后者”到了他那里就成了“打击落后者”，一个落后的教师，已经丧失掉前进的信心了，我们再把他打击到绝望的地步，那他怎么能会进步呢？所有这些错误的想法和做法都应该受到批判和纠正。我们要很好的领会党对知识分子的政策，把它贯彻到实际工作中去，团结、改造好全校的教职员（尤其是落后的教师），办好学校教育工作。

党、团员在学校里，在这一问题上要起到带头作用。到现在为止，我们还有些同志只喜欢团结进步的教员，不喜欢团结落后的教员，这是不对的。应该说，团结的重点应该放在落后的教员的身上，要多同落后的教师接近，耐心的帮助他们，带领他们一同前进。不然，只有你和几个进步的跑在前面，把大群人搁在后面不管，那只能算是“冒进”。有人担心的问：如果落后的教师总不进步怎么办呢？我们要做到什么地步为止呢？我看，只要你能耐心的帮助他们，他们一定会进步的；至于做工作做到什么地步，那要做到“精诚所至、金石为开”，把落后的转变过来了才能算是把工作做到了家。

自然，我们说搞好团结是要搞好各方面的团结，校长与教师之间，教师与教师之间，党、团员与群众之间……都要团结在一起，也只有大家都团结在一起的时候，才能够群策群力的把学校办好。

要搞好团结，搞好学校，还要确立学校的领导核心，使大家围绕在这一核心的周围，都能发挥自己的积极性。不然，只是你一个人，跳到东，跳到西，即使累死也搞不好工作。

（五）加强党对学校教育领导的问题

关于今后加强党对学校教育的领导问题，我再讲几句话。

一、学校干部还不够强，还要预备抽调一批干部到学校去，加强学校的领导。学校工作也像别的工作一样，没有强的干部是搞不好的。

二、要关心教职员在政治上的提高，使他们不断地进步，成为一个马列主义者。学校里教职员不重视政治学习，是值得我们严重注意的。要在各种可能的范围内来提高他们的政治水平，培养他们学习政治的空气。像这样的会每年可以开一次，通过会议，可以使到会的同志从政治上、思想上大大提高一步，回去以后可以带动大家。此外，教职员同志们还要自己抓紧时间，多读一些马列主义的书籍，把教师们的业余政治理论学习的制度建立起来。

三、文教机关今后要经常到学校里去，了解学校中存在哪些问题，有哪些困难，并且尽可能地来解决这些问题和困难；要很好地关心教职员的生活情况，要想法子解决他们生活中存在的困难；要帮助学校总结教学上的、行政领导上的经验，使一些好的经验能够很快地推广开来，免得别的学校再走弯路。

四、学校干部今后应力求不调动或少调动。今后中学校长调动要经过省教育厅批准；中学教员调动要经过行署文教处批准。因为要培养一批质量比较高的学校领导干部和教师，必须要有一定的时间，这首先就要求使他们能比较安定下来，然后才能钻研进步，提高工作上、教学上的能力。此外，领导上对学校的领导也要掌握多表扬少批评的原则。要在可能的范围内尽量照顾教职员的生活。目前，教职员的生活比解放前是好了，但比抗战前还差些。我们国家的经费主要的用在工业上，因此，一下子就想提很高是困难的，但可以逐渐地提高。目前薪金是固定的，但有成绩的教师可以适当地提高一些，成绩一般但生活中确实有困难的，也可以适当地照顾一下。要告诉大家，不能“平均主义”。听说有的地区把福利金用的不恰当，应该改正。我们要关心教职员的疾苦，要在他们生活困难的时候帮助他们解决困难，不管是党的领导也好，学校的领导也好，都应该很好地注意这一点。

（摘录自广东省档案馆馆藏档案）

更好地培养青年一代[①]

（1954 年 5 月）

肩负着伟大的历史使命

我们的国家能否消灭剥削制度和剥削阶级，能否建成社会主义社会，很重要的一个方面，就要看我们年轻一代的表现。道理很简单：我们国家正在开始建设社会主义，第一个五年计划已进行一年半了，情况是很好的，五年计划是肯定可以完成的。完成了第一个五年计划，我们就为国家的社会主义建设打下了初步的基础，我们的建设事业发展就更快。我们不但要建设社会主义社会，还要为将来实现共产主义社会而奋斗。这个任务靠谁来完成呢？要靠全国人民，更要靠一代一代的年轻人。这不但是就自然法则来说的，还因为中国青年有革命的传统，五四以来三十多年，他们尽了应尽的责任，在完成民主主义革命中，起了很大的作用。现在进行社会主义革命，要把我国建设成为一个伟大的社会主义国家，更要依靠全国人民、全国青年站在伟大的历史斗争的最前面。

① 这是陶铸同志在广东省青年第一次代表大会上讲话的一部分。

要消灭剥削制度和剥削阶级，建成社会主义社会，这是一场极复杂极艰苦的斗争。过去打倒帝国主义、封建主义、官僚资本主义这三大敌人不简单，今天要实现社会主义改造，搞好社会主义建设更不简单。我们新中国的青年应在完成民主主义革命的基础上把我们国家推向前进。这任务是重大而光荣的。国家和人民给我们青年以重托，年轻一代应怎样担当起来呢？是勇敢地担当起来还是不敢担当起来呢？我们年轻一代是可以而且正在担当起这一光荣任务的。解放以来，在抗美援朝、土地改革以及其它的民主改革和恢复国民经济等斗争中，许多青年是参加了，而且表现得很好、很出色。这次出席代表大会的英雄模范就是证明。但是，大家是不是对社会主义革命和建设事业的艰巨性都有了足够的认识了呢？是不是对这一伟大斗争都具有必胜的信心了呢？也还不能这样说。因此，就要提出怎样更好地培养青年一代的问题，使他们更能愉快地去担负这伟大的历史任务。特别是我们的党和团要在其全部工作中以更多的力量来关心和培养青年一代。青年多是朝气勃勃的，接受新鲜事物很快，身体较老年人好，思想也比较单纯，如果再提高一步，那么我们的国家就会出现无数的郝建秀和王崇伦。我们希望于青年一代的，就是要使每个青年都象郝建秀、王崇伦那样热爱祖国、热爱劳动，用自己的聪明才智在自己的岗位上处处想办法，把一切献给国家和人民。如果这样，国家建设速度就会加快，困难就会减少。青年一代的生命力很旺盛，如果能切实做到毛主席提出的“身体好、学习好、工作好”，那么，国家的社会主义建设事业就会更顺利地向前推进。

用社会主义思想教育青年一代

我们的党和青年团，要在工厂、农村、部队，特别是在学校中，有系统地向青年进行社会主义的思想教育。这就是说，我们要使青年具有鲜明的阶级观点，认识社会的发展规律是一定要最后消灭剥削、消灭阶级的；懂得靠剥削吃饭是可耻的，靠共同劳动来为人民创造美好幸福的生活才是我们的光荣。要使青年养成热爱祖国、热爱人民、热爱劳动、热爱科学和爱护公共财产的良好的思想品质。现在我们的社会主义思想教育做得够不够呢？我想是不够的。根据我的了解，一部分初中、高小毕业生，对从事生产劳动存在着许多不正确的想法。他们轻视体力劳动，特别是认为从事农业生产“没有出息”。还有些同学因为不能升学就悲观失望。当然，这里面有其客观原因：华南地区解放比较迟，青年们所受的革命的锻炼和影响比较少，受旧的影响却比较深；解放以来，我们对学校工作重视不够，特别是很少进行社会主义教育。这种情况现在是不能再继续下去了。我们必须在各个岗位上，有系统地对青年进行社会主义的思想教育，我们党和青年团在今后应该特别注意这方面的工作。

对青年的教育，还要注意两个问题：

第一，要对青年加强劳动观点的教育，用各种道理、事实来说明轻视劳动是错误的。年轻一代要肩负起消灭剥削、消灭阶级的重任，很重要的一条，就是要树立劳动观点。很清楚，要建设社会主义社会，就要充分发挥每个青年的劳动积极性和创造性。要把中国建设得很富强，变成工业国，使大家过幸福的生活，靠什么呢？靠剥削和压迫人家，靠侵略，象帝国主义那样吗？这些办法都是我们所要反对的，也是我们过去所打倒的东西，难道我们今天还能用吗？所以我们说，树立劳动观点是一个带根本性的问题，不强调这个问题，不发挥全国人民的劳动积极性和创造性，要建设社会主义社会是不可能的。

我们的祖国有五亿以上的人口，有雄厚的劳动力；我国的自然条件又很好，在我国的疆土上，有温带、寒带、亚热带，资源非常丰富；我们依靠全国人民勤劳的双手和聪明的头脑，就能够把我国建设得异常美丽和幸福。

我们是马克思主义者，我们认为劳动创造人类社会的一切；没有劳动，就没有人类的历史。这是我们的世界观。我国是一个有悠久的文化传统的国家。印刷、造纸是劳动人民创造的，做衣服的棉花、蚕丝，住的房子等，也是劳动人民创造出来的。我国几千年前就有伟大的建筑工程，如长城、运河等，这些也都是劳动人民创造的。人类之所以与其它动物不同，人类之所以称为“万物之灵”，就是人能创造工具并且能运用工具。如果不能运用工具来劳动，那就和其它动物没有什么分别了。

劳动是这样重要，但现在还有人轻视劳动，不愿从事劳动，原因在哪里呢？最根本的就是旧社会使体力劳动与脑力劳动分家。在原始社会里，没有一个不劳动的人。从奴隶社会起，产生了阶级，因此有一部分人长期成为统治别人的剥削阶级，他们就轻视劳动了。孔子的一个学生问孔子怎样种菜，他说：“我不知道，你去问种菜的人。”他的学生走后，他就说这个学生没出息。不管有无这一回事，但这种轻视劳动的思想几千年来一脉相传，劳动人民也受到很深的影响。中国还有许多古语，如说：“万般皆下品，唯有读书高”；“劳心者治人，劳力者治于人”；“书中自有黄金屋，书中自有颜如玉”。这些话都是轻视劳动的，是剥削阶级的陈腐观念。我们革命，就是要把那种旧的观念翻过来。一般来讲，凡是属于剥削阶级的东西，就是我们所要鄙视和批判的。青年的思想是单纯的，但是也不能避免受旧的思想的影响。今天提出更好地培养青年一代，就是要使他们把劳动观点作为自己的世界观的重要组成部分，用劳动观点来批判过去反动统治遗留下来的轻视劳动的言论和行动。共产党是强调劳动的，新社会的劳动人民享有很高的地位，我们选择了很多劳动英雄、劳动模范的事迹刊载在报纸上、书本上，并向全国人民广为宣传介绍，就是这个缘故。这次广东省青年代表大会表扬并介绍了许多英雄、模范的事迹，是很好的。但是，我们的报纸刊登英雄、模范事迹还不够多，应该用更大的篇幅来广为介绍，来配合进行劳动教育。目前，我们的劳动教育还是进行得很不够的。而要把热爱劳动的世界观确立起来，必须以很大的努力来建立共产主义的思想阵地；不建立这个思想阵地，要更好地培养青年一代是不可能的。

第二，更好地培养青年一代，除了用劳动观点进行教育外，还必须用道理、事实说明国家和人民的利益高于一切，说明国家利益与个人利益的一致性，而个人利益是从属于国家利益的。不讲清这个问题，很多思想问题是解决不了的。现在在中学学生中有这样一些思想：“我不是反对劳动，我想进高中，进大学，还不是为了将来有更多的知识，更好地为国家服务吗？”“劳动，不光是要有体力劳动，也要有脑力劳动，脑力劳动也是劳动呀！”“要劳动，叫我当拖拉机手是可以的，拿锄头可不行！”这些想法，我看又对又不对。对的是这些青年是有劳动观点的，但还不够。他们对国家利益与个人利益的一致性的道理还不清楚。就说进学校吧，照理，小孩最初该进幼儿园，以后进小学、中学、大学，最后到社会上工作。作为一个青年，在他进入社会、开始工作之前多学得一些知识，那是应当的，是很好的。但要人人做到这样，现在还只是我们的努力方向，还不是目前的现实。我国解放以来，时间还不过五年，我们的教育事业，应该说发展是很快的，学校和学生的数目都成倍地增加，特别是劳动人民的子弟，入学的人数增加得更快。我们青年都想多取得一些知识，这是很好的现象，政府也应当尽可能想办法来满足青年入学的要求。但另一方面也必须懂得，在今天，我们国家不能不集中主要力量来进行经济建设，特别是工农业建设，还不能用太多的钱来办学校。如果不采取这种集中主要力量进行经济建设的方针，结果再过十年我们仍旧是个落后的国家。过去我们所以落后，就是人家有飞机，我们靠腿；人家有轮船，我们靠木船；人家有拖拉机，我们靠锄头。就是因为我们在工农业上落后，所以挨打。斯大林有段话说得好：

“旧俄历史的特征之一就是它因为落后而不断挨打。蒙古的可汗打过它。土耳其的贵族打过它。瑞典的封建主打过它。波兰和立陶宛的地主打过它。英国和法国的资本家打过它。日本的贵族打过它。大家都打过它，就是因为它落后。因为它的军事落后，文化落后，国家制度落后，工业落后，农业落后。大家都打它，因为这既可获利，又不会受到惩罚。你们记得革命前的一位诗人的话吧：‘俄罗斯母亲呵，你又贫穷又富饶，你又强大又软弱。’这些先生们把旧日诗人的这句话背得很熟。他们一面打，一面说：‘你富饶’，那就可以靠你发财。他们一面打，一面说：‘你贫穷，软弱’，那就可以打你抢你而不受到惩罚。打落后者，打弱者，——这已经成了剥削者的规律。这就是资本主义弱肉强食的规律。你落后，你软弱，那你就是无理，于是也就可以打你，奴役你。你强大，那你就是有理，于是就得小心对待你。

“正因为如此，我们再也不能落后了。……

“我们比先进国家落后了五十年至一百年。我们应当在十年内跑完这一段距离。或者我们做到这一点，或者我们被人打倒。”①

今天，我们国家革命虽然胜利了，但帝国主义还存在，如不争取时间把国家建设好，多生产些钢铁、机器，把工业大大提高一步，对农业进行现代的技术改造，就不能从根本上改变国家的面貌，也不能根本改善人民生活与巩固国防。国家培养人才的目的是为了建设，现在工农业没有建设起来，如果大家都想中学毕业升大学，然后当专家、当工程师，那也是不可能的。因此，青年们应该服从国家和人民的需要，应该认识到，即使进不到大学，如果你在生产中、工作中坚持刻苦地自学和锻炼，也可以成为专家、科学家，对人民做出更多的贡献。苏联有一个年过七十的老教授，他在培育优良果树品种工作中，取得了光辉的成就，但他在四十五岁以前，还不过是一个普通的农民。这说明了在工作中是同样可以学习的。毛主席说，知识有两门：一门叫做生产斗争知识，一门叫做阶级斗争知识。我们进行建设，要有生产知识，这不但从书本上可以得到，更重要的是要从实际生产中、工作中获得。只要有决心，在工作中努力学习，就能够不断进步，而在今天是具备了这个条件的。因此，读完了小学、中学不能升学，这并不会影响个人的前途，因为整个国家有了前途，个人也就有了前途。全体到会代表和教师要向同学们讲清楚：党和政府还要动员大家到生产中去，这样做是必要的，正确的，我们应该采取正确的态度对待这个问题。做教育工作的同志和学生一定要懂得：只有首先把国家经济建设做好，我们才有办法。我们的命运与国家的命运是相连的、不可分的，国家境况不好，广大人民和青年的境况也就不会好；国家工农业建设起来了，生产发展了，人民生活改善了，文化教育事业也一定会得到发展。对于青年，应该特别强调爱国观念，反对只为个人打算，在国家利益与个人利益发生矛盾的时候，就要服从国家利益。

---

①《斯大林全集》第13卷，人民出版社1956年版，第37—38页。

我国的知识分子不是多而是太少。以后经济建设发展了，需要更多的知识分子；在任何一个生产战线上，没有文化科学知识，就不能把国家建设好。将来，我们还要逐步消灭脑力劳动与体力劳动的差别。现在呢，无论是体力劳动或脑力劳动，都是为祖国建设服务，只要在自己的岗位上把工作做好，人民就会器重你，即所谓“行行出状元”。如梅兰芳同志，过去被视为“戏子”，遭到人家的轻视，解放后他是闻名全中国、全世界的艺术家，他用他的艺术来为人民服务，受到全国人民和国际上的尊重。还有我在前面提到的郝建秀、王崇伦等劳动模范，他们的创造性的劳动对全国建设事业发生非常重大的影响，现在成为全国青年工人的榜样。据说在苏联的西伯利亚铁路上，有一个理发匠在火车上替旅客理发、刮胡子，做了四十年，很忠实于他自己的工作，他能做到不管火车如何震动，总是刮得又快又好，不会刮破脸皮，他也很出名，并且得到苏联政府的奖章。从表面看来，他干的不是很小的事吗？而我们有些同学为什么不愿去从事农业生产呢？这还不是旧观念在作怪吗？中学和小学毕业生，在工作中只要肯钻研，是会做出成绩的。这次广东省青年代表大会中，有许多人都是毕业后积极从事农业生产，取得了成绩的。他们都是知识青年从事生产劳动的好榜样，受到了人民的尊重和赞扬。

所以说，只要你能把个人利益与国家利益结合起来，懂得体力劳动与脑力劳动的关系，懂得不能升学、从事生产劳动也有很远大的前途，懂得凡是革命工作，不管哪一行业都是光荣的、有出息的，因而满腔热忱，勤勤恳恳，全心全意地干下去，那就一定可以发挥你的才能，作出好成绩来，受到国家和人民的器重。我们要更好地培养青年一代，就是要多用这些道理和事实去教育他们，使他们确立劳动观点。

关心青年，培养青年

共产党、青年团对青年工作的要求，就是要把青年培养成为能担当起建设祖国和保卫祖国的重大责任的人，要依靠他们把我国建设成为一个伟大的社会主义国家。党要加强对青年工作的领导，要在青年工作中坚决执行毛主席的“身体好、学习好、工作好”的指示，“三好”不但是青年工作的方向，而且也是教育工作做得好不好的标准。

为什么要“身体好”呢？这是因为：一个人，不管你有多大的才能，如果你的身体不好，一般的工作也难于做好，更说不上担负艰巨的革命任务了。这不是很可惜吗？特别是进行社会主义建设，没有强健的身体是不行的。这是人所共知的道理。当然，我们今天说要身体好，并不是说天天要吃人参、燕窝，而主要的是要进行体育、文娱活动和从事劳动；营养和卫生也要适当注意。说“学习好”，主要是要功课好，还应该包括思想好；假如思想不健康，功课是不容易学好的，即使是功课好了，也是不完全的。学校里的学生只是青年的一部分，还有大部分青年是在各个岗位上工作的，如工厂中的青年工人，农村里的青年农民，部队里的青年战士，机关中的青年工作人员。我们共产党、青年团要设法使他们有机会来补足他们没有在学校里学得的知识，在生产中、工作中来提高他们，使每一个青年都成为有文化有知识的人。说到“工作好”，就是要求在学校里要教育青年有强烈的劳动观念，有高度的责任心，在工作岗位上要鼓励他们的劳动热情，用表扬模范和耐心说服教育的办法，来引导和推动大家前进。

不仅党、青年团要关心青年，而且全社会都应该关心青年，要在各方面造成关心青年、热爱青年的空气。因为青年是我们的未来和希望，他们担负着消灭剥削和建设社会主义的重大责任。有些地方有些部门对青年不是热情的关心，而是采取冷淡与漠视的态度；我们应该坚决反对这种现象，同这种现象作斗争。

要广泛地团结青年群众

过去，我们青年工作的范围还是不够广泛的。青年人是比较单纯的，尽管有些人的家庭是地主阶级或资产阶级的家庭，但是他们绝大多数没有直接参加剥削，是要求进步的。我们要把各阶层各方面的青年都当作是关心、爱护、培养的对象。以工农劳动青年和革命知识青年为基础，以青年团为核心，团结、带动其它方面的青年。在华南来说，有工农青年、部队青年、工商界青年、少数民族青年、华侨青年、宗教青年、街道青年等各方面；不管是哪个阶层、哪个方面的青年，我们都要培养他们。过去有些地方对工商界青年、宗教青年团结不够，对华侨青年关心和帮助不够，今后都要注意。只要我们更好地培养他们，关心和爱护他们，我们就能够把青年一代培养成为自觉的社会主义的建设者和保卫者。

（摘录自《陶铸文集》）

要大力发展农业生产①

（1954年7月2日）

反对平均主义，贯彻以农业为重点的领导方针

去年十月召开的华南第一次党代表会议，根据中央的指示，确定了第一个五年计划建设中华南党组织应以领导农业为重点。这是根据全国工业化的需要和华南具体情况所确定的唯一正确的方针。虽然党代会已确定了这个方针，但是不是说华南全党同志在思想上都已经明确，特别在组织力量上已经贯彻了这个方针呢？我看，还是有问题，在有些地方问题还很大。具体表现在很多农村工作干部还不够安心，存在有轻视农业的思想；反映在领导上，就是在组织力量上有平均主义的倾向，没有全面贯彻以农业为重点的领导方针。所谓以农业为领导重点，就是说我们在用钱方面，即在预算经费方面要有足够的力量放在农业上，干部力量应主要放在农业上，在全部工作安排上应该把农业摆得很突出，各级领导机关和主要负责同志应该用主要精力领导农业。但现在在全省范围内

① 这是陶铸同志在广东省农业、林业、水利工作会议上讲话的一部分。

还看不出这种以农业为重点的劲头。最近我与紫阳同志到粤西和海南一些县看了看，我看下面领导所关心所抓的问题还不是以农业为重点，不是用主要精力管农业。当然，这一时期工作任务多一些，同时，党代会离现在才几个月，时间不长，我们各级领导机关还不能确实做到以农业为重点，我看是可以原谅的。但开了这个会以后，同志们回去，就要把分局开这个会的精神、气氛带回去，首先你们自己要表现以十足的劲头来搞农业。今天广东的合作化已有了一个良好的开始，广东现在已经有了 1003 个农业生产合作社，今后一定会更快在更大的规模上开展起来，如果我们在农业技术上跟不上，各方面配合不上的话，农业生产的发展就会受到限制，农业生产力就不能迅速有效地提高。现在领导农业生产，最根本的任务有两个，即合作化和技术改革，就是要把合作化和技术改革成为全部农村工作最中心的任务。

在这里要讲讲发展农业和工业化的关系。所有干部必须确立这样的思想，就是工业化是总路线的主体，是决定我们国家命运的东西，这是不能有丝毫动摇的；如果在这个问题上动摇了，就要犯严重的政治错误。但应该懂得：正因为要保证工业化的发展，就必须相适应地发展农业。道理很简单，自全国实施第一个五年计划建设以来，出现了什么新的情况呢？这就是一方面全国总动员起来进行工业建设，工业方面进展很快，成绩很大，最近公布的 1954 年国家预算中，1953 年工业总产值中，现代工业已占了工农业总产值的 31.6%，比 1952 年又增加了 2.8%；另一方面人民购买力增加得很快，消费品供应不足，猪肉、生油、白糖、土糖等很多东西都不够供应。为什么工业发展了，消费品反而不够供应呢？如大家所知道的，工业建设需要大量投资，而重工业要许多年才能生产出东西，光修房子就要好几年。大量投资的钱到哪里去了呢？主要是工人工资（买消费品），建厂材料费。同时，农民本身的生活提高了，过去农民是吃不饱饭的，现在生活好了，要满足自己的需要后才将可能出卖的部分拿到市场上去。这就是发生消费品供应不足的根本原因。这个问题如不能解决，它就会影响到工业建设的速度，因为如果没有粮食及其他生活必需品，工业生产是一天也不能进行的。如何才能解决这个问题？

计划供应在生产还赶不上购买力的需要是一个很重要的措施，但最根本的最后解决问题的办法还是增加生产。而消费品生产的主要来源是农业，例如粮食、棉花、木材等对人民衣、食、住有决定意义的东西，或都是农业提供的；猪肉、食油、水果以及其他副食品也是农业提供的。工业建设才两年，消费品便感到不足，随着工业化的发展，今后在相当长的时期内，消费品供应不足的情况是还会增加的。这是摆在全国人民面前的一个极重要而又迫切需要解决的问题，而发展农业生产就是解决这一个问题的根本办法。请同志们想想看，这个工作还不重要吗？其次，在工业原料方面，现在很多工厂新建扩建，生产能力大增，但原料不够。广东目前的糖厂、麻袋厂、丝绸厂等原料都不够。广东在第一个五年计划中要新建两三个大糖厂，还要建很多小糖厂；但目前甘蔗已不够供应，再建糖厂更无法供应。又如广东纸厂稍一扩建（年产 6 万吨纸），而木材原料供应即感困难，还在准备建一个 10 万吨的纸厂，原料改用蔗渣，但蔗渣亦须靠增加甘蔗生产才能解决。再其次，我们建设工业，很多机器要从苏联及其他国家进口。向外国订货不管是现金交易或以货易货，都必须自己要有充足的生产能力，能生产出东西来，才能换取国外的机器进来。在今天，我们能够出口的物资主要的还是农产品。当然，苏联和我国做生意对我们是很优待的，一吨菠萝可以换 10 吨钢。如果我们多种菠萝就可以多换机器。今天要增加工业建设的速度，重要的问题之一就在于农业能不能多生产一点东西出来。

道理本来是简单的，但很多同志对这一点却还是认识不够，总觉得农业没有搞头，农村工作意义不大，要到工厂工作才算伟大。什么叫做伟大呢？伟大就是对国家对人民有很重要的贡献，对整个国家建设有利。我们现在在农村工作的总目的总方向，是要把一个破旧的落后的农村改变成为先进幸福的社会主义的农村。做这样的工作还不伟大吗？我们确定以农业为重点是有着重大意义的，是绝不能轻视，绝不能不安心的；我们应该勤勤恳恳的工作，要深入下层，要多用脑筋，才能做出成绩来。

由于华南发展农业的自然条件很好，农产品种类很多，如果把华南的农业建设起来了，对全国人民消费品的供应、工业原料和出口物资的供应是可以解决很大问题的。特别在现在华南以工业为重点的条件还不够，而农业的潜力又很大，为什么不可以来一个分工呢？将来华南的工业可能以轻工业、食品工业为主，而轻工业、食品工业原料的主要来源是农业，其基建投资亦比重工业少，依靠农业自身集累的力量是可以办一些工厂的。例如第一个五年计划中广东计划扩大种植甘蔗面积 50 万亩，就可以建好几个大糖厂；蚕桑发展，丝绸厂就可以扩建或增加；水果发展就可以建设罐头厂。海南、雷州半岛的热带作物，如剑麻、香茅、棉花（埃及海岛棉种）、咖啡、可可等生产发展了，就可以多建各种加工厂、纺织厂等。所以，为要争取华南今后能迅速转上以工业为重点，首先就要设法使农业发展起来。所以，确定以农业为重点的方针是争取工业化早日到来最积极最实际的方针，只要农业发展起来，农业有了一定的基础，加以中央的投资和其他帮助，工业化就可以发展起来。

广东又是商业发达的地区，城市墟镇很多。商业和城镇的繁荣在很大程度上是决定于农业的繁荣的。农业生产发展了，东西多了，运输、加工、手工业等就可以发展起来，这样，商业和城镇也就会日益更加繁荣起来。因此，只有贯彻以农业为重点的方针，才能解决城镇手工业和商业的繁荣。

因此，必须使全体同志都懂得：华南在第一个五年计划中确定以农业为重点的方针是完全正确的，是对全国工业化作用最大、最积极、最能解决问题的方针。思想明确了，还必须在组织力量上把它突出起来。最近一个时期以来，农村工作任务多，区委、县委、区党委甚至分局在组织力量上都有平均主义的倾向，对以农业为重点的方针全面贯彻很不够。当然，在现在建设的时期，“单打一”是不行的，没有各方面工作的配合和支持（例如各种经济工作和政治工作），则农业生产是一定无法提高的；但没有重点，平均主义，其危害是并不比“单打一”好一些的。因此，目前在组织力量上要采取具体措施，无论那一方面都要表现出以农业为重点的方针。要把主要力量放在农业上，各方面都要直接间接的配合农业的发展。现在要特别突出起来的就是农业合作化和技术改革，所谓突出，就是要在这两个方面有所表现，要把主要力量放在这两个方面。

但恰恰相反，我们今天许多地方对农业合作化却抓得不够紧，对农业技术改革还没有着手抓。合作社方面到八月初还要专门开会解决，抓技术就主要靠这个会议来解决。在这个会议以后，要在全省到处都看得见听得到在这两个方面有突出的表现。

到 1957 年广东农业生产的具体任务和要求

这个任务早就提出来了，经过这次大家讨论，认为有重新提出来的必要。现已经分局开会讨论过，主要的任务数字已肯定下来了，大家可按这些数字去做计划。

这次提出来的任务，是比去年党代表会议时加多了，原因是经过半年来工作，情况是更加清楚了一些；同时，华南在第一个五年计划内是以农业为重点的，如果主要的农产品粮食、工业原料以及出口物资不能更多地生产出来，那算什么重点呢？

经过这次会议，分局的同志都认为广东的农业生产潜力很大。在土改以后即使是个体农民的生产潜力亦还未发挥到最高的限度；随着社会主义改造事业在农村的展开，农民的生产积极性是更加高涨起来，农民也比较富裕了，可以多拿出一些钱来进行扩大再生产；再加广东优良的自然条件，把增产任务提高一些是完全有条件可以完成的。例如广东现有耕地面积 5000 万亩，其中有近 1000 万亩是单造田（包括沙田在内），如能搞好水利即可以改为双造，增产即可达一倍。广东沙田约有 400 万亩（其中 300 万亩在珠江三角洲），如搞好合作化和水利，将净搞改为翻耕，将可增产一倍。广东的荒山荒地在一亿亩以上，其中绝大部分是可以利用的，如海南、雷州半岛即有大片荒地，主要由于缺水的原因，无法种水稻，但种适宜于该地生长的作物如剑麻、番麻、甘薯、花生等等是完全可以的，而其收获量和经济价值均很高。据说剑麻一亩的收入差不多相当于水稻 2.3 亩的收入；当然剑麻不是种下当年就有收获的，要经过三年，但在这三年期间可间作一些别的作物；且剑麻的投资不大，耕作粗放，三年后就可以年年有收入了。广东农业的生产潜力是如此之大，而又以农业为重点，就应该多生产农产品，越多越好。

加强党对农业领导的若干问题

一、要进行经济建设，就必须有计划，按比例发展，虽然以农业为重点，但其他工作也要配合来办。因此要强调分战线，从分局到区党委，到县、到区，均要分战线。过去区党委没有农村工作部，现在要把它成立起来；没有战线大家各抓一把，工作就搞不好。但分开战线以后，出现了一个缺点，就是中心不突出，中心表现不出来，各顾各。分局认为划分战线是必要的，但必须要有中心，各战线有自己的任务，也有配合发展农业生产的任务。拿分局来说，十多个部门，如宣传部、组织部，各种工作都要宣传，但必须确定一条，要组织力量集中宣传农业，特别是宣传农业生产合作社和技术改革。在县里，县委第一书记是全管，但中心是管农业，抓合作化，又要有一副书记专管农村工作，主要抓农业生产，宣传部长和组织部长，也要直接为合作化、技术改革服务，县长管财政，公安局长管公安工作，都有责任来配合农业生产；区里更不用说，应该是主要抓农业，假如不是这样，就力量分散，或则丢掉主要工作，抓住次要工作，或则一事无成。过去乡村干部的供给是三个人的饭，五个人吃。现在不这样了，分局已决定三个人的饭就是三个人吃，现在乡级没有以工作为主的专职工作干部是不行了。

二、领导上要抓计划，特别是县、区两级领导要把计划订得准确，想各种办法来完成它，使它实现。同志们开了这个会回去，就要深入研究农业技术，把自己变成专家变成内行，现在领导生产，没有科学知识是不行的。党政干部也应该深入生产，要领导合作社，要管技术改革。现在我们有不少同志不是这样，不去研究技术，还是用土改时那套办法来工作，应该说这已经是成为过时的东西了。现在新的工作任务要求我们要懂得合作化，要懂得技术，要把自己变成内行。

三、县级若干机构要调整，各部门应该分开的把它分开，如建立林业科、水利科，不久以前，省里给每县 10 个编制名额，要在这 10 个名额中调整，把它们建立起来；当然，有的县山区不多的，就不必建立林业科，可成立农林科，其中有人专管林业就可以了；凡是山区多，以林业为主或农林并重或林业占很重要地位的县，要建立林业科。至于水利科一般县都要建立，区党委、县委要给干部。示范农场各地要花力量摸它一下，看它有什么困难，帮助它解决一下，要使它真正起示范作用。示范农场中缺乏技术干部，要积极想办法培养和配备。技术指导站要迅速配备干部，要挑选好的干部到技术指导站工作。各中级农业学校，各区党委要认真把它抓起来。示范区决定办 4 个（即海南、中山、潮安和曲江各一个），有关区党委、县委要重视，要认真把它办好。示范区的合作社和技术改革，均要先走一步，为此就要加强区委的领导，加强技术干部。为实现沙田地区提前合作化的决定，亦首先要加强干部配备，粤中沙田区须增加 200 名干部的编制。现决定由省给粤中沙田地区增加 100 名编制，另外的 100 名粤中区党委自己调剂解决。

四、责任制。现在我们搞生产，要有责任制，只有计划，责任不明确也不行，所有计划都要有人负责，计划就是法律。如工厂一样，那一个人管那样工作，责任都很明确，如示范农场，它的责任是什么？要作好那些工作？作不好，农场本身要负什么责任？技术指导站要负什么责任？林业科、农业科要负什么责任？这些都要规定下来。譬如公路，广东的公路工作是有成绩的，但有些地方看来，责任也不明确。如公路牌，转弯、上坡、下坡，一段一段都设了公路牌，为什么要设公路牌呢？就是要使它对工作发生一定的作用，没有作用的就不要设它，但现在我们见到的一些公路牌，牌子倒下了没有人管，字也看不清楚了没人管，那是谁管呢？谁都不负责任。公路牌是容易看见的，我们有很多工作是不容易看见的，认真检查起来，许多工作是没人管，责任不明确。现在建设的任务要求我们，无论是一个县、一个区、一个工作部门的工作，都应该是井井有条，按制度办事。今天搞起来了，明天坏了没人管，这种现象应该根除。从今年起我们要强调责任制，搞得好的要表扬，搞得不好的，要受到纪律的处分。今后我们不能光从思想上去看问题，有些同志在工作中犯了错误，本来应该受到处罚，但有些同志却认为这个人思想本质还好，不是故意搞坏的，他对党对革命还是忠实的，我们要问那个对党不忠实，对革命不忠实故意办坏了事，不就成了反革命了吗？我们现在有很多事情就是这样，讲话有人，开会有人，就是没有人负责。这就是官僚主义的表现。要避免官僚主义，光靠打通思想是不行的，因此就必须建立责任制，具体地一条一条规定下来，要求办到。只有这样，才有可能去掉或减少官僚主义，才能实现计划，保证任务的完成。

（摘录自广东省档案馆馆藏档案）

大学生要确立社会主义思想①

（1954 年 8 月）

今天我想讲一讲关于加强高等学校的政治思想工作问题。什么是政治思想工作呢？谈到这个问题，首先要了解什么是政治。大家大概都知道孙中山先生吧，他说过："政就是众人的事，治就是管理，管理众人的事，就是政治。"这话有点道理，但不完全。因为这里没有区分阶级的差别。是资产阶级去"管理众人的事"呢？还是无产阶级去"管理众人的事"呢？这是含糊不得的。在国民党统治下的旧中国，是帝国主义分子、买办资产阶级、封建地主阶级"管理众人的事"；在现在的新中国，是广大劳动人民来"管理众人的事"。并且由于阶级的不同，"管理众人的事"的方法，也完全两样：旧社会的统治阶级由于他们"管理众人的事"的目的是为了损人自肥，所以他们"管理众人的事"的方法是靠强迫、欺骗、愚民政策来进行的。新中国是人民的中国，我们"管理众人的事"是为了使国家富强、人民幸福，这是全国人民都应该知道的大事，所以我们"管理众人的事"的方法，除了明文规定一些有利于人民的法纪以外，就是要把为人民谋利益的事，讲清道理，使大家懂得道理，心悦诚服地来参加建设社会主义社会的工作。这就是我们通常所说的政治思想工作。

① 这是陶铸同志在广州市高等学校青年团干部学习班上讲话的一部分。

现在，政治思想工作是愈来愈显得重要了。大家知道，建设社会主义是有很多困难的。有人碰到了一些困难，就不满意，认为建设社会主义没有什么味道。其实建设社会主义的“味道”是很好的，就是他们不懂得建设社会主义会遇到各种各样的困难，而这些困难都是可以克服的。因此，我们就要靠进行政治思想工作向人民讲清这个道理。首先是你们这些高等学校的学生，应该懂得和相信这个道理。如果你们高等学校的学生都不懂得建设社会主义会有困难的道理，不但无法通过你们向广大人民讲清道理，而且将来你们毕业以后，要担负起重大的建设工作，那也是不会心情舒畅、干劲十足的。所以我认为，加强高等学校的政治思想工作，十分必要。今天我打算讲三个问题：

大学生的责任重大

这个问题看起来好象很简单，大家都会说“大学很重要，大学生责任很重大。”但是是否每个人都懂得很透彻呢？我看不见得。为什么呢？因为在学校中还存在着一些问题：如个别的人对党不满，讲怪话，少数人还不肯用功学习，分配工作时讲价钱，等等。这就说明了还不是每个人都真正懂得了大学的重要和大学生的责任重大的道理。

为什么大学很重要和大学生的责任很重大呢？这主要是因为祖国社会主义建设的需要。我国过去在反动统治下，留下来的知识分子数目很少，远不能适应今天社会主义建设的需要。我国虽有悠久的文化传统，但在近百年来，特别是在国民党统治之下，我们的国家一天天落后，学校很少，而且多数办得很腐败，作为“最高学府”的大学许多变成了“学店”或“官僚制造所”，政府办学校不是为人民的利益培养人才，而是为少数人升官发财，制造特权阶级。当然，那时也有少数人在大学毕业以后走向人民，走向革命，特别是在解放以后，有不少在旧大学毕业的人，通过思想改造，对新中国建设起了很好的作用。但这样的大学生，数量仍是太少了，特别是学理工科的不多。我们的国家现在正在进行社会主义经济建设，要很多真正有科学文化知识的人才。我们将要建设许多现代化的大工厂，要根本解决长江、黄河的水患问题，要把祖国地下的各种矿藏开发出来；所有这些，光喊几句空口号是不能解决问题的。要根本解决问题，必须要依靠现代的高度的文化科学技术来彻底改造与建设我们的国家。这就要靠我们办的大学，多培养建设人才。这个问题不解决，社会主义建设就难于前进。中国过去一百多年的历史，尽是挨打的历史，原因就是落后，没有现代化的工农业，没有强大的国防力量。所以我们必须积极进行社会主义的经济建设和现代化的国防建设，将来我们还要建设共产主义社会，要完成这样伟大的任务，没有成千上万个掌握高度的文化科学技术的人才，是根本不可能设想的。

苏联革命前虽是个落后的资本主义国家，工业还是比我们今天多得多。他们在十月革命以后，也曾痛感技术人才的不足。他们不得已也曾用高薪去聘请资本主义国家的工程师来帮助进行建设。但是，要真正建设好一个国家，没有自己的技术人才还是不成的。因此，现在我们要很好地培养自己的专家。我们的国家很大，资源很丰富，劳动力特别充足，资金固然有困难，但只要发动全国人民增产节约，还是可以解决的。现在的问题主要是怎样能将钱用得好，以最少的钱发挥最大的作用的问题。可是如果没有科学技术来搞建设，有钱也是用不好的。比如建设大工厂，地质勘察不好，资源勘察不清，工厂修好了没有原料，地基不好要搬家，等等，都可能对国家的资金造成莫大的损失！

日内瓦会议以后，世界和平力量更加壮大，国际环境对我们更加有利，我们经过几年的经济恢复工作，进行社会主义建设的条件是很好的。现在，就是建设的技术人才还痛感不足，今后的出路，应当靠自力更生，主要的应当是办好现有的大学，使各个高等学校真正能担负起为国家培养各项建设人才的任务。所以办好高等学校，是为国家建设的百年大计打基础，是非常重要的。将来你们毕业出去，要成为各种建设岗位上的优秀的劳动者，有些将会成为很出色的专家、工程师、医生、教师，以至担任经济建设的领导者。所以，你们的前途是远大的，责任也是非常重大的。

大学既然如此重要，每一个大学生都应当感到自己责任的重大。如何才能表现出我们认识到自己责任的重大呢？学好功课是表现之一，但不是要不睡觉、不休息，一刻不停地死读书，而是要好好利用这四、五年的时间，把自己的文化科学知识基础打好，同时确立起社会主义的思想，身体也要锻炼好。光是功课好，思想很糊涂，个人主义的东西很多，还是不成的。功课好，思想也不错，而身体很坏，也不成。一个人在大学时期很重要，将来成龙成蛇，一般的在大学里便会决定下来。如果在大学里不把自己各方面都搞好，等到到社会上再去锻炼，那就会困难得多了。所以每个大学都要把学生培养成全面发展的建设人才，每个同学都要做到学习好，思想好，身体好，以后工作也才能够做好。

在清朝末年，也办了些学校，例如京师大学堂毕业的就相当于“进士”。那时候做到进士，就不得了了。在国民党统治时期，得到硕士、博士的学位，那就很了不起了。在今天，大学毕业了，同样也是国家很重要的人才，但在性质上，却是与旧社会的大学生根本不同的。在旧社会里，只要有文凭、有靠山，能做到官就行，个人主义的东西越多越好，这就叫做“有出息”。原来家庭送子弟上学是投资，希望子弟毕业后升官发财，好象是放高利贷一样。读书要自己出钱，毕业出来后自己待价而沽。国民党统治时的教育部是争权夺利的地方，真正想搞好教育的却很少，对毕业出来的大学生是不管的。所以大学生本身也就不为国家负什么责任，如果做不到官，可以用“不为五斗米折腰”来安慰自己，标榜自己是陶渊明那样的隐士，而父母不高兴，最多不过骂儿子几句“没出息”而已。现在呢？则完全不同了。国家和人民把建设的重担交给了青年一代，特别是大学的青年的责任更重。国家寄以如此重托，如果你们毕业后不能担当起来，那精神上所受的痛苦与责难，比之过去那种个人名誉地位的失意与亲属的失望一定要大得多。全国六亿多人口中，只有二、三十万大学生，如果你们不能为人民很好地服务，这个责任是很大的。所以，大学生能否认识自己的责任重大，要从这里来着想。每个大学生都必须深感自身责任的重大，在学习期间，一定要使自己学习好，思想进步，身体健康，以便将来到社会上担负起国家和人民所给予的责任。

确立社会主义思想

大学生要能不辜负人民的期望，必须在大学时期就确立起社会主义思想，也就是说，应该努力树立共产主义的世界观。这在小学不可能提出这个问题，到了大学，每个人生活经验多些了，已能理解更多的社会科学知识，并且出了校门后就要担负起建设国家的责任，是提出这个问题的时候了。一个大学生，如果在思想上，对于建设一个什么样的国家，为谁建设，依靠谁来建设这些问题都不能解决，那就很难发挥自己的作用，甚至会对国家的建设起阻碍的作用。所以，在大学应该努力解决革命的世界观问题，使社会主义思想在脑子里生下根。这样，再加上好好学习文化科学课程和锻炼好自己的体魄，将来才能成为有用的人才。同时，也只有努力去树立正确的世界观，才能真正学好本事和锻炼出强壮的体魄。但是，是否要求每个大学生在大学毕业时脑子里就都是社会主义思想，而别的思想一点都没有了呢？那也不可能。因为思想改造不是简单的，这不同买卖东西，短的一买就有，多余的卖出就完，而是要经过思想斗争的。不挤掉旧的东西，新的东西就生长不起来。同学们都年轻，思想较单纯，脑子里旧的东西可能不那么多，但一定有一些。你们曾在旧社会里生活过，总会受些影响的。全国解放后，经过五年来的各种社会改革教育，稍有点上进心的人都得到了进步。你们上进心较强烈，进步会比较快。但是，你们的头脑中还缺乏社会主义的思想，是必须承认的事实。即使有了点社会主义思想，恐怕也还不是占统治地位。根据我个人的经验，我们革命几十年，经过党的长期教育培养，但脑子里也还不能说完完全全是马克思列宁主义的。你们只受了三、四年的大学教育，所以说脑子里还缺乏社会主义，那是不足为奇的。但是也不能以此来原谅自己，因为你们所处的时代不同，应当进步得更快。你们必须争取尽早地树立自己的革命世界观。

我以为大学生应该努力要求自己基本上树立社会主义思想。否则，不但到社会上无法担负重大的责任，而在学校中学习也是学不好的。如果一个人患得失很厉害，总是计算着损人惟恐不深，利己惟恐不够，学习一定学不好，身体也不容易锻炼得好。从历史上看，凡是学问有些成就的，在当时社会中称得上是思想较进步的人，最少也是个人利益打算少一点的人。还没有看到过一个人极端自私自利，品德很堕落，而会搞好学问的。何况今天的学校是培养社会主义新人的学校，你要是抱着个人主义的思想来学习，那是很不容易学得好的。

要确立社会主义思想，最基本的革命道理是必须懂得的。比如，你们中有些人怀疑今天我们已经掌握了政权，为什么还说社会主义改造是一场更加复杂更加尖锐的斗争呢？以为这是危言耸听。这些同志就是对阶级斗争的理论没有认识。从整个阶级斗争来讲，现在当然是复杂多了。过去实行土改，是反对地主阶级，把农民发动起来打倒地主，把地主的土地拿出来交给农民就可以了。地主只占总人口的百分之三至四，阻力不大。大家都看得到地主腐败得很，不种地，不生产，抽鸦片，因此，斗地主时是“老鼠过街，人人喊打”，连地主的子女当中也有很多人赞成打倒地主的。土地改革只是由地主的所有制改变为农民的所有制，还是私有制度，这是比较简单的。今天，我们要建设社会主义，要实现社会主义改造，最后要消灭剥削，消灭阶级，要以全民所有制来代替资本家所有制，以集体所有制来代替个体农民与个体手工业者的所有制，这样，斗争与改造的面就很广了。资产阶级参加过民主运动，他们搞工业有知识，不象地主那么腐败，资产阶级的思想影响要比地主阶级广而深得多。要进行对资产阶级分子的改造，当然是比较复杂的。特别是对广大农民以及各阶层人民、知识分子的社会主义思想改造，更是一个艰苦的教育过程。如现在进行粮食的统购统销，就是一个很深刻的斗争。过去粮食是随便买卖，现在要受国家计划的约束；有些人思想抵触很大。资产阶级主张自由竞争，只求自己有利可图，反对国家计划。我们是社会主义的计划经济，强调国家计划，反对个人投机倒把。资产阶级对不够销的商品是抬高物价，投机取巧，因之个人发财，广大人民吃亏。我们对不够销的商品是采取有计划的供应办法，使大家都能买到，而且保持物价的稳定，保证大多数人生活的需要。我们有些人，还对为什么对某些东西要采取定量供应认识不清楚。我们所以有些东西不足，采取定量供应，是由于人民生活水平提高了，而某些生活需用品增产速度赶不上购买力提高的速度的结果。过去劳动人民没有钱，只能站在商店的窗柜外看着眼馋，而资产阶级则可以大摇大摆去购买。现在大家都有钱了，有些东西就供不应求了。如潮汕地区有一个民兵队长过去很少吃糖，去年一年，全家四口人吃了三十多斤糖。问题是让大家按定量都能买好呢，还是只让少数几个人买了去享福而大家不能买好呢？我们应当用一切办法去保证把我们的国家迅速建设好；某些商品供不应求时，大家就应该忍受一下。不能只求个人需要的满足，不管国家建设得好不好。如果没有整体观念、国家观念，而总是为个人的利益打算，就一定会埋怨国家，怀疑社会主义建设的成就。在供应问题上，思想斗争就这样尖锐，更何况今天还要改变所有制，把资本主义的所有制改变为社会主义的全民所有制，把个体农民与个体手工业者的所有制改变为集体的所有制，这就更是不简单了。不但要改造资产阶级与农民和手工业者的思想，而且也要改变每一个人思想中的私有观念。这不是很复杂和尖锐的斗争吗？

要确立社会主义思想，除了要有对一般的革命道理的真正理解与基于此种理解而产生的拥护党的表现外，还需要从以下几个方面来进一步巩固与提高：

（一）树立高度的集体主义思想，即国家利益和人民利益高于一切的思想。因为社会主义是为了集体的幸福的，每个人都应当服从社会主义的国家利益。这个问题讲起来很容易，但要在每个问题上都做到，就不那么容易了。自然，在一般的情况下，个人利益要服从国家利益，是不会发生问题的。如一个工科学生想参加鞍钢建设，组织上就分配他到那里去了；一个师范学院学生希望在广州工作，结果组织上分配他到广雅中学去了；这样，当然他们会坚决服从工作的需要的。但是，如果想去鞍钢的分配到其他较小的工业基地，想留在广州的分配到海南岛少数民族地区或新疆工作，那问题便来了，有的会说："我是服从国家利益的，但我只讲一次价钱。"只讲一次价钱吗？那谁能相信以后会怎样呢？岭南大学有一个女同学愿意到别人不愿意去的遥远的内蒙古去，《南方日报》表扬了她，因为她能真正服从分配。一个同志如果工作好，思想好，把个人利益看得很轻，国家便会重视他，信任他。这样的人，不闹个人利益与名誉地位，却会得到应有的很好的荣誉和地位。对那些整天闹名誉、闹地位的人，就是愈闹愈不给他名誉地位。必须肯定，只有很诚恳，很虚心，坚决服从国家和人民利益的人，人民和政府才会信任他，让他负更大的责任。这也就说明，个人的利益与社会、国家的利益是完全一致的。

刚才说过，现在我们有些商品供不应求，我们应为国家着想，比如少吃点糖好呢，还是把经济建设速度延缓些好呢？经济建设速度延缓了，那我们仍有挨打、再变为殖民地的可能，那我们就不仅糖吃不成，而且要成为历史的罪人的。不能忘记，以前我们的国家被人欺侮到何等地步，上海的兆丰公园甚至不准狗与中国人进去。今天，中国人民已经站起来了，我们要坚决抗击任何帝国主义者的侵略。当然，我们也不去侵略别人。我们的国家非常美好，地大物博，人口众多，只要有和平环境，我们很快就会把国家建设好的。日内瓦会议之后，我国的国际地位更加提高了，世界上的事情，没有中国参加就不能解决问题。这比少吃几斤糖总值得吧？作为这样一个国家的人民，应该是很值得的吧？从另一方面说，农民在过去是很少能吃到糖的，现在总多少能吃到点糖了，所以现在虽然油和糖都还嫌少一点，但实际上比过去是吃得多了。一个人，三天没有饭吃就活不成，没有衣穿见不得人。今天有饭吃，有衣穿，不抓丁，没战争，公粮是固定的，负担很轻，国家还发放农业贷款、水利贷款，广大人民来管理国家大事，当了主人，真是好处说不尽。当然，今天要在全体人民中解决这个集体主义思想问题，困难是不小的。但大学生、青年团员，就应该有比较清楚的认识，必须有国家观念，当个人利益与集体利益发生矛盾时，个人利益必须坚决服从整体利益。这一条做不到讲得再好也没什么用。苏联有个老革命家加里宁，曾经这样说："真正共产主义者的个人疾苦都带有从属性。例如，家庭里发生了不幸的事实在痛苦得很，但我以为，社会主义并不因此受到损害，因而这也不应当损害工作。显然，如果你只顾及家庭利益，始终只关心自己或自己的老婆，那你就不能成为真正的共产主义者。但是你若真正积极地工作，积极参加一切建设，那你有时甚至不会注意到老婆穿的什么衣服，并会忘记生活上的琐事，忘记个人的不幸。"这段话，对我们每一个人都是很有用的。

（二）树立强烈的劳动观点。这两年来学校增加得很快，要求进学校的人也很多。但目前还不能全部容纳。因此近来便有很多人写信给教育厅、《南方日报》，说参加农业生产劳动没有出息，要参加劳动就要到大工厂去……这说明我们的学校中劳动观点的教育是很差的。旧社会所谓"劳心者治人，劳力者治于人"，这种说法是完全错误的。当然，今天决不能让所有的大学生都去挖煤炭，那样就把大学生的能力浪费了。但作为思想来讲，每一个人都必须重视体力劳动，不管是这种或那种的体力劳动。否则，就不能联系群众，不会做好工作。所以，不论是小学、中学、大学，都要进行劳动观点的教育。没有劳动便没有社会主义，便没有世界。还是加里宁说得好："我觉得，在我们学校里，人们过于把学生们如果可以这样形容的话——知识分子化了。他们并不是在智力方面把学生知识分子化，而是说他们把孩子们养弱了，没有教会他们重视体力劳动。我不能确定地说，这是谁的过错，但事实终归是事实。看来，这里在某种程度上还受到旧时代轻视体力劳动的残余思想的影响。但也许在这方面家庭的过失最大，可是学校没给这种影响以有力的回击。学校里没有充分教育学生们对体力劳动采取共产主义态度。所以很多学生都不大愿意去作体力劳动，他们把这劳动看成是一种下贱可耻的事情。我认为，这是一个莫大的错误。在我国，一切劳动都是很光荣的。在我国，没有什么劣等劳动和高等劳动。在我国，无论是泥瓦匠的劳动，或学者的劳动，打扫街道的人的劳动，或工程师的劳动，木匠的劳动，或美术家的劳动，养猪人的劳动，或演员的劳动，拖拉机师的劳动，或农艺家的劳动，店员的劳动，或医生的劳动等等，都一样是荣誉、光荣、豪迈和英勇的事业。”一个社会主义建设者，不论做什么工作，都是需要有强烈的劳动观点的。

（三）养成自觉遵守纪律的习惯。每个干部、学生和全体人民，都毫无例外地要遵守国家的法令和纪律，要使遵守纪律成为自己的习惯。在旧社会里，我们要干革命，可以不遵守那些反动的纪律；在学校中要罢课、游行，破坏反动统治的秩序，以便把反动统治推翻。可是，今天不同了，一切法令都是我们自己制定的，都是对国家和人民有利的，所以我们就要好好遵守。现在中华人民共和国宪法草案已经公布了，这是国家的根本大法，将来要在全国人民代表大会通过，全国人民都要遵守，特别是大学生对遵守一切法令应该首先做到。大学生应该在各方面起模范作用，给社会以良好的影响。

青年团的责任

广州市高等学校中青年团的工作，几年来是有进步的，但还不够，团的基础还很薄弱。过去国民党的三青团在学校中进行特务活动，为广大学生所厌恶。我们的青年团是广大群众的进步分子的组织，是党的助手，在学校中应该有很高的威信，成为学校中团结广大青年的核心。为此，我们就必须：

（一）团员本身要起模范作用。团结群众，主要靠说服教育，而最有力量的还是做出实际行动，以模范作用带领群众。说得好做得不好，人家就会讨厌你。团员不但在思想进步上要起模范作用，而且在学习上，也要学得相当出色。在毕业分配的时候，要服从组织分配，把困难的任务自己承担起来，把容易的让给别人去干。如果一个青年团员，他的话讲得很漂亮，就是功课不及格；在分配工作的时候，自己专挑好的，把艰难的让给人家，言行不一致，那就谈不到什么模范作用了。要说，只能说是起了坏的作用。所以，每个团员都应该检查一下自己，看是否起了好的模范作用。

（二）积极扩大团的活动。团员除了自己学好功课外，还要帮助别人，因此就要展开在群众中的活动。广州毗邻港澳，从港澳来的学生占的比例不小。我告诉同志们，对于从港澳来的学生，应该很好地接近他们，帮助他们。要认识到，他们之中绝大多数都是要求进步的青年人。他们的生活作风，在开始的时候，虽然和住在内地的青年人有些不完全相同，但他们热爱祖国，希望献身国家建设事业的愿望，是值得珍贵的。要很好地关心他们，尤其不要对他们有所歧视。帮助别人要诚心诚意，不是教训别人一顿，要帮助解决他们的困难，真正把全体同学团结在团的周围。

（三）扩大团的组织。目前高等学校的团员还太少，青年团不能采取关门主义，有很多进步青年想入团，应该按照入团的条件和手续吸收到团内来。他们入团后，经过团的教育，进步就会更快。

（四）通过党、团活动，使学校变成社会主义空气很浓的地方。高等学校应该在社会上起到移风易俗的作用。经过努力这是可以做到的。

（摘录自《陶铸文集》）

要加速实现社会主义建设和社会主义改造[①]

（1954 年 8 月 6 日）

去年中央提出了过渡时期的总路线，广东坚决执行了这一方针，因而一年来广东的面貌有了很大的改变。这个面貌的改变比土地改革还要深刻，还要广泛，因为土地改革只是打倒地主阶级，把土地分给农民，而去年实行总路线既要搞工业化，又要对农业、手工业和资本主义工商业进行社会主义改造。

我们执行总路线的经过情况很好，因为社会主义是全国人民的愿望，代表全国人民的利益，能够得到广大人民支持拥护，所以工作进行得很顺利，收效很大。当然缺点也有，困难也很大，但主要的是取得了成就。这次大会就要肯定这新情况，采取更有效的措施，使广东在现有的基础上，加速实现社会主义的建设和社会主义的改造。

实行社会主义改造的成就，最突出的表现是农业方面。去年以来，农村的互助合作运动有了很大的发展。生产合作社过去一个也没有，现在已发展到 1003 个，互助组过去只占农户总数 10%，现在已发展到 47% 强。由于农民们衷心拥护社会主义改造，由于互助合作的迅速开展，农村的生产情况是良好的。尽管今年各地都有程度不同的自然灾害，但还是可以增产的，估计可在去年增产的基础上，再增产 8%。

---

① 这是陶铸同志在广东省第一届人民代表大会第一次会议上报告的一部分。

所有的生产合作社都是增产的，有的甚至增产一倍以上。因为组织起来以后，农民的生产积极性大大提高，很多事情过去小生产者不能办的，现在可以办了。有了高涨的互助合作运动，纵使有自然灾害，也是可以克服，可以肯定增产的。下半年，假如没有自然灾害，我们还要争取更大的增产。特别指出：今年中南区北面的四省都有较严重的水灾，广东要以更大的增产来补偿灾害的损失，原来计划增产8%。我们要求增产10%，甚至超过10%。

今后农村的互助合作运动会有更大的发展。我们计划在1957年，生产合作社要增加到8万个，参加互助组的农户要增加到80%。这要求并不高，去年我们一个生产合作社也没有，今年就发展到这样一个基础，而且现在大家都要求搞互助合作，所以这要求完全可以实现。

有了农业的合作化，没有社会主义工业的大大提高是不能领导农业前进的。今年，对公私合营的工业搞得不多，明年要大力来搞公私合营工业，使不同形式的国家资本主义工业，走向高级形式的公私合营。虽然我们搞得不多，但也得到资本家的拥护，因为这对国家有好处，对资本家也有好处。例如，广州市协同和工厂，没有公私合营以前是亏本的，经过公私合营，广州市投资100亿，增加设备，工人积极性也大大提高，生产力就提高了一倍，所以抓公私合营的工业方面，成绩是显著的，证明了它对国家有利，对资本家也有利。当然，对国家的利益要大些，因为国家是全体人民的，也包括了资本家。

手工业在广东的比重很大，所以手工业的社会主义改造也是很重要的问题，搞得好对工人农民有很大帮助，同时也可以为国家增加一部分工业建设的力量。因为手工业合作社慢慢积累资金，就能成为机械化的工厂了。目前手工业合作化主要缺点是工人工资提高得太多，赚的钱还不够提高工资，这种情况如不适当改变，就无法积累资金，也不可能使手工业合作社变成机械化工厂。

商业方面：去年11月以后，国营商业、合作社商业的阵地大大前进了。去年10月商业的公私比重国营的只占30%，现在已占60%多，进展很快。这主要是对粮食进行了统购统销，不然今年市场没有这样稳定。

虽然目前也有些商品脱销，但主要的物资还是保证了供应。假如不这样，靠私商来解决供应问题，那今年市场一定很混乱，物资脱销一定更厉害，主要物资也一定不能保证供应。因为社会主义代表大多数人的利益，资本主义只代表个人的利益，社会主义因素多了，就能照顾大多数人的利益，资本主义因素多了，就不能照顾大多数人的利益。

总的说来，一年来在广东全面的、系统的发展了社会主义，而且取得了很大成就，有了这些成就，就可以更大步的前进。尽管一年来有很多缺点，很大困难，但这是次要的，在社会主义改造过程中是难免的。肯定这情况，就可加强我们的信心，加速进行社会主义建设和社会主义改造。一年来的成就证明了这是符合于大多数人的利益，凡是符合大多数人利益的事情，就可以得到人民的拥护，就可克服一切困难。如果我们得出结论，一年来的社会主义建设和社会主义改造成就很大，走社会主义道路是正确的，那么今后就要动员全省人民加速的向社会主义前进。

（摘录自广东省档案馆馆藏档案）

在广州市国庆节庆祝大会上的讲话

（1954 年 10 月 1 日）

同志们、同胞们：

今天，我们满怀着无限兴奋热烈的心情，来庆祝我们国家的光荣而伟大的节日——中华人民共和国成立五周年纪念日。

我们热烈庆祝我们国家在为社会主义工业化而斗争的事业中的伟大成就。五年以来，我们不仅完全医治好了被帝国主义和国民党反动派所破坏了的国民经济，而且从 1953 年起，我国已按照社会主义的目标，实行了发展国民经济的第一个五年计划，并取得了辉煌的成绩。五年之中，我国现代工业的产值预计增长三倍以上；今年工农业总产值将等于 1949 年的 2.2 倍；现代工业的产值在工农业总产值中的比重，将由 17% 上升为 33% 左右。社会主义经济在国民经济中已稳固地居于领导的地位。人民的物质和文化生活也有了相应的改善和提高。我们一定要继续努力，把一个经济上文化上落后的国家，建设成为一个工业化的具有高度现代文化程度的社会主义国家。

我们热烈庆祝全国人民代表大会的成功，热烈庆祝中华人民共和国宪法的诞生，热烈庆祝毛泽东同志当选为中华人民共和国主席。我们有了人民代表大会的根本制度，有了中华人民共和国宪法作为我们奋斗的有力武器，有了毛泽东主席和其他国家领导工作人员的坚强、正确的领导，我们就有了沿着社会主义道路胜利前进的重要保证。

我们热烈庆祝以苏联为首的社会主义和平民主阵营力量的空前强大，热烈庆祝全世界人民为和平民主而进行斗争的新成就，热烈庆祝我国和平外交政策的巨大胜利。现在朝鲜和印度支那的战火已经先后被扑灭了，世界上越来越多的国家和人民，要求恢复我国在联合国中的合法地位和权利，要求用大国协商方式解决国际间的重大争端，要求用集体和平代替战争集团。和平已经深入世界人心，世界和平运动的力量是任何人都阻挡不了的。

我们的胜利是伟大的，但是摆在我们面前的任务则更其伟大。毛主席说："我们的总任务是：团结全国人民，争取一切国际朋友的支援，为了建设一个伟大的社会主义国家而奋斗，为了保证国际和平和发展人类进步事业而奋斗。"在我们前进的道路上必定会有许多困难，这是完全可以想像的；但是前进中的困难是一种完全可以克服的困难，我们必须战胜任何困难而胜利前进。

我们祖国神圣领土的一部分——台湾，至今还没有解放，我们的任务就是要从各方面加强工作，为解放台湾，彻底消灭蒋介石卖国集团而坚决奋斗。蒋介石卖国集团在美帝国主义庇护之下，盘踞着台湾并日益加紧对我国沿海岛屿和城市的骚扰破坏。我们对蒋介石卖国集团的战争是从来就没有停止过，蒋介石卖国集团是从来不甘心于它的失败，反动派复辟的危险是实际上存在的一种危险，如果有人看轻这种危险，那就要犯大错误。特别是我们广东省和广州市人民和驻防在华南地区的人民解放军，更要百倍地提高警惕，不断地加强国防力量，打击蒋匪帮的侵犯骚扰，并为解放台湾而积极进行准备。中国人民一定要解放台湾，因为台湾一天不解放，我国的领土就一天不完整，我国的和平建设环境就一天得不到安宁，远东和世界的和平就一天得不到保障。解放台湾是中国的主权和内政，决不容许外国干涉。中国人民也决不容许将台湾交联合国托管，或使台湾"中立化"。中国人民解放台湾的决心是不可动摇的。中国人民也一定可以解放台湾，我们有强大的人民解放军，有全国人民（包括在台湾的中国人民）的支援，完全有力量解放台湾。据说，最近台湾的蒋匪帮在大肆叫嚣要“反攻”大陆，他们说他们应当来“解放”我们，成为中国的主宰。但是谁都知道，蒋介石卖国集团是在几年之前被中国人民赶出大陆的，中国人民把蒋介石卖国集团看作罪恶和灾难的象征而把它永远唾弃了。蒋介石卖国集团逃窜到台湾，仅仅依靠着美帝国主义的庇护才得以苟延残喘，他们正像釜底游鱼一样的朝不保夕，“反攻”的叫嚣，只不过是白天说梦，只不过是一种恐怖心理的错乱表现罢了。我们必须正告一切跟随蒋贼逃到台湾的人们：中国人民一定要解放台湾，台湾解放的日子已为时不远，一切误入歧途的人都到了抉择道路、弃暗投明的最后时机了；中国人民和人民政府一向是执行宽大政策的，除了蒋介石卖国贼一人而外，任何人都容许弃暗投明，任何人都可以受到立功赎罪、既往不咎的宽大待遇，再不要执迷不悟与蒋贼同归于尽了。中国人民解放台湾的决心是不可动摇的，中国人民解放台湾的力量是不可阻挡的。

毛主席教导我们，我们的事业是正义的，正义的事业是一定要胜利，也一定能够胜利的。我们有中国共产党和毛泽东主席的英明领导，有战无不胜的马克思列宁主义作行动的指南，有广大人民的竭诚拥护，我们就有充分的信心，排除一切障碍，在过去胜利的基础上争取今后更伟大的胜利，把我国建设成为一个光明灿烂的社会主义强国。

我们伟大的祖国万岁！

我国人民的伟大领袖毛泽东主席万岁！

以苏联为首的社会主义阵营团结万岁！

（摘录自广东省档案馆馆藏档案）

关于互助合作运动中的若干问题①

（1954 年 12 月 13 日）

方针问题。中央第一个五年计划对全国合作化的要求原准备把 30% 的农户组织起来，最近中央互助合作会议提高到 50%，现在中央还觉得这个数字低些，要求再提到 60%，因为目前在实现社会主义工业化的过程中存在着一个问题，就是农业生产，经济作物，粮食等赶不上工业化的需要。这就大大影响到工业化的发展。据反复的计算研究，第三个五年计划结束，我国工业生产总值只能占工农业生产总值的 60%。工业生产占工农业生产 60% 以上，我国就算是基本工业化了。因此，加速农业生产的发展，加速农村的合作化，就成为我们目前极其重要的任务。

广东也不能例外，合作化的进度也要从 50% 提高到 60%。1957 年要有 60% 的农民入社。现在我们的计划是第一个五年计划搞 8 万个社，平均一社以 50 户计算，就有 400 万户，就可以达到把 60% 左右农民组织起来。这是分局提出来的方向。但我们采取什么方针来达到这个要求呢？就是“稳步前进，逐步加快”八个字。这个方针是积极的。开始由于没有经验，先办 216 个社是对的。第二批办 1006 个，现在已增到 10400 个，以后再逐步增加，保证农村在 1957 年达到 60% 的合作化。

今年虽然是第一个五年计划的第二年，但我们搞合作化则还是第一

① 这是陶铸同志在华南分局委员会扩大会议上发言的一部分。

年。第一批社二百多个还未巩固好，合作社的增产还不多，比不上广西。再是，秋前铺开的一千多个合作社由于时间短，突击性大，问题还多，很多社还不巩固，有些还基本没搞。另一方面，现在购粮任务仍很重，才完成了 70%，还有 30% 没有完成；这段工作更为艰苦，预算 12 月底结束时还会留点尾巴。以后，接着又有扩兵任务，时间是很短促的。再加上从分局到区党委现在还没有集中力量去办社，我们干部还缺少经验，主观力量不足。因此领导必须清醒，今年办社的任务不能要求过多，我以为办好 12000 个就够了。干部和群众的情绪是好的，但一个人的精力是有限的，一天只有几小时，工作多了就不易件件做好，反之少了就可以做得更好些。如果着重发展，那么就必然会减少对巩固工作方面的注意。广东合作社的发展是不算慢的。1953 年我们没有搞，1954 年才搞了一年，一年办 12000 个社那就不能说少了。我认为这个数字不是消极、保守，而是积极、前进的。我个人也希望多，现在全国空气很紧张，这个省办 5 万，那个省办 10 万，大家都跃跃欲试。但我们必须头脑冷静。现在问题不在于增加若干个社，而是要使一个个社都能起作用。一定要把基础打好，我们才能前进，那时要增加多少都可以。现在搞得稳一点，将来会更快。我们计划明年发展 35000，后年再发展 35000，到 1957 年就有 8 万多个。但今年仍是以巩固为主，在干部弱，领导无经验的情况下，把 12000 多个社管好是不容易的。而且一个社也不是一年半年就可以办好的，最少要有两年的时间。因此，贪多图快是不行的。

广东的生产季节是很紧的，要使互助合作运动达到均衡的发展而不带突击性就要做好长期的准备工作，使运动和生产紧密地结合起来，定出计划。把互助组提高到联组，这是一个基本的做法，又是一年四季都可以搞的。如果现在不做好准备工作，只靠一个运动来完成，那是不行的。现在广东农村每年必须完成 28 亿斤征购粮食，5 万名扩兵任务，还有两造生产，一造冬耕，这些都是缺一不可的。如果领导不注意长期准备，不和各项任务结合起来，只靠一两个月的运动来搞，结果总结起来还是“时间短，任务重，突击性很大”。今年如此，明年如此，后年还是如此。那就会使工作长期陷于紧张被动状态，对于发展农民经常的生产积极性是有妨碍的。

老社问题。我们互助合作的方针是要发展的，这不成问题，但一定要从搞好老社中来求发展。不仅建社要靠老社，而且发挥合作社的优越性，带动互助组，也要靠老社，如果老社办不好，建起一个垮一个，或天天翻工，合作社的优越性显示不出来，便一切都成空话了。如果把老社办好，让其他的社组参观一下，这比上一次大课还要好。所以必须在搞好老社的基础上来带动互助组，提高合作社。关于合作社的生产问题，一定要把合作社生产的优越性表现出来。有些合作社虽然不亏本，不减产，但社的劳动组织生产分配都没有做好，有些单纯依靠加强社员的劳动强度来提高生产，使入社的农民一个个都弄得又黑又瘦，农民反映很大。要使合作社的优越性显示出来，必须认真加强生产的组织与领导工作，单纯依靠加强劳动强度来搞好合作社是不行的。为了搞好这个工作，必须要注意如下几个问题：(1)在现阶段不要办大社。社大了就不好领导，管理一个小社的生产，调配劳动力等工作做得差一点，影响还不大；而大社在这方面工作做得不好，问题就很突出。平均每社30户左右就好；如果超过50户的，应由区党委批准；超过100户的需经分局农村部批准。(2)搞好多种经营，增加收入。合作社主要是搞好生产，提高生产管理水平。在搞好稻田增产粮食基础上，其他副业与其他收入就愈多愈好。合作社人多势众，只要加强生产管理，合理分工，搞多种经营是完全有条件的。(3)基本建设的投资不要放在房子、猪栏等方面；而应以改善生产工具为主，首先是推广新式农具。资金的来源，可以在农贷中解决。再就是在适当增加社员的收入的前提下多搞一些公积金。有些合作社生产收入好，分红比一般农民多的我们可多搞一些公积金。公积金是一个很重要问题，没有公积金就没有社会主义。要发展生产，扩大生产，也只有靠积累公积金。加强基本建设，光靠国家的援助是不够的。但不能使社员的收入低于一般的个体农民。

关于建党问题。建党和建社是一致的，也只有建党和建社结合进行才能把建党工作做好。培养建社的骨干就是培养建党的对象，将来社建好了，支部也就有了。

领导问题。主要是集中领导。如果说发展互助合作运动，不断地提高农业生产力，是全省的工作中心，那么分局与各县比较起来就抓得不够紧的。各县把工作布置下去之后立即全部下乡，过些时候又全部回来，集中开会研究。分局则是分散的，专搞合作化的人也不多。以后分局要多几个人来抓，组织部、宣传部都要搞。县里除县长搞财经与搞工业的干部不下乡外，其他县委都要下乡，真正做到领导动手，全力以赴。不然，嘴上讲的以农业为中心，而实际做起来却稀稀拉拉，那是不行的。如果领导上对于这一点思想明确了，办社成为全党一种风气，全省的劲头就大，那么，把一万多个社办好那是不成问题的，等领导和干部都有了经验，到 1957 年那时中央要我们办多少社都可以了。

（摘录自广东省档案馆馆藏档案）

要巩固发展农业合作社[①]

（1955 年 8 月 13 日）

建立新社的几项做法和主要政策

毛主席指示："全面规划，加强领导，应当作为我们的方针"；因此，对建立新的农业生产合作社的做法，首先应在这个方针下来确定。

省委研究决定我省农业生产合作社的发展计划是：在今冬明春发展到 7 万个，平均每个社 27 户，共计 190 万户，约占全省 700 万农户的 27%。到 1957 年冬，再增加 5 万，一共发展到 12 万个，平均每个社 33 户，共计 400 万户左右，约占全省总农户的 57%。完成上述计划，比较困难的是今冬明春发展的 7 万个社，主要是准备工作做得不够充分。如能保障完成发展和巩固这 7 万个社的任务，合作化的基础就大大提高和加强。那么，1956 年秋冬再发展一批，到 1957 年冬发展到 12 万个农业生产合作社的任务，也就完全有保证可以按期完成。

其次，确定我们的发展要求："全面铺开，重点先化"。什么叫"全

---

① 这是陶铸同志在省委扩大会议上总结报告的一部分。

面铺开”？在1957年冬发展到12万个农业生产合作社，这作为将来全省合作化的架子来说已经基本上搭起来了（全省最多有15万个社就够了）。如果不做到“全面铺开”，只在少数地区、乡发展，这些地方就会挤满，而我们则要求：在明年春耕以前完成了7万个农业生产合作社的发展任务之后，使全省90%的乡都能有农业生产合作社。并且准备在占全省总乡数15%的落后乡中，也建立一部分农业生产合作社。因此，今冬明春就必须在这些落后乡中做些工作，为建社准备条件。至于其他的县、区、乡，凡是有条件的都要建立，能建几个就建几个。总之，生产条件较好的地区，多发展一些，先全面达到合作化。也就是说，除做到在全省90%的乡铺开之外，还可以在那些重点县或合作化基础较好的一级城市郊区等地区多搞一些，使这些地区今冬明春就可以搞到农户的40%—50%，1957年冬就要合作化。如果以上这些地区可以提早合作化，那就对邻近各县的农民影响很大，从而对增加生产、对完成国家征、购粮食任务都是有利的。因此，既要注意全面铺开，又要防止平均主义的发展，必须在分配干部和物资支援上，尽量照顾有条件、有基础的地区，使之能先达到全部合作化。

再次，发展起来之后，要注意巩固，按照毛主席的指示，一年整2次到3次。同时，还要强调“常年准备，分批发展”。大体上一年可分两批，即秋前发展一批，冬春再发展一批，而主要是在冬春之际多发展一些。各区党委提出在今年秋收前发展一批的意见，省委认为，只要有条件先发展一批是好的。

还有一点，专家办社与全党办社要结合起来。现在要全党来抓的中心工作很多，所以必须要有一批专职干部来经常搞农业生产合作化的工作。如今年8月至9月10日左右，全党主要抓粮食“三定”和下造生产，办社工作就主要靠专职干部来抓；9月10日以后，粮食“三定”结束，生产告一段落，全党可转入抓合作化大发展的准备和秋前的发展工作，11月全党又可以搞合作化大发展工作和扩兵工作。

为着建社快、毛病少、阻力小，巩固容易，就要考虑确定几项政策：

办小社。广东过去办了一些大社，虽然能巩固下来，不能说是失败，但办大社花费精力太大，建社比较困难，巩固也较困难。而办小社，每社 20 至 25 户左右，人少，问题也少，工作也较大社单纯些，花费精力也可少些，这样建社比较容易，巩固也较容易。

要单纯些，要求不要过高。所谓要求不要过高，不是说建社可以偷工减料，马虎些，也不是说可以不贯彻政策，而是要纠正过去那种很快即要求达到高级形式的做法。过去有些地方把果园、鱼塘、耕牛……等一下子都入了社，在人力、物力上又照顾不过来，管理不好就会减产或遭到损失，因而影响社员积极性。今后建立的农业生产合作社首先只要土地入股，着重搞好农业生产。过去提出“以粮食为主”的方针时，有些地区由于不恰当的过分的强调以水稻为主，致使有些本来只适于种杂粮、番薯的耕地也盲目地改种了水稻，结果减了产，这不仅是合作社生产经营上的问题，而是整个农业生产指导方针上有毛病。实际上农业生产就是以粮食为主，但这并不等于要完全种植水稻，应根据土地的具体条件，因地制宜的多种些杂粮等作物。

还要指出，多种经营是合作社将来一定要发展的方向，而我们过去搞得太急，抓得太多，管得太宽，特别是在资金缺乏，人力不足的情况下，把社员的许多家庭副业集中经营，结果只有影响社员的积极性。因此，多种经营目前主要是在开荒、种杂粮或种经济作物，并根据社的现有条件，逐步加以改善和提高，逐步增加多种经营。新建社对社员的果园、鱼塘、耕牛等在目前一般均不入社。

互利政策。老社不互利的，要迅速加以检查和纠正。新社要特别注意这个问题，由于新社成员主要是贫农、新中农的下中农和中中农、老中农中的下中农，一般说大家都是“穷帮穷”，所以互利问题不是很悬殊；但也不是没有问题，就是贫农之间往往也有不互利的。要搞好互利问题，主要靠干部把政策掌握好，这样对社员某些生产资料所有制的改变就要搞得慢些。如新建社对社员的耕牛，一般在两三年之内暂不要入社，可实行“私有、私养、租用”的办法。不要急于把耕牛折价归公。因为这家不当就是不互利，且折了价，社又不能及时还本，也是不互利。农具也可以按这个办法处理。果园、鱼塘、菜地、养鸡……等家庭副业不仅不宜过早集中，相反的，在初期还要有意识地帮助社员来搞好家庭副业，以增加社员的日常收入。

县、区、乡三级领导如何适应合作化的要求

现在是过渡时期，工作任务繁重，既要搞合作化，又要搞镇反，同时五年计划中的许多工作也都要搞，这样往往每个时期都有几个中心工作，而中心工作中又有中心工作。这种情况只有在1960年全国农村完全合作化之后，才可能有所转变。那时在农村一切工作的布置与检查均可以通过合作社来进行。而现在通过合作社只能抓一部份，社外则还有很大数量的单干个体农民。因此，要摆脱工作被动就要加速合作化，在未完全实现合作化之前，必须设法使各级领导的组织形式能尽量适应合作化的要求。对省、区党委两级的领导形式，省委正在研究，现仅就县、区、乡三级领导形式提些意见。

县：主要是采取办公室的形式来抓经常的农业生产及一个时期的中心任务。县长负责抓全县的财政、粮食、交通、私商安排改造等工作。通过县政府的财、粮、工商等科来进行各项业务工作。县里的工业、手工业管理，则由县委工业部来抓，私营工业改造亦可兼营。其余县委委员要全力抓农业生产合作化，至于公安、政法、宣传、组织、青年、妇女、兵役等部门均应围绕农业生产合作化的中心来进行本身业务工作。县委合作部，只管社内的工作，不管社外，其经营任务是搞好合作社的生产和做好社的巩固工作。县兵役局干部除做好征集与整训工作外，应大力参加当地的中心工作，兵役局的工作安排应尽量与当地党委的工作安排取得一致；区武装助理员应在区委统一领导下，积极参加中心工作，至于军官日等军官活动的制度，区一级可不必到县参加。

区：现有21人（包括区武装助理员在内）。在以合作化为中心，且照顾经常工作的情况下，作如下分工：

区政府，共 9 人，计：区长、副区长兼生产助理、财粮、文书兼会计、公安、民政、文教、交通员、炊事员各 1 人。负责抓财经、粮食、民政、公安、文教等工作。

区委，共 8 人，计：区委书记、副书记兼合作委员、组织、宣教、青年、妇女、民兵、合作干事各 1 人。负责中心工作。

其余 4 人为专职办社干部。

这样既有了专职的办社干部，也有人搞经常工作和中心工作。

乡：现有 3 人是不够的。有的是 3 个人饭 5 个人吃。今后，除由国家供给 3 人外，尚可从乡自筹 7% 和乡财政中解决两人或 1 人（山区等乡自筹和乡财政少的可解决 1 人）。乡干部计：乡长、文书、支部书记、支部副书记、公安委员（或兼职）等 5 人（或 4 人）。

乡的领导要分担：一个是以乡长和文书为主的乡财粮兵役工作委员会，主要抓财政管理，日常行政、平时的粮食工作和兵役等；另一个是以乡支部书记、副书记为主的互助合作委员会，主要抓全面的互助合作运动及农业生产。另外，以乡为单位建立联社委员会，由重点社的主任驻社干部及党支部书记负责，作为领导合作社的经常工作的组织，驻社的专职干部可通过这个组织来抓社的巩固工作。

最后，关于支部与办社专职干部的关系问题，现在一个区加上派下去的约有 10 个专职办社干部，这些专职办社干部由区委合作委员会直接领导。专职办社干部分配到乡之后，即要参加支部生活，并参与和协助支部进行全乡整个工作的布置；工作布置下去之后，专职办社干部则主要搞办社工作，不搞其它。

（摘录自广东省档案馆馆藏档案）

广东省第一个五年计划以农业为重点的依据[①]

（1955 年 9 月 5 日）

一、广东省五年计划以农业为重点的依据

广东省五年计划以农业为重点的依据，在全省第一届人民代表大会第一次会议所通过的《全省人民的任务》报告里是这样提出的："广东省为坚决执行国家在过渡时期的总路线并根据本省具体情况，在第一个五年经济建设时期内，应以发展互助合作为中心的农业生产为第一位任务，同时，必须以大力加强城市工作与国营工矿工作，积极地有计划地发展地方工业，并加紧进行对资本主义工商业与对手工业的社会主义改造；以之为全国工业化服务，并为本省进行大规模工业建设创造条件。"现在看来，这一提法基本上是正确的。在第一个五年计划时期内，广东只能以农业生产为其重点，这就是因为：

第一，目前广东尚未具备建设重工业的条件，而具有发展轻工业——如制糖、造纸、丝绸、蔴织、烟、茶、食品等的良好条件。但这种发展

① 这是陶铸同志在中共广东省第二次代表会议上报告的一部分。

轻工业的良好条件，都是建立在发展农业生产的基础上的；不难看到，广东现有的地方工业大多是属于上述种类的轻工业，目前想进行扩建已痛感原料不足，而国家本可在广东多搞一些大的轻工业亦因原料的供应一时无法保证而不能多所兴建。所以，广东要发展工业，必须首先搞好农业生产；

第二，广东发展农业生产确是大有可为的。因为广东地区大多数属于亚热带，气候温暖，雨量充沛，得天独厚，全年都是农作物的生长季节，不仅具有极优良的发展粮食生产的条件，而且能种植许多经济作物可作重要的工业原料与出口物资，具有为旁的地区所不能比拟的条件（某些经济作物只有广东和其他少数地区才能种植，且产量很高）；并且林木也生长得特别快，有大量的荒山可以植林；还有很长的海岸线，海水常年不冻，鱼、盐与其他水产特别丰富。总之，广东是一个很适宜发展农、林、渔业的地区，而且在某种意义上说还带有处女地的性质。目前，既不可能大量建设工业，而农业又大有可为，我们为什么不先以农业为重点来作为广东第一个五年计划的内容呢！

第三，我们如确定以农业为重点，先将主要力量用于做好农业生产，不仅对发展地方工业与对国家在广东发展轻工业提供了条件，而且对支援全国工业化建设提供粮食、原料与出口物资，可以起到很好的作用；同时，农业生产发展了，农民的生活水平提高了，对今天发展广东本身的经济，活跃市场，扩大城乡交流，以配合城市资本主义工商业的改造也是非常重要的；特别是对我们今天加速农村的社会主义改造——加速农业合作化的完成，更是有极为重要的意义。因为农业合作化的大发展就是为着提高我们目前农业生产水平，而我们五年计划以农业为重点，就更可以把农业合作化与发展农业生产紧密的结合起来。

综上所述，广东省第一个五年计划，确定以发展农业生产为重点的方针是有充分依据的，因之也是极为正确的。在这里，还需附带说明：广州市与其他各省属市，应当怎样来配合完成全省以农业为重点的计划呢？中央不久以前已有指示，地方工业必须为农业生产服务；那么，广州市与其他各省属市，在五年计划中，不成问题应把主要力量放在发展为农业服务的地方工业与改造手工业和私营工商业上面；这就规定了必须依靠本省的农业提供原料与农村的消费市场。正因为如此，如不积极支援全省把农业生产搞好，各市今后要发展工业就很困难，对目前改造手工业与私营工商业存在的许多困难，也就无法解决。所以，广州市与各省属市对于全省以农业为重点的配合，主要应当是：扩大工业品与手工业品的生产，尽是做到就地取材，价廉物美，以满足农民的需要；并且在干部、技术、文教、卫生各方面来支持农业合作化运动与农业技术的改进。当然，农村对城市工业的发展与手工业和私营工商业的改造亦应给予支持，特别是对广州市的卷烟、蔴袋、油脂、酿酒等工业所需要的大量的烟叶、黄蔴、花生、黄豆、番薯、木薯等原料，必须负责供应；对广州市与各地正在新建、扩建的制糖、丝绸、麻纺等工厂，需要在短时间内帮助其解决甘蔗、生丝、苎蔴等原料问题；还有，对城市的粮食和副食品的供应，农村更需负责很好予以解决。必须指出：没有城市的工业的发展与支援，要想搞好农业生产是不可能的。而我们今天以农业为重点是在一定时期内一个地区性的工作方针，我们国家最基本的、长远的任务是大力发展工业，并且一切要服从于优先发展国家的重工业，以达到国家工业化之目的。

（摘录自《陶铸文集》）

加速农业合作化应注意的问题①

（1955年9月14日）

这次的会议，主要的是学习党的全国代表会议的文件和毛主席关于合作化的指示，以及通过广东省五年计划的报告和整顿党的作风的报告。现在总结想要讲的，就不涉及这些问题了，因为文件同志们学习了，报告通过了，现在的问题是加以贯彻、执行的问题。因此，今天晚上的总结，主要是把讨论中提出来的一些问题加以归纳解决。

一、对会议的看法

根据反映，大家对会议还算满意，这种满意是比较来讲的，就是比以往召开的一些会议准备得充分一些，批评的多一些，对于缺点和错误的揭发深刻一些，因之，这次会议所解决的问题比较有中心，比较突出。缺点是批评与自我批评还不够，特别是省里各部门的发言中，有些应该作自我批评的而没作自我批评，或自我批评的很少。这次的会议使我们得出一条经验，就是要把会议开好，主要的是要开展批评与自我批评，

---

① 这是陶铸同志在广东省第二次党代表会议上总结报告的一部分。

要揭露工作中的缺点、错误。如果一个会议，特别是党的会议，不能发展批评与自我批评，斯大林同志在1928年向莫斯科党组织的积极分子会议作报告时，曾谈到：联共党在单独的情况下，必须要更好地作自我批评。一是因为苏联当时已是无产阶级专政的国家，而领导专政的又是共产党，没有也不可能有和其他政党分掌政权，在这样的情况下，如果自己不能更好的进行自我批评，不能勇敢地揭露和纠正自己的错误，谁还敢来批评你呢？其次，就是当我们工作中有些成绩，很多干部为群众所爱戴的时候，尤应要作自我批评。我们这次的会议所以开得比较好，大家还比较满意，就是因为开展了批评与自我批评。在讨论中，各地都进行了自我批评，我看新会的批评比较好。不能勇敢地揭露我们工作中的缺点、错误，那么，这样的会议就没有什么意义，没有生气。凡是开得好的会议，有生气的会议，就是要有批评与自我批评，就是要揭露工作中的缺点、错误。因为我们开会的目的是为了把工作做好，不是歌功颂德，不是大家来表扬一番，因而，就应该开展批评，就应该对我们工作中的缺点、错误加以揭发批判，只有这样，我们的工作才能提高，工作中的一些缺点才能深刻改进。新会过去的工作是有成绩的，主要的缺点是有些骄傲，如果骄傲克服了就好。再是大家感到会议时间短些，讨论的不够充分，念稿子又念得快些，因此，有些地方跟不上，这样，会议的效果就差些。但在主要的方面，即在合作化、农业生产及整顿领导、整顿干部作风方面，还讨论的比较集中，问题解决的比较透；其他的许多问题只是一般的提了一下，没有很好的进行讨论，我想将来用其他的办法补救。

这次的会议既然开的比较好，就应当好到底，把揭露出来的缺点、错误迅速的加以改正，并把所解决的问题最后贯彻到实际工作中去。同时，这次的会议除了报告之外，许多的发言都不是一个人随便讲的，都是代表一定的组织、代表一个问题来讲的，因此，这些发言和哪些部门有关，提出哪些问题，需要怎样解决，各级党委与各部门都应该认真地负责地加以解决、贯彻，只有这样，我们的会议才算是完全好的会议，也只有这样，我们在下一次开党代表会议时，工作才能前进，才不会重复这些老话，而是提出新的问题与解决新的问题。因此，开了会议之后，都应把会议报告与发言中提出的问题加以解决。

二、关于加速农业合作化问题

（一）这次合作化的计划省委提出［建合作社］70000个，经过各个代表团的讨论、研究，增加到78000个，我们估计到明年3月前可达到80000个，比省委原来的计划超过1000个。这是很好的，证明同志们的积极性很高，省委过去提出70000个，已觉得很积极，这样看来，还是不如同志们积极。我们现在对合作化问题提出的原则是以最大的力量，尽可能快的速度，愈多愈好。这次同志们根据本地区的情况，修改了省委的计划，比省委计划更积极了，估计将来到乡时还会增多一些。现在是一级比一级高，乡比区高，区比县高，县比省高。所以，将来只要好好规划，可能达到80000个。能够搞80000个，决不搞79000个。因此，省委同意修改这个计划，这是同志们在这次学了毛主席的指示和接受省委报告的精神的一种积极性的表现，证明同志们的右倾比我们少些，你们更接触实际一些。但这是不是盲目无限制呢？不是的，这是根据各县摸底的材料得来的，现在落后乡中，都有20%到30%的农民要求加入合作社，好的达60%到70%，新会一个县就有1200个自发社。所以，到明年春，发展70000个到78000个是不算过多的，过去省委的计划保守些，修改后恰当了。

（二）我们现在主张多搞，能够搞80000个，决不搞79900个，以最大的力量，尽可能快的速度，能够多搞，越多越好。今年广西省委提出“韩信点兵多多益善”，也是说越多越好。但是要求大家多办社，一定要办好，“韩信点兵，多多益善”是好的，但是如果兵多不是韩信，不能打倒农村的资本主义自发势力，不能引导农民走向社会主义，那就要成为“祸国殃民”。所以，多办社是赞成的，但必须办好。毛主席讲最多不能出5%的废品，我们广东最好能够做到98%到99%的好品，但要求搞好并不等于要求过高，一点毛病也没有，主要是大体过得去，符合省委提出的规格。

我们的积极性一定要建立在可靠的基础上，一定要有艰苦努力的工作，没有这一条，就要落空。毛主席在全国党代表会议的开幕词中讲：我们对于整个事业是乐观的，把困难放在“不在话下”的位置上，但“对于每一个具体的困难，我们都要采取认真对待的态度，创造必要的条件，讲究对付的方法，一个一个地一批一批地将它们克服下去。”这就是说，我们在战略上是乐观的，但在战术上就要承认困难，克服困难。这次党中央批判了“建社不易巩固更难”的右倾错误思想，指出这种思想否定了积极发展的方针，是消极的，要加以批判；实际上建社还是容易的，巩固也不是那么很困难。所以，从整个方面来讲，作为合作化运动这一战略要求来说，我们应该是乐观的，因为我们已有70%的贫农和中农中的下中农愿意走合作化的道路，但这并不等于没有困难，就是这愿意走合作化道路的70%的农民也要一个一个地组织起来，使其自愿，使其生产比互助组和单干户强。因此，我们在合作化的问题上，既要反对右倾思想，反对“建社不易巩固更难”的说法，提倡多搞，但也决不能否认具体工作中的困难，决不能放松在办社的具体工作中克服困难；决不要在战略上乐观，在战术上不去注意克服困难。合作化的远景、整个趋势是很乐观的，这个运动完全可以搞起来，广东到1959年基本可以合作化，但另一方面，困难还很多，我们必须正视这些困难，想办法一个一个地克服这些困难，只有这样，我们才能前进。

那么，广东究竟存在些什么困难呢？第一，广东最突出的是老社减产的比例大。最近我看了12个省的报告，属广东老社减产的比例大，广西也减产，但比我们少，其他各省的减产，有的是3%，有的4%，有的5%，我们是20%还多。减产的原因，省委的报告和大家讨论中，都提到主要是自然灾害，认为虽然减了产，还是比单干户和互助组的产量多，显示了合作社的优越性等等。但无论怎样说，实际上是减了产。由于减产，使合作社的生产和生活上的困难增多，社员的情绪受到一定的影响。

因此，我们对于困难必须有足够的估计，决不能轻视，如果不把这20%的减产社搞好，甚至倒了台，再加上10%的保产社不增产，问题就很大。第二，是半年多以来，对合作化的准备工作没有抓，直到现在才开始抓，因此，同志们感到思想准备、组织准备和群众、干部方面的准备都是很差的，现在要发动这样一个大的运动，到明年春要搞到七、八万个合作社，这就不是一个简单的事情。目前，群众的积极性很高，领导也有了些底，但另一方面干部的思想仍很混乱，规划工作没有搞出来，互助组还未很好的进行整顿，联组中的问题也很多。因此，我们看到有利条件是对的，但同时也必须足够的估计到我们的困难，如果没有这一条，积极性就没有保证。

目前要克服困难，抓几个什么工作呢？

1. 要把老社巩固好，特别是不增产的减产和保产的社下造一定要增产，而且要增的多，以弥补上造的损失。这样一来，问题就很多，有的合作社缺乏资金，有些水利需要重修，有的在生活资料方面还有些困难，这些问题，都必须设法加以解决。因此，目前即应对减产社的下造生产（插秧、田间管理、施肥等情况）进行一次切实的检查，凡是发现搞的不好的，都应设法进行挽救，使之下造能够增产。此外，还要把副业搞起来，特别是在老社中，劳力充足的，可以大力开荒。目前广东发展副业的办法很多，出路也很多。如果我们能在搞好农业生产的前提下，也同时把副业搞好，那么，群众情绪就会高涨起来，合作社在生产和生活方面存在的一些困难也就能很快的得到解决，从而合作社也就能得到巩固。所以，我们现在提倡开荒，提倡多种杂粮，多种番薯，搞好副业。总之，老社必须巩固，并把生产搞好；原来生产好的社，下造要继续增产，原来保产和减产的社，一定要使下造增产。只有这样，合作社才能巩固。

2. 整顿互助组。目前广东有5万个联组，几十万个互助组，这是一个很好的基础，但问题很多，必须很好的加以整顿。整顿的方法，就是先逐乡的进行摸底，了解目前存在的问题，充分做好思想发动，把全县、全区、全乡的规划定下来，然后逐步地、有计划、有准备地转社。

3. 开好干部会，把干部的思想作风整顿好。目前正在开干部会的各县同志回去之后，可把这次会议的精神再贯彻一下，务求把干部的作风整顿好；凡是已经开完而开的不好者，都要立即进行补课，一定要把干部思想武装好，使大家安心农村工作，对合作化的意义、政策、做法有所了解，以便更好的进行工作。此外，就是训练好办社骨干。我们要办 8 万个合作社，主要的还是依靠群众办社，因此，这 50 万的办社骨干很重要，必须挑选、训练好。

4. 大张旗鼓的宣传合作化运动。人人宣传合作化，到处是合作化，宣传的越广泛越深入越好。当然宣传也不是“鹦鹉学舌”，老是几句话，而是要具体，要深入群众的思想实际，一把钥匙开一把锁。总的方面来说，主要的是宣传合作化的好处，批判反对合作化的各种舆论和思想，并采用好坏的典型事例向群众进行教育，组织报告、参观、广播、写标语，从而形成一个大的声势，以压倒农村的歪风和坏分子破坏合作化的舆论，使农民听信合作化。

（三）大发展必须依靠党支部办社。大家在讨论中，都认为过去主要是右倾，不敢放手发动群众，训练几个干部办几个社。现在的合作化是伟大的群众运动，什么叫群众运动呢？就是群众真正动起来自己办社，但是群众运动，也不是像想像的到乡里一叫群众就起来，而是必须有领导、有核心、有骨干。所谓领导核心，就是乡村党的基层组织支部，只有依靠支部，乡村的群众才能发动起来。这次中央在批转福建省委关于农业合作化问题的报告时，曾指出农业合作化依靠什么人的问题，过去我们一般的提法是“依靠贫农巩固地联合中农”，这次中央明确的指出合作化运动，第一，要依靠农村中的党团员；第二，要依靠非党群众中比较更积极一些的分子，这种人大约占农村人口的 5%左右（例如广东一个 3000 左右人口的乡，这样的积极分子就有 150 人），我们应当努力把这批人团结在支部周围，并加以训练，通过他们去串连广大群众；第三，依靠贫农和部分下中农的广大群众。这样，合作化运动的声势才会高涨起来，才不会犯错误。要做好这一条，必须有支部的坚强领导。现在的农村支部，大部分是好的，但也有部分支部问题很多，不能领导这个运动，因此，必须把支部整顿好，以依靠支部团结农村中的党团员，团结广大非党积极分子和全体贫农，开展合作化运动。只有有了支部的坚强领导，合作化的大发展才有可靠的保证。这是我们今天的合作化运动和过去办社的一个根本不同的做法，也是个方针问题。但是放手发动群众，也不是漫无限制，不是放弃领导，而是以支部为核心，团结广大群众，共同完成办社任务。只有有了支部的坚强领导，有了核心，有了骨干，才能形成一个群众运动，才能打胜仗。所以，放手也是有领导的放手，不是盲干。同时，依靠支部办社，并不是说可以削弱抽调干部。今天依靠支部办社是总的方针，但在具体方面，有些支部还不能一下子担负起来，因此，必须给予帮助。但是帮助并不是代替，过去我们有些机关派下去的干部包办了合作社的全部工作，这是非常不对的。我们派下去的干部，可能有的不如支书强，但这只是个别的情况，总的来看，对下面工作还是有帮助。这一时期，县区本身也必须集中主要力量搞好合作化，各机关也应主动给予配合，不能认为支部办社，自己仅是“配合配合”就可以了。总之，要搞好合作化，没有坚强的干部队伍，光靠支部也是不行的，因此，省委决定的一万办社干部还要抽齐，一定要保证每个区都有 10 个脱产干部专搞合作化。此外，各级领导还要抽些干部下去作短期的帮助。

（四）灾区合作化问题。今年广东的灾区面积很大，粤西、海南、钦州和其他地区，都有程度不同的灾害，如果今年灾区不搞合作化，我们 8 万个合作社的任务就很难完成。特别的是要恢复灾区生产，提高灾区人民的生活，光靠救济是不够的，尽管中央对广东很照顾，要多少给了多少，但是老向中央要，老靠内务部门解决问题，也是不行的，所以，恢复灾区生产，安定灾区人民的生活，关键在于搞好合作化。而灾区的合作化运动，一般来说，也是比较好搞的，主要的是因为灾区有这个迫切要求，特别是像茂名这些地区，牛卖掉了，种子也没有，很多农民失去了生产力，这些农民要靠自己去恢复生产是很困难的，只有组织起来，国家加以援助，才能把生产搞好。去年湖北的水灾很严重，他们就是采取合作化的办法，战胜了水灾，搞好了生产。当然，我们在灾区搞合作化，也不是强迫命令，但应该认识，合作化是解决灾区问题的唯一出路，只有把灾区农民组织起来，国家加以援助，走合作化的道路，问题才能彻底解决。

（五）自治区的合作化问题。自治区也可以提“以互助合作为中心的农业生产运动”，和全省一样的提法，但在实际上还是多搞互助组，少搞合作化。合作社除灾区以外，在自治区、少数民族地区主要是搞几个试点，取得经验，创造条件，到第二个五年计划再大搞。这个方针是对的，过去省委在这个问题上有些犹豫，认为灾区都搞不好，少数民族区更困难，因此，没有做什么工作。现在还是要积极贯彻这个方针，争取多搞互助组，为合作化的大发展准备条件。

（六）县、区、各乡的领导问题。现在的合作化运动，全党必须抽出很大的力量去搞，否则很难完成。但是，目前农村的中心工作很多（如合作化、镇反、生产、秋征、扩兵等），人员又少，同时，又不能像土改时提出合作化是“压倒一切”（合作化只是中心的中心），所以，困难就很多。解决的办法，基本的还是报告中所提出的，县组织办公室，区、乡作适当的分工。现在的问题，主要是县、区、乡三级怎样具体的集中力量的问题。目前县的编制除边防工作部另有增加外，其他不抽不动；这次的两千编制，主要也是从省、区党委两级抽，不从县里抽，这样，县的工业科还要给三、四个人，商业、财政部门也基本上不动，以保证业务工作的正常进行。如果这些部门有多余的，能抽出人搞合作化，和他们商量抽出一些人，也未尝不可，主要的是不要影响业务，其他各部门则可全部搞合作化。过去我们的缺点就是各业务部门的干部下去之前，各部门本身没有很好的布置工作，结果干部下去之后，就把本部门的工作丢了。现在，除了工业、商业和财经部门的干部外，其他干部都可调用，主要是各部门在事先能向他们布置任务，并帮助他们在完成合作化任务的前提下，发展本部门的业务。

县的办公室还要组织，不然中心工作就没法抓，但办公室不要组织的过多过大，以适应需要为原则。

［摘录自《中国共产党广东省历届代表大会及全会文件汇编第一卷（1949 年 11 月—1961 年 12 月）》］

在广东省知识分子工作会议上的讲话

（1955 年 12 月 31 日）

我们最近一连开了三个大会，区委书记会议，解决合作化的问题；市、镇委书记会议，解决资本主义工商业的改造问题；这次又开了知识分子工作的会议，来解决知识分子的问题。这三个会议很重要，都是中央责成我们召开的。开过这三个会议之后，从 1956 年起，将把我们的工作推进到一个新的阶段。现在讲几点意见。

参加这次会议到底是光荣还是不光荣

在会议讨论中，有的同志认为这样的会议没有多大味道，提出参加这次会议不大光荣。这个问题经过小组讨论，大会发言和听了总结报告之后，可能已经解决了，但是我还想发表一点意见。

我们这次会议所以是光荣的，因为这次会议是党中央和毛主席叫我们开的，它所要解决的问题，对国家，对人民，对社会主义的建设事业都有很大的作用。

目前，我们党在建设社会主义的事业中，最重要的工作有四个：一是合作化，这个问题现在已经解决了；二是私营工商业的改造，这个问题目前正在解决着；三是知识分子问题；四是把反革命搞干净。这是目前全党建设社会主义四项重要的工作，而知识分子问题是四项中心工作之一。

工业化开始时，我们把握不很大，搞少了怕不能完成工业化，搞多了又怕冒进，左右摇摆不定，但经过三年的实践，把我国变成一个工业化的国家，是完全有把握的。为着快一些，目前首先要解决农业合作化的问题。过去农业赶不上，现在农业已经赶上了，农业合作化问题解决了，我们全省现在加入合作社的农户已达到百分之五十，春节前可达到百分之六十，明年可以基本做到半社会主义合作化。其次，要对私营工商业进行改造。农业合作化了，工业大大发展了，而私营资本主义工商业这一头不改造过来也不行。再次，是知识分子的工作也要做好。现在是工业化发展很快，农业合作化发展也很快，这就需要大量的知识分子从事各项建设工作。要建设社会主义，就要有科学，有文化，有技术。没有科学，没有文化，没有技术，就不能建成社会主义。我国现在有文化、掌握科学技术的是知识分子，因此，知识分子的工作就很重要。要把知识分子团结好，使他们更好地为社会主义建设事业服务；这个工作难道还不光荣，还不重要？当然是非常光荣，非常重要的。

对知识分子的情况发生根本变化的估计是否正确

中央最近讲，目前全国知识分子的情况已经发生了根本的变化。有些同志对这个估计有意见，我看，这个问题同志们要好好分析一下，知识分子的情况究竟是变了还是没变呢？是变好还是变坏了呢？

我们取得政权已经六年了，在这六年当中，知识分子的思想情绪起了根本性的变化。抗美援朝开始时，在一些知识分子中波动很大，认为中国的天下还“大势未定”，对共产党能不能巩固这个胜利，能不能把中国搞好存在怀疑，存在“等着看”的思想，经过抗美援朝，三反、五反，思想改造，特别是经过工业化和农业合作化之后，知识分子的绝大多数认为中国大势已定，不会再改朝换代了，共产党可以把中国搞好，因而，决心跟共产党走。现在的问题不是知识分子看不起共产党，不是认为共产党没有办法、共产党会失败，共产党胜利是肯定了的，共产党可以把中国搞好也是肯定了的。现在他们就是怕我们不要他，他想入党不给入，想入团不吸收，想多干工作又不放手，想靠拢共产党靠不上。

我们应该承认这个变化是存在的，只要同志们留心一点，就可以看得出来。知识分子的变化不是表现在口头上整天喊共产党“万岁”，而是要看大的方面，看他们的思想情绪。他们现在的思想情绪是怎样的呢？他们现在的思想情绪就是要求革命。但是我们现在有很多干部却不准他们革命，致使一些知识分子很苦闷，感到没有出路，这是一方面。另一方面，我们应该相信我们自己，我们搞了六年了，到底是把中国搞好了还是搞坏了呢？我们连这点信心都没有了吗？我们是把中国搞好了的。知识分子是有是非观念的，是有辨别能力的，会看到这一点的。知识分子决心跟共产党走，对这一事实还有什么怀疑的呢？因此，我们现在一定要认识到广大知识分子中起了这种变化，充分看到他们是要求革命，要求走社会主义道路的。现在的整个形势是大势所趋，人心所向。共产党就是要建成社会主义。知识分子又要求革命，我们为什么不让他们革命呢？这是没有理由的。所以，从理论上讲是这样，从事实上看也是这样，全国知识分子从整个来看是发生了根本性的变化的，这是没有什么可怀疑的。

现在一切都在变，有的人却硬说没变；毛主席讲根本变了，有的人还在怀疑，可见这些同志没有留心世界大事。不留心世界大事是很危险的。肯定说是变了，但他们硬不同意变也没办法，那只好请他们再看一看，摸一摸，等一等。作为我个人来说，我是不要等了，我是承认这个估计的。

对知识分子不应看成黑漆一团，而应看成作用很大

从会议同志们的反映中，看出有些同志对知识分子的阴暗的一面看的太多。什么东西都有阴暗的一方面，但光看阴暗的一面，或看的太多，不看优点，那就叫做片面。知识分子有缺点，但整个来讲，中国的知识分子是革命的，因为它是半封建半殖民地国家里的知识分子。从中国的革命历史来看，从鸦片战争、太平天国起，到辛亥革命，五四运动以及共产党成立，都有知识分子参加。中国的知识分子大部分都受压迫，知识分子对旧的社会制度不满，他们要求革命，具有革命性。所以，我们不能把知识分子估计得那么糟糕，那样黑漆一团，恰恰相反，从中国知识分子的整个情况来看，是优点较多，作用较大，革命性较强的。

对于知识分子存在的所谓“五多”，要有个具体的分析：

（1）“地富家庭出身多”。过去是旧社会，没有钱一般就不能读书，就不能当知识分子；要读书，要当知识分子，家里就要有钱。因此，许多知识分子家庭出身是地主、资本家。但是我们应该具体分析一下他们现在的觉悟怎么样，过去是否直接参加了剥削？在历史上的表现怎样？如果笼统地认为凡是地主、富农家庭出身的都不好，那就是不对的。我也是地主家庭出身，我这个地主家庭出身的都可以当省委书记，对他们就不允许革命？我们要作具体的分析。

（2）“历史问题多”。过去国民党统治，共产党没来，而国民党又到处建立三青团，这历史怎能不复杂？问题怎能不多？关键是我们要有分析，什么时间参加三青团的？加入多久？是不是骨干？怎样加入进去的？做了工作没有？反动不反动？解放后态度怎样？不能笼统地认为“历史复杂”。

（3）“参加土匪多”。那不见得，我看农民参加过土匪的就不少。为什么不讲农民参加土匪多呢？因为农民是我们的基本群众，这样讲了，好象是没有阶级立场，其实知识分子参加土匪的固然有，但不见得多。

（4）“不满户多”。不满有两个原因：一是家庭被斗，破产了，革命革到自己头上，因而，这些人有些不满；另一个原因是我们工作有缺点，

就是对知识分子的工作没有做好，对他们采取了粗暴、简单、生硬的态度。所以，现在来看知识分子的不满情绪，与其说由于改革所引起的不满多，倒不如说由于我们的工作没有做好。比如他们的薪金本来很少，但目前还要压低：一个小学生上课时吃东西，教员打了一下（当然不对），就把校长判了徒刑，校长每月还要给小孩家里五元生活费；有一个公安局的干部请医生打针，发了炎，就持枪向医生威胁；开平一个教员死了，棺材不给买，而节余的教师福利费却有好几千元。所有这些现象，怎能叫人满意呢？这不是不近人情吗？现在的这种不满情绪主要是出于我们工作没有做好，如果工作做好了，不满情绪是可以消除的。

（5）“落后分子多”。对于落后分子也要加以具体分析，所谓落后，主要是我们工作没有做好，是我们的官僚主义多，这一条应加在我们头上。凡是官僚主义严重的地方，就是“落后分子”多的地方。如果工作做好了，官僚主义少，“落后分子”应当少才对。所以，“落后分子多”这一条不能成立。

此外，还有些同志讲知识分子“聪明、狡猾”，现在“聪明”也变成一个缺点了，那末以后所有的人都笨吧！愈笨愈好。这种看法是不对的。不能把“聪明”也变成一条罪状，变成知识分子不可信赖的根据。聪明和狡猾是不能连在一起的，聪明正是知识分子的优点，可以培养他们成为建设社会主义的有用人才，把工作做得很好；而狡猾是自私自利的，是旧社会带来的。如果我们工作做好了，这个问题是可以得到解决的。

照我看来，知识分子的特点就是自尊心强些，骄傲一些，社会经验丰富一些。我们应该很好地把他们这些好的方面加以发扬提高，而不应只看缺点，把优点完全抹煞，要看得全面些。

为什么造成对知识分子看法这样悲观

我认为我们对知识分子的看法是悲观的。为什么会悲观呢？就是没有看到知识分子的主要一面，认为知识分子“地富家庭出身多，历史问题多，参加土匪多，不满户多，落后分子多”，“狡猾”，“难办”，结果得出的结论就是算了！而党今天恰恰是大力争取他们，有些人却认为没有办法，没有希望，人家没有那样坏，而有些人硬估计那样坏，这还不叫悲观？

为什么会造成对知识分子的看法这样悲观呢？首先，省委领导上有一定的责任。省委一般是重视知识分子的工作的，懂得这个问题的重要性的，但是我们没有系统地来解决这个问题。比如过去对小学教员问题，中学教员问题，大学镇反问题，工业系统的旧技术人员和专家的使用问题，都存在一些问题，但没有系统地提高到原则高度来加以解决，没有做这些根本性的工作。因此，我们有一定的责任。知识分子问题，省委过去没有解决好，开过这次会议之后，就要系统地加以解决。其次，是五年以来，我们主要是搞改革，土地改革，民主改革，知识分子改造，三反、五反，所有这些运动，最后都要搞到知识分子头上。因而，造成下面一些干部的错觉，认为“知识分子坏透了”，每次运动都要“整”，都是打击的对象，革命的对象，非“整”不可。第三，是党内的关门主义和宗派主义的情绪在作怪。党是反对小资产阶级思想、农民思想和一切非无产阶级思想的，要使我们的党变为真正的无产阶级政党，这是马列主义的基本原则。我们党也不断地反对那种排斥知识分子的思想。这次会议中，就反映了这种关门主义和宗派主义的情绪。我们有些工农出身的干部就是看不起知识分子，认为他们自高自大，爱讲空话等，这是一方面；而另一方面，知识分子经过教育后，能说会写，工作提拔快，因而有些老干部“吃醋”，怕人家把自己的饭碗抢掉；而先入党的一些知识分子，他们本来是知识分子，但进党后，也有这种新老之分，觉得“老子先进来”，“我现在革命了”，“你们是什么东西”等等。这种情绪也是不对的。革命不是少数几个人革的，不是只许你革命，不许人家革命，革命的人是愈多愈好。为什么这些先入党的老知识分子却看不起现在的新知识分子呢？你在没有入党之前不是和人家一样吗？别人有缺点，你不可以帮助他们改正吗？看不起他们，难道就算提高了党性吗？

我以为是不能这样来理解的。我们有些同志以小资产阶级的情绪为情绪，用小资产阶级的思想来改造我们的党是必须反对的，而以小资产阶级思想来排斥知识分子也是错误的。我们党内有些新老干部之间，工农分子和知识分子之间是存在这种情绪的，过去曾闹过不团结，现在中央称呼“三八”式的干部为党的中坚力量，党的骨干，可是他们当初入党时，也受过排挤，而现在这些“三八”式的干部又在排挤人家，这是非常不应该的，任何时候都不能存在关门主义和宗派主义的情绪。

一定要建立对知识分子的重视与信赖

有些同志讲：“知识分子可用而不可信”。这种说法是不对的，中国的知识分子是可以信赖的，可以重用的，因为他们不是作为一个阶级而存在的，不是被革命的阶级，不是我们敌对的阶级。资产阶级中有知识分子，小资产阶级中有知识分子，无产阶级中也有知识分子。有党外知识分子，也有党内知识分子。而从知识分子的一般情况来看，他们是脑力劳动者，是劳动人民，只有当他们用知识来剥削人民的时候，才是反动的。知识分子在中国历史上是革命的，有功劳的，现在新的人民政权成立了，广大知识分子都在为人民服务，为无产阶级领导的民主政权服务，他们所进行的工作是很重要的劳动，很有意义的劳动。我们要相信他们能革命，能够跟共产党走，从而给他们一定的工作，更好地发挥他们的积极性。我们的革命导师——马克思、列宁、毛主席和党中央的其他负责同志，都强调过，要建设社会主义，没有科学，没有技术，没有文化是不行的。劳动要有知识劳动，脑力劳动，如果没有知识劳动和脑力劳动，光是体力劳动是不能解决问题的。事实上中国的广大知识分子正在为人民服务，只要我们重视和信赖他们，做好他们的工作，他们是能够做出更大的贡献的。

要团结、争取高级知识分子，对一般知识分子是否就可以不重视

高级知识分子在全国来说是少数的、宝贵的。现在全国六万万人口，只有高级知识分子十万人，这还不宝贵？高级知识分子既有本事，人数又少，所以就更加宝贵。因此，现在对一切高级知识分子都要包下来，安置其工作，发挥他们的作用。对于一般知识分子也是一样，也要重视他们，争取他们多做一些工作。因此，只要是知识分子，都要团结，都要信赖，扩大一些说，只要不是反革命分子，所有全国的人民都要团结，团结起来进行社会主义建设。建设社会主义人少是不行的。中国就是靠全国人民来建设社会主义。现在在我国大陆，要打倒的已经打倒了，要消灭的也已经消灭了，我们国家已由改革的阶段进入建设的阶段，所以，我们现在就是要团结一切可以团结的人，集中主要的力量，来建设我们的国家。

做好知识分子工作虽有困难，但是可以克服

做好知识分子工作是有困难的，正因为有困难，省委才召开这样一个大会来和同志们共同商量和研究，想办法克服困难。这方面存在的困难，首先是过去大家对有些问题想不通，认识不够；再就是做好知识分子的工作也确实不容易，不是空口讲一篇大道理就能做好的，必须做好许许多多的具体工作。对于党内思想不通、认识不够，可以多开几个会议来解决，特别是有党中央和毛主席的正确指示，还怕搞不通思想和提不高认识？对于知识分子本身的缺点，只要不断地进行教育，用各种方法，也是可以帮助他们逐步把缺点克服的。党中央对这个方面的工作十分重视，在中央去年召开会议之后，不仅要各省、市召开全区性党的知识分子会议，中央还要在最近再召开一次有各省省委书记及组织、宣传

等有关部门负责同志参加的大型会议，并且把知识分子工作问题提到党的总方针、原则高度来解决，把做好知识分子工作列为建设社会主义的四大中心工作之一。总之，不很好地解决知识分子工作问题，没有高度的科学、文化、技术水平，就不能建设成社会主义。事实证明：我们的工作只要被提到总的方针、原则高度，就比较容易解决。知识分子工作已经被提到不做好这一工作，就不能建设社会主义的原则高度，毫无疑问，这个方面的困难一定能够克服。共产党员的党性就表现在坚持贯彻执行党的方针上，对于已经确定为建设社会主义中带有方针性、原则性的知识分子工作方面的困难，为什么不能克服呢？

培养新专家，同时必须重视老专家

由于老专家数量太少，而且将来必须有人来接替老专家的工作，所以必须培养新专家。培养新专家是我们主要的方针。既然要培养新专家，就必须重视老专家，因为新专家的培养，不仅需要有党的政治工作，还要有老专家的带领和指导。当然我们可以选送一些去外国留学，但是出国也不容易，人数也有限。另方面，我们中国有些老专家确实是很有本领的，虽然过去在反动统治阶级影响下，思想方法有点不对头，有些人不同程度地存在着唯心主义思想，但只要帮助他们改造思想，使他们的科学、文化、技术上的成就能为无产阶级服务，这些老专家无论在培养新专家方面，或在社会主义建设事业的其它方面，是可以发挥很大作用的。

新老一定要合作

现在我们党的一些搞干部、人事工作的同志中存在着一种“喜新厌旧”的偏向。新的专家代表新生力量，应该受到重视，对老的专家也要恭敬、尊重。有些同志在处理新老之间的矛盾时，往往不看谁有道理，就一味袒护新的，压抑老的，有时是以“有理三扁担，无理扁担三”的态度来否定老的。其实，新的专家虽然是代表未来，是前途无限，但是本领就不见得比老专家高明，知识就不一定比老专家广博，经验也就更不会丰富，因此，他们就应该向老专家请教，提高本领，丰富知识和经验。当然老专家也不该“倚老卖老”、摆老资格，而要把自己所有的本领、知识和经验均传授给新专家。所以新老之间应该采取合作的、谦让的、互相恭敬、互相尊重的态度，必须防止和消除彼此之间的对立现象。我们做干部、人事工作的同志，必须注意帮助解决新老专家之间的矛盾，不要加深矛盾，而要辨明是非，帮助他们提高认识，纠正错误。

必须在知识分子中发展党员

在这方面，几年来我们一直是处于摇摆不定的状况，必须迅速加以转变。要做好知识分子工作，就要依靠党的力量，要有党员在他们中间做工作；不在他们当中发展党员，就没有人能够深入地与他们联系，了解和反映他们的情况与要求，以及具体地帮助他们，因此，也就不能把知识分子的工作做好。现在就要肯定下来：今后必须在知识分子中间发展党员。另方面，就知识分子本身情况来看，经过五年来的实际教育，已经在政治上、思想上起了根本性的变化，虽然还存在某些复杂情况，但是可以进行具体分析，把那些优秀、已经具备了入党条件而本人又有迫切要求的人，吸收进党。我看在高级知识分子中建党的比例还可以大些，在一般知识分子中也要做好建党工作。当然也不是所有的知识分子都要做共产党员，但是那些已经够入党条件的，进党后又可以使他们提高得更快些，为什么不可以吸收到党内来呢？况且知识分子队伍中，确实有些人经过慎重挑选和积极培养是可以够条件的。因此，只要积极起来，是可以把在知识分子中间发展党的工作做好的。同时，还要指出：有些人因为怕坏分子及特务钻进来，就不敢大胆发展。这种顾虑也是不必要的。只要事前经过慎重地挑选和审查，耐心地培养和教育，条件成熟后才吸收，又不随随便便地“拉伕”，那还有什么可怕的？

人事、干部部门的干部要彻底改变作风

不少机关的人事、干部部门的干部作风不好，主要是不能团结党外人士，不能团结知识分子，专门听汇报，找岔子，很少看到和讲到党外人士的长处，不是把主要精力放在做好党外人士、知识分子工作方面，而是整天想从他们中间找出毛病。这就使不少党外人士觉得不能和搞人事、干部工作的同志谈心，有话不敢讲，讲了怕给抓辫子，有些部门的人事、干部工作干部，往往显得比该单位负责同志的“权力”还大，表现目空一切。这样下去是不行的，一定要彻底改变。今后，人事、干部部门的任务是：不仅要做好党内的人事、干部工作，而且要很好地把党外人士和广大知识分子团结到党的周围来。同时还要和他们建立感情，密切关系，不仅要指出和纠正他们的缺点，还要看到他们的优点、长处，诚恳地帮助和鼓励他们前进。再就是不要越权，党外人士的负责干部就是负责干部，一定要保证他们有职有权。总之，人事、干部部门要切实做好团结和提高干部的工作，特别是不要使党外人士害怕，要使他们敢于接近，乐于接近。

各级领导对知识分子的工作要做出榜样

党中央对知识分子的政策要通过具体的领导来实现。尽管中央对做好知识分子工作有了许多指示，而一个部门的领导对其所在部门中的排斥、

打击和歧视知识分子的现象置之不理，泰然处之，或者本身就未做出好的榜样，那知识分子工作还是搞不好的。因此，一个部门、一个地区的知识分子的工作能否做好，就要看领导是否能够做出好的榜样来。

一定要使非党知识分子干部有职有权

现在我们有些民主人士和党外知识分子感到自己是有职无权，好象是当摆设的。实际上也存在这种现象，我们往往是需要时请他们出来，发表个宣言、讲讲话，不需要时就放到那里没人管，看戏不发票，或发给最坏的座位……往往一个党员干部，不管他担任什么职务，说话就能算数，而党外人士说的话，不管有无道理和是否正确，就不算数；可以给他们看的材料，不给他们看。这样是不成的。今后必须明确：对党外人士既要使用就要给予一定的信任，担任领导职务的，就要有职有权。当然这并不是说要放弃党的领导，但是应该尊重他们，帮助他们树立起威信。凡是他们提出的正确意见，就应该支持、赞助，使他们既有职位，又有条件、有权力来发挥作用。

肃反一定要进行，但是必须要慎重

知识分子中间有反革命是肯定的。至于有多少？一定是少数，不是大多数。我看首先要肯定什么样的才算是反革命分子。凡现在跟特务有组织联系和有现行破坏活动的，才算是反革命分子。至于历史上有过一些问题，现在已经改正，或者讲过几句牢骚话的，不能不加分析，全当成反革命。知识分子中间是有反革命分子的，一定要把反革命分子彻底清查出来，因为如果不这样做，就不可能把知识分子团结好。但是肃清反革命一定要十分谨慎。我们要求：一是必须经过多次地研究，分析材料证实确是既与香港、台湾等特务有组织联系，又有从根本上破坏人民民主专政的国家政权、反对和破坏社会主义事业的现行活动的，才视作反革命分子；一般的则不应轻易给戴上特务、反革命分子的帽子。二是对上述反革命分子的处理也要宽大，不要轻易杀掉。因为我们国家政权已经十分巩固，完全有力量采取改造的办法来控制他们，可以把他们管制起来送去劳动改造，或者是强迫使用他们。总之，必须要认真划清界限，分清好人与坏人，然后正确对待和区别处理。

强迫使用是不是可能

有些人经过查对确实是特务，而他们确实有本领，我们又需要他的本领，对于这种人就可以不杀头，而判徒刑，还可以缓期执行，以观后效。判刑期间，可以强迫使用，要他们发挥作用，如果表现得好，还可以减刑，这样就能增多一些人才；如果继续做坏事，再加重判刑。所以说，强迫使用是可能的。因为我们不仅有巩固的政权，而且我们所从事的社会主义事业又是为人民服务，对全国人民有利的。对若干反革命分子既不杀头，又要他们参加社会主义建设，给薪水维持生活，把他们改造成为好人，这种宽大是可以感动他们的。当然，不是宽大无边，还要有原则，也就是说：所有反革命一定要搞出来。

随便降低知识分子待遇的问题，财经部门对此要负责，文教部门对此更要负责

现在知识分子的待遇就不算高，就是低薪，但是有的单位还要加以压

低。湖南曾有过扫地工人每月薪水二十五元，而教员月薪才二十元，结果教员说：“斯文不如扫地”。这种现象确实是存在着的。有的教员每月薪水已经很低了，但是还要给人家降低，那怎么行？有的地方福利金也不用来解决教师的困难，而结余上缴。这不叫为国家节约开支，简直是不讲人情。福利金是不应该结余上缴的。试想，教师的困难不解决，他们的生活水平很低，连饭都吃不饱，他如何能做好工作呢？我们要将心比心，试问既要人家不讲怪话，但是薪水又压得很低，福利金也不用来解决困难问题，那怎么行呢？所有这些，财务部门扣得太紧，固然应该负责任，但是预算上已经有的经费，文教部门为什么不用呢？因此，文教部门要负主要责任。

糟蹋人才应当被认为是一种罪过

我们把浪费国家物质资财的行为看成罪过，但是国家还有一批宝贵的财富——高级知识分子，我们对这些有用的高级知识分子没有很好地使用，当然也是一种罪过。因为有些知识分子尽管历史出身复杂或有过某些政治问题，但是事实证明：他们经过改造以后，仍是可以使用的。据说梅县的一个知识分子现在做钟表匠，但是所有的中学教员都向他请教有关数学教学中的一些疑难问题，如果这个人只是有一般的历史问题而不是反革命，那为什么不可以叫他做教员呢？此外，佛山、海丰及其它地区也都有类似情况。所有这些，均应该很好地调查一下，并且迅速地进行适当的处理和给予妥善的安排。总之，有人对于经济上浪费感到痛心，这固然是对的，而把对有用的人才弃之不用，称作“立场坚定”，这种不重视知识分子的错误思想和行为，必须迅速地彻底纠正。

对知识分子采取粗暴态度，应该看作是军阀官僚作风残余的表现

现在有些干部对待知识分子采取十分粗暴的态度，这种做法，实际上就是违反宪法规定的侵犯人权行为。今天任何人都没有随便骂人、打人、逮捕人或处分人的权利；即使有人犯了国法也要经由法院履行法律手续后，才能加以逮捕或判刑。过去反动统治时期的军阀官僚，他们可以随便欺压或捕杀老百姓，是由于他们是“生杀予夺，草菅人命”、“只准州官放火，不准百姓点灯”的反动统治阶级，而我们是革命的共产党人，即使对待反革命分子也还是有凭有据后才作处理，为什么用那样粗暴的态度对待知识分子呢？显然这并不是什么“阶级立场坚定”的表现，而是旧官僚军阀作风残余的表现和反动剥削阶级对待人民的态度。因此，必须引起全体干部的重视，迅速纠正某些以粗暴态度对待知识分子的现象。

“文教部门是冷门，事情不好办？”

这次会议中有些同志反映：文教部门是冷落部门，工作没人重视，摆不上党委议事日程，其他方面需要干部时从文教部门抽调，文教部门要求给配备干部就很困难。对这个方面党委过去确实重视不够，而且在党内曾经有个说法，即重组织、轻宣传。尽管作过多少次批判，有些单位也还存在这种情况。这显然是不对的。因为要搞革命就要有组织工作、宣传工作，马克思列宁主义基本的工作方法是说服教育，因为真理是在我们这方面，我们不需要强迫命令，而是可以通过宣传教育，把道理向群众讲清楚。所以宣传部门是党委的基本部门之一。特别是几年来随着社会主义建设高潮而来的是文化建设高潮，文教部门任务更加繁重。以广东来说，去年所开

支的文教经费占全省预算的百分之四十多。如果说，过去认为文教部门是“冷门”，就是错误的和已经批判过的，那么今天任务加重了，又有什么理由仍然视为“冷门”呢？由此可见，过去的宣教工作没抓好，党委不够重视，应当负责任；另方面，宣教部门对知识分子工作中存在的许多问题向党委也反映不够。因此，除了今后随着文化建设高潮的到来，党委对这个方面应该给予重视外，宣教部门本身也要从实际工作中做出成绩，争取重视，显示作用，成为党委部门的得力助手之一。也就是说，本身就不该有自卑感，而应该主动地把工作抓起来，有多少力量就抓多少工作，要把作用充分发挥出来。

（摘录自《陶铸文集》）

没有文化建设不了社会主义[①]

（1956年2月6日）

工农业生产要大发展，没有文化、科学是不行的。随着农业合作化的发展，农业生产必须进行一系列的技术改革，如使用新式农具（双轮双铧犁等），改良品种，施用化学肥料，畜牧等都需要知识，没有一定的文化科学知识，要提高生产技术总有困难的；而且每个社还得有会计员、技术员等等，这些人都必须具有一定的文化知识才能胜任；同时拿农民来说，生活提高了，他们也迫切要求学文化，他们有了文化，有了知识，劳动效率就会提高，他们要看报纸，要懂得国家大事。这正如毛主席过去讲过的："随着经济建设高潮的到来，不可避免的将要出现一个文化建设的高潮。"如果说我们过去扫盲工作没有搞好，那是因为时间早了一点，土改还未结束，合作化没有搞起来，要组织农民学文化有很多困难，一方面农民主观上还没有感到这个迫切需要，另方面我们腾不出手来搞；现在情况大大不同了，农民需要了，条件也好了，全省已是合作化了。今天我们要搞好生产，必须要有知识和文化，没有科学和文化，社会主义是建不成的。

由于农业的迅速发展，工业也随着很快发展。我们第一个五年计划的规模是很大的，现在看来，可以提前或超额完成第一个五年计划。农

① 这是陶铸同志在广东省扫盲工作会议上讲话的一部分。

业的高度发展，刺激了工业必须迅速发展。工业发展了，工厂要增多，将来便要吸收一部分农民到工厂去当工人，而做现代的产业工人没有文化是不行的。现在的工人要提高文化水平，将来的新工人，也要有好的文化素养，没有一点科学常识的工人，很难做一个好的技术工人。因此，就要扫盲，使每一个人都能认识一千五百到二千字。每个人都认识了这么多字的话他就要聪明得多，能干得多。当然我们的目标不限于一千五百到二千字，将来每个人都要具有中学或大学毕业的程度。但万丈高楼平地起，现在我们只要求每个人能认识一千五百到二千字，然后从小学到中学到大学一步步地提高。一个人除了吃饭、工作之外，还得学习。不学习是不行的，社会一天天在进步，不学习哪能赶上去呢？我们现在还在扫盲，人家却在搞原子能，而且还研究怎样从地球到月球去旅行，这就要求我们迎头赶上去。我们社会改革的胜利，生产有了巨大的发展，需要有高度的文化和科学，而我国人民的文化水平是很低的，不提高便不能适应我们生产发展的要求。因此，今天提高人民文化水平的意义，就是要不要前进，要不要工业化，要不要把农业搞好，一句话，就是要不要把我国社会主义建设好。要的话，就要扫盲。

在扫盲的同时，我们还得扩大学校。现在各项生产建设迅速前进，加上工商业改造的胜利，知识分子不够用了。合作化以后，初中毕业生更不够用。这仅仅是开始，今后随着工农业的大发展，需要更多的知识分子。那就不是需要仅认得一千五百到二千字的人，而要有大量初中以上水平的人了。要搞好农业生产，要有大批的技术人员、会计员，最好中学生来担任生产队长；工厂的工人也要有中学程度，特别是新的工厂，都要中学生当工人。部队也要有知识分子，才能掌握现代化的新武器；其他如广播站、俱乐部、剧团等等，都需要很多知识分子。因此，扫除文盲，使每个人认识一千五百到二千字，扩大学校，培养更多的初中以上的知识分子，便成为我国全体人民的重要任务之一。

谈谈中小学的发展和规划问题。本省现有四百多所中学，比起其他各省是较多的，但跟形势发展的要求相比还很不够，目前很多小孩子到了学龄，没有办法进学校。小学毕业出来的学生，中学没有办法容纳。土改后广大工农群众生活好了，可以送子弟进学校，合作化以后，农民的生活水平又将提高，那就有更多的子弟入小学、中学、大学。我们的国家要更多的中学生、大学生，今天我们不作规划，将来一定很被动，影响我们社会主义的建设。到一九六二年，我们要求每一个中心乡要有一个初中，一百一十三个县市（不包括广州市）每个县市都要有高中，现在有些县还没有高中，到一九五七年至少要有一所高中，到一九六七年较大的镇有一万人口以上的都要设立高中，到一九六二年要求每一个乡都要有一所完全小学。这个计划是可以实现的，我们必须订出全面的规划。我同意中小学加班加点和戴帽子的办法，要把华南师范学院扩大，要增办师专，将来以地区为单位，设立师范专科学校，以解决中学大量发展后师资的需要。

除了中学之外，小学也要大大发展，今年只有小学生三百多万，太少了，现在小学容量不够，要多办小学。小学应以民办为好，改民办后有些地区如确实有困难的，可予以补助。合作化以后，合作社有公积金和公益金，生产搞好了，由社办小学，他们会办得更好。小学民办以后，我们可以拿更多的钱来办中学。民办和公办小学的教师待遇也要一视同仁，不得歧视，薪金固然要一样，其他看文件、听报告、发展党团员、参加会议都应一视同仁。

中学增设“农业生产知识”课程，这很好。去年下半年全省部分初级中学开设了这一课程，听说效果很好，学生劳动观点有所加强，种的稻子满好，农民称赞说:“现在世界不同了，着鞋袜的也会耕田了”，影响很大。现决定从今年下半年起，除高中外，初中全部班次，都要加设“农业生产知识”课程，我们扩大学校的目的，就是要培养一大批具有初中以上文化水平的知识分子投进各条战线上面去，不是培养一批脱离生产、没有劳动观点的知识分子，我们大量发展初中，目的就是适应生产的需要。

谈一谈当前文教干部中的思想问题。文教干部中共同的思想问题就是认为文教工作“吃不开”，这是不对的。只要是为祖国的社会主义建设服务的工作，没有一件不重要的。不重要的话便用不着设立这机构、安排这些人员了。必须认识：经济建设和文化建设是分不开的，社会主义没有文化是不行的。因此说搞教育工作，搞扫盲没出息是不对的，扫盲干部也是国家的干部，搞扫盲也同样是有前途的。缺少搞扫盲工作的人是不行的。其次，有人认为上面虽然说我们工作很重要，但下面不重视，各方面配合不好。这种情况是可能产生的。过去由于搞土改和其他社会改革工作，党委对其他部门工作管得很少或不管，现在这时代已过去了，应该纠正只抓中心工作不管部门工作的做法。各部门除了要做好本身工作，还得互相配合，互相支持。本身业务做好了，对中心工作是起了配合作用的。我们要增产粮食，不消灭文盲，要搞好生产也是有困难的。你们应该多多争取党、政负责同志的关怀和支持，纠正过去中心工作压倒一切的做法。当然有时候在不妨碍正课进行情况下，文教部门也应主动地、积极地参加中心工作，如课余时间搞搞宣传工作，有时星期日做些义务劳动，这些都是可以的。有时碰上十分严重的旱灾和水灾，需要动员所有力量参加防洪抗旱的时候，学校停几天课帮助农民群众进行防洪抗旱工作，也是可以的。除此之外，便不能随便停课，不能随便叫教师、学生去做其他工作。如果今后还有随便停课，随便拉教师、学生去干别的事情的现象发生，可以向当地党委提出意见，不能解决的，还得向上级反映。只要我们从工作出发，问题是可以解决的。

谈一谈教师的待遇问题，主要是薪金问题。目前中小学教师以及文化工作者，一般来说还是低的，所有国家工作人员，也还是低薪的。旧中国给反动统治阶级破坏得很厉害，解放后，经过三年的经济恢复时期，现在又在进行着巨大的社会主义建设，有赖于全国人民节衣缩食，积累资金，建设我们的国家。几年来我们的国家有很大进步，生产有很大的发展，我们的生活也是天天上升的。去年小学教师薪金待遇即已提高了百分之十点几，只要大家在党的领导下安心工作，好好地工作，国家有前途，个人也是有无限前途的，即使眼前生活苦一点，将来也可以逐步提高的，眼光放远一些，就会热爱自己的工作。

最后谈一谈政治待遇问题。过去改革工作没有完成，领导上对知识分子工作抓得不紧。这次在北京召开了知识分子问题的会议。中国的知识分子是宝贵的，这是因为：第一，中国知识分子过去和现在以至将来，对革命都是有很大贡献的，因为中国知识分子也是受压迫的，革命性比较强，是革命队伍中不可缺少的力量；第二，我们没有知识分子和科学文化，是不能建成社会主义的。只要我们的党和政府把知识分子团结得更好，帮助他们提高，继续发挥他们的作用，就会加速我们的社会主义建设。过去有人认为知识分子历史很复杂，发展党、团员轮不到他们的头上，知识分子历史较复杂是事实，这是旧社会制度影响他们的结果，现在旧的制度已经消灭了，复杂也就成为过去了；第三，现在中国革命的情况表明了所有知识分子，除了少数以外，都感到党和政府的政策是正确的，绝大部分是要跟中国共产党走，愿意为人民服务的。他们只是觉得过去我们党里面有些同志很狭隘，认为他们很复杂，不好好帮助他们，提高他们，采取简单的排斥的态度。应该指出，党员干部持这种态度，是错误的，应当受到批判。今天来说，经过几年来的考验和思想改造，全国人民的认识都有很大的提高，特别是知识界，提高很大。我们准备在知识分子中间发展一批党团员，只要知识分子愿意进步，彻底改造自己，决心跟着共产党走，党的门是开着的。今后知识分子搞教育工作更会受到重视，这是肯定的，希望大家热爱自己的事业，安心做好本职工作。

（摘录自《陶铸文集》）

要反对官僚主义[①]

（1956 年 7 月 8 日）

切实改善我们的领导作风

今后如何正确处理国家集体与劳动人民个体之间的关系，中央和毛主席已有明确的指示，道理是很清楚的了，具体作法大致也是明确的，可是这决不等于解决了问题。我们必须彻底地来改善我们的工作作风：从省委起省级各部门与各级党政机关都存在着一个致命的东西，那就是如列宁对十月革命胜利后苏共党组织所指出的“糟透了”的官僚主义。

反对官僚主义的口号早已喊出，也曾见之于行动，运用过组织纪律，但是我们工作中的官僚主义，并未因而减了多少，有些部门、有些地方反而更为严重。根本原因何在呢？毛主席最近在 10 条方针性的指示中已给我们指出：这是无产阶级专政本身所具有的阴暗一面。无产阶级专政是个好东西，没有这个武器，要彻底消灭敌人巩固胜利，是不可能的。即以广东来说，如果不经过对反革命分子的镇压，给他们以致命的打击，

① 这是陶铸同志在中共广东省第一次代表大会上报告的一部分。

很难想像，我们的社会秩序能有今天这样安定。但是这个武器有它的阴暗面，这就是说：专政与民主是一致的，但又是有矛盾的；专政对付阶级敌人，是维护大多数人的民主，但专政这个武器要求权力的高度集中，这就容易损害人民的民主而带来官僚主义。所以，当着今天国内阶级敌人接近于消灭，特别是社会主义改革取得了决定胜利的时候，应该特别强调的是民主作用，而不是专政的武器。苏共的经验教训已告诉我们，斯大林所犯的错误最主要的就是在胜利后一直强调运用专政的武器，而不逐渐强化民主的作用，所以弄得社会上死气沉沉，群众意见根本听不到，党内也不能有不同的意见，党高高在上，严重地脱离了群众。我们现在也可以检查一下我们的工作，在改革已告结束、社会主义革命有了决定性胜利的今天，我们的作风有了怎样的改变？也就是说，我们执行任务或进行工作的时候，是否与土改、三反、民主改革、镇反等方法有很大的区别呢？即是否更多运用了民主的作法与更大的发扬了民主？是否每一件与群众有关的事情，很好与群众商量过、与党外人士商量过、听取了他们的意见？可以肯定地说：在这方面，我们是做得很差的。我们现在每一级机关都是几个党员负责干部在那里包办，党说了就算，靠压力、靠行政命令办事仍然是我们完成任务的“法宝”。必须知道：我们这样做就是一种专政的作法，当然，而靠着专政的威力，虽也可以调动一些群众与做出一些成绩，但终究是很危险的，最后群众忍无可忍的时候，会要把我们打翻的。我们决不能以为专政这个法宝是“万应灵丹”，办起事来又简便，又易见效，因而不加限制地不看对象地加以使用。如果这样，那我们在人民看来不过是“以暴易暴”罢了。革命之所以被人民拥护，就是它对待敌人是严厉专政的，对待人民是十分民主的。否则，我们对待敌人与人民没有分别，人民当然也会认为我们与已被推翻的统治者没有什么分别的了。因此，过去那一套严厉的专政的作法必须注意不能拿来乱用、滥用，民主的作法应当大大发扬，这是改变我们的作风与克服我们的官僚主义的最根本的所在。也许有人会想：为什么要民主？民主的目的就是要大伙儿出主意，发挥集体的智慧和力量。我们知道，一个人看事情，总是片面的，不完全的。任凭是绝顶聪明的人，他一个人的知识和才干到底有个限度，比不上众人的智慧，所以工作愈多，责任愈重，就愈要发扬民主，愈要吸收各个方面、各个人的意见。只有这样，才能“集思广益”，把事情办好。但是这里要指出：话虽则是这么说的，可是我们却缺少人能够这样做到。这也许是由于我们集中惯了，一个时间转不过来。而更要注意的是，我国两千多年来，也不曾有过民主的生活，我们还没有一种良好的民主习惯。反之，官僚主义这个东西，倒有悠久的历史，我们对它是十分熟悉的。因此，实行民主，发扬民主，我们还得要在宣传教育上作很大的努力。

广东的党要很好改变现在的作风，克服官僚主义。我们的官僚主义表现在哪里？主要表现在不了解下情、工作指导一般化、工作效率很低以及严重的强迫命令这些方面。

就省委本身来说，几年来，首先，省委对全省情况的了解是很差的，调查研究的精神是十分不够的。因此对工作的指导上，往往表现出不少的片面性。如对粮食问题上，对生产的指导上，由于对实际情况摸得不够清楚，犯了不少主观片面性的错误。其次，省委集中过多，管的面太广，党政不分，样样都管，结果使整个党的领导机关，都陷身于忙忙碌碌、辛辛苦苦的事务主义中。这种毛病，可以说是在反对地方主义、分散主义以后，强调了“一致”、“正规化”、“纪律性”、“计划性”等工作方法所同时带来的缺点，由于没有及时予以注意、改变，以致有了发展。再次，省委领导本身的民主作风不够，党内民主未得到充分发挥，不能很好倾听下面意见；省委内部有不同的意见，也往往不能充分展开争论。如1954年在购粮问题上，就有不同意见的，省委当时没有很好接受，总是认为工作总的方面是正确的，完成各项工作任务成绩也还不错，因而滋长着自满的情绪。殊不知这就使得省委不能认真检查自己的工作，充分暴露工作的缺点与错误，因而也就无法来彻底改正自己工作的缺点与错误，全党的工作也就不能提高，不良的作风也就得不到改善。

省委的这些官僚主义作风，显而易见地，带给我们以许多不良的结果。由于上面一向很强调完成任务，而有些任务有时未必是适合实际情况的，但是为了保证这一任务的完成，我们对任务缺乏信心、提出意见的人，便往往强调用“打通思想”的办法；对完成了任务的单位与个人，即使是作风上毛病很大，往往也姑息了事，甚至对有些问题作了不适当的表扬。这样，便使得下面不敢提出意见，和不惜用强迫命令的办法去完成任务。同时，下面不少同志，在接受任务后，往往不很好研究当时当地的实际情况，然后作出各种不同情况的具体的布置，而是“一律”地照办；增加复种面积，不管收益如何，“一律”三造；插秧不管合适与否，“一律”六乘六；封江堵河，不管河流流量变动情况如何，“一律”照封，使得工作受到很大损失。所以我们说，下面的主观主义和依靠强迫命令办事的作法这样多，而且一直得不到改正，这是与省委本身的思想作风有关的。

由于过分集中，民主不够，使得我们党内上下不能通气，下面的声音听不到，群众的声息微弱，有些人感到有话不敢说，有话没有地方说。比较显著的一点，我们各级党委的领导机关，平常争论问题的情况就很少。甚至有人以为争论是一件“坏事”，是一种不团结的“象征”，因此要避免它。殊不知这不但不是坏事，而且是一件好事，因为很多问题，大家的认识未必都是一致的，只有经过争论，才可以求得一致。那些有问题而不经争论的“一致”，是假的“一致”，那些一团和气、有话不说的“团结”，是假的“团结”，当然，我们不是任何时候任何地方都提倡争论，对任何无原则的问题也提倡争论，不过我们必须知道，争论这件事，并不是坏事，是一种正常的、好的民主生活，而这在过去我们很多组织中是缺少了的。虽则说，我们在口头上经常说到发扬批评和自我批评这一类话。总之，官僚主义的不良作风是直接可以影响到我们党内的团结的。

为着彻底反对官僚主义，指出这是无产阶级专政阴暗面的表现，虽然是从最根本处解决了问题。但是根据广东党的情况，必须采取以下几项具体措施，以保证能切实地克服我们的官僚主义，改善我们的工作作风。

第一，今后对人民内部的事情，必须采取商量、征求意见、善意批评和团结进步的作法，任何采用在土改中，民主改革中，三反、五反中，特别是镇反中的那些对待敌人的斗争与强制的作法，都应该认为是犯法的行为；犯法的人，不论何人，都要受到法纪的制裁。社会镇反运动，给反革命以打击，对人民压力也很大，使得人民不敢表示自己的意见，此项运动应即宣布结束。应该使每一个人对工作有不满的意见，都可以大胆提出，保证不会被加以“反动言论”的罪名。逮捕反革命分子，除现行犯外，须经专署批准（报省备案），县以下均无捕人权。这样，一方面确定在人民内部有充分的民主，另一方面又严格地执行法治，来保障人民权利，使得人民感到民主权利确有保障，才敢于对工作缺点、对干部的错误作风提出意见。这就会大大克服我们的官僚主义，而增进党政与群众的亲密关系。农村中的农业合作社的民主管理制度必须要坚决贯彻实行，使每个社员都能在政治上、经济上享受到应有的民主权利。

第二，党与党外人士的关系，也就是共产党同各民主党派和其他党外人士的关系，应当确定，党对民主党派与党外人士只有团结合作共事的义务，而无命令、打击、排斥的权利。因为在我们正在建设社会主义的国家里，多几个民主党派与一些党外人士来共同参加社会主义建设，只有好处，没有坏处。这样可以起互相监督、互相帮助的作用。大前提是搞社会主义，有点不同意见，具体问题上有些出入，反而可以使得我们更能全面看问题。我们广东民主人士较多，应该看成是好事，不要看做麻烦，各级党政领导机关对待民主党派组织、社会党外人士，各个工作部门的民主人士，均必须很好同他们商量问题，征求他们的工作意见，特别对于在政府部门担任工作的民主人士，必须实际上使其有职有权，使他们真正发挥作用，尽量做到能使他们敢于向我们反映我们所不能知道的、各方面的情况和意见。省、市县各级人民代表大会、各级人民委员会，必须发挥作用，绝不容许把它们作为一些形式上存在的机关。今年下半年，要认真发扬民主，有重点地、从上而下、内外结合检查一次统战政策执行的情况与存在的问题，结合第二次市、县的普选工作，在保证党与非党劳动人民的优势的原则下，要进一步扩大党外人士的安排，并应有一半以上的县安排党外副职。这些措施，对我们减少官僚主义、密切对群众的联系，都是有很大好处的。

第三，全党互相监督、互相帮助的作用，必须更大地发挥起来。除了按新党章规定召开代表大会，充分发扬民主，检查党委的工作，批评与揭露工作中的缺点，以加强各级党委的领导外，主要的应建立各级党委上下级的平等、亲切的关系，使上下级之间能无拘束地交换工作意见，发挥上下监督，特别是由下而上的监督的作用；上下级间并允许有不同的看法（一经决定，当然下级必须无条件服从）。在同级党委委员之间，更应密切地经常交换工作的意见，不同的意见，应充分展开争论，严格执行少数服从多数的原则（但个人意见仍可保留）。党的支部的民主生活必须加强，在支部会议上，可以提出对党的任何批评的意见，各级党委必须严格遵守集体领导，个人负责的原则。目前在广东党内，阻碍每一个党员自由思考并敢于对工作提出自己的不同意见的，一是党内思想斗争不开展，批评与自我批评精神差；再就是广东省有过党内斗争，有些同志因此有顾虑；加之整队、三反、机关镇反时，由于广东党情况复杂一些，斗争的面也宽了一些，许多同志背有包袱的，思想顾虑更大。现在应当在广东党内大力提倡独立思考问题，鼓励讲不同的意见，提不同的看法，对有思想顾虑的同志应彻底消除其顾虑，把所有的包袱都卸下来，使其不感到有任何的压力，而敢于反映各种情况和提出自己的意见。毛主席已有明确的指示，党内一定要允许不同的意见，就是错了也不要紧。还有，在党内今后与潜入的反革命分子作斗争时，一定要十分谨慎，既不要使党的组织受到暗藏反革命分子的破坏，也不要冤枉好人，现在结束机关镇反运动，今后对待党内发现的反革命分子，只要不是现行破坏犯，坚决实行大部不抓一个不杀的方针。这就会保证最后不会冤枉一个好人，使党内更加稳定。同时，对过去在历次运动中犯错误的同志，应分清是非轻重，以治病救人的方针给以认真负责的处理，并帮助其改正错误和给以进步的机会。这样，我们每一个党员就能更好对党负责，敢于揭发工作中的错误与提出自己不同的意见；使我们党的生活更加活跃起来，可以保证少犯错误，工作进步就会更快。

第四，地方的积极性，给广州市委、海南区党委与各地委、市县委独立处理工作的权限。中央指出，高度集中的权力必须和高度的民主结合起来，不然，集中制就有被片面强调而使我们犯严重错误危险的。中央提出给地方分权，即分权给我们，而我们又把权分下去。当然这样做的目的，不是为了让谁人手上掌握了权力，就可以胡作非为，各树一旗，而是在集体领导下的分权，使更能够从当地的情况出发，因地制宜地把他们的工作作得更好，更能够发挥各地的积极性，即是说，从体制上保证减少上面的官僚主义的毛病。这样做法对我们说来确是十分重要的，因为广东的情况过于复杂，东、西、南、北，风土人情很不一般，如粤北和粤中的生产习惯不大相同，而粤中和海南，生产季节相差了一个季节；此外，华侨、少数民族、渔民、盐民，以至港澳、边防问题等等，各县以至各个区的工作重点，区别很大，如果不给各个地方以独立解决问题的权力，培养和鼓励各地方以解决问题的能力，什么事情都拿到省委来解决，什么事情都由省委直接去"抓"，那一定要犯主观主义、一般化的毛病。事实上过去我们就是这样犯了许多错误的（很多指示一般化，不合乎各地的情况，对一些特殊情况的地区，有所请示或喊叫得厉害时，就去"抓"一下，平时很少主动的去计划、领导）。因此，以后还规定：各地不要什么问题都提到省委上来，很多问题——包括财政经济、文教、卫生等各方面，各地都有独立处理的一定权限（具体划分，还须召开专门会议解决）。

对少数民族的地区，如海南黎苗族自治区，更应把权力分下去，让他们做好工作，发挥他们的积极性。特别在财政问题上，要尽力给以帮助和支援，并给以更大的独立支配权。

第五，严格党政分工，加强党的领导与监督作用。现在我们的机关部门很庞大，工作效率很低，在执行政策上常出偏差，这仅靠党的监察机关与政府的监察部门是不可能很好解决问题的，必须使整个党的机构来加强对工作的监督。

我们过去所采取的党政不分的做法，在改革阶段和反对分散主义中是起了作用的，但到今天的社会主义建设阶段则是不适当的了。因为党政不分的结果，就使得党对政权工作容易形成包办；党委也因陷入行政业务的事务性工作中，使得本身易犯官僚主义，这么一来，当然也就无法监督人家的官僚主义了。现在有人说，党委很忙，政府有的部门很闲，许多事情不经过党委就办不通，政权在群众中的威信大大地削弱了，党与非党的关系也疏远了。这是值得警惕的。

我们许多党员干部在政权中“党气”十足，这也是与省委这种党政不分的领导方法影响分不开的。党委把政权的业务代替了，它当然不可能加强在政治上的领导和经常地系统地深入检查工作，发现与解决问题。所以，必须迅速实行党政严格分工，凡属行政业务的工作，统交给政府进行，在政权中实行党组的领导。党委不直接与政府各业务部门发生直接的领导关系。党委各部与政府各战线（即各办公室）也完全分开，党委各部只管政策检查、干部与政治工作。这样，使得政府各部门更能独立负起责任来，提高其积极性，加强其工作的效率。在党委方面则可以集中力量，加强政治上与政策上的领导，实行全面的系统的对各项工作的监督与检查。这样做，可能在党政之间的工作中出现一些矛盾，但那是不足怕的。有矛盾，就有斗争，有斗争，工作进步就会快些。

第六，党的监察机关与政府的检察院与监察部门，今后应以全力来揭发与克服我们工作中的官僚主义。这要求能充分地发扬党内与人民中的民主。对人民中的民主与对党内的民主的保护，应做到像保护自己的眼球一样。党的政策与政权中的法律、法令和制度，要严格监督执行。总之，要通过我们的监察工作来减少和杜绝压制民主、打击报复和违法乱纪事件的发生。这次花县县委在选举问题上对提意见的同志（虽然这个同志是有错误的）随便加入以“反党活动”，“篡党阴谋”等极为错误的“帽子”，实际上是压制党内民主的作法，像这样的行为必须严肃进行处理，以教育全党。只有这样，才切实有助于我们工作作风的改善。现在监察部门勇气不够，顾虑很多，这是不应该有的。各级党委对各级党的监委与政府监察部门应坚决给以支持，干部力量不够的，要设法为之充实。监察部门并必须与报纸取得密切的联系，经报纸所揭露的事情，监察部门必须进行监督，直到做出结论在报上公布。

第七，加强党的政治思想教育，从根本上解决党员的思想作风问题，使大家的思想能够从实际出发，善于独立思考，善于创造性地解决问题。同时也必须发挥报纸的效能，使其真正起舆论监督的作用。

广东的党很新，大量支部和党员都是新建成、新发展的，他们在斗争中锻炼出来，又不断地投入繁重的斗争当中，除开结合中心工作进行整顿之外，缺乏经常性系统性的教育。基层组织是党的政策的直接执行者，同群众直接联系；它们思想作风的好或坏，决定着工作的成败。在过去，对基层的教育，采取结合运动整思想的方法，固然收到效果；但是单纯采取这种方法，是不够的，而且有很多缺点。今后要加强党的宣传教育工作，不要单纯地求急功近利，而同时要作点长期打算、长期建设的措施，以便在思想上把党建好，使工作能够因全党的思想水平和政策水平的提高而立于主动，不致经常地出现不是偏于这一方就是偏于那一方的现象。

现在我们的报纸不敢大胆揭露工作中的缺点与错误，这是很不应该的。党的报纸必须真正反映群众的意见，代表群众的意见对不良现象进行斗争。也只有这样，才能真正显出舆论的力量。同时对指导工作的意义来讲，也必须全面反映情况，才能对工作有所帮助。只报导好的，不报导坏的，这对工作是没有好处的，只能是欺骗与麻痹自己而已。我们的报纸为什么显得这样软弱无力呢？不外乎两条：一是怕缺点讲多了，易为敌人利用；一是怕得罪的人多了，吃不消。这些想法都是不对的。工作中既然有缺点错误，讲出来予以改进，使工作做好，使人民满意，就让敌人“利用”一下好呢？还是让缺点错误存在、发展起来，工作很坏，人民不满，敌人虽不利用，也会出乱子好呢？显然是前者好于后者；何况这还关系到我们共产党人的老实态度问题呢。至于怕得罪人多了吃不消，看你得罪什么人，如果得罪的是坏人坏事，那有什么吃不消的呢？这样的坏人坏事，你越得罪得多，人民越拥护你，报纸地位越高，销路越好。当然，在揭露工作中的缺点和错误时，应当力求自己的看法正确，事情确实，不能虚构，也不应夸大其事。同时态度也是善意的而不是“一棍子将人打死”的。

不过，报纸在进行揭露与批评时，也可能有些看法有出入，事实也会有些出入，分寸也可能不够那么恰当的，但是我们认为这是不要紧的，只要不把报纸的一切意见当做结论性的意见，而只是一种情况的反映，即使与事实不符之处，或者根本不同意报纸的看法，那也可以在报纸上发表争论的。把我们的报纸真正形成为大家有意见都敢于拿到上面来争论的园地，那是非常必要的，这对发扬民主应该说也是很重要的办法。

同志们，在省的党代会上，我们明确地把全省人民的建设任务提出来了，而且也毫不隐讳地指出我们在执行这些任务中的致命的弱点。我们认为，能够深深地认识这些弱点，并能坚决地予以克服过来，这就给我们在社会主义建设的前途中扫除了这一重障碍，使我们的胜利更加有了保证了。党中央在“关于无产阶级专政的历史经验”的文章中指出：“共产党和社会主义国家的各种领导人物的责任是要尽量减少错误，尽量避免某些严重的错误，注意从个别的、局部的、暂时的错误中取得教训，力求使某些个别的、局部的、暂时的错误不至于变成全国性的、长时期的错误。而要达到这种目的，就要求每个领导者都十分谨慎和谦逊，密切地联系群众，遇事和群众商量，反复地调查研究实际的情况，经常进行适合情况的、恰如其分的批评和自我批评。”这是无产阶级几十年来的革命经验，这是千真万确的。我们必须谨记着中央的指示，保证我们将来不至犯大的错误。

同志们！我们常常提起过，广东地区得天独厚，建设的条件是十分优越的，我们也常常提起过，广东毗连港澳地处国防前线的情况是非常复杂的，无论在政治上、经济上、文化上都存在许许多多的特殊性的问题（如对华侨、渔民、盐民、少数民族以至对敌斗争等等），而且每一个特殊问题的环节，都全牵连到整个局面的成败。因此，许多有利条件，如果我们善于利用发挥，得以人尽其才，物尽其用，没有问题，我们是可以把党分配给我们的任务做得好些的，但是如果我们的工作做得不对，如果又不及时改正的话，那怕是一个小环节，我们也可能遭遇到全盘失败的危险的！因此，我们要抱兢兢业业，勤勤恳恳，谦虚谨慎的态度，团结全省人民，动员全省人民的力量从各方面来配合完成建设广东的七年计划。我们绝不能辜负伟大祖国所给予我们这样美好的条件，我们绝不能辜负党中央、毛主席和全省人民对于我们的期望，我们只能是——胜利。

［摘录自《中国共产党广东省历届代表大会及全会文件汇编第一卷（1949 年 11 月—1961 年 12 月）》］

要大力发扬民主①

（1956年7月23日）

一、对这次代表大会的看法

广东省的党代表大会，这次还是第一次，以前开的都是代表会议，没有开过党代表大会。这样一个充分发扬民主的代表大会，对于过去的省委来讲，是没有经验的，所以，今天概括地把大会的经验总结一下，取得一个公允的看法，是很有必要的。

对于这次大会的看法是怎样的呢？有些代表同志表示这次大会开得还是好的，但是也不是十分理想；还有些同志讲这次大会虽然开得不错，但是就发扬民主来说，大概只能算作“三七开”，也就是说我们大会发扬民主还不够。这些虽然仅是同志们的一些看法，但是说明了一个问题，就是我们这次大会确确实实不是开得十分理想，在发扬民主的问题上，也确确实实不是尽善尽美的。这次代表大会，报名发言的有98人，已经在大会上讲了52人，其他都写成书面发言，发给到会代表，在这些发言

① 这是陶铸同志在中共广东省第一次代表大会闭幕会上发言的一部分。

中，对前届省委的工作及省委的领导同志，包括我个人在内，都进行了很好的批评，这些批评对于工作是有益的、有好处的，因为平常我们自己就不太知道工作中的缺点，总觉得工作搞的还不错，实际上工作中的问题很多，群众意见也不少，主要是没有讲出来，这次大家讲出来之后，对于我们就有很大的帮助。但是，前届省委对于这次代表大会的情况是估计不足、准备不够的。什么叫估计不足、准备不够呢？这就是虽然我们自己已经感觉到过去的工作中有问题，要开个大会好好的检查和揭露，但是还没有感觉到问题这么多，有些问题是那么严重，因此，省委向大会的报告的检讨就不很够、候选名单考虑的也不够周全。虽然如此，我们认为这次代表大会，仍然是个成功的大会，有收获的大会。其收获的主要表现是：我们花了 14 天的时间，经过代表同志辛勤劳动的结果，解决了广东省今后工作前进的带根本性的问题。这就是说，如果我们不能解决这个问题，我们的工作就很难以前进，现在解决了这个问题，我们广东省的工作就可以迅速的前进。这个根本性的问题，就是经过大会同志们的发言和小组讨论中所揭发出来的我们工作中的片面国家观点和严重的主观主义与官僚主义的领导作风。近两年来，我们总感到工作很被动，省委要求的是一样，做下去往往又是一样，工作任务虽然完成了，但是副作用很大，偏差很大，结果总是不很理想，群众对我们的意见很多。对于这个问题，我们过去总是有些埋怨下面干部的水平不高，对省委布置的工作接受的不是很爽快等，而没有从根本上去找原因。经过这次大会，把根本的原因找了出来，这就是省委领导上的群众观念不够，国家观念过多，和主观主义与官僚主义的领导作风。

这个问题是不是在大会以前省委没有察觉到呢？不是的。自从毛主席的 10 条方针提出之后，省委是察觉到这个问题的，知道要迅速地改进我们广东的工作，原因不在下面，而是在省委领导本身，但是没有像在这次会议上揭露出来的事实这么多，使我们的认识这样深刻；同时，光是省委的报告，如果不经过大家广泛的讨论、揭发，那么，我们全党对于加强群众观点，反对强迫命令，反对主观主义与官僚主义，也不会像现在这样有力量、这样深入。因为这么一揭发，大家都感到惊心动魄，问题很多，而且有些问题又是那么严重，我想只要是个共产党员，还有一点党性，就不会无动于衷，就会迅速的行动起来，采取有效的措施，切实改正这些缺点和错误。当然，在开始的时候，有少数的代表同志对于全局工作的估计是不很全面的，但是这个问题影响不大，因为后来发展的结果，大家讨论研究酝酿的结果，我们的意见基本上取得一致了，上下通气。在省委的报告中，对于我们的工作成绩没有讲，但是这并不等于我们的工作就没有成绩。两年来，我们的工作是有成绩的，完成了任务，但是工作中也存在着很大的片面性。省委的报告中，又提到近两年来，党和群众的关系进步很慢，甚至有些地方是退步了。现在看来，这样估计是不够恰当的。整个来说，我们党和群众的关系是改善了的，因为我们在农村中搞了合作化，堵塞了资本主义发展的道路，解决了农村向社会主义发展或向资本主义发展的根本性的问题。同时，在手工业改造方面也打下一个基础，避免了农民群众向两极分化，这样，就使我们党和群众的关系建立在一个新的基础上。但是，我们的工作中也有很多的缺点和错误，所以，这次代表大会，就解决了广东省今后工作发展的带根本性的问题，这个问题，我们曾经想解决，企图解决，但是还没有能够很好解决。这次大会，基本上解决了这个问题，找出了原因，明确了方向，取得了思想认识上的一致。

这次大会之所以能够开得好，是一个比较成功的大会，首先是由于我们有了党中央和毛主席思想的领导，以及联共党反对斯大林错误的经验教训。在没有开会之前，省委就根据党中央和毛主席的思想指导，进行了酝酿，并且作了初步的检查，找出了关键。但是仅仅是这样，我们的大会也是不能开好的，这次大会所以能取得这样的成就，最主要的原因是代表同志们来到了之后，本着对党的事业的高度负责的精神，对省委的领导和工作进行了批评，揭露了我们工作中的缺点和错误，并且积极地提出了改进的建议与具体措施。那么，这次大会使我们得到什么有益的经验教训呢？就我个人来讲，这次大会对我的教育是很大的。两年来，省委的工作有缺点有错误，抓的不很好，虽然整个省委有责任，但是主要的是我个人要负责任，我自己除了在思想上有主观性、片面性与工作不深入外，还有一些自满的情绪，总觉得自土改以来，广东工作搞的还不错，即使工作中有些缺点和问题，也感觉是全国性的，难免的，因此，对于暴露出来的缺点不够重视，防止缺点、错误的决心也不够强。据我的经验，要克服党的领导者的自满情绪，正视工作中的缺点、错误，没有党内高度的发扬民主是很困难的，虽然我在开会之前，对于我们的工作有了一定的认识，但是没有像经过这次大会中，代表同志揭发出来的事实之后，思想认识的这样深刻。省委的其他同志也和我一样，经过这次代表大会，所得到的教育也是很大的。广东工作的缺点、问题之所以这样多，也主要是过去两年来，没有采取这样党代表大会的形式，充分发扬民主，来揭露我们工作中的缺点、错误，因此，问题积累的很多；就是这次省委决定召开党代表大会之前，虽然思想上有些认识和准备，但是这种认识也是在大会过程中逐步加深、逐步明确的。所以，要发扬民主，话虽然好说，但是真正做到发扬民主，就不是很容易的事，因为要发扬民主，就是要揭露我们工作中的缺点、错误，实行批评与自我批评，这样，思想上就不好过，不好过，就要产生斗争，所以，这几天来，我们是有思想斗争的，而且斗争的比较尖锐、比较剧烈的，但是要真正搞好工作，就必须靠发扬党内民主，只有这样，我们工作中的错误才能被克服。两年来，广东工作中的缺点错误，不是没有提出来，也不是没有发觉，主要是没有很好的发扬党内民主，没有采取党代表大会的形式对我们的工作进行检查。应该说，在土改或土改刚结束的时候，分局同各区党委、县委的关系是比较密切的，但是这两年来，省委同区党委、地委、县委的关系就不是很通，而要把工作做好，如果没有各地委、县委的共同努力，是绝对不可能的，这次代表大会，弥补了这两年来，省委与区党委、地委、县委之间不够通气的现象，使之沟通了，使我们了解了下面的一些困难、意见和要求，所以，这样的会议，今后还要多开。

这次大会是一个开端，为党内民主生活树立了初步的榜样，对今后广东省的工作，以及保证领导少犯错误，或者犯了错误能迅速的改正，有极大的意义。如果我们每年都开一次这样的大会，那么，对于我们处在领导地位的同志来说，教育作用将是很大的。过去没有经常召开这样的代表大会。我们自己也不警惕，反正省委委员是上边圈的，“稳坐钓鱼船”，工作中高兴讲的就讲一点，对别人的批评不重视，现在不同了，旧的时代过去了，现在是民主的潮流，不仅世界上是这样，在党内也要大大地发扬民主，这是一种不可抵御、不可抗拒的力量，只有这样，我们党的作风才会转变，工作效率才会提高，过去工作中的缺点、错误才能改正。如果党内没有了民主，党的事业就有可能遭到破坏，甚至引导我们党走向死亡；有了党的充分的民主，就可以使我们的事业蓬勃地向前发展，因为有民主，就有斗争，就不是一窝死水，它就是后浪推前浪，谁不行，谁就要被时代淘汰。同时，有了民主的传统和习惯，对党内的任何缺点、错误，在任何情况下，也就敢于揭露和纠正。

党的代表大会制度，是改进党的工作，增强党的团结，统一全党的意志的最重要的制度，所以，新的党章规定今后的党代表是常任制，定期开会，省一级每年要开一次党代表大会的会议，不开会就是违犯党章，这样，我们就可以充分运用党代表大会，发扬党内民主，开展批评与自我批评，从而改进我们的工作。我想，通过这次党代表大会实际的锻炼和教育，广东党的民主生活将会进行得更好一些。

二、加强群众观点与反对主观主义、官僚主义的思想建设

首先，必须要充分暴露我们工作中片面的国家观点和缺乏群众观点，以及主观主义和官僚主义。我代表省委所作的报告中，没有讲到什么成绩，主要的部分是讲片面的国家观点和缺乏群众观点，官僚主义与主观主义的领导作风，强调要充分发扬民主与适当分权，这些都是完全必要的，我们要解决一个思想倾向，纠正一个偏差，如果不着重批评它、揭露它，那就不容易把偏向扭转过来，所以，在省委的报告中，对于国家观念则讲的比较少，也就是说，对片面的国家观点以及要求过高、过急的官僚主义、主观主义的领导作风，打击的火力比较猛，但是全面地来

说明问题，划清界限，就作的不够；在代表的发言中，对于如何照顾国家的利益，今后如何强调专政，强调统一集中，也就讲的比较少一些。这也是应当讲的少一些的，因为今天主要是反对前面所提出的这些偏向。但是作为长期的思想建设任务来说，为着防止左右摆的偏向，还必须把界限划清楚，把问题讲全面。

（一）国家、集体利益与个人、个体利益的问题

目前，省委领导上的错误，就是过多的照顾了国家利益，过少的照顾了群众利益。但是，这并不等于说照顾国家的利益今后就可以少讲一些，就可以不重视了，不能这样讲。因为目前的利益和长远的利益、国家的利益和个人的利益是一致的，要“公私兼顾”，没有国家利益，就没有群众利益；没有集体利益，也就不能有个人利益；没有长远的利益，目前的利益就没有保证。为什么要这样讲呢？因为我们的思想容易片面地看问题，容易左右摇摆不定，因此，在思想建设上，必须把问题讲清楚。比如我们现在反对了过多地照顾国家的利益，但是我们今后要不要购粮呢？要不要收税呢？商业要不要赚钱呢？工业要不要利润呢？当然还是要的，而且我们国家的工业建设速度的加快，主要的积累仍然要靠群众。靠农民。我们建设社会主义，虽然有苏联的帮助，但是为数有限，而且苏联供给的钱也是有利息的；美帝国主义又不帮助我们，而且还封锁我们，同时，我们也不能像帝国主义那样去侵略人家、掠抢人家。所以，我们唯一的办法就是在国内发展生产，进行积累，并在发展生产的基础上照顾群众的利益，逐步提高人民的生活水平，如果不注意这一条，社会主义是不可能建设起来的。统购统销政策正确不正确呢？那是完全正确的，如果不把统购统销搞好，就不能稳定市场，也不能很好的稳定物价与保证粮食供应，同时，要实行合作化，杜绝农村中资本主义发展的道路，也是不可能的。我们粮食工作上的问题，就是省委在当时购粮购得多了一些，不是购统销政策的不对。今年我们是坚决实行增产不增购，中央也不向我们调粮食，因此，我们要留足农民的口粮，并把副业搞起来，但是明年中央是否会向广东调些粮食出去，而我们也向农民多购一些余粮呢？我想那是可能的，农民也应当把一些余粮卖给国家。

在商业问题上，目前也暴露了很多严重的问题，主要是剪刀差太大，但是目前我们还不能马上把农产品价格提高，而把工业品的价格压低，而消灭剪刀差。剪刀差是什么意思呢？剪刀差就表示着积累，比如甘蔗14元1000斤，但是1000斤甘蔗能制糖后，可卖50多元，赚了30多元（包括税收和工业利润）。如果不这样做，那里来积累呢？所以，在价格政策上，我们还不可能马上取消剪刀差，同时，剪刀差是历史上的问题，抗战前就有，以后相当长的时期内还会有。当然，对于商业中的利润过高，购销差价太大的不合理现象是要适当调整的，违法乱纪是必须立即制止的，但整个来说，商业工作主要是保证市场供应满足人民需要，帮助工业和财经机关，通过验收和工业利润进行积累。至于红烟的价格问题，是低了一些，我们赞成适当提高，已请示中央，现尚未批准。

税收问题，过去说“国民党税多，共产党会多”，现在看来，我们也有一些不应该收的苛捐杂税，应该把它去掉，但是整个来说，我们的税收任务也是必须保证完成的，现在有些地方差价高，主要是税收问题，目前的税收，大减是困难的，因为现在税收是全国财政最主要的收入。不能减，当然，有些税收还是可以减少的。目前国家和群众的关系，就是要使群众的生活逐步的提高一些，同时国家也要搞积累，我们过去的错误，就是没有照顾到使群众的生活逐步的提高，而是片面地过多的搞积累；同时，我们在进行积累时，不少地方方法上也有毛病，不是通过说服教育和群众觉悟的提高，而是采取强迫命令的办法。这是十分错误的。

总之，国家利益和个人利益两方面都要兼顾，片面地偏重哪一方面都是不对的，既要照顾国家利益，又要照顾群众利益，当然国家利益仍然是第一位。另外，我们在反对官僚主义中，反对任务要求过高、过急和抓得太死是对的，但是注意在反对这种倾向的同时，必须防止产生消极松劲、在困难面前低头和有可能办的事情也不积极去办的另一种偏向。比如在推广农业技术改革中，要求过高、过急，不能因地制宜是不对的，但是也不应当将能够推行的技术改革也不去推行。

（二）集中统一与民主分权的问题

集中统一得过多，过死，这是形成前届省委的官僚主义作风的一个很重要的原因，过去对一些事情抓得太多，实际上又管不好，所以现在必须适当地进行分权，把一些权力放下去，但是也要注意，所有的民主分权都是要在集中统一的原则下分权，因此，将永远是需要提出全省在一定时期内来完成某项工作任务，或者在一定的时期内作全省统一的工作安排，如进行扩兵、基层选举等工作，全国也有一定的完成期限和要求，所以不能把分权民主，理解为可以不按期完成统一的工作要求。过去省委在这方面的缺点和错误，主要是对任务的完成时间有些限得太死，以致下面没有机动的余地，如在生产指导上，要求提早一个季节来插秧是对的，但是笼统号召一律在谷雨前插完则是错误的。我们现在的分权，是为了让下面发挥积极性，并且要下面多出主意把工作任务完成得更好，这是十分必要的，对于克服与防止官僚主义，避免与减少错误，发挥全党积极性，上下一致的做好工作是一项非常重要的措施。同时，分权也必须要有集中统一的领导，否则对于所布置的全省性的工作任务，在一个地区本来是可以完成的，但是分了权没有集中统一领导，就会产生强调局部困难而不去努力完成，或者是强调情况特殊而不去执行，或者对于统一规定的价格政策也要随意改变等等，对于分权的原则如果不讲清楚，那就可能出现许多的独立小王国。

因此，应该肯定：过多的集中统一是会影响下面积极性的发挥，所以必须适当地分权，但是必须是在集中统一原则下的分权，否则将会给工作带来新的不利。

（三）专政与人民民主的问题

这个问题在前届省委的工作报告中只强调了一方面，讲得不够圆满。必须肯定：今后还要继续地很好地利用专政来对付顽抗的阶级敌人，可以设想，如果没有专政，就不可能把社会主义建设好，所以绝不能认为专政带来了所谓阴暗面，为了消除阴暗的一面，就可以放松专政。因为过去主要是我们在某些方面对于专政运用得不恰当，甚至有些是滥用专政，这是十分错误的，必须坚决反对。最近全国人民代表大会上，民主人士对于所谓专政的阴暗面问题议论纷纷。毛主席最近关于这方面的问题曾作了指示，肯定了过去几年来的镇反工作完全正确，杀了一批人也是完全必要，因为我们是在搞革命，对于那些死心踏地顽固不化的反革命，它们千方百计的在阴谋破坏我们国家的社会主义建设，对这些人不杀一些是不成的，不进行这几年来的镇反工作，就不可能有民主，也就不能很好地建设社会主义。因此，我们绝不能对实行对阶级敌人专政有所怀疑和动摇，必须继续坚持进行肃反，特别是目前中国情况与那时苏联完全不一样，我们国家革命刚刚胜利不久，解放以来只不过是6年多的时间，而过去长期反动统治所遗留下来的反革命社会基础，如果不彻底摧毁，是不可想像的。同时，我们镇反的对象是阶级敌人，所杀掉的反革命绝大多数是正确的，所以把我国几年来的肃反与斯大林在肃反问题上扩大化的错误相比是没有理由和根据的。当然从接受苏联这方面的教训也还是必要的。今后搞肃反，可以不必采取运动的方式，运用法制，得准确些。我们曾向中央报告，拟将广东省社会上的镇反运动结束，并且准备把学校及工矿的肃反进行之后，也宣布结束肃反。中央同意了这种做法，并且指出：结束肃反运动并不等于放松对反革命分子的镇压，这是因为今天阶级还存在，我们还受着敌人的包围，敌人企图破坏我们的社会主义建设，而我们对待敌人唯一的正确的办法首先最主要的就是镇压和专政，对于敌人是不能给他民主的。可见对敌人的专政还要继续使用，镇反也要坚持进行，只是不要搞运动，而依靠法制来进行这样做，使我们一方面不要放松警惕，另方面，又可以防止偏差和滥用专政的错误，更要严重注意的是过去我们有些地方曾以专政的、粗暴的办法来对待思想改造过程中的某些错误、对待经济工作中本来可以依靠经济法则解决的问题和党内分意见的争论等，这样无形中就大大窒息了人民内部和党内民主，大大挫伤了人民群众和党员干部的积极性，这是十分错误的，必须认真检查与克服滥用专政的错误，以充分发扬人民内部和党内民主，发挥群众的积极性。

总之，前届省委工作上、领导上的缺点与错误要肯定下来，这就是过多地照顾了国家利益、长远利益，过多地集中统一，要求过急、过高，特别是对于一时难以办到的事情要求过急，存在一定的盲目性与片面性，同时还存在着民主作风不够。所有这些，均必须加以克服与纠正，但是作为加强党的思想建设来讲，对于上述问题还必须加以全面分析、深刻认识，免得今后工作又偏到另一个方面去。

三、关于具体工作中的一些问题

（一）巩固农业生产合作社的问题

首先，要对广东省现行的农业生产合作社的情况作个带根本性的估计，即就是现有的合作社还很不巩固。要使合作社巩固，目前主要是把预分工作搞好。毛主席在5月会议上曾经强调指出过：要保证一定做到使农业生产合作社有90%的社员增加收入。这是非常正确的。我们可以设想：如果农民加入了农业生产合作社，走上社会主义的道路，但是他们不仅不能增加生产和增加收入，反而减产或者减少收入，这样群众的生活得不到应有的改善，生产积极性也就无法提高，同时还会有一部分要闹退社等等。因此，除请各代表同志认真考虑如何做好预分工作，保证社员有不同程度的增加收入外，下届省委要专作研究和采取措施。必须指出：要想一切办法在今年上造做到使所有的农业生产合作社（包括转为高级社的在内）的社员均能或多或少的增加一些收入，只有这样，才能显示合作社生产的优越性，否则社员倘若不但不能增加收入以至减少收入，那么合作社就难以巩固了。由此，保证农业生产合作社有90%以上的社员均能增加收入，这已经成为巩固合作社的带关键性的问题。人民日报刊登四川省经过预分工作补课后，做到有90%的农业生产合作社和90%的社员能够增加收入的经验是很好的。目前广东省对于这个问题还未得到很好的解决，也就是说，到底有多少农业生产合作社能够增加收入和增加多少，这方面的材料不够清楚，再就是增加收入的农业生产合作社，是否能够保证 90% 的社员增加收入呢？现在的把握也不大。如果不赶快把这个工作抓紧，不把预分工作搞好，今年上造就不能保证有 90% 的社员增加收入，那就使合作社巩固、初级形式合作社转为高级形式合作社也会增加许多困难，也就很难允许我们对下造生产乐观。那么，要保证把预分工作搞好，尽可能使社员多增加些收入，究竟要采取一些什么样的措施呢？

第一，必须继续努力宣传和认真贯彻执行适当地少扣多分的原则，在不影响晚造生产投资的情况下，尽可能使合作社少扣些而多分配给社员一些。

第二，对于还农贷款、生产投资等时间稍推迟些，先多分配一些给社员，对于减产社则从公粮、购粮减免等方面给予适当地照顾。总之，除了农业生产合作社本身分配过程中，尽量做到适当地少扣多分外，国家还要采取一些措施来设法帮助农业生产合作社做到使社员增加收入，同时也要求各级党委切实重视与搞好预分工作。

第三，把生产搞好还是最重要的问题，特别是上造生产不大好的，必须迅速把下造生产搞好，多搞些能迅速使社员增加收入的副业，以保证社员实际收入的增加。至于这方面的具体问题，另召开会议研究解决。

（二）农业生产的思想指导问题

这个问题本来在 5 月份开的前届省委扩大会议上已经基本获得解决。但是这次党代表大会上提出的意见，又使我们更深入具体了解与认识这个问题——在农业生产指导上要求过急、过高而有些冒进，有些在某种程度上存在着主观、片面，不能因地制宜，强调多种水稻而忽视其他，特别是影响了副业生产的发展。通过大会发言和小组讨论，使领导上对这些问题解决得更深更透，为此，提出几点意见：

首先应该肯定：过去在对农业生产指导上存在着的要求过急、过高，主观、片面，强迫命令和不能因地制宜等缺点与错误都要迅速改正，但是广东增产的基本方针与措施一年三熟、推广先进耕作方法和新式农具、改革落后耕作制等则是基本正确的。因此，在反对过急、过高、冒进等的同时，还要有步骤有条件的贯彻执行各项增产措施，各级党委必须准备条件，教育群众，使其自觉自愿的切实贯彻执行。固然强迫命令是要坚决反对的，但是也必须反对那种放弃领导，不作说服解释工作，任凭群众自流，怕困难，以致使本来可以办到的事情也不去办的消极退缩情绪。

再就是因地制宜的发展各种农作物，这就必须从增加生产、增加收入的原则出发，这就要求各地区应该根据国家计划安排，结合本地具体条件，确定增产的具体计划。必须指出虽然今年广东省的粮食情况，看来稍微宽些，这主要是今年中央未从本省调出粮食，明年情况则会不同，因此，还须努力提高单位面积产量，只有争取全省每个农民能有 800 斤口粮的情况下，才能基本解除粮食紧张的情况。由此可见，当前仍必须以发展粮食作物为主，因地制宜地发展经济作物。固然过分强调了发展粮食作物而忽视了经济作物及副业生产的发展，是错误的；而在今后强调大量发展经济作物的同时，放松了粮食生产，也同样是错误的。各地必须在保证以粮食作物为主的前提下，因地制宜的大力发展经济作物，全面地完成农业增产计划。但是发展粮食作物（包括杂粮）与发展经济作物、副业生产是有矛盾的，如果片面地照顾农民，把全省的粮食作物全部改种经济作物，其收益比种粮食作物大，看来是可以多给农民增加些收入，那么全省 3700 多万人口的粮食供应则成问题。所以，不宜从广东多调出粮食，而应该多调出工业原料，这是肯定了的，但广东省就必须保持一定的耕地面积来种植粮食作物（全省以 5000 万亩种植粮食作物），来保证本省粮食自给，也必须肯定，这样对于扩大经济作物种植面积就有一些困难，现拟采取以下几个措施，来逐步解决扩大经济作物的种植面积问题。

第一，对于原来在过去两三年内是种植经济作物的耕地，由于粮食紧张而改种粮食作物的，可以迅速在今年下半年就作准备恢复种植经济作物，这些地区（如东莞的莞草、高要的蒲草等）和种植蔬菜、小量经济作物的耕地，种植经济作物对于农民收入很重要的地区均应迅速把它改变过来（估计全省有 100 多万亩左右）；

第二，根据国家需要，可以考虑一下是否可以减少一些粮食增产任务而改种经济作物，此点需待省计委重新考虑安排后再决定；

第三，在保证完成本年度的粮食增产计划的前提下，由各地区自行调整一部分土地来多种些经济作物；

第四，有些特殊的地方（雷州半岛、茂南平原等），水利条件特别差而不能种水稻的地区，可以种杂粮或者种植经济作物，还可进一步计算一下，即改种经济作物对粮食增产任务完成影响不大的（如合浦、海南）地区，也可以考虑种植一些经济作物；

第五，各地新扩大的耕地面积可以用来种植经济作物，或者把新扩大的耕地面积种粮食，把原来种粮食作物的土地改种经济作物。

过去主要是对粮食作物的发展强调过多，没有重视与组织发展经济作物，更没有采取适当的措施；副业生产的发展也是如此。总之，在保证完成本省粮食增产计划的前提下，因地制宜地有计划地根据国家的需要与各地区具体情况来逐步扩大经济作物的种植面积。因此，省里要统一研究制定一个关于发展经济作物的项目、数量、价格等方案公布出来，以便于各地农业生产合作社计划安排经济作物生产的发展。今后凡是国家统一计划要求农民种植的作物，一律要保证按合理价格予以收购。

（三）粮食购、销问题

今年粮食的购、销指标已经解决了。现在要求各地要很好地利用中央今年不外调广东粮的有利条件，一定要把广东的粮食紧张情况，全部和缓下来，使农民、华侨及各阶层对粮食供应感到满意，在这个基础上，把农业生产合作社巩固好、生产好和做好华侨等方面的工作。今年粮食购、销情况是：除了坚持贯彻执行增产不增购之外，还分配给各地一部分：如汕头专区，去年曾调出 290 万斤粮食，今年不仅不调出，另调给 8000 万斤；惠阳专区，去年曾调出 35000 万斤，今年只调 27000 万斤，比去年减少 7000 万斤；韶关专区，去年调出 12700 万斤，今年只调 9000 万斤，比去年减少 3700 万斤；佛山专区，去年调 36000 万斤，今年只调 27000 万斤；高要专区，去年调出 13000 万斤，今年只调出 7000 万斤；海南区，去年调进 15000 万斤，今年仍调给海南 15000 万斤；合浦专区，去年调出 6000 万斤，今年不调出，另调进 1500 万斤；湛江专区，去年调出5200万斤，今年不调出，另调进5000万斤。所以说，今年的粮食问题应该说是解决了的，因为今年各地均有不同程度的增产，对增产部分不仅不增购，而且还减少调出和增加调进部分。这个方针完全必要，主要是广东的粮食比较紧张，今年松一年和缓下来。因此，各地区一定要很好地利用这个有利条件，真正做到留足口粮500斤至700斤，并且好好把副业搞起来。把群众中的某些不满情绪，完全平息下来。但是如果各地不抓紧，政策贯彻得不好，分配不妥善，虽然有较充裕的粮食，也同样会出乱子的。所以，必须做好分配，特别是华侨一定要按规定标准保证供应，同时，对于母猪、种猪均要留够饲料。

（四）商业问题

商业问题比较大，且比较复杂，大家的意见也最集中、最突出，而这个问题到现在还未解决，今天晚上也不可能解决得很好。现仅提出以下问题，请同志们考虑，以便再作进一步研究。商业中究竟存在些什么问题呢？大家发言中，主要有两个，一是农产品采购方面，买农民的东西给价格很低且还要压价，而另一方面卖给农民的东西价格较高而且有些还不断涨价。造成这种情况，主要是体制上中央商业部掌握价格政策，省委不能管价格政策，但这样并不等于可以减轻我们官僚主义所负之责，因为省委要管还是可以的，至少可以将不合理的情况向上反映，争取求得合理解决，问题是省委缺乏对这方面的工作进行检查，加之商业机关主动反映价格，情况也不够。如猪肉问题，我们感觉到要把收购价提高一些，据说（新会县反映）合作养猪，经营得较好的只能赚点猪粪作肥料，此外就赚不到钱；可能社员家庭养猪情况会好些。今后要鼓励发展合作社的集体养猪，只赚点猪粪是不能刺激与鼓励生产的。我们设法把统筹价格降低一元（每担）；另方面猪肉价格问题曾发报请中央批准提高1.5%，但是中央商业部认为广东的猪收购价格，在全国来说是最高的，所以不能再提。花生、蚕桑价格调整均经过若干次文电反复请示才解决。价格问题是个很大的问题，一方面牵扯商业利润问题，一方面牵连到商业体制问题，如果商业利润任务不降低，商业体制问题不合理解决，那么价格问题也很难解决。主要是商业利润高而不愿提高收购价和降低销售价，再是商业体制不变，流转环节就不能减少，国营商业部门与供销合作社在工作中也常发生矛盾。但是个别的调整物价，特别是省委权限可以解决的，迅速改变不合理状况是完全必要的；至于属中央掌握的价格，省委则积极反映意见，力争合理解决。

这次会议上大家发言中的意见是对的，因为目前商品的购销差价确实太大，在整个价格政策上，我是主张农产品收购价格适当地提高，使农民生产有利可图，而且不准随便降价，现在随便降低农产品收购价格就是错误的；供应农民需要的工业品价格，应该适当地逐步下降销售价格，逐步缩小工、农业品的剪刀差价。

省商业部门和省委在领导商业工作上还存在什么问题呢？主要是经营管理不善，损耗很大，完全加在生产者与消费者身上，因此购销差价很大，国家并没多得上利润，而是把钱消费于供养管理人员，因而必须由商业部门很好的做检查，把购销差价不合理的调整一下，把流转环节压缩一下。其次是商业部门的违法乱纪，这要由商业部门负完全责任，如果我们商业部门工作人员政策水平高，群众观点强，不搞违法乱纪，即使中商部规定的某些价格不合理，所引起的问题也许不至于像今天这样严重。如随便压低收购价格、降低产品等级和硬性搭配残度次品及霉坏物品等等，为了能够很好地解决商业工作中存在的问题，关于总的价格政策方面建议中央予以调整解决，设法减少一些商业利润的任务，适当地解决商业体制问题。除此之外，改善经营管理、减少购销差价处理违法乱纪等完全是我们本身可以解决的，必须坚决迅速地进行，省委、地委、县委都要对商业部门的工作作一次检查，帮助他们发现与解决问题，同时还应该加强对商业部门工作人员的政治思想教育，提高他们的政策思想水平。

（五）财政下放问题

代表发言中意见最多的是财政方面扣得太死，不合理的税收很多等等。关于税收问题迅即作一次清理，有些税是马上可以取消的，特别是收入数目不大而引起群众不满的项目可以取消；当然，大减税收也不可能。财政方面的问题也要划清界限，分清责任。财政方面扣得过紧、过死，主要是由于省委在确定经济建设方针时要求过急、过高所产生的。去年广东财政总支出4亿元，其中经济建设投资1.04亿元；今年中央先后只投给4.1多亿元（原来只数给3.6亿元），而今年经济建设投资则达155亿元，今年总预算只比去年多收入1、2千万元，而开支方面，仅经济建设一项就比去年多5100万元。也就是说，中央今年给我们的经费仅比去年多一些，但是今年的开支需要却比去年增加很多，结果就要扣下面。现在下面搞得太紧张了，必须适当地下放些，否则开会只解决思想问题，不解决物质问题，是不能令人满意的。现在准备把原定在今年搞的经济建设项目而看来又不可能进行的，就削减一些，挤出一些钱来放到下面，给下面解决一些困难，下面财政方面搞得如此紧、如此苦，省要在财政方针上负责总的责任，因为经费不多，我们要求过急、过高，结果把下面扣得太紧。但是，财政厅也是有责任、有错误的，就是对省委既已决定的问题（如房租归各地方支配使用，不上到省，财政厅扣得太死，不肯放下去），财政厅不坚决执行。第二是扣得太死。用一个钱也要财政厅批准，不相信下边，县财政科长只服从财政厅的领导，而不听从县委、县长的领导，这点财政厅要负责。如何改正呢？县里要成立一级财政的原则，中央已经确定，具体做法与分权问题待中央确定体制问题后解决。现在可以解决的：第一，减一些经济建设项目，挤出钱来放下去；第二，各地的房租不必上缴，由各地自行支配使用（修理房子、修整街道等等）；第三，公粮附加比例可以考虑少提一点，待进一步研究确定；第四，各地预算范围之内各项目间经费开支，根据实际需要，各地有权调整，财政厅应该只管大的指标和财政的平衡。整个的财政问题，待中央体制会议确定办法后，再开专业会议传达布置。

（六）工业建设与城市工作问题

过去省委对工业工作抓得很少，今后要加以改变。至于省委领导何时转以工业为重点，还要再研究一下。在第一个五年计划期间，仍以农业为重点，但是各级党委要全面的抓经济建设，同时要加强对工业的领导，恰恰以农业为重点就必须相应地抓工业，否则就不能保证农业生产的技术改造和解决农产品加工、销路等问题。目前抓工业主要是培养与配备干部，为转工业为重点的建设准备力量。

城市工作，过去省委管的不够，下届省委书记分工要考虑以一人专管城市工作，党委日常工作议程上要摆城市工作，城市工作主要是搞工业、手工业、抓财经工作。

（七）科学技术人才的培养及争取高级知识分子问题

全省工、农业七年规划已经确定了总的建设发展方向，现在要搞工、农业建设没有科学知识是不成的，必须重视高教工作；各地对现有的技术学校要抓一抓，以后还要多办一些。

高级知识分子，一方面是缺乏，另方面社会上还有一批高级知识分子未得到重用、未分配工作，特别是港、及南洋有许多高级知识分子是可以争取回来的，但是我们的条件还不具备（一是他们的物质要求尚不能适应；二是他们害怕镇反和思想改造），还在观望等待，我们要逐步把物质条件改善，过一个时期结束了镇反运动，通过组织专门机构是可以争取他们的。但是必须大力加强这方面的工作，否则就会赶不上需要。

（八）统一战线与党政分工的问题

统一战线工作过去大家关心不够，不知道它的重要作用，这次得到大家重视，今后省委及各级党委要把统一战线工作抓起来，也就是要把党外的积极性很好地发挥起来，和我们共同合作。现在的情况是人民代表大会不大起作用，党外人士摆在机关中也没有发挥作用。大家要把统一战线工作重视起来。党政分工，确定要分开，基本上做到把政府工作完全交给政府，党委只管政策研究调查、督促检查、政治工作、思想领导等。具体办法待另开专业会议解决。

（摘录自广东省档案馆馆藏档案）

纪念孙中山先生

（1956 年 11 月 12 日）

孙中山先生是一个伟大的革命家。他不仅领导了我国旧民主主义革命，而且参加了新民主主义革命；他的毕生事业对于中国人民为解除帝国主义和封建主义的压迫，争取独立和自由的斗争，具有极其重要的意义。我国的一切爱国者都尊敬孙中山先生，都不会忘记孙中山先生对中国人民的伟大贡献。广东是孙中山先生的故乡，又是他进行革命活动的重要根据地。广东人民对这位伟大的、杰出的革命领袖，感到特别的亲切和深挚的怀念。

孙中山先生不但是具有反对帝国主义斗争传统的广东人民的代表者，是有光荣革命传统的中国人民的代表者，而且也是亚洲和世界许多要求自由、独立的反殖民主义统治的国家的人民的代表者。半个多世纪以来，投身于反对帝国主义斗争的广大人民，都曾经和正在他的革命精神的影响和感召下，奋勇前进。因此，孙中山先生博得了全世界爱好和平、主持正义的人们，尤其是被压迫民族的人民的爱戴。孙中山先生的伟大理想，是“天下为公”的理想，是“世界大同”的理想，这种理想，和共产主义者的崇高理想是一致的。孙中山先生说过：“中国革命的目的，和俄国相同。俄国革命的目的，也是和中国相同。中国同俄国革命，都是走一条路。”他又认为：“俄国革命之所以能成功，我国革命之所以不成功，则为党员至今仍不明三民主义之过也。民生主义与共产主义实无别也。”可见孙中山先生对人类最崇高的理想——共产主义理想的向往。

我们共产党人，我们的广大的青年团的团员们，必须和所有孙中山先生的忠实信徒一样，为维护孙中山先生的伟大理想，为实现孙中山先生这一崇高的理想而奋斗。孙中山先生不但有一个崇高的革命理想，而且也寻找到了一条救国救民的光明道路。这条道路是自从帝国主义入侵中国以来，无数为国为民的仁人志士所不曾摸索得到的。这就是“联俄、联共、扶助农工”的三大政策。毛泽东同志说：“自从一八四〇年鸦片战争失败那时起，先进的中国人，经过千辛万苦，向西方国家寻找真理。”“但是行不通，理想总是不能实现。”直至“十月革命一声炮响，给我们送来了马克思列宁主义，十月革命帮助了全世界的也帮助了中国的先进分子，用无产阶级的宇宙观作为观察国家命运的工具，重新考虑自己的问题。”“一九一九年，中国发生了五四运动。一九二一年，中国共产党成立。孙中山在绝望里，遇到了十月革命和中国共产党。孙中山欢迎十月革命，欢迎俄国人对中国人的帮助，欢迎中国共产党和他合作。”就是这个“联俄、联共、扶助农工”的政策，使得濒于破灭的革命运动重又显现出耀目的火花，使得国民党从衰败状态中重又振作起来，使得孙中山先生深受一切革命人民的永恒崇敬。

孙中山先生对列宁缔造和领导下的苏联是有极其深厚的情谊的。他谆谆告诫党员“今后之革命非以俄为师断无成就”，他对“国友人师”的列宁仰幕不置，直至他临终的遗嘱也吩咐必联共，联俄，共同奋斗。孙中山先生有高尚的革命品质。在他四十年的艰苦的革命历程中，他表现出他是一个百折不挠、坚定不移的坚强斗士。在辛亥武昌起义以前，他曾经组织过十次反清的武装起义，而每次起义都失败了，但是他从来不在失败面前退却。在辛亥革命失败以后，他又发动了讨袁、护法等一连串的反对封建军阀的斗争，而每一次的斗争又都失败了，但是他仍然继续进行他的革命活动。直到他临终的时候，他还念念不忘“和平，奋斗，救中国”。孙中山先生在他从事革命的一生中，曾经遭遇过敌人的无数次的威迫利诱，敌人千方百计地要使孙中山先生放弃救中国的志愿，离开革命的道路，可是孙中山先生从来不在敌人的威迫利诱之前低头，永远坚持革命的立场，临终时他还谆谆嘱咐他的同志们要“提防被敌人软化”。孙中山先生这种坚强不屈的革命意志和终身不渝的爱国主义精神，是非常令人感动的，是永远值得我们后代人学习的。我们应当学习和发扬孙中山先生这种高尚的革命品质，积极参加到为建设社会主义的祖国，为保卫祖国的和平的斗争中去。

在纪念孙中山先生诞生九十周年的今天，中国人民在共产党领导之下，不但彻底完成了新民主主义革命，而且已经取得了社会主义革命的决定性的胜利。孙中山先生和百多年以来的革命先烈所梦寐以求的理想——建立一个自由、独立、民主的新中国，已经完全达到了。这些光辉的成就，和过去我们无数的革命先行者的前仆后继，一往无前的革命精神是分不开的。看看现在，缅怀往昔，更加增强我们对孙中山先生的景仰和怀念。我们所有年轻的革命者，所有献身和将要献身于祖国社会主义事业的同志，应该牢记孙中山先生，从孙中山先生的革命事业、革命意志和革命品质中吸取力量。

广东是孙中山先生的故乡，广东的共产党员们，青年团员们，应该和各民主党派，和广大人民群众团结起来，承受孙中山先生的珍贵启示，把生产建设工作搞得又快又好，并以此纪念我国的伟大的革命先行者——孙中山先生。

（摘录自《陶铸文集》）

要做好增长节约和整编[1]

（1956年12月1日）

这次省委委员全体会议（扩大），已经开了几天，今天进行总结。现在主要是根据二中全会的精神，把我们广东省明年的财政预算的主要指标初步确定下来，同时，根据大家讨论的意见，对于增产节约和整编问题，作出几项原则的规定。因为这些都是大问题，所以还需要进一步好好的研究。

一、关于1957年财政预算问题

明年的预算，经过讨论，大家的要求和原来初步拟定的指标距离很大，但是中央给的钱就是那样多，我们自己又不能多增加一些收入，结果只好“看菜吃饭，量体裁衣”，收入能增加多少，就用多少。出现这种情况，一是因为今年有些建设搞多了一些，现在又一时难以收缩，再就是因为事业的发展，每年都是前进的，如果经费不能增加，肯定是会有些困难的。

① 这是陶铸同志在省委第三次全体会议（扩大）上总结的一部分。

经过省委研究，对于明年广东的财政预算作了初步的决定，以便各个部门和各地依照它来办事情。

首先，收入方面，中央规定的工商业税收任务，我们一定要负责保证完成；农业税收任务的完成，看来问题不大，是可以保证完成的；只是企业利润的上缴任务的完成是比较有困难的。经过省计委与财政厅研究初步的分配意见是工业厅 1700 万元，盐务局 120 万元，建筑局 330 万元，广州市 2500 万元，地方县、市 1600 万元，交通厅 1600 万元，公路局 1100 万元，邮电局 400 万元，这些数目比起今年的均稍有增加，因为生产要增加，特别是我们今年投资的 13 个糖厂，明年绝大部分可以投入生产，郁南煤矿、揭阳糖厂中央也确定投给广东。今年还可以再增加一些投资，再搞一些小的工厂，因此，企业利润上缴任务，明年比今年可以做到有所增加，也应该有所增加，可是按照我们初步分配的企业利润收入指标，比起中央规定广东企业利润收入指标还少 500 万元，如果企业利润收入任务完不成或者不能增加收入，那么，支出指标只有按照比例减少。为了能够多增加一些收入，企业利润收入任务还要再增加 500 万元，即：省工业厅再增加 300 万元，县、市企业收入再增加 200 万元。只有这样，才能保证完成中央规定的企业利润收入的任务。

其次，支出方面，原来省计委与财政厅初步的安排是按照总支出 4.45 亿元进行分配的，这样比中央规定的支出指标 4.32 亿元超过了 1300 万元；如果按照大家在讨论中所提出的数目计算，那就相差更远。经省委研究，认为：收入要多增加一些，其目的也是为了可以多一些支出，以保证生产及各项事业可以更好地发展，群众生活还可以多些改变，使各方面不要出现萧条。可是，大家所提的要求，是不可能满足的，但是，再适当地增加一些支出，也还是需要的。因此，决定：水利支出增加 850 万元，交通支出增加 200 万元，工业支出增加 100 万（即城市建设及技术训练费用各 50 万元），农业支出增加 100 万元，林业支出增加 300 万元（即由森林工业局完成中央规定之 160 万立方米木材采伐生产任务外，再增加 20 万立方米，折作增加收入 300 万元，这笔收入应该列入预算，但是可以由林业厅掌握开支），水产支出增加 200 万元（即由水产养殖公司自己增加收入，列入预算，自己开支），跨年度工程支出 150 万元（即修广州的体育馆、科学馆等开支；国防俱乐部、航海俱乐部和滑翔运动等设备及工程，明年均不扩建，待第二个五年计划再考虑）。以上共计增加支出 1900 万元。

这个支出指标已经初步定下来，各个战线可以按照上述指标具体分配与计划开支。但是，明年中央规定广东的支出指标仅有 4.32 亿元，而我们所确定的支出指标是 4.69 亿元，即：原分配计划 4.45 亿元，后来考虑必须增加的支出 1900 万元，如果加上收入方面有 500 万元的企业利润收入完不成及原计划分配指标比中央规定超过 1300 万元，共计超过中央规定指标 3700 万元。

因此，要求：林业厅及工业厅各增加收入 300 万元、水产养殖公司及县市企业各增加收入 200 万元的任务必须完成，同时，明年的基建投资还要节约 6%（约可节约 500 万元），明年的水利投资 3000 万元中，还要扣除可以在今年报销的开支 600 万元，以上共计 2100 万元。除此之外，还有 1600 万元的支出尚无来路，仍须我们设法解决。省委意见；一方面请求中央增拨一些款，估计可以争取多拨 800 万元左右；另方面，必须对今年的预算结余实行坚决彻底的冻结，要求各地同意从县、市（包括广州市在内）的各项经费结余（除去跨年度的工程费用之外）中，提出 50%，约 800 万元左右，用来补充明年预算中收支的差数。

鉴于明年经费有限，支出不可能太大，但是为了更好地发挥各个方面的积极性，尽量争取在多增加一些收入的基础上，多搞一些建设，所以，省委还确定安排了一些预备项目，即：增加工业流动资金及物资储备开支 300 万元，广州市华侨企业投资补助 400 万元，老根据地的生产建设补助 150 万元，少数民族的补助 150 万元，文教经费 500 万元，以上共计增加支出 1500 万元。这些预备项目，不是马上需要开支的，可以视增加收入情况逐步加以解决，等明年到中央开会时再确定。看来，预备项目的出路还是有的，但现在还不能有十分的把握。

综合以上所述，明年预算的支出指标共计达 4.8 亿元（包括了预备项目的支出），这比中央规定指标增加 4800 万元。因此，只要增加收入的任务能够完成，除预备项目之外的开支，是可以得到保证的。但是也不可能再多了，否则就会落空。

就全国其他省的收支指标情况与我们对比来看，应该说，中央分配给广东的经费是不算少的，为什么我们还感到很困难呢？主要是因为广东学校比较多，教育经费开支较大。因此，我们只要能够很好地算算账，把经费合理地加以分配与使用，这个预算是可以称得起积极的、前进的、能够做好工作和搞好生产的预算，如果我们把这个预算执行好，不仅群众不会上街示威、请愿，而且还可以把生产向前推进一步。当然，执行这个预算，还是有困难的，但是只要我们积极想些办法，那末，困难也是可以解决的。

二、关于明年的建设方针问题

明年的工业，除了广州市的一个纱厂是新建项目外，再没有增加什么大的新建项目，所以，我们要把今年的跨年度工程搞好，而明年的中心问题，就是如何发挥现有工业潜力问题。

广东工业，主要是发展轻工业，现在我们一是没有很多的钱来发展工业，即使有钱，也不能都搞工厂。因为现在广州工厂的机器设备利用率很低（如烟厂的机器设备利用率只达 30% 左右，麻袋厂也可以再加一班工人来轮流生产操作，等等），但是，过去由于甘蔗、烟叶、黄麻、木薯等原料供应不足，加上我们工作上存在一些其他的缺点，所以不能很好地发挥工业生产的潜力。

广东明年的建设方针：仍然是要以农业为重点，继续抓好粮食、经济作物及畜牧业的生产，大大地增加粮食、工业原料及副食品的供应，这样才有可能更好地发挥现有工业的生产潜力。

明年的预算分配，应体现出上述的方针，因此决定增加水利费支出 850 万元、农业经费支出 100 万元。这主要是因为明年的粮食还是个大问题，现在的副食品供应很紧张，工业原料也很不足，我们要迅速改变这种状况，就需要拿出一定的经费来投资到农业生产方面。同时还必须把政策搞准确，在生产指导上不要犯错误，因为搞农业生产主要是依靠群众，如果我们的政策搞得很好，农业合作社搞得很巩固，群众生产积极性很高，粮食、工业原料及副食品就可以增产。

粮食生产问题，除了我们要把合作社的政策搞好之外，中央正在考虑适当地调整一下粮食价格。而我们广东的一些老根据地和山区，粮食收购价格低了些，粮食及商业等有关部门可以研究考虑适当提高一些，这样可以使老根据地及交通闭塞的山区的人民，能够多增加一些收入，生活也好转一些。再就是对于原来规定的 6 种经济作物的特产税，其中果蔗、马蹄、水草、香蕉、葵扇等 5 种，因数量不多，又没有增加收购价格，所以特产税决定取消；而柑桔收购价格已经提高 10%，如果再减 25%的特产税，会使柑农收入与其他种粮食等的农民的收入太悬殊，柑农可能要求退出合作社，影响社的巩固，所以柑桔特产税还不能全部取消，只能减少 10%，保留 15%。关于取消特产税的规定，如果尚未向群众宣布，可待省统一在报纸上公布。应该指出：这样做并非是为了多收入一些钱，主要是使柑价与粮价不致太悬殊，从价格政策上保护粮食生产，巩固农业合作社。为了解决工业原料和增加食品供应问题，对某些经济作物的价格也可以考虑作一些适当调整，陈云同志说过：如果广东冬季可以大量发展种植油菜，那么油菜子的收购价格就可以提高 25%—30%。不仅是油菜子，花生收购价格也可以适当提高一些，生猪收购价格也可以考虑提高一些。

总之，如果我们明年能够正确地贯彻执行以农业为重点的方针，继续把粮食、经济作物及畜牧业等副业生产领导好，恰当地分配使用农业货款，生产指导不犯片面性的错误，并把价格政策逐步加以调整改革，进一步把合作社巩固好，再加上明年预算所分配的经费使用得当，工业及其他有关部门工作上配合得好，明年的生产是可以比今年搞得更好的。

工业方面，明年的基建工程和所有的跨年度工程，现在都要做好准备，很好地保证完成，求得早日投入生产（如惠阳糖厂要迅速地争取在明年冬季可以投入生产）；现有的工业企业则要充分地发挥潜力，如广州的烟厂可以计划一下，每天多生产几小时，提高发挥现有机器设备的利用率，就可以多增加一些利润收入；糖厂大家都愿意多搞，但是谁都不愿意搞原料，结果很多糖厂的原料都不够，所以，明年糖厂增加到 140 间，就必须解决原料问题。生粉厂的生产销路很好，明年可以发动农民在不能种粮食的旱田里多种些木薯，收购价格也可以考虑提高一些；松香的销路不错，也可以多搞一些；只要黄麻供应充足，麻袋厂也同样是有潜力可发挥的。所以，明年只要把农业生产搞好，能够给轻工业生产提供充分的原料，工业发挥潜力是大有可为的。

交通运输方面，同样是有潜力可发挥的。所以，明年除增加 200 辆汽车外，主要是积极发挥现有运输工具以及民间运输工具的潜力。

县、市的小型加工业（如碾米、榨油、榨糖、松香、生粉等加工），明年要很好地发展起来，因为这些可以就地取材，只要原料不缺乏，投资数目不大，生产技术也不复杂，建厂之后很快就可以投入生产，以满足人民的需要。因此，县、市工业企业，除了要很好利用现有机器设备，充分发挥其潜力外，着重要搞好县、市小型的加工业。

这样看来，由于我们明年的建设方针，不是大量投资搞大规模的基建，而是以农业为重点，多搞些粮食、工业原料及副食品，主要是充分利用与发挥现有工业的潜力，并且着重发展县、市小型加工业的生产，这样执行的结果，不仅生产可以蓬勃地发展，而且在财政上可以大大增加收入。

三、关于发挥县、市的积极性，打下一级财政基础的问题

要解决增加生产和增加地方收入的问题，必须很好地发挥县、市的积极性，同时打下建立县、市一级财政的基础。因为现在我们任何问题都要中央、省来解决，是有困难的，所以县、市要搞些家当，要有些财政

基础，这样一些小问题就可以自己解决。

关于建立县、市一级财政问题，省委初步研究，认为：在中央未作统一规定之前，县、市虽不可能建立一级完整的财政制度，但是可以考虑先试试看，确定有六种经费下放：①附加收入，每年约1000万元左右，如果省提50%，就下放500万元左右；②房租收入，全部下放，约有800万元；③华侨投资，只由省统一掌握，各地可以分散使用，向省报告备案；④年终各项经费结余上缴50%，50%留给县、市；⑤明年的私营工商业利润任务超额完成部分，可以留在县、市扩展公私合营企业生产，但由省统一掌握；⑥县、市收入的水利费不上缴，可以留作维修水利工程和搞点小的农田水利，要由省算个账，有些到了期的水利工程（如马坝等），可以向农民收一点水利费。此外，县、市的工业企业利润收入任务超额完成部分，全部给县、市；省各部门超额完成收入任务时，则将超额部分的50%上缴作为省财政，其余50%可以根据本部门事业发展的需要用来增加开支。这样就可以更好地发挥各地区、各部门的积极性。当然由于各地情况不同，可能发生苦乐不均的现象，如佛山、汕头地区生产条件较好，这就需要在分配水利及其他经费时，少给一些钱，规定的项目仍要自行设法保证完成，其他条件较差的地区则可以多拨给一些钱，作为适当地照顾。

四、关于增产节约问题

明年的各项收入计划必须完成，特别是企业利润收入计划则必须想办法超额完成。因此，工业部门及各县、市还要很好地拟订增产计划。县、市企业超额完成计划部分，可用来扩大再生产；省属部门则从超额部分中拿出一定的比例给本部门扩展事业，从而刺激各方面的增产积极性。

调节用款，把各项经费开支均用在最能发挥作用的方面。如有些项目（广州市的电解食盐厂、颗粒肥料厂等等）量虽然计划已经确定，但因某种原因也可以先不搞，把这些投资移作解决最需要、最有利的方面。因此，虽然现在指标已经分配了，项目也确定了，但是各个部门还可以再进一步作些研究，如果确实能够使经费开支发挥更大的效能，有些用款可以调剂，有些小的项目也可以调整。这样做的目的，就是为了增加生产，增加收入，对人民有好处，对国家也有好处。挖掘潜力。广东的各种企业都有很大的潜力，如：据林业厅计算，森林工业系统明年在不增加设备的情况下，可以设法在完成中央规定的木材采伐任务外，再增加 20 万立方米，这样既可以增加一笔收入，又能解决一部分木材供应不足的问题（但是，森林工业部门要注意在山区修一些路，以便于运输木材），糖厂、交通等各部门及各个地区也应当很好地注意发挥各个方面的潜力。

减少开支，降低成本。特别是行政费用必须大大减少，人员的精简在企业单位也不能例外。现在我们有些工厂，投资很少，冗员很多，用“人海战术”来搞工业，企业里搞政治工作的固然需要，但是现在则有党、政、工、团的干部，还有卫兵，有一个糖厂用一个班的警卫，这是完全不必要的；有些人在建设与管理工厂时，不是先考虑如何解决原料、增加生产、提高质量、降低成本以及减少非生产开支等等，而是先盘算盖办公大楼、买汽车，讲排场。这反映了我们在经营管理企业上存在着官僚主义和资产阶级思想，必须注意纠正。我们的企业往往是不大讲究经济核算的。这样继续下去，我们的企业就不能很好地增加生产。今后我们的企业机关，必须大大地减少行政经费的开支，把资金多用在生产上面，搞些扩建或增加一些设备，以及改善工人福利等等。

基建节约 6%，但是绝不准许降低质量，一定要保证按规格进行建设。我们过去的节约，往往是“一阵风”的做法，原来是 8 个月的生产原料，搞个突击运动，6 个月用完了，结果工厂再关上两个月的门，实际并没有节约；或者是为了“节约”而节约，进一步检查起来是浪费，并不是节约，过去有许多工厂搞节约，结果产品质量降低，销售不出去，只得积压在仓库中，相反造成了更大的浪费。这些缺点必须注意纠正，今后的节约，一定要保证质量。

坚决执行中央规定的“四冻”政策，即：编制不能增加，房子不准新建，预算不能增加，年终结余不能动用。省委研究确定，在增产节约中要实行“六不”：一、不增加编制（指精简后）；二、不盖房子，除了生产建筑厂房外，一律不新建住房，不合理的可以进行调整；三、不买一辆汽车（运输货车和公共汽车例外）；四、不请客（国际友人例外）；五、不送礼；六、不搞堂会式的晚会及非群众性舞会。

虽然节约下来的钱数目不一定很多，但是可以养成一种良好的风气，领导机关和负责干部必须以身作则，起带头作用，才能很好地反对铺张浪费，树立艰苦朴素的作风。

五、关于整编问题

整编工作一定要彻底搞好，因为整编之后，不仅是可以节约大批行政费用，减轻财政上的负担，更重要的是将有助于改变我们的作风，克服领导工作中的官僚主义，因为把机关层次减少了，领导可以直接与基层干部、群众见面，使问题可以迅速得到解决。今后，一般的机关不要设卫兵，必要时只可设个传达员。省、市人民委员会、省委机关的门卫可以考虑取消。各级负责干部应该多到群众中去，接近群众，了解群众。必须通过这次整编，很好地改变我们的一些官僚主义作风和特殊化的现象，使我们的领导干部不致形成一个特殊的阶层。

这次整编，必须搞得彻底，过去我们搞过许多次整编，但都不彻底，结果是由“虎头蛇尾”最后又变成“蛇尾虎头”，越整越大。过去搞得不彻底，主要原因在于没有把整编问题提到原则高度，没有从思想上解决问题，所以，这次首先就要打通思想。不要把整编只作为一个突击运动，运动一过，编制又增加了，也不能来个大风暴，大刀一砍，削减若干，单纯为了减少人员而不从工作需要出发。我们的要求是在整编之后，机构和制度更加合理，工作效率更加提高，领导干部更加接近群众，干部积极性更加发挥。同时，对编余人员的安置也要得当，使所有人员都能各得其所。

省委决定，要用半年左右的时间进行整编。从今年 12 月开始到明年 3 月底以前，主要是搞好思想动员、检查工作，经过深入细致的调查研究，从工作实际需要出发，合理地把各个机关的体制、编制、机构和工作制度等确定下来。象佛山地委所反映的：花县采购局，工作很少，集中了一些干部，没有工作干而整天打“500 分”等类似现象，在这次整编中必须彻底扫除。因此，应该很好地打通干部思想，充分发挥所有工作人员的积极性，使所确定下来的新编制能确实没有官僚主义，可以提高工作效率，便于干部接近群众。从明年 4 月份开始行动，各个部门、机关一律按新编制执行，经过一定的手续，把编余人员调离机关，并给予妥善地安置和处理。同时，各机关应即按照新的制度、新的作风来办事。

这次整编应当以整风的精神来进行。为此，一定要充分发动群众、发扬民主、认真检查与揭发工作中的官僚主义，领导干部要很好地听取和考虑群众所提的意见，合理地安排编制机构，改进工作作风和克服铺张浪费等缺点。当然，这次的做法与三反运动还有所不同，这次主要是对事而不是对人，所以一般不追究责任，着重是检查工作上、制度上的官僚主义，划清是非界限，从检查工作中吸取教训，目的是可以使今后能纠正错误，改进工作。因为官僚主义作风几乎是人皆有之，只不过是程度上的区别，所以整官僚主义的目的，在于改进我们的机关作风和干部作风。至于个别十分恶劣的，经过教育还不很好改正错误的人，可以等到以后整风中去解决，或者报告上级党委处理。一般则是不搞斗争，和风细雨、与人为善地进行批评教育。

要搞好这次整编，还必须由省委和省级机关带头，一方面是省级机关的整编工作要先搞一步，另方面要大大削减行政机关的编制人数。省委研究确定省委及省人民委员会所有的行政机关编制，按照实有人数（包括部分由事业费或企业开支所供给的）平均削减 30%，削掉以后按照中央规定各机关的行政编制人数计算，如有超过时，再考虑由事业费或企业开支中供给一部分；广州市市级党政机关行政编制，按实有人数平均削减 20%；海南区党委、行署的行政机关编制（包括由事业费供给的）平均削减 20%；各地委、专署的行政机关编制（包括由事业费供给的）平均削减 10%；县、市级党、政机关的行政编制（包括由事业费和企业开支供给的）平均削减 5%；区合并之后，亦可以削减些；乡干部也要减少一些，因为合并大乡之后，如果中央同意我们按 900 人配一名乡干部，则共计配备 33000 名，现有乡干部 41000 名，这样就多余 8000 名，估计区合并与撤销之后还可以放下去 1000 多名，再加上原来乡自筹供给的大约 10000 多人，初步计算共计多余 25000 人左右。对于这些人的处理，必须认真负责，要做好思想工作，可以采取三个办法：①打通思想，充分说服，用一、两个月的时间进行动员教育，对于本身有劳动能力可以回家生产的，要尽量说服他们早点回去，并且从明年二、三月开始，发给他半年的津贴作为生产资金；②有部分乡干部可以转到农业合作社去当干部（这主要是原来是社干而后来脱产做乡干部的），只要说服他本人同意，即可以迅速转回去；③除采取上述两个办法外，如仍有一部分坚决不愿回家生产的，可以考虑把乡干的待遇略微降低一些，从而多供给几个人；或者有些乡自筹收入较多的，还可以允许供给一、两个干部。总之，超编的乡干部一定要很好的处理，慎重地予以妥善的安置，做到人人愉快。

对于所有的编余人员都要处理得当。这次精简，原则上是多减冗员，留强去弱，因而编余人员中，势必会有一部分是勤杂人员，一部分较弱的老干部和一部分女同志。整编后，可以把有劳动能力的勤杂人员组织参加生产（如搞农场、小型加工厂等）；有些老干部，虽然不适合在省级党政机关工作，还可以调整到企业单位或生产部门担任工作，必要时可以把一些旧人员调换出来（如水产部门的干部有些很弱，有些则未配齐，各地党委应该重视并予以调整配齐）：再就是办文化学校，有些可以送去学习文化；有些确实暂时无法安置的，也应该先养起来，再逐步设法安置。

要把增产节约运动领导好，一方面党委要把它作为一个中心任务来抓，通过它来推动各个方面的工作；另方面还要成立一个强有力的专门机构，来具体负责领导。中央很重视这个问题，并且已经组成了增产节约委员会；省委正在酝酿中，最近亦可成立起来。各级党委都必须重视抓好这个工作，要由党委书记或者第一书记担任增产节约委员会的主任委员，有关各部门的负责同志参加，并且抽调一些较强的干部组成若干小组，分别深入下去，进行调查研究。大家回去之后，就要马上做好准备，行动起来。因为整编是增产节约的一项内容，所以编制委员会可以并入增产节约委员会，党委必须大力支持增产节约委员会的工作。

六、几个其他方面的问题

（一）糖厂的问题。党代表大会之后，检查和批判了过去某些片面发展粮食的缺点，为了使农民能够多增加一些收入，把一些粮食种植面积适当地改种经济作物，这点是不能动摇的，但必须是有计划的逐步的进行。因此，各地要再详细考虑和计算一下改种经济作物的面积是否多了，是否会影响明年的粮食产量，如果不是逐步改种，势必会造成粮食的紧张，人民生活的改善就会没有保证。

广东地处亚热带，有很好的条件来发展糖业，增加糖的产量，这既可以为国家积累资金，又可以增加人民的食糖供应。

北街的糖厂移往三埠的问题，要很好地考虑是否有可能，如果确实不能搬，就确定在北街搞下去，这对于繁荣新会、江门等地区也有好处，但是今后在珠江三角洲就不要再搞大型糖厂，可以搞小型的加工厂；如果能够搬移，也要确定下来，早日移至三埠。这个问题请佛山地委、省委工业部和省计划委员会慎重研究考虑确定。以后发展糖厂，可以在湛江、海南、潮汕、韶关、高要等地区，由省计划委员会考虑统一安排。

广州的华侨糖厂不能搬移，南海县的几万亩稻田不要改种甘蔗，可以向广州北部丘陵地带（如禺北、花县、三水等地）发展甘蔗生产。

（二）屠宰税和生猪的问题。现在全省的生猪都很紧张，只是紧张程度有所不同，虽然如此，仍要求各地必须积极调拨生猪来大力支援广州市。党代表大会之后，强调了因地制宜，下面发挥了积极性，这是好的方面；但是，另方面，集中大大削弱，各搞各的，统一调拨有很多困难，有些地区的生猪调出任务就没有完成，这是不成的。因此，在某些方面的集中还必须强调，今后各地物资调拨要服从省里的统一调整。广州市民的猪肉供应量要稍增加一点，改为两天供应 1.5 两，军队可再减少供应二、三十头，所有特殊照顾都可以取消，这样每天仍需要 1100 头，各地必须设法保证供应。

现在生猪调不上来，一方面是生猪生产不足，满足要求有困难，这是主要原因；但，另方面屠宰税问题没有解决也有关系，因为屠宰税作为财政任务分配给各地，生猪上调，屠宰税减少，影响各地收入。现在确定：把屠宰税收入统一计算，各地杀多少猪算多少税。

（三）砖瓦、果树、蔬菜等问题。佛山专区可以搞砖瓦生产来供应广州市的需要，广州市原计划在番禺地区另建砖瓦窑可以不搞，由广州市与佛山专区具体协商，订立合同，以保证按时、按数、按规格供应，价格亦要合理。对于果树、蔬菜种植面积的分配，广州与佛山专区各种多少，广州市的粪便如何适当拨一些给佛山地区，以及广州市郊区扩展等问题，可以召集专门会议，共同协商解决。

（四）华侨投资问题。华侨投资，在广东来说是一条增加收入的门路，但是现在未列入地方财政预算，因此，各地如果能够多吸收一些华侨投资，就可以多搞一点建设。同时，华侨是爱国的、也是愿意开工厂的，可是要他们多投资，在目前华侨还有顾虑，所以，除加强宣传教育外，我们还要进一步从政策上采取一些措施：①华侨投资不属社会主义改造范围之内，所有权仍归他们，投资后要提走也可以；②以后华侨用外汇投资的，准许用外汇提取；③华侨投资所得的利息中，可以准许他们把 50%汇往国外。这些政策，可以由省侨委、财政厅具体研究并请示中央批准后，即开个会议进行宣布，总之，要积极设法争取多吸收一些华侨投资，这对我们的建设是很有好处的。

（五）省人民代表大会问题。省人民代表大会第五次会议拟在本月 25

日召开，请各地党委及各部门注意一下，第四次会议开得较好，大家都很满意，这次会议要比过去开得更好，也就是说，应当更好地倾听各代表的意见，工作中的缺点，已经改正了的要作个交代；没有改正的，要提出解决的办法；有些确实不能解决的问题，也要说明情况，解释清楚，各部门、各地区要作一些准备，把工作检查与总结一下，以便通过开好这次省人民代表大会，进一步揭发我们工作中的官僚主义、铺张浪费等不好的作风，推动全省增产节约运动的开展。

（六）救灾问题。今年冬季有些地区的灾情还是不轻的，各地党委应当引起注意。中央已经给200万元救济款，分配拨至各地以后，可以利用这笔钱，把生产救灾搞好；有些灾区可以吸收灾民参加修水利，粮食问题也要很好的调剂一下，有些确实没钱买米的困难户，平均每天每人给12两大米，帮助他们维持生活或参加搞一点生产。还有一些灾区（如化县等）和老根据地的人民，冬季无寒衣，除了由军队及各地仓库中尽量清理一些旧被服解决一部分之外，在不发动募捐的原则下，机关干部如有多余的旧衣服可以转让，还可以由公家拿点钱，买些旧衣服，发给灾民，表示我们对灾区群众的关怀。当然，主要的办法应当靠生产救灾去解决。

［摘录自《中国共产党广东省历届代表大会及全会文件汇编第一卷（1949年11月—1961年12月）》］

要注意加强思想工作[1]

（1957 年 2 月 13 日）

必须十分注意加强思想工作

今天我们提出必须十分注意加强思想工作，这是为着胜利地渡过社会主义关。我们不要把过这一关看得很容易，特别是我们广东党的新党员比例很大，小资产阶级出身的也还不少，过社会主义关就更加不容易，如果我们带领得不好，那是很危险的。

要过好社会主义关，就要求我们对社会主义有深厚的感情，对每个具体工作都抓得很紧。省委在过这一关时表现得怎样呢？我认为是不够模范，只能够打 3 分。可以回想一下，在几个比较重大的问题上省委的态度是怎样的：首先，在土地改革完成之后，没有以搞土地改革的劲头迅速转到领导农业的社会主义改造，反而提出“稳定生产关系”的口号；其次，在粮食统购统销问题上，我们曾向中央提出要求在两广推迟半年执行的建议；第三，省委在领导合作化的问题上，是犯有过摇摆的错误

① 这是陶铸同志在省委第四次扩大会议上关于思想问题总结讲话的一部分。

的，虽然很快得到纠正，到后来搞得还不算坏，但也是跟着全国走的，尤其是去年下半年以来，我们没有很好地肯定合作化的成绩，对合作化的优越性也宣传得不够。当然，广东这个地方很复杂（毗临港澳，国防前线，华侨、海外，民主人士等等问题很多），工作做得好就问题少，稍一不慎就容易闹成满城风雨，加上党内不够团结，有些在旁的省份不成其为问题的，在广东往往是议论纷纷，所以在广东工作除了要十分谨慎外，还要具有特别坚强的斗志。我们省委领导，特别是我在工作中具备这些条件表现是很不够的，因此就很难不受外界错误思想的影响。比如，去年为什么对合作化的优越性讲得不够呢？这是由于对社会主义新生的东西缺乏全面地分析和理解，对于新生的东西积极保护和支持不够，对于非难新生东西的斗争勇气不足，没有在每个具体方面都做得很正确。再如：省第一次党代表大会，基本上是开得好的，但是也有些副作用，这就是在处理国家、集体与个人之间的关系上，讲得不够全面，过多强调了个人眼前的利益，过分强调了人民群众生活改善；在发扬民主与集中领导的问题上，强调了充分发扬民主，对加强集中领导、加强组织纪律，讲得不够（如近半年以来省对有些地区物资调拨不灵）；在强调法制、加强专政方面讲得也不够完善。总之，省第一次党代表大会开得是好的，发扬了民主，但是对于在国内阶级矛盾基本解决之后，如何把思想斗争抓起来，进一步提高全党的社会主义觉悟和马克思列宁主义水平，更好地同人民内部各种错误思想作斗争等，没有突出地强调，这与近半年来省委对思想工作抓得不紧是有关系的。

省委如此，各地委、县委以及全体党员是否都有足够的本领能保证自己过好社会主义关呢？我看，不见得。今天我们广东的党员中有很大一部分仍是“温室里的鲜花”，经不起严重的考验。因此，有必要重新武装干部思想，进一步整顿党组织，提高党员思想水平，树立对社会主义事业深厚的感情。

附带谈谈报纸工作。会议讨论中，有的同志对《南方日报》提了一些意见，我同意紫阳同志对报纸工作的意见，报纸是有些缺点的，但是不能全部要报社同志负责，有些是要由省委负责的。报纸要在思想领域内的阶级斗争中，作为宣传社会主义思想、动员和组织各个方面、各个战线积极进行社会主义建设的有力工具。这就要求党报必须要有高度的思想性和锐敏性。报纸的编辑、记者必须有明确、坚定的阶级观点、立场，否则，宣传效果就不好。今后，报纸应当大力宣传社会主义制度的优越性，爱护社会主义的萌芽，同各种错误思想展开尖锐的斗争。当然，这并不是就不讲缺点，只讲成绩，而是要实事求是，全面分析的宣传报导，不能只喊口号，而要组织真实的材料进行有说服力的报导。在最近一个时期，应该集中力量宣传合作化，大力宣扬工作中的成绩。必须注意不要平均使用篇幅，有些文章（如“山东响马”等）可以在广州日报上发表，南方日报要多刊登农村合作化、农业生产方面的材料。

正确地估计广东省几年来的工作成就

为什么要讲这个问题呢？因为事实上存在着这样一个问题，特别在去年下半年以来，对这方面又提出一些问题。比如：有的人对过去进行反对地方主义、土地改革、整队、三反等是否正确表示怀疑，尤其是一部分被整的同志怀疑就更大一些；也有的人对土地改革的成就不怀疑，但认为在土地改革结束后转向生产就搞得不好了。本来，对于工作是可以有不同意见的，而土地改革、合作化等均有些缺点也是事实，但是不能用片面夸大缺点来全部否定过去的成就。由于所站的角度不同，因此对上述一些问题的看法在党内也是有些分歧的。

首先，应该明确，在广东反对地方主义，依靠南下、依靠大军、完成土改，是正确的，无可怀疑的。这是中央提出的，当时的分局坚决地贯彻执行了中央的方针，结果打垮了封建地主，胜利地完成了土地改革这一伟大的历史任务。这不是那一个人的功劳，也不能完全归功于南下、大军干部，而是全党、广东全体人民的胜利，是南下、大军干部与本地干部共同努力发动群众、依靠群众进行斗争的结果。广东的土地改革运动中不是一点缺点和偏差都没有，但是与全国其他地区搞土改的情祝相比较，广东所出的一些偏差确实没什么了不得。所以，我们应该肯定：广东（包括海南）的土地改革基本上是搞好了，不是坏了。可以想象，如果当时不把地主阶级消灭，我们就不可能很快地实现农业合作化，没有农业合作化的高潮，手工业及资本主义工商业的社会主义改造高潮也就不可能来得那样快、那样顺利。因为广东的情况十分复杂，香港的特务分子经常企图在广东制造“波兹南”事件[①]，如果我们不是发动了群众，打垮了地主阶级，打击了反革命分子，消灭了敌人，那就不可能保障社会秩序的安定。所以，我们全党的干部应该以共产主义的宽大胸怀，站在无产阶级的立场，从整个事业大的方面来看问题，任何怀疑只能说明是阶级立场不坚定的表现。

由于土地改革的伟大胜利，合作化在广东已经基本完成，去年是合作化以后的第一年，我们在农村中做到了两个 70%（70%的社增产，75%的社员增加收入），这是不容易的，也是一个巨大的成绩。因为广东农村中的富裕中农、侨眷户比较多，资产阶级思想影响很深，这增加了工作中的困难。另方面，我们绝不能忽视去年还有 15%左右的社和社员（约 450 万人）是减少收入的。同时灾情还十分严重，灾区存在着许多困难。只要我们不轻视这些困难，认真地采取措施，做好工作，我们的合作社是可以在两、三年之内巩固下来的，并为万古千秋发展农业生产打下了稳固的基础。

因此，对过去工作的估计，要从总的方面来看，省委是坚决贯彻执行中央的方针政策的，在总的方针、政策是正确的原则下，为了把工作搞好，有些分歧看法是可以取得一致的。

其次，对于农业生产的看法，自从解放以来，除 1955 年是保产外，其余均是逐年增加的。应该说，我们的生产方针是正确的。第一，以农业为重点的方针，是在华南第一次党代表会议上确定的，去年一度曾有

① 波兹南事件是波兰人民共和国历史上第一次针对波兰统一工人党政府的大规模罢工事件，因发生在波兰中西部城市波兹南而得名。

些动摇，认为省委领导今后要逐步转向抓工业，但是今天的事实证明：农业这一关还未过去，全国绝大多数省现在仍然都是以农业为重点；第二，农业生产以增加粮食生产为主，同时积极地发展经济作物、林业、渔业与畜牧业等多种经营的方针也是正确的；第三，广东增产粮食，主要靠扩大复种面积，增加单位面积产量，现在湖南、湖北等省均靠扩大复种面积来增加产量。广东一年三熟，对粮食作物增产起很大作用，特别是去年，自然灾害相当严重，却能获得解放以来最多的增产。应该说增加复种面积，改革耕作制度——挣蒿改翻耕，两季间作改连作，单造改双造等等，是一项有效的增产措施（当然，同时必须解决水利、劳动力、肥料等问题）；农业技术改革，成绩也是不小的，如推广良种、疏播育壮秧、合理施肥、小科密植、单株密植、双株密植等等一系列的水稻先进技术推广中，已经积累了不少的成功经验，有的已经成为习惯。在双轮双铧犁等新式农具推广中，虽然有些缺点，但也取得了不少的成绩。总之，省委的生产方针及生产指导上，基本上都是正确的。1954 年灾害严重，广东还可以调粮出去，至于 1955 年春，茂名饿死人事件的发生，并不是没有粮食，而是我们工作上的官僚主义和对统销指标扣得太死所造成的。我同意古老关于广东年年增产，年年也避免不了灾荒的说法，因为不仅广东如此，全国也是如此。甚至一个县、一个乡，总的来讲是丰收、增产的，但是却不能避免一部分地区，一亩田不受自然灾害而减产。今后确定增产指标时，要考虑到因灾减产的一部分。但是，如果说："年年增产，年年饿死人"那是不够全面的，容易使人发生误解，也容易被别有用心的人所曲解。我们不能笼统地讲"年年饿死人"，因为广东只是在 1955 年春季发生过严重的饿死人的事件，这是广东党的一次很沉痛的教训。同样，年年增产是不是事实呢？现在到底有否 240 亿斤粮食呢？据大致估算，全省人民按平均每人每年口粮 400 斤计算，这一项大概就要 150 亿斤左右，此外，还有种子、饲料以及外调任务，如果没有 240 亿斤粮食，去年广东的粮食情况又怎能这样太平呢？所以对于这点是无须怀疑的。

人民生活水平，也是逐年提高的，但是一部分富裕中农、小商贩、地主、富农、资本家的生活可能是有些下降的，除此之外，绝大部分人民的生活均是有所改善的。当然，要想在一个晚上就把农民生括提得很高也是不可能的事，去年全省农业总产值增加 3 亿元，平均每人约增加 10 元的收入，这样来说，农民生活有了提高，并不能算什么夸大。也不能因为还有人吃稀粥就觉得了不起，其实粤西有些地区的农民，过去主要是吃蕃薯等杂粮，每年只吃 19 顿干饭。但是，去年留口粮已达 200 斤稻谷。因此，不能割断历史情况来谈人民生活改善问题。

我们肯定了工作中的成绩，主要是为了说明社会主义制度的优越性，从而鼓舞全党、全省人民在已经获得成绩的基础上，继续前进。同时，也要重视和正视工作中的缺点、错误，因为共产党人谁也不能不犯错误，问题不在于是否有错误，而是要看在发现错误之后是否能够很好地正视与改正。

［摘录自《中国共产党广东省历届代表大会及全会文件汇编第一卷（1949 年 11 月—1961 年 12 月）》］

认真处理好各种问题[①]

（1957年2月15日）

今天下午，主要是把同志们提出来的几个问题明确一下。

一、争取今年大丰收

今年一定要搞一个大丰收，不然日子就不好过，这是全国的口号，我想在广东也一定要坚决的贯彻，想办法搞个大丰收。如果今年搞不了丰收，合作化的优越性，尽管你去讲，尽管批判右倾，以及批判过去对合作化的成绩讲的不够，等等，对合作化优越性的怀疑也是没有办法完全克服的，特别重要的是今年有15%—20%的减产社，问题很大，如果今年不丰收，再减产，问题就更大，就很难巩固。再是粮食，如果我们今年不能比去年增加一些的话，日子也不好过。还有，五年计划今年是最后的一年，全国都完成五年计划，就是广东完不成，也不好啊！全国完成五年计划，我们也要完成五年计划，这就是说，我们今年要完成260亿斤的粮食生产任务，增产24亿斤，如果不搞个大丰收，是不可能的。

① 这是陶铸同志在省委第四次扩大会议上关于工作问题总结的一部分。

但是，我们现在的劲头不够大，到现在为止，全省的生产劲头还没有鼓起来，当然，现在我们也不要提什么反保守、反右倾的运动了，但是实际上我们的保守和右倾的思想是存在的，因此，我们要向全党讲清楚我们今年生产的有利条件和困难，以及克服困难的办法，特别是各级党委要具体的帮助下面解决一些困难，如果光讲优越性，困难不能解决，问题还是不能解决的。所以，我们一方面要讲今年生产的有利条件，使大家增强工作信心，从而懂得今年生产是可以搞好的，但是另一方面，有什么困难，如何克服，也要讲清楚，切实加以解决。也就是说，一是从思想上解决问题，一是从实际工作中解决问题，如果不从这两方面解决问题，那么，问题是不能解决的，生产劲头也是搞不起来的。再是各级领导要真正的把农业生产作为一个中心抓起来，所有的工作都配合它。现在看起来，广东农业搞不好，许多工作都搞不好，农业搞好了，财经工作也活跃了，工业也可以发展起来了，现在工业所以发展不起来，就是没有原料，如果农业问题解决了，原料也有了，其他一切工作都好做了。所以，要把生产劲头搞起来，除了全体农村干部以及全党解决思想问题和解决实际困难外，各级党委也要象去年春天那样大的劲头把生产抓起来，各个部门也要以生产为中心，配合农业生产，搞好本部门的工作。农业是我们工作的重点，是决定命运的一环，如果农业搞不好，一切工作都搞不好。

为了把农业生产搞好，中央指示过去提出的几个口号不变，一是“四、五、八”的口号不变，就是粮食每亩平均年产量，黄河以北400斤，淮河以北500斤，淮河以南800斤的口号不变，并且要在干部、群众中继续宣传，争取实现，因为这个发展农业生产的40条，去年是起了很好的作用的，中央准备在下半年通过，可能词句上有些修改，但是原则上都是正确的，我们还要继续贯彻。我们广东提出的1962年每亩平均年产量达到800斤，我看也不变，搞到1961年看看，如果达不到，再开个会修改一下，延长一、二年，争取实现800斤。这次在中央召开的省、市委书记会议的一个小会上，毛主席、少奇同志、小平同志都讲广东的800斤应当首先做到，我讲我们没有变，可能1962年达不到，要延长一两年，他们说延长一点不要紧，可以宽一些，在全国来讲，广东要最先做到800斤。所以，我们还要在干部、群众中进行宣传，说明这个道理。广东生产的优越性，过去有时是讲多了，但有时也讲少了，也不是所有的时候都讲多了，如果过去对生产的有利条件讲的很多，现在还讲，不顾困难，那是不好的，但是现在来看，可以多讲一些，因为大家满脑子都是困难，多讲一些有好处。我们争取在1962年达到800斤，具体的讲，就是汕头、佛山900斤，海南600斤，其他地区800斤，这个口号不变，当然这个口号不是决定实际的，但是这个口号有它积极的意义。其次，是两个90%的口号也不变，一年办不到，两年，两年办不到，三年。所以，我们今年两个90%的要求还要提出来，争取办到，以便把合作社在去年生产的基础上巩固下来。

当然，今年的困难也不少，首先是冬种没有完成计划，加上这次霜冻，仅牛就死了1万多头，蕃薯的损失也不小，我们要在今年完成260亿斤的粮食生产任务，冬种作物能够搞到20亿斤就有把握，因为去年是17亿斤，今年的播种面积没有增加，只有靠提高单位面积产量，如果我们单位面积产量不能提高，冬种作物减收，就会增加春秋两季生产的困难，并且加重春荒；其次，广东的灾区也不少；第三，还有不少的合作社不够巩固，虽然退社现象基本上停止下来，但是还没有最后从根本上解决。此外，在生产资料的供应上还有很多困难，铁没有，肥料不足；粮食可能还有些紧张，等等。总之，我们今年工作还有很多困难，要足够的估计，并且设法克服这些困难，我们是有条件克服这些困难的，因为这些困难，毕竟是个别的、暂时的东西，只要我们抓紧它、正视它，不要忽视它，就可以解决。对于冬种作物，凡是已经死了的，要赶快改种些早熟作物；还没有死的，要把田间管理搞好，争取冬种作物完成20亿斤，如果我们冬种作物不能完成这个计划，甚至比去年17亿斤还少的话，就要从下两造中想办法。灾区，主要是组织生产自救，多货些款，搞些水利；合作社的巩固，过去曾制定过一些政策，各地要加以贯彻检查，今年基本上可以把问题解决；在生产资料的供应上，虽然也有些困难，但是也可以想办法解决，现在的问题就是采取措施。

关于今年的增产措施，省委和省人民委员会已发了指示，我在这里只强调三个问题：

（一）肥料问题。我总感到我们广东的田，种的次数不少，但肥料不足，稻谷缺肥，产量就不够高，有些外省来的同志也感觉到这个问题，说我们的稻谷肥料不足。要叫庄稼长的好，没有肥料是不行的，要扩大复种面积，肥料问题不解决，也是没有把握的，今年的化学肥料，中央给 32 万吨，后提出多要一些。现在中央还没有答应，可能希望不大，现在最可靠的办法，就是积极发展养猪，这样，既解决了城市副食品的供应，增加了农民的收入，又解决了肥料问题，因此，对于养猪要好好的抓一抓。再就是采取新会的办法，提倡社员家庭积肥，定质、定量、定价，现款收购，这是解决肥料问题的很好的出路，每个社都要推广，这个办法的好处，就是利用全体社员的业余劳动和家庭的辅助劳动都来帮助合作社搞肥料，这样，既可以增加社员的家庭收入，又可以减少合作社的预支，对巩固合作社很有好处，这是一个很重要的措施，要很好的贯彻。

（二）水利。今年的水利投资款已经不少，和去年差不多，但是要真正的用在效益大的地方，也就是说，要用在马上见效的地方；水利款没有拨下去的，要迅速的优先的拨下去；对于去年的 1000 多万亩水利设施，也要提高一下，修整一下，加强管养，发挥它的应有作用。

（三）技术改革还要积极的进行。一是耕作制度的改革，一是栽培技术的改革。几年来我们广东在技术改革方面，应该说是有了一套的，并不是盲目的，那些可以搞，那些不能搞那些是成功的，那些是失败的，我们是有了一些经验的，各地可以作些调查和总结。总之我们对于技术改革不能动摇，要采取积极的态度，广东不能多开荒，只有靠扩大复种面积和增加单位面积产量，这样，就要靠技术改革来解决问题，去年的技术改革，是比较仓忙的，有些条件不具备的地方也搞了，但是今年我们就可以接受去年的经验，在条件具备的地方进行，比如粤西，去年撒种改条播，有的地方由于水利不好而失败了，但是今年水利解决了，就可以继续搞下去；又如挣蒿改翻耕，去年有少数地方由于劳动力不足而失败了，但是今年劳动力问题解决了，还要继续搞；单造改双造，如果条件具备，还要积极的推行；这些都是保证去年增产的有效措施。

种子问题也很重要，改良种子不花什么劳动力，也不要增加投资，每个社都可以搞，尤其是对于事实已经证明了是良种的，或者本社有好的种子的，就要注意把它选出来、利用上，这样，既不出毛病，又很经济，不要增加劳动力，也不需要增加投资。

总之，今年我们一定要争取大丰收，如果现在的生产劲头还不足的话，各地同志回去之后，要用各种办法把生产劲头鼓动起来，力争今年丰收。

二、粮食问题

今年我们要完成260亿斤的粮食生产任务，一方面是国家需要，另一方面也是本省人民的需要，因为我们人口每年增加2%，如果粮食不逐年增加，是没有办法维持的。因此，各地同志回去之后，要切实检查一下，看看完成今年本地区的粮食生产任务，需要多少播种面积，有没有把握完成。应该肯定，今年一定要多搞些经济作物，满足社员的家庭自留地，但是首先要保证粮食的播种面积，保证完成本地区的粮食生产任务，发展经济作物，只能在完成粮食生产计划的原则下来进行，如果我们不能完成粮食的生产计划，就会使我们的整个工作陷于被动。

全国今年的粮食仍然是紧张的，不仅是广东。我们广东今年计划的260亿斤粮食生产任务，是没有外调的数字的，省委提出这个数字，主要是为了保证全省人民有比较好的粮食供应，发展畜牧业，并没有外调的打算，所以，这个指标，完全是自给自足的指标，没有260亿斤粮食，广东今年就不能做到自给自足。因此，全省260亿斤的粮食生产任务，无论如何要想办法办到，至于分配给各地区的粮食调出任务，我们决定不变，即：佛山专区调出32000万斤，惠阳专区调出3亿斤，韶关专区调出 10500 万斤，高要专区调出 1 亿斤，合浦专区调出 200 万斤；另，海南区调进 1 亿斤，湛江专区调进 2000 万斤，汕头专区自给；再是广州市给 5 亿斤，部队供应粮 15000 万斤。就是这么多，库存也是维持去年的水平，没有增加，我想这个数字就这样定下来，我们大家就努力去搞，如果全省来个大丰收，这个问题就解决了，如果全省来个大歉收，那问题就大了，就不是那个地区的问题。总之，我们现在就是一个劲头，积极争取大丰收。

三、经济作物

经济作物一定要搞好，面积要适当扩大，安排要合理，而且要管理好。现在我们经济作物的面积扩大的并不少，就是单位面积产量提高的很慢，我们不要一味的扩大播种面积，而是要从提高单位面积产量着手，比如甘蔗，汕头东光社每亩产 180000 斤，有的一根甘蔗就有 120 斤，现在全国最大的猪也达 1200 斤，可是有些地区，甘蔗的产量不高，猪也喂不肥。所以说经济作物就是一种技术作物，技术性比较强，我们必须加强技术措施和技术管理，利用合作社的有利条件，充分地提高单位面积产量。经济作物不能提倡广种薄收，主要是要提高产量，有时几分地，经营得好，收入很大，相反的，如果经营不好，产量低，投资大，成本高，利润并不高，因此，所有的合作社都可以因地制宜的发展一些经济作物，能够生产什么，就生产什么，化学肥料也多用在经济作物方面，土杂肥多用在粮食生产方面。我在这里附带讲一下水果。水果我们全省都要注意，广东是水果的“王国”，可是现在我们的水果有逐渐趋于质量不高、产量不高的危险，主要是大家重视不够，今后我们要注意发展一些，这个东西价值很大，人民需要，全国各地需要，出口也需要，因此，各地要注意保护果树，发展水果。再是油料作物。广东这两年来，油料是够紧张的，我们今后要发展一些，当然，我们现在也不能说在坪石修个大门，一切自给自足，都不要全国的支援，那是不行的，有些东西，还要全国照顾我们，我们也照顾全国，但是另一方面，粮食要自给，油料也要逐步的做到基本自给。这几年来，为了油料费了不少口舌，中央同意调给我们，就是调不来，特别是广东很多作物都需要肥料，但是作物本身又不产生肥料，比如东北种豆子，有大量豆饼可作肥料，山东、河南种花生，有大量的花生饼作肥料，他们的作物本身可以解决一部分肥料，而我们所有的作物都大量的需要肥料，但是作物本身出肥料的不多，因此，为了保证广东的食油供应，为了解决肥料，我们必须多发展一些油料作物。现在中央已经同意提高油菜子价格 30%，这样就可以大量发展油菜、花生，中央也同意由 16 元一担提到 18 元一担，要迅速的公布，对扩大春种花生还有作用。要搞好油料作物，除了适当的提高价格和强调重视外，还要进行“三包”，就是对非产区的合作社都要自种自给，合作社根据自己需要来种油料作物，种多少，吃多少，国家不供应；对于产区，则分配一定统购和调出任务，超过部分可以归自己食用或卖给国家，省以专署为单位包干，专署包县，县包各乡，乡包各社。全省来讲，和粮食一样，我们将来要逐步做到只调出，不调进，只掌握对城市人口和非农业人口的油料供应，各地要逐步的做到油料自给，调出来的主要供应广州市和出口的需要，目前还要按旧办法供应一两年，过渡一个时期，各地应积极准备，可以先在一部分地区试行。

四、畜牧业及渔业的问题

如果说去年的合作社收入不够，我看最大的问题是我们对畜牧业疏忽了一下，使畜牧业受了一些损失。农民的收入，一是靠粮食，二是靠经济作物，再就是靠畜牧业，畜牧业在农民收入中占很大的比例，特别是社员的家庭收入，主要是靠畜牧业，但是由于我们去年对畜牧业抓的不紧，所以，造成农民收入增加不快，城市供应紧张。为了迅速的增加农民收入，解决肥料的不足，缓和城市副食品供应的紧张情况，我们必须大力地发展畜牧业，目前最重要的是把猪、牛发展起来。

猪：我们希望能在6月以前，把城市副食品供应的紧张情况缓和下来，同时并保证出口的需要。这就决定猪的产量。目前要解决的问题是：（1）积极的发展母猪，宁可平时少吃一些猪肉，也要把母猪发展起来，因为这是一个基础，只有这样，才可能大量的发展生猪。（2）建立养猪基地，全省要选出若干有养猪经验和习惯、饲料问题比较容易解决、交通方便的县作为养猪基地，每个专署有一两个县，全省有一、二十个县，这样，既可以保证城市供应，又可以保证外调；在这些地区，要多花些本钱，比如多拨些货款、预购款，设立一些技术站，以及饲料的调配等等，都要多照顾一些，并且当成一个重大的措施来做，这样就可以解决很大问题。

牛：在雷州半岛、海南以及钦廉地区都可以多发展一些，现在要研究价格，看看还有什么问题，要发展牛还有什么困难，都统统的研究一下，加以解决。

渔业，主要是两种，一是塘鱼，一是海鱼。去年我们全省的渔业没有增产仍然是52万吨，原因两条：一是海鱼没有增加。二是塘鱼也没有增加。鱼在广东的副食品中，占有很重要的位置，北方人吃羊肉、牛肉，没有猪肉也行，广东人除了吃猪以外，就是吃鱼，没有猪肉的话。吃鱼也可以，但是没有鱼就不行。所以，我们要大力地发展渔业。目前除了把深海作业搞好以外，浅海作业也要拨些款，帮助一下，使之得以发展，这样，一方面是解决渔民生活困难，另一方面也能增加鱼的产量。塘鱼，首先是解决鱼苗问题，再是解决饲料问题，同时也要积极的解决运输问题，这样，塘鱼就可以发展起来。对于鱼苗，水产公司不要垄断，自己要搞，同时也要发动有经验的合作社去搞，要有计划的进行，不要统的太死，现在要组织一些检查。价格问题不大，鱼塘的价格已经很高，将来要跌价。

五、山区与林业的问题

这几年来，我们对于山区工作重视不够，但是山区的发展也不够平衡。韶关地委对于山区工作摸了一下，感到山区这几年来发展不快，但是紫阳同志到紫金、兴梅、和平、连平一带摸了一下，又感到山区经济发展的相当快，这就说明山区经济的发展是不平衡的。山区，作为广东的经济发展来说，很好的抓一抓是很必要的，因为山区在广东来说，还不算少，除了佛山没有什么山区外，其他专区都有，因此，各地要重视山区工作，把山区工作抓一抓，从而提高山区人民的生活水平；同时，广东的山区也很富，很多东西的供应甚至出口都要靠他们，所以，把山区工作抓好，是很必要的。

目前的山区工作，主要是解决下面两个问题:（1）交通问题：要在山区把交通搞起来。现在山区有很多东西运不出来，或者能运出来，但是运费很高，致使地区差价很大，比如粮食，交通要道及平原地区，六、七元钱 100 斤，而山区就四元多钱 100 斤，广东粮价最低是 4.7 元，最高的是 7.4 元，这样，在山区，人民的生活就没有办法提高，所以，山区的交通很重要。那么，山区的交通究竟怎样搞法呢？我这次在北京开会时，和几个有关的单位商量了一下，我看可以这样解决：就是粮食厅、商业厅、采购厅、林业厅、合作社共同拿些钱为山区修路，拿多少钱，你们自己开会决定。为什么要这样解决呢？因为将来山区运出东西的利润是你们的，修了路，运费就不要补贴，从这些方面来补助你们，所以，这几个部门要马上拿些钱，一个单位拿几十万元，一共有三、四百万元，就可以解决很大问题。山区修路，一是修汽车路，再是修推车路，同时，也可以炸河修水路，以减低成本，补助修路费的不足。这个会议由方皋同志主持解决。（2）差价问题：目前在山区收购物资的地区差价过于悬殊，粮食目前我们主张不普遍的提价，但是有些山区粮价太低的，也可以个别提一些，不然，山区人民的生活就没有办法改善、提高。

关于林业问题，去年的绿化讲的很厉害，今年还要讲一讲，敲敲锣鼓，绿化年年要叫一叫，要栽树，特别是山区要多种些桐树、茶树。今年的造林已经有条件了，育了苗，有了一些经验，所以，还要抽些时间动员干部下乡栽树，这样就可以把植树的空气鼓起来。

六、工业与手工业及增产原材料的问题

今年我们要开展增产节约运动，增产的最大问题是农业增产，也就是说首先要保证粮食的增产，但是工业和手工业的增产任务也不少，现在工业、手工业生产中最大的问题是原料供应不足，有些糖厂，可以开工180天，现在只能开工120天，甚至90天，湛江的花生油厂，就是由于原料供应不足而停工。所以，工业和手工业的原料供应，一方面是把农业生产搞好，靠农业供应；但是另一方面，工业与手工业也要补助农业在原料供应方面的不足。我们说国家和农民是有矛盾的，农业和工业也是有矛盾的，问题是要适当的解决，既要照顾农民，也要照顾国家，而且应当把国家放在第一位。我今天主要是讲工业方面原料供应上的几个问题。

钢、铁、煤、木材、竹子，是我们目前原料供应上最困难的东西，现在有很多手工业工厂，没有这些东西，就没办法开工，所以，我们现在要多搞些小铁矿、小煤矿以及马上能够生产而投资不多，设备简单的东西。有些可以省搞，有些县也可以搞，有些合作社劳动力多、交通方便，也可以搞，主要是要有领导、有计划的进行；合作社挖出来的煤，由国家按质论价统一收购，不要到市场上去卖。我想只要大家动手，问题可以解决。土法炼铁可以多搞，对这方面可以多投一些资，把其他基建削减一些；再是收破铜烂铁、打捞沉船，等等，都可以解决一些问题。木材，森林工业局要积极的搞，除了完成中央的任务以外，我们自己还要搞一些，利润算是自己的，由林业厅支配，投资发展林业。竹子，山区、沿海都可以多种一些，二、三年就可以砍。当然，在原材料的使用上也

要注意节省，在目前，这也是解决困难的很重要的方法。

七、对外贸易问题

今年广东的出口任务一共是4.97亿元，包括钨砂在内，我们应当努力完成。现在外贸局要把任务分配给各地，品种由各地挑选，那些多出口一些，那些少出口一些，各地可以自己确定。据说现在外贸只搞大宗的，小宗的不搞了，这是不好的，只要是能卖出去的，什么东西都要，现在就是要调查一下，到底有那些东西可以出口，凡是可以出口的，我们都要出口，以保证中央分配的4.97亿元任务的完成。全省超额完成部分，中央已经答应对半分成，中央只要一半，地方分一半；这个比例，同样适合于广东各地区，如果各地超额完成了出口任务，其超额部分，除上交中央的以外，也是对半分，省要一半，各地留一半。所以，象汕头的抽纱，就可以大搞；石湾的陶器、松香、莞草、香茅草、葵扇、药材等也都可以大搞，这些东西对广东人民的生活影响不大，多出口一些没有什么关系；再是水果、蔬菜等，也可以多搞些出口。总之，这个工作如果搞好了，对国家、对本地人民都有利，现在要好好的抓一抓。

八、财经工作上的的几个问题

（一）自由市场。自从自由市场开放以来，物价有所提高，这个问题值得我们注意，但是现在要肯定，开放自由市场是有好处的，自由市场是必须开放的，我们不能动摇，可是另外也要看到我们的工作有缺点，这就是自由市场比较乱，物价不很稳定，所以，财办还要组织一些力量，检查一下，发现问题，加以解决。目前，主要是：第一，加强对自由市场的管理。现在我们对自由市场的管理比较松，要加强管理，办法可以把原来各种行业的组织恢复起来，派些干部进去，使自由市场和我们的领导挂起勾来，不要叫他们乱搞；对于自由市场出售的物资，也要组织一些收购，比如湛江的鸡，前些日子价格跌得很厉害，我们就要收购一些，拿到广州市来卖，起调剂价格的作用。第二，对于“三类”物资还要重新考虑调整。现在看来，第二类物资是不容易站住的，因为计划收购的物资价格和市价相差很大，如果有些物资很紧张，而农民又确实需要，并且是容易出现投机倒把的，我看就把它划归统购统销的物资，把统购统销的范围适当扩大，主要由国家掌握收购。这个问题，财办研究一下，然后确定。第三，对于自由市场的物资，我们也有调剂价格的作用，物价高的，我们要组织货源把价格压下去，物价低的，我们就要收购一些，到物价高的地区出售，以保证物价的稳定。对于自由市场，如果我们不采取这些措施，就会影响物价的波动，影响物资的供应，同时也会增加自发势力的发展。今后，凡不是国家统购统销的物资，也就是说允许自由市场出售的物资，同样也可以允许合作社和农民一样自产自销，但是不要贩运，地区差价，将来要逐步缩小，使之无利可图，避免到处乱串。

（二）保证完成今年的收入任务。今年广东支出一共安排为 4.6 亿元，因此，收入任务必须保证完成，如果我们不能完成收入任务，支出也就没有保证，并且将使我们的全部工作陷于被动。因此，各地一方面要照顾群众的利益，同时也要保证完成国家的收入，不然，我们的日子就不好过。

（三）五项财政下放不变。即：一是农业税附加全部归地方，省里不要；二是公私合营企业利润任务超额完成部分归地方；三是房租归地方；四是华侨投资归地方；五是水利收入归地方；还有，全年的结余 50%也归地方。这样，全省就有很大一笔钱归地方支配，其中佛山最多，其次是潮汕，有些地方可能苦一些，将来省里从分配水利货款方面照顾一下。在经费比较充裕的地方，自己可以搞些小型水利和加工厂，适当调剂解决一些问题，但是最重要的是各地要很好的加以掌握，五项财政下放，是笔很大的数目，如果用的得当，对于农业生产将有极大的意义，否则，如果搞不好，势必助长了铺张浪费的作风；同时要肯定，这个钱只能用在生产方面，不能用在任何的其他（如修房子等）方面；如果用在其他非生产方面，就是违反财政纪律。

（四）自治州问题。省委没有讨论，请大家考虑一下。李维汉同志在海南时，曾经提出了一个意见，说海南的黎苗自治州应当作为一级财政，我在海南时，曾和白驹、坚真同志商量过，我们同意李维汉同志的意见，海南黎苗自治州应当作为一级，他们的州委和大陆的地委是一样的，海南区党委则是代表省委指导他们的工作，省里开会，都要请他们直接参加；在财政方面，要逐步实行包干，即全年给他们 1200 万元，由他们自已支配，省里不管；到了第二个五年计划，每年给 1500 万元，中央已经原则上同意，这个问题，我看可以基本上定下来。这两年来，少数民族地区的生产有些发展，人民生活有所改善和提高，但是比起汉区来，仍然相差很远，现在我们有这个责任对他们多照顾一些，所以，财政形成一级，少许宽一点。是合理的。至于自治县的同题，第二步再作考虑。

（五）“三包”问题。粮食、猪、油料作物都可以实行“三包”，“三包”是个好办法，既可刺激农民的积极性，又能提高生产。比如，可以由省包到专区，专区包到县，县包到合作社，合作社卖猪时，按比例留给社员，比如卖 100 头猪，10000 斤，可以允许自留 5%，即 500 斤，此外，在完成国家的收购任务以后，多养的猪，归社员自己杀，这样，农民就很高兴，可以刺激农民多养猪，解决副食品供应的紧张及肥料供应的不足。此外，还有那些东西能够实行“三包”，财办要很好的研究一下。

九、撤区并乡问题

首先应当肯定，广东将来要把小乡并成大乡，并且逐步撤销区，这是一个方向，全国要这样做，广东也要这样做，各地应当作些准备。这次中央开会时，小平同志讲将来的大乡可设基层党委会，以合作社为单位成立支部，乡算作一级基层党委，现在我们在区并乡中，就要考虑这个问题，将来一个县能领导多少单位，设多少圩镇，互相间的经济联系怎样，都要考虑。我想一个乡领导十多个社，一个县领导20个左右的乡较适宜，如果有30个以上的单位，可以设一两个办事处，直接抓几个乡。总之，各地要进行些调查研究，作些准备，不要急，要有步骤的进行，现在我们工作很紧，变动太多，会影响生产，因此，今年准备，争取在两年内，在不影响生产的情况下逐步完成。所以，现在凡是没有动的就不要动了；并了乡没有区的，目前也可以暂时不撤，过一个时期再撤，防止前后接不起来；已经并了乡撤销区的，要积极的总结一些经验，加以推广。总之，撤区并乡工作一定要进行，但是要稳一些，要有步骤的来解决，不能草率急躁。

乡干部的待遇问题，现在一个基本的原则就是使农民看得过去，不能和农民的生活悬殊过大，否则容易脱离群众，各个地区可以自己掌握，凡是乡干部的收入比农民收入过多的要减下来，如果是区干部到乡里工作的，可以照原来的待遇不变，因为人家原来是区干部，但是乡干部的收入就不能比农民太高，如果高了，要减下来。减下来的钱，省里不要，由各地自己支配，可以多养几个干部，但是总的财政不能增加，有多少钱养多少人，各地包干，省里不再给钱。

十、农业合作社的巩固及一些政策问题

（一）合作社问题。凡是需要入社的森林、果树、鱼塘、经济作物等都要尽量的做到入社，社员家庭原则上只有自留地，零星的一点果树，加上养猪，其他东西都应该尽量做到入社，如果社员自己经营的东西太多，就不可能全心全意的为社服务，就容易发展只顾个人经济。去年上半年，我们忽视个人经济的发展，因此在后来强调一下发展社员的家庭副业，是必要的，但在今年，在搞好互利政策的情况下，应该多搞社的集体副业，这样，社员就能全力为社服务，加强社的统一经营。因此，

凡是能够入社的东西都尽量入社，社员本身只是搞积肥、养猪、养鸭、养鸡、经营自留地等等。

（二）“三包”（包工、包产、包成本）。包产包到户不好，那就等于分散经营了。但是作为包工的一种方法，包到每块田是可以的，比如一块田用多少工，多少成本，包多少产量，都可以进行包，但这只是为了分配到生产队的一种计算方法，所以“三包”仍是包到生产队。今春结合备耕生产，各地仍应积极执行“三包”，以提高合作社的管理水平，搞好社的集体生产。

（三）副业。对于发展社员和社的副业要有明确的认识，也就是说要有明确的界限，把社的家当搞大，凡是社里能够搞的副业，都要集中到社里搞，家庭副业要有一定的范围，不能搞的太多、太大，如果社员家庭副业太多、太大，就会影响社的积累，影响社的巩固。手工业也应当尽量集中到社里来，社员的家庭副业不能影响到合作社集体副业的发展。

（四）雇工问题。现在城市里搞基建等还有很多单位都到农村里去雇临时工、杂工，因此，不少合作社的农民都跑到城市来，以致影响合作社的劳动力不足，影响当前生产。今后，凡是固定工人，可以脱离农村，不算农业合作社的社员，如果不是这种性质的雇工，就要由合作社统一包工、统一调配，收入也归合作社，等到分红时一块分，不然合作社就难以巩固。

（五）目前合作社经营的手工业和专业的手工业有矛盾，这个问题也要解决。今后凡是为着本社服务所经营的理发、缝衣服、木匠、铁匠、修补等等手工业，合作社自己搞是可以的，但是不准到街上去做生意，只能为合作社内部服务。

十一、整编及干部下放问题

整编与干部下放问题，省、市机关已经开了动员会，现在正在积极的进行。整编的目的主要是克服机关中的官僚主义，使干部多到下边去，不要整天在机关中写文件、开会，制造官僚主义，整编除去经济意义外，主要是改善作风的政治意义大。因此，不论地委、县委都要积极的进行，把机关搞得精简一些，多抽些干部下去，帮助农村工作；省里的各个战线要迅速的做出计划，留多少人，放多少人，都要快点确定。编余的人员，基本上按照两个方案处理：勤杂人员，组织开荒，转向生产；干部，一部分放到下边去，长期工作，带着家眷，一部分原职原薪下去，帮助工作，时间可以长一些。特别重要的是省里要抽些骨干下去，不要光抽些年老体弱的下去，对于编余的年老病多的同志，如果难以安插，就组织起来学习文化，有些可以养起来，个别愿意退休的就允许退休，下去的干部要精干一些，省里的处长、副厅长、副部长多了，都可以放下去一些。总之，现在要搞起一个风气来，如果光是讲下乡，而领导干部又不下乡，那等于说空话。地委的书记、部长、副专员，也可以考虑下去一些，县里也是如此，今年要搞个大丰收，如果不把下面加强，是不行的，上面干部下去，下面干部也会稳定了，就不会想到城市来。下去的干部，有些到地委，有些到县，有些也可以直接到乡，看干部的情况决定。今后的重点县，要重新的安排书记，地委书记、地委委员可以去搞县委书记。还有些下去的干部，可以参加县委区委或者乡党委，进行工作，不能旁观，不能当“代表”，要在组织以内，不要在组织以外，不是去帮助工作，而是要成为当地组织中的一个成员。

十二、领导问题

今年的农业生产要全党动员，各级党委要以农业生产为中心，集中力量抓农业。现在有些地委、县委在党政分工以后，有这样一个倾向，就是党委不直接抓农业，这种倾向是很危险的，农业合作社必须直接掌握在党委的领导下，各级党委书记必须直接抓农业；当然，对于某些农业技术工作日常应由业务部门来搞，党委着重检查，但是作为一个运动和比较大的问题来说，党委必须直接抓，不能有丝毫的放松。

最后，关于这次会议的传达。我想传达主要是传达毛主席在这次中央召开的省、市委书记会议上的报告和总结，反对合作化中的右倾情绪，批判某些对于合作化优越性估计不够以及动摇思想，把农业生产的劲头鼓起来，争取今年大丰收。传达的方法，一是开县委书记会议传达，一是地委开过会之后分头下去传达，我看后一个办法好，因为现在农村工作很紧张，如果都把县委书记找来开会，是困难的，当然地委正在开会，就可以利用开会期间进行传达。现在省里的会议已经很多，各个部门要注意一下，有些会议可以不开，有些会议可以迟开，不要都挤在一起，尤其是县里的同志，不要都叫到省里来开会，要开就要地委一级来，以免影响工作。同时，省里的书记、副省长都很多，有些可以分头下去就地开会，布置工作，不要都把人找上来。

团结问题是否传达，由各地视情况决定，如果有问题，需要讲的，就讲，不需要讲就不讲，讲的范围由你们自己决定。总之，目前就是把大家的劲头鼓动起来，进行生产，争取大丰收，不要妨碍生产，不要引起新的混乱。

［摘录自《中国共产党广东省历届代表大会及全会文件汇编第一卷（1949 年 11 月—1961 年 12 月）》］

要认真办好报纸[①]

（1957 年 4 月 17 日）

现在我们的报纸不能适应新情况，也就是说，报纸充分反映群众的思想情绪、要求，成为群众的喉舌很不够。今天人民内部矛盾突出了，要正确地解决人民内部矛盾，首先是我们的报纸要充分地反映群众的思想和要求，能够揭露我们的官僚主义，“广开言路”，从而帮助领导解决群众提出来的合理要求。这样，报纸就有力量，报纸就能站在反官僚主义的最前列，站在搞好领导和群众的关系的重要岗位上。

报纸要肯定成绩。我们工作的成绩是令人鼓舞的；但是，我们工作也一定有缺点，而且有时缺点不少。因此，报纸在肯定成绩时要揭露缺点，展开批评。如果报纸不揭露工作缺点，不展开批评，就没有力量。去年有一个时期我们的报纸肯定成绩不很够，但是最近以来揭露缺点、开展批评也不够。我们开展批评要实事求是，与人为善，不要一棍子打死，要帮助人家改正错误。这样，才能达到批评的目的。很值得我们注意的是有些在海外多看反动报纸的华侨，回国以后很高兴，因为反动报纸造了很多的谣，夸大我们的缺点，他们回来一看不是那么回事，所以他们很高兴；但是在海外多看了进步报纸的华侨，回来之后却反而意见很多，因为进步的报纸把我们国内的一切宣传得一点缺点也没有，

① 这是陶铸同志在广东省宣传工作会议上总结的一部分。

而他们回来一看，我们的工作有缺点，而且有不少的缺点，他们意见就很大。这就值得我们反省。我们工作中有没有缺点呢？是有缺点的，人家知道不知道呢？也是知道的，为什么不可以讲呢？有缺点就应该讲。当然，我们讲缺点不要光从消极方面讲，要从积极方面讲。要把缺点摆在适当的位置，但是不能不讲，而是要实事求是地讲，主要报道成绩，但是对工作的缺点也要报道。

对所谓“趣味”的理解。现在我们的报纸确是硬梆梆的，多样性不够，群众不大爱看，这种情况要改变。报纸要有中心，但是也要适当照顾各方面，特别是要多登一些思想教育方面的文章。报纸搞得太单调不好，要多样性，但是，也要有重点。因为《南方日报》是省委的机关报，要为党的中心工作服务；人民生活中总有最集中的方面，所以要报道那些最集中的生产活动。如果我们报纸的消息不是干巴巴的，不光是那些指示等大文章，而是能真正地从各方面反映群众的思想要求，群众就会爱看，就会感到有“趣味”。当然，低级趣味我是不赞成的，所谓“趣味”，就是我们的报纸能够从多方面的、不同的角度上，用不同的方式去反映人民的生活，解决人民的思想问题，说出人民群众心坎上的话。这样，群众就高兴看。

宣传个人的东西要少登些，要多登群众的东西，尤其是群众中的模范事迹，有教育意义的东西，可以多登一些。

县报如何办？我看县的农民报就是要真正成为农民的报纸。现在所有县的农民报都是小型大报，报纸是很小的，实际上和大报差不多，也是硬梆梆的几条东西，农民看不懂。因此，要彻底改变，要改用大字排印，要通俗化，要很好地替农民说话，要有表扬、批评，同时也要有点天下大事和科学常识、文化消息，因为农民需要这些东西，这些东西也是宣传唯物论，提高农民的政治觉悟和文化水平所需要的。但是，登时事，不是照抄新华社的广播，而是要经过改写，选择与农民群众有关的，为他们所关心的对他们有教育意义的，用各种各样的方式来发表时事新闻。时事或其它，不要宾主倒置，总应当以本县的、有关农业生产、农村生活的消息为主。指导农业生产和农村生活不是只登进度表，而是要用各种使农民乐于接受的方式去吸引他们读报。如何报道农业生产还是一个大问题，希望各县县报要很好创造经验，把我们的报纸办得既有中心，又很活泼。

（摘录自《陶铸文集》）

要加强思想解放，充分发挥能动性[①]

（1958 年 4 月 8 日）

我讲四点意见：

一、参加成都会议的一些体会

这次成都会议，把社会主义建设的总路线更加明确了。建设的总路线的基本问题，据我了解，就是速度的问题，就是如何鼓足干劲，力争上游，多快好省地建设社会主义的问题。多、快、好、省就是速度。要什么样的多、快呢？要好的多、快，省的多、快。鼓足干劲，力争上游，就是为了多快好省。社会主义建设总路线执行的好坏，从一个单位来看也好，从一个人的工作来看也好，也是速度问题，看你执行社会主义建设总路线的速度怎么样？是快还是慢。毛主席讲过好多次，建设社会主义有两种方法，一种是慢的方法，一种是快的方法。他讲 1956 年的反冒进如果不纠正的话，慢慢地下去，虽然也可能达到社会主义，但那是爬行的，爬到何年何月不知道。所以，那是一种错误的方法，必须纠

① 这是陶铸同志在省委第十次全体会议（扩大）上总结发言的一部分。

正。但是，对社会主义建设的速度问题，还不能简单地了解为一个地区或一个部门的工作快一点、慢一点的问题，而要把它看成具有世界意义的问题。

要把我们的建设速度同世界革命的胜利联系起来。现在的社会主义建设，就是和帝国主义比速度。毛主席讲的东风压倒西风，表明世界革命形势已继十月革命胜利、第二次世界大战后社会主义阵营的胜利之后过渡到第三个阶段。第三个阶段，就是苏联赶上和超过美国，中国赶上和超过英国，东风压倒西风。这样，世界大战就可能打不起来，即使要打，也会很快地解决世界革命的问题。

毛主席经常讲共产党要有“雄图”，所谓“雄图”，就是不仅在中国搞社会主义，而且还要在世界范围内搞社会主义。《共产党宣言》中，早就提出“全世界无产者联合起来”，解放全人类，这就不是一个国家的问题，而是世界革命的问题。因此，现在的建设工作每前进一步，就是世界革命前进一步，就增加了世界革命的一分力量，削弱了帝国主义的一分力量。现在世界上有两种竞赛：一是军备竞赛，我们不赞成军备竞赛，但也不怕这种竞赛。比如赫鲁晓夫提出的停止氢弹试验，就是一种“将军”的办法；二是经济建设与科学文化方面的竞赛。有这两种竞赛，就会把帝国主义竞赛倒。毛主席所以提出我国要在15年或者相长一点的时间内在钢铁和其他重要工业产品的产量方面赶上或者超过英国，就是着眼于世界形势，不单单是中国的问题。同时，解决中国问题和解决世界问题也是分不开的，帝国主义存在，香港不收回来，台湾不解放，就不能说中国革命很巩固。中国社会主义革命的巩固，和最后消灭帝国主义是分不开的。所以，毛主席说，前年的反冒进，把建设速度反慢了，打击了干部情绪，打击了群众的积极性，他很不愉快。他为什么不愉快呢？因为他是“先天下之忧而忧，后天下之乐而乐”，希望把中国社会主义建设搞好，进而解决世界的问题。所以，我想速度的问题，就不仅是一个国家搞好的问题，而是最后战胜帝国主义，取得世界革命胜利的具有伟大意义的问题。因此，必须力争迅速，能够搞快一点，决不搞慢一点；能够十天完成，决不十天半；能够两年完成，决不拖到3年。如果全国各地都快了，我们国家的建设速度也快了；全国的快，就是各地的快的综合。

那么，我们究竟能不能快呢？有些什么有利条件呢？从青岛会议、三中全会、杭州会议、南宁会议到成都会议的情况来看，是解决了这个问题的，可以快，而且能够快。王鹤寿同志在成都会议上的两篇文章说，钢铁生产指标修改了几次，原来就没有这么快，时间不过两个月，人还是那个人，而钢铁就增加了 1000 多万吨，原因就是多想了办法，搞大的，也搞小的，到处搞，遍地开花，这样怎么能不快呢？方法对头就可以快。化工部原来也认为第二个五年计划搞化学肥料，最多是 700 万吨，现在提出可以搞到一、二千万吨，因为每个县都可以搞，这样就会很快。

毛主席说，我们所以能搞快，是根据客观的可能，如果客观不能快，主观要快，也是不行的。有些什么条件能使我们的社会主义建设速度搞快呢？第一，从国际形势来看，战争不会一下子打起来，帝国主义要包围封锁我们也封不了，我们除了苏联国家的帮助加速我国的社会主义建设外，帝国主义国家也愿意和我们作生意，因此，我们可以通过和资本主义国家作生意，多搞点设备，装备我们自己。同时，由于国际形势对我们有利，我们就可以把军队减少一些，集中力量搞建设，加快速度。

第二，从国内的情况来看：（1）社会主义革命的顺利实现，加速了社会主义建设的速度。我国革命所以能搞得快，与革命路线的正确，创造性地运用了马克思主义，有极大的关系。我们搞的农业合作化，不但没有象苏联那样破坏很大，而且第一年就增产。工商业的社会主义改造，和平赎买政策，也使我国的工商业没有受到破坏，顺利地变为社会主义企业。手工业、交通运输业都是如此。这样，我们既消灭了阶级，改变了生产关系，解放了生产力，又使我们的生产没有受到什么大的破坏，广大群众的生产积极性在社会主义改造以后能够充分地发挥出来，这就大大促进了社会主义的建设速度。（2）反右派斗争的胜利，也是促进社会主义建设的重要原因之一。因为反右派斗争的胜利，不仅是打倒了几个右派的问题，而是大大地提高了全国人民的社会主义觉悟。这是加速社会主义建设的重要的思想基础。（3）有空前高涨的群众积极性。我们党从土改以来，无论搞什么运动，都要发动群众、依靠群众，和群众有深厚的关系，在群众中有基础，加上我们党在社会主义建设中强调群众路线，强调正确处理人民内部的矛盾，因此，就使我们和群众有一个好的关系。这也是加速社会主义建设的重要条件。（4）有了3年经济恢复和第一个五年建设时期的经验，各项事业都有了一定的基础。（5）有苏联国家的帮助。而最重要的一条，还是我们有一个正确的社会主义建设路线。这就表明中国的党不仅在中国革命时期创造性地运用了马克思主义，而且在建设时期，也创造性地运用了马克思主义。我们一方面接受了苏联的经验，另一方面又避免了苏联的缺点、错误，少走弯路。比如：我们在强调优先发展重工业的同时，又提出了工农业并举的方针。这就是创造性的马克思主义。因为没有农业的发展，没有原料，没有广大的农村市场，工业也发展不起来。这几年来，凡是头一年农业减产第二年工业发展也就慢，而头一年农业丰收，第二年工业就发展的很快。其次，我们在发展工业生产中，一方面强调要发展重工业，同时也提出了要相应地发展轻工业。因为要建设社会主义，提高人民生活，不发展轻工业不行。发展了轻工业，适当地满足群众的生活要求，群众的积极性就会提高，这对发展重工业也很有好处。

再是地方工业与中央工业同时发展。斯大林过去是很注意中央集权的，什么东西都要中央发展，地方不能搞。我们则认为要使工业发展得快，必须中央的、地方的、大的、小的一齐搞。正如我们过去发展根据地一样，必领有主力军，有游击队，有民兵，才能使根据地发展得快。今天发展工业也是这样，大的国家搞，小的各地搞，县也可以搞，乡也可以搞，全民动手，全党动手，遍地开花，这样就会快。还有加强国防、勤俭建国等等，都将使我们的社会主义建设搞快一些。毛主席1956年提出的十大关系，就是我们党建设社会主义的建设路线，这个路线，概括起来，就是鼓足干劲，力争上游，多快好省。也就是说，鼓足干劲，力争上游，多快好省，是从十大关系中提炼出来的。十大关系的中心内容，就是调动一切积极性。调动一切积极性干什么呢？就是鼓足干劲，力争上游，多快好省。我们今天所以有可能把建设速度搞快一些，就是有这样一条正确的社会主义建设的路线。而我们过去没有很好地领会这个路线，主观大大落后于客观，思想没有解放，固步自封，有教条主义和经验主义，不能够发挥智慧，独立思考，克服困难，想很多办法把我们的工作推向前进。因此成都会议就特别强调思想解放的问题，强调社会主义建设的速度问题。现在的建设速度可以加快，问题是我们敢不敢加快，敢不敢前进，有这个勇气没有。当然，这里还有个经验的问题，过去我们缺乏经验，但是只要我们干，经验是可以创造出来的。所以，我们主观上要充分利用客观的可能性，抓住客观的有利条件，以加快我们的建设速度。

二、只有思想解放，才能更好地执行社会主义建设的总路线

前面已经讲过，客观条件有可能把我们的建设搞快一些，但是实际上又并不快，这就是主观能动性的问题，主观落后于客观，思想没有解放。所以，现在就要强调思想解放，充分发挥创造性，一切都不要顾虑，想办法把建设速度搞快，谁快谁就是马列主义，谁就有本事。我们现在的社会主义建设，条件是很好的，就是思想赶不上去，教条主义、经验主义很严重，缺乏独创性，缺乏独立思考，缺乏克服困难的勇气和决心。

思想解放是什么意思呢？思想解放就是解放主观能动性，使主观能够赶上客观的需要，能正确地认识客观。现在我们有很多同志对客观认识不够，没有充分发挥主观能动性。我们共产党是唯物论者，同时我们相信辩证法，强调主观能动性，强调独立思考和首创精神。如果拿这一条标准来检查，我们的思想都是没有解放的，都没有充分地抓住客观条件发挥主观能动性，原因是思想上有束缚，对客观认识不清。所以，要思想解放，就是要认识客观，适应客观的可能，充分地发挥主观能动性。

其次，思想解放要有正确的立场，要建立在“兴无灭资”、坚决执行社会主义建设的总路线的基础上。我们所想的一切，都是为着“兴无灭

资”，为着社会主义，不是为了别的，不是解放个人主义的东西。有了这样的立场，思想愈解放愈好，对社会主义愈有利。这里也要说明一条。就是主观愿望是好的，是要搞“兴无灭资”的，但是由于对于客观认识不够而产生一些错误，那是不可避免的。因为要强调独立思考，强调敢于提问题，敢于提意见，敢于废除清规戒律，而主观和客观又有一定的距离，认识是有限的，产生一些错误，是可以原谅的，作为领导者来讲，要允许出些毛病，不然就锻炼不出干部。不能出了一点偏差，就一棒子打下去。要求一个人根本不产生错误，那是不可能的，问题是看他属于什么性质的错误，是立场问题的错误，还是方法问题的错误。拿我自己来讲，在“兴无灭资”的问题上，我是没有立场上的错误的，消灭资产阶级是坚决的，但是，什么时候消灭？采取什么办法消灭？思想上不是很清的，我们这些人当然是左派，但是在某一点上，在某个问题上，我们的思想是有中间状态的。因此，就不能认为在“兴无灭资”的问题上，今后就不会犯错误。提倡敢想、敢讲，就有可能犯点错误，这样的错误也不要紧，因为你是坚决搞社会主义的，没有个人主义的东西，只是在某些问题由于认识模糊而产生一些错误是可以原谅的，改正以后，就可以迅速前进。

再次，方法问题。思想解放要有正确的方法。这个方法，首先是彻底排除经验主义、教条主义，充分尊重唯物论，服从辩证法。教条主义，在广东党来讲，不能说是很多，但是对外国人有些迷信。我们对于毛主席的学说中为中国革命证明了的方针路线是无限信赖的，但是对于我们党的建设路线，是不是每一个共产党员都认识得很清楚呢？不见得。总是感觉我们的党没有搞过工业，苏联搞过大工业，神秘得很，一讲搞工业，就要学苏联，在这一点来讲，教条主义是有的。这就是说，革命的路线我们是信赖的，对中国建设有他自己一条正确的独创的路线就不一定每个党员都很清楚。苏联的经验我们要学，今天要学，明天要学，将来也要学，如果是因为反对教条主义而不学苏联，那是错误的，但是我们不要迷信，有用的经验要用，无用的经验就要抛弃。不要把技术看得神秘的了不得。尤其不能对某些资产阶级国家的科学技术看得了不起。

从这一点来讲，我们的教条主义错误是有的。

经验主义，我们比较多。作为我个人来讲，虽然教条也有一点，但更多的是经验主义。我们应当摆脱教条主义、经验主义，敢于想问题，研究问题，提出意见。比如我们要学习苏联的经验，在没有学习之前，要研究一下，他的经验是怎样产生的，搬到我们这里是不是适合？要根据我们的情况办事，根据客观办事。方法就是尊重唯物论，尊重辩证法，一切照辩证法行事。我们过去所以有教条主义、经验主义的毛病，就是脱离实际，没有真正从实际出发。这个实际，不是下一次乡，找一个群众谈一次话就是实际，要接触实际，就要下苦功，要调查研究，而且要反复的调查研究，因为实际不是一下子就看得很清楚的，要反复的观察、研究才行。

那么，客观实际是什么东西呢？客观实际，除了自然界的东西外，就是人。主要是：群众、下级、上级三个方面。我们搞的社会主义建设，主要是依靠群众，请教群众，从群众中来，到群众中去。下级经常和群众联系，能够反映群众的意见、要求。因此也比上级更接近实际。还有上级，比如中央的指示、决定，都是客观的高度反映。也就是说，我们要很好研究中央的指示。我们今后写报告、文件，一定要请教群众，请教下级，研究中央的方针政策和上级的指示。如果我们能做好这三个方面，就会使我们大大前进一步。

要摆脱教条主义、经验主义，就要提倡敢讲、敢想。现在我们党内一方面要反对自由主义；另一方面，要提倡对不同问题的争论敢于坚持自己的意见，提倡对工作对问题的争论风气，这是同志间的平等的讨论，毫无对个人的不尊重在内。如果我们不提敢讲敢想，要摆脱教条主义、经验主义，做到从实际出发，也是困难的。因此，我们要提倡敢讲敢想，提倡独立思考，承认矛盾，提倡争论。我们之间有什么矛盾呢？我们都是相信共产主义的，这一点没有矛盾，但是由于我们的出身不同，看问题的角度不同，见解不同，就会产生矛盾，我们应当承认矛盾，允许矛盾存在，在矛盾中求得统一。

……

干劲就是要思想解放，思想不解放，谈不上干劲。思想解放的愈彻底，干劲就愈大，就敢于想问题，敢于克服困难。所以抓好思想解放，对进一步鼓起干劲，有更大的好处。目前广东的干劲虽然不是很少，但也不是很大，和干劲较大的河南、安徽比较起来，我们不如人家，因此，我同意紫阳同志的分析，我们是处在“中中游”阶段，还要力争上游。

三、个人的思想检查（略）

四、改进省委领导方法的几点意见

1. 坚决执行毛主席关于领导原则的指示，即：“……党委决定，各方去办。办也有决，不离原则。工作检查，党委有责。”我们要采取一些措施，把这 32 个字的领导原则贯彻到各项实际工作中去，切实做好集体领导与个人分工负责。

2. 加强联系实际，一年下去 4 个月的规定要坚决办到，彻底转变机关化的作风。

3. 加强思想领导与总结经验的工作。以后开会，要定期的谈思想，一方面要在党内提倡敢讲敢想的风气，另一方面，对于不正确的思想行为，也要展开思想批判，并且要注意总结经验的工作。过去我们对总结经验的工作重视不够而且质量很低，今后办公厅和宣传部要注意做好这方面的工作。

4. 改善学习方法，认真学习毛主席的著作，并且恢复从化理论学习班的制度，县委书记、地委书记每人每年学习一个月，不是脱离实际的学条条，要在学习中总结工作经验。

5. 改善会议的开法。常委会每周开一次，着重研究情况，交换意见，总结经验，一些具体问题，可在书记办公会议上解决。

6. 领导干部要写文章、作报告。

[摘录自《中国共产党广东省历届代表大会及全会文件汇编第一卷（1949 年 11 月—1961 年 12 月）》]

松树的风格

（1959 年 1 月）

去年冬天，我从英德到连县去，沿途看到松树郁郁苍苍，生气勃勃，傲然屹立。虽是坐在车子上，一棵棵松树一晃而过，但它们那种不畏风霜的姿态，却使人油然而生敬意，久久不忘。当时很想把这种感觉写下来，但又不能写成。前两天在虎门和中山大学中文系的师生座谈时，又谈到这一点，希望青年同志们能和松树一样，成长为具有松树的风格，也就是具有共产主义风格的人。现在把当时的感觉写出来，与大家共勉。

我对松树怀有敬畏之心不自今日始。自古以来，多少人就歌颂过它，赞美过它，把它作为崇高品质的象征。

你看它不管是在悬崖的缝隙间也好，不管是在贫瘠的土地上也好，只要是一粒种子——这粒种子也不管是你有意种植的还是随意丢落的，也不管是风吹来的，还是从飞鸟的嘴里跌落的，总之，只要有一粒种子，它就不择地势，不畏严寒酷热，随处茁壮地生长起来了。它既不需要谁来施肥，也不需要谁来灌溉。狂风吹不倒它，洪水淹不没它，严寒冻不死它，干旱旱不坏它。它只是一味地无忧无虑地生长。松树的生命力可谓强矣！松树要求于人的可谓少矣！这是我每看到松树油然而生敬意的原因之一。

我对松树怀有敬意的更重要的原因，却是它那种自我牺牲的精神。你看，松树是用途极广的木材，并且是很好的造纸原料；松树的叶子可以提制挥发油；松树的脂液可制松香、松节油，是很重要的工业原料；松树的根和枝又是很好的燃料。更不用说在夏天，它用自己的枝叶挡住炎炎烈日，叫人们在如盖的绿荫下休憩；在黑夜，它可以劈成碎片做成火把，照亮人们前进的路。总之一句话，为了人类，它的确是做到了“粉身碎骨”的地步了。

要求于人的甚少，给予人的甚多，这就是松树的风格。

鲁迅先生说的“我吃的是草，挤出来的是奶，血”，也正是松树风格的写照。

自然，松树的风格中还包含着乐观主义的精神。你看它无论在严寒霜雪中和盛夏烈日中，总是精神奕奕，从来都不知道什么叫做忧郁和畏惧。

我常想：杨柳婀娜多姿，可谓妩媚极了，桃李绚烂多彩，可谓鲜艳极了，但它们只是给人一种外表好看的印象，不能给人以力量。松树却不同，它可能不如杨柳与桃李那么好看，但它却给人以启发，以深思和勇气，尤其是想到它那种崇高的风格的时候，不由人不油然而生敬意。

我每次看到松树，想到它那种崇高的风格的时候，就联想到共产主义风格。

我想：所谓共产主义风格，应该就是要求人的甚少，而给予人的却甚多的风格；所谓共产主义风格，应该就是为了人民的利益和事业不畏任何牺牲的风格。

每一个具有共产主义风格的人，都应该象松树一样，不管在怎样恶劣的环境下，都能茁壮地生长，顽强地工作，永不被困难吓倒，永不屈服于恶劣环境。每一个具有共产主义风格的人，都应该具有松树那样的崇高品质，人民需要我们做什么，我们就去做什么，只要是为了人民的利益，粉身碎骨，赴汤蹈火，也在所不惜；而且毫无怨言，永远浑身洋溢着革命乐观主义的精神。

具有这种共产主义风格的人是很多的。在革命艰苦的年代里，在白色恐怖的日子里，多少人不管环境的恶劣和情况的险恶，为了人民的幸福，他们忍受了多少的艰难困苦，做了多少有意义的工作啊！他们贡献出所有的精力，甚至最宝贵的生命。就是在他们临牺牲的一刹那间，他们想的不是自己，而是人民和祖国甚至全世界的将来。然而，他们要求于人的是什么呢？什么也没有。这不由得使我们想起松树崇高的风格！

目前，在社会主义革命和社会主义建设的日子里，多少人不顾个人的得失，不顾个人的辛劳，夜以继日，废寝忘食，为加速我们的革命和建设而不知疲倦地苦干着。在他们的意念中，一切都是为了把社会主义革命进行到底，为了迅速改变我国"一穷二白"的面貌，为了使人民的生活过得更好。这又不由得使我们想起松树崇高的风格。

具有这种风格的人是越来越多了。这样的人越多，我们的革命和建设也就会越快。我希望每个人都能象松树一样具有坚强的意志和崇高的品质；我希望每个人都成为具有共产主义风格的人。

（摘录自《陶铸文集》）

坚决反对本位主义①

（1959 年 2 月 17 日）

全国一盘棋，全省一盘棋，坚决反对本位主义

全国一盘棋，照小平同志所讲的，就是三个统一安排和一个让路。

全省一盘棋，应该是在保证完成中央的全国一盘棋所给我省的任务的前提下，统一安排全省的基建；统一安排全省的主要产品的生产；统一安排原材料和两部类主要物资的分配；也还有个各地区让路的问题。

广州市、海南行署、各专、县（市）都必须服从上一级的“一盘棋”。特别是公社更是要强调服从国家的统一计划。

看来，全国一盘棋、全省一盘棋的问题，至少在今、明两年须特别加以强调。在物资条件不足的时候，要力争建设速度搞快一些，不强调集中统一，不强调按计划办事，各搞各的，其结果大家虽然都可能搞了一点，但影响了重点，到头来对整个建设极为不利，这是非常错误的与十分危险的。所以少奇同志在武昌会议上严重指出：现在建设未过关，专

① 这是陶铸同志在中共广东省第一届代表大会第三次会议上报告提纲的一部分。

政统一必须要多一点，有可能出些问题，但总比各行其事、一盘散沙好。

要做到全国一盘棋，全省一盘棋，必须很好解决各级领导干部中的几个思想问题：

（1）怕落后，争先进，谁都想多搞一点的思想。应该说，怕落后，要争先进，想把自己的地区和单位的工作能做好的动机，完全是好的，但必须照顾全局与重点。大家都是要进入共产主义社会的，何况工作做得好与坏，工作是否先进，并不完全决定于投资多，物资设备分得多。在困难的条件下做出了显著成绩，那更显得先进，表现出更好的本领。

（2）积极性与本位主义划不清的思想。积极性是好的，在任何时候都应该受到鼓励；只顾自己的地区，不顾大局和整体，甚至干出损害大局和整体的行为，在任何情况下都是错误的，不能容许的（例如收集杂铜问题、大糖厂原料供应问题等）。

（3）“搞点本位主义，还不是为着革命，没有什么了不起”。应当讲清楚，在进行教育后，如还有明知故犯的，而且情节很恶劣，损害整体利益的，应当绳之以纪律。

除了解决上述的几个思想问题外，必须解决下面几个具体问题：

（1）保证国家统一计划的完成，不得层层追加指标。用于国家重点建设的物资，不允许挪作他用。其它各项事业开支，也必须按照上级规定使用。

（2）物资的包干与上调的问题。首先保证完成上调任务，完成上调任务后，可留各地支配；超额部分则按比例分成。

（3）中央与省所掌握的物资，只有中央与省有权支配。

（4）下放厂矿企业，应当重新调整，分级管理，各级必须保证下放厂矿企业，比当地厂矿企业得到更优厚的待遇，坚决完成上级给予的任务。下放厂矿企业则应该服从当地党委的领导。

（5）外贸必须彻底集中统一，任何地区与单位不得直接派人去港澳做买卖，也不准向国外侨胞募捐，边防部队应当严格检查，只对持有省外贸局与省公安厅的证件的人，方准放行；否则一律扣留。

（6）派去全国各地订货采购物资的人员，一律调回，以后要派去各地的，必须持有省计委与商业厅的介绍信，否则叫做非法行动。

强调全国一盘棋，强调全省一盘棋，坚决克服本位主义，是使今年能更大、更好、更全面的跃进的一个重要的思想上、组织上的保证。

[摘录自《中国共产党广东省历届代表大会及全会文件汇编第一卷（1949年11月—1961年12月）》]

领导干部的几个工作方法问题[①]

（1959 年 5 月 10 日）

这几个问题，主要是针对领导机关中做领导工作的同志来讲的。但其中有些问题也不限于这个范围。把它们归纳在一起，是为了讲得集中一些。

必须具有既勇敢又谨慎的风格

冲天干劲与科学分析精神，战略上藐视困难与战术上重视困难的思想方法必须很好地结合，很好地掌握。作为高级领导机关来说，要辩证地掌握好这种精神。做好工作，我认为必须具有既勇敢又谨慎的风格。什么是勇敢？勇敢应该是掌握了客观事物的规律，对所要解决的问题满怀信心的表现。只要看到事物的主流方面，即使在萌芽状态，也要抓得很紧，毫不含糊，毫不犹豫，力排众议，勇往直前。这就是勇敢。但另方面，在决策时，必须十分谨慎，特别在决定关系到群众利益的生产、生活问题的时候，要充分注意群众的眼前利益与国家的长远利益的正确结

① 这是陶铸同志在省委（扩大）汕头会议上所作总结报告的一部分。

合。两者之间要搞得好，不是一下子就能解决的，它需要有一个过程，因此就更需要谨慎。在我们中国有句古话，叫做“剑胆琴心”，很明白，这就是既勇敢而又谨慎的意思。有一个资产阶级军事著作家叫克劳塞维茨的曾经说过：高级将领与下级干部应该有所不同，高级将领应多谨慎；下级干部应多勇敢（大意如此）。只要不把他的话绝对化起来，是有道理的。我看县委以上党的领导机关在决定问题时就应该侧重谨慎，因为一个大的决策定下来，如果不符合实际情况，会引起很大的不良后果。在我们党的历史上，在这方面是有着非常好的传统的，以毛泽东同志为首的党中央历来强调不打无准备的仗，不打无把握之仗，强调我们即使在很顺利的条件下，也要经常注意困难条件，要估计到最坏的情况。毛主席在中国革命战争处在敌强我弱，敌大我小的年代里，提出了在战略上我们是以一当十，以寡敌众，以少胜多；但在具体的战役、战术上，却始终坚持以十当一，以众敌寡，以多胜少的原则。这就是辩证法，是既勇敢又谨慎的风格的示范。我们要很好地学习，很好地掌握，因为只有这样才能把我们的工作放在稳妥可靠的基础之上。所谓谨慎，是指在行动之前要多研究各方面情况，或是用以点带面的方法进行工作而言，决不能因为我们强调谨慎就裹足不前，决不能因为我们强调谨慎就对上级的指示不坚决贯彻。相反，我们强调谨慎正是为了更勇敢地前进，更好地执行上级的指示。谨慎与勇敢也是既对立又统一的。

要敢于正视逼人的形势

形势逼人，是什么时候都存在的。因为任何时候各个地区的工作发展也难以平衡。总是要有先进与落后。先进带动落后，落后追赶先进，这就是我们工作发展的一般规律。因此，对于逼人的形势要正视它而不要回避它；要承认它而不要惧怕它。做工作一个时期比较突出，一个时期比较落后是经常出现的。当工作落后时，要沉住气，努力追上前去。要知道永远保持先进是不可能的，冠军只有一个，而且当冠军的人也不可能永远当冠军。作为领导者，对先进进行表扬，对落后进行批评，是应该的；但要适可而止，不能过分。过分了就会使人家从心里引起反感。报纸和宣传工作要注意这一点。但作为落后地区的人却不可有这样想法，如果自己落后了，唯一的想法就应该是沉住气，变被动为主动，变下游为上游。在这个问题上，我看学学刘邦和司马懿倒大有好处。刘邦和项羽争天下，打了无数次仗，刘邦当时力量微小，一时难于取胜，但他并不灰心，他所采取的主要战略就是沉住气。这在《史记》的《项羽本纪》与《高祖本纪》里都有很生动的描写。项羽有一次在阵前以平息战争解决民困为名，要与刘邦决胜负，刘邦仍旧笑着辞谢，说"吾宁斗智，不能斗力"。刘邦常常是采取高垒深堑的防御手段，来争取力量的变化。结果垓下一战，把项羽打垮，最后夺得了上游。司马懿对待诸葛亮的方法，则是从另外一个角度说明了沉住气的重要。当时西蜀粮草不够，急于速战，司马懿看出了诸葛亮这个弱点，因此"以逸待劳"，经常不与诸葛亮交锋，以争取取得最后胜利的主动。后来诸葛亮想改变这种对自己的不利形势，急得没有办法，叫人送妇女的衣服给司马懿，并写信骂他再不打就是妇女的行为了。但是司马懿仍是很沉着，款待了来使，询问了诸葛亮的起居近况。最后，仍旧是司马懿这方面得到胜利。当然，我们地区和地区之间的关系，绝不是项羽和刘邦或诸葛亮和司马懿之间的关系，我只不过借以说明是否沉得住气而已。去年广东就有沉不住气的毛病。一听说别的地区早稻生产超过了自己，钢铁人家也比自己搞得快，就有些吃不消，有些沉不住气。其实这是不必要的，是自己背了自己包袱的缘故。去年各地压力很大，是事实，但主要的是怪我们沉不住气。所以我们特别要记取，一个高级领导机关，要有高度的自信力，参加核心领导的同志，对自己的领导核心要具有坚定信赖，对一些流传闲话可以不听，对一时的得失，一时的毁誉不要计较得过多。有时我们落后了，不要紧，沉住气，迎头赶上去便是。

海瑞与魏征

我想提到明朝海瑞的故事。海瑞，生在危机四伏的十六世纪后叶的明朝。那时，封建统治阶级的昏聩、贪鄙和残酷达到了极点，尤其是当时明嘉靖皇帝朱厚熜，昏暴腐败。海瑞在这种环境中，慷慨进谏，上呈了他的有名的《直言天下第一事书》。海瑞上书后，买了棺材，遣散僮仆，告别家人，准备被捕或被处死。后来果然被捕入狱，直到朱厚熜死后他才出狱。应该说，在那样的环境，忧国忧民，把生死置之度外，提出自己的意见，这样的风格确是难能可贵的。除了学海瑞，还可以学学魏征。作为封建帝王来说，唐太宗李世民是比较开明的，比较容易听取反面意见的，正因为有了这么一种环境和气氛，所以魏征很敢于提出自己的意见，为了说明问题，他甚至举出亡国的君主做例子来讽谏，以至李世民把自己当做金矿中的金子，把魏征当做冶金的良匠。我们的时代和以前的封建时代大不同了，我们的党是无产阶级的政党，它从来就是要求大家开展批评，敢于提意见。作为党员，更应该放弃个人的得失，为了我们的事业，敢于提出自己的意见。当然，作为各级的领导者，应当切实做到从善如流，虚怀若谷。否则我们确有愧于共产党员的称号，更不要说是领导者了。

通气问题

上下通气，互相通气，我看主要是要听反面的意见的问题。通气就要有不同的两个鼻孔，只有正面意见，那就只有自己相同的一个鼻孔通气，这不能算真正的通气。只讲成绩，不讲缺点容易助长思想上的片面性。要多听反面意见，考虑问题才会全面，即使反面意见未接触到事物的主要方面，但对我们了解问题更全面一些、更深刻一些也有好处。“兼听则明，偏听则暗”就是这个意思。领导上应该养成善于听取反面意见的习惯。不做到这点，很难算是高明的领导。因为高明的领导看问题应该是很全面的，如果不能汇集各方面的意见，加以比较，加以分析，那怎么能够全面呢?

与这个问题相联系着的，还有九个指头和一个指头的问题。九个指头要讲，但有时候也要讲一个指头。领导机关更应该多讲一个指头。因为大家都清楚成绩是肯定的，谁也否认不了的。尤其是在工作顺利的时候，多讲一个指头更有好处。

保护干部的积极性问题

我们的工作是通过广大干部去做的，因此，干部的积极性什么时候都要保护，没有干部的积极性就不能做好工作。有问题我们应该替他们担当起来。有些人认为干部做工作只能完美无缺，不允许犯一点错误、有一些缺点，因而一旦看见一些缺点就指手划脚，大发议论，这是不好的。但是另方面也要注意对干部必须不断加以教育和提高，有了缺点和错误必须进行批评，问题是要采取教育的态度。共产党人是经常强调进行批评与自我批评的。这不仅出于我们对人民群众利益的高度责任感，而且基于我们的认识论。我们的事业既然是人民的事业，就必须发挥人民群众的积极性，吸引人民群众关心并且来监督我们的工作。对工作中的缺点，哪怕是很小的缺点，都要加以克服。同时，我们对事物的认识不可能一开始就很完备，必须通过批评和自我批评不断加深。如果有了缺点和错误，不加以批评，就很容易使其脱离群众。这是没有好处的，也不符合认识事物的规律。只有拿起批评与自我批评这个武器，我们才能更好地联系群众，更好地暴露与认识事物的本质方面。只要我们干部能经常正视自己工作中的缺点和错误，就能不断提高我们对客观事物的认识，从而正确地改造我们的世界。

（摘录自《陶铸文集》）

调查研究与一切经过试验[①]

（1959 年 5 月 10 日）

调查研究与一切经过试验是我们工作方法中的重要方法，对于唯物论者来说，这是工作中带根本性的方法。毛主席的《实践论》里有一段话说："你要知道梨子的滋味，你就得变革梨子，亲口吃一吃。你要知道原子的组织同性质，你就得实行物理学和化学的实验，变革原子的情况。你要知道革命的理论和方法，你就得参加革命。一切真知都是从直接经验发源的。"这正是辩证唯物论的认识论的根本问题。而要解决这个问题，在工作中就必须实行调查研究，实行一切经过试验。没有调查研究就没有发言权这句话，就是批评专凭主观办事的人。但是，我们还应该看到，调查研究总是或多或少地带有主见的，因此，它的结果不一定是完全符合客观情况的，如果根据调查研究来的情况，一下子就对全盘工作做出决定，往往也会有不少地方不切实际。这一方面是由于我们在做调查研究时有主见，不完全符合客观实际；另方面也由于各个地区有各个地区的不同条件、不同情况，根据一个点的调查研究的结果做出的决定，适合全部地区的实际情况是不可能的。当然，从总的方面，从基本的方面来说，很多问题是有普遍性的，这一点不能否定，不然就什么决定也做不出来了。但各个地区在贯彻执行这一决定时，一定要结合当地

① 这是陶铸同志在省委（扩大）汕头会议上所作总结报告的一部分。

情况。要结合得好就要一切经过试验。所以，从这一意义出发，调查研究与一切经过试验，是相辅相成的，它们都是工作中所必经的阶段和重要过程，是我们工作中的根本方法，也是主观认识客观的根本方法。我们强调“一切经过试验”，还有另外一个重要意义，因为多数的知识都来自间接经验，尤其是先进的经验，先进的措施，我们不能只靠自己来取得。但是，在接受这些先进经验、间接知识时，一定要先经过试验，这样才会避免贸然从事，因不符合当地情况而受到损失。

调查研究要真正发现问题。调查时要不要有主见呢？要有。因为我们不能象红头苍蝇一样，乱碰乱撞地去找问题。但是，当发现问题与自己主见不符时，又要善于放弃主见。只有这样，才是唯物主义的态度。调查研究时容易出现两种情况，一种情况就是当他发现了实际情况和他开始时所抱的主见不符时，他还不肯放弃自己的主见，而是尽量找对于自己的主见有利的材料（不管这些材料是带有普遍性的还是个别的），以证明自己的主见是“正确”的。应该说，这已经从最根本的一点上失掉调查研究的意义了。还有一种情况是当他发现了问题后“浅尝辄止”，满足于表面上所发现的一鳞半爪，不再深入一步钻进去，因而不能发现问题的本质所在，从而更好地做出决定推动我们的工作。这和我们的工作作风不够艰苦深入是有关系的。当然，要想了解到问题，在调查研究中要真能走群众路线才行，因为不通过群众，只是和一部分干部谈谈，看一些书面材料，是不能很好地发现、了解问题的。

一个地区的工作，如果不经常做调查研究，不深入下去发现问题，工作是做不好的。相反地，如果一个地区，能够经常做调查研究，能及时地发现问题，分析问题，并想办法来解决问题，那他们的工作一定会进展得快，取得的成绩也一定大。

一切经过试验，由试验到推广，由点到面的工作方法，毛主席是经常强调的。事实证明了，凡是实行这个方法的地方，它的工作一定是又积极又稳妥的；相反地，凡是忘记了这个方法的地方，它的工作不是“过头”就是不及。今年早造，我们在推广直播或推广种粳稻时，没有经过试验，就一下子铺开，以致受到一些损失，就是没有实行“一切经过试验”的缘故。

从工作来讲，我们为什么这样强调“一切经过试验”呢？因为对一件新的事物（比如一个新的品种，一件新的措施），我们很难一下子把它认识得很清楚，甚至有时认识错了。在工作中，这种情况本来是难免的，但如果我们采取了一切经过试验，试验成功马上推广的办法，这不但避免了象前面所指出的农业技术改造上所受到的损失，同时，由于我们有试验，不断总结成功的经验，所以就可以不断地提高。不断地试验，不断地总结，不断地推广，这样一个过程，也正是不断地通过实践，不断地深化认识自然规律、人与自然的关系以及人与人的关系的过程。因此，这正是毛主席在《实践论》中所告诉我们的马克思列宁主义的思想方法和工作方法。

从农业上来讲，强调一切经过试验，就能贯彻因地制宜、因时制宜、因人制宜的要求，譬如深翻等先进措施，一般来讲，大家都不会有什么不同意见，但具体到哪一种土壤应该深翻到什么程度，只能有一个大致的要求，不可能定出一个共同的标准。我们要取得丰收，既要采取这些先进措施，又要谨慎从事，因此，就要强调经过试验，成功了再加以推广。又譬如，粳稻应不应种，应怎样种，什么时候种，在粤北和海南就有所不同，更不用说东北和广东了。因此，怎样从具体情况出发，采取一切经过试验的方法来指导农业生产，这是一个既积极又稳妥的办法，也是领导作风谨慎的一种具体表现。

我们这样强调“一切经过试验”，“因地制宜”，“从具体条件出发”，是不是对于别的地区的先进经验就不重视了呢？当然不是。这个道理在前面已经讲过了。别的地区有了先进经验，帮助我们掌握客观事物的规律，节省我们的精力，我们当然不能不重视、不学习。但是，在学习时也一定要先经过试验，根据试验的结果，再决定推广，断不能盲目接受，贸然推广。我们有一部分直播粳稻受到损失就是吃了这个亏。

推广经验时，当然是推广先进的经验。但我们总结经验时，却需要既重视好的典型（这是主要的），又重视坏的典型。因为事物总是两个方面的，单纯总结先进经验，只看到先进的一面，我们的认识就会不完全。过去我们对落后的方面注意不够，今后应该加以注意。

（摘录自《陶铸文集》）

太阳的光辉

（1959年5月）

谁都知道，认真地对待工作中的缺点和错误，认真地在党内开展批评和自我批评，是马克思列宁主义政党的重要的标志。但是，为什么要这样做呢？我看，原因很简单，因为我们的党是马克思列宁主义的党，我们是用辩证唯物主义的观点看待问题的。

辩证唯物主义者认为：主观和客观的矛盾是永远存在的，主观认识客观也是需要一个过程的，因而想一下子就把工作做得十全十美，完整无缺，这虽然是一个好愿望，但是它不合乎实际，是个没法实现的好愿望。因此，我们从来就不认为我们的工作会百分之百的正确。另外一个原因，就是因为我们的党是一个为广大人民群众服务、为广大人民群众利益奋斗到底的政党，因此，认真地对待工作中的缺点和错误，认真地进行批评和自我批评，除了失掉缺点和错误之外，什么东西都不会失掉；而得到的却将是工作更顺利地进行，是广大人民群众更热烈的拥护。本来，对于马克思列宁主义者说来，这是很一般的道理了，但是在实际工作中有人却往往不懂得或是懂得不够深刻。

有的人怕谈缺点和错误，也许是从维护我们的事业出发吧，他们认为一谈就会影响我们所从事事业的伟大，影响我们所做工作的正确。要知道，象我们这样一个马克思列宁主义的党，在正确的路线领导下，成绩是主要的，缺点和错误是次要的，而且是要被克服和改正的。远的不说，以开国十年的情况来说，就完全可以得到证明。仅仅是十年时间，从工农业生产增长的情况来看，从人民生活水平迅速的提高来看，我们都取得了史无前例的巨大成就。十年的成就远远地超过了过去几十年、几百年的成就。尽管如此，但它并不意味着我们十年来的工作丝毫没有缺点和错误。我想，认真地对待我们工作中的缺点和错误，并无损于我们事业的伟大与工作的成绩。相反地，只有如此，我们才能更深刻地认识过去成绩的伟大，才能更好地在今后工作中取得更大成绩。

一想到这个问题，就常想到太阳的光辉。我看用太阳的光辉来比喻我们党所领导着的，六亿五千万人民所从事的社会主义的伟大事业，是再恰当不过的了。我们试想想看：山川大地壮丽奇瑰，可谓多彩多姿了，但如果没有太阳的照耀，它们将顿然失去光彩；万物生灵蓬蓬勃勃，可谓生机万类了，但如果没有太阳的浴泽，它们将逐渐枯萎以至死亡。更不要说，太阳的光与热给我们的生存所带来的必需的东西了。

我看广大人民群众对这一点理解得是很深刻的。他们用“黑夜”来形容过去剥削阶级的统治：他们以“长夜漫漫何时旦”的心情来渴望解放，争取解放；他们以“东方红，太阳升”来形容我们伟大事业的朝气勃勃；他们以“如日之恒”来祝福我们伟大事业的日益发展和巩固；他们以太阳来歌颂我们的党和领袖。这都是很明显的例证。

但是，又有谁说过太阳毫无缺点呢？尽管太阳是人类生存不可缺少的，但总还是有人批评太阳的某些过失。譬如当大暑天骄阳似火，晒得人们流汗的时候，人们就会埋怨，说太阳的光和热发射得过分了。而且大家都知道并且也都指出过，太阳本身上还有黑点。虽然这些都是事实，但谁个曾怀疑人类可以不需要太阳呢？谁个曾因为太阳本身有黑点就否认了它的灿烂光辉呢？没有。我想，我们的党，我们的党领导下的伟大事业，也正是如此。我们用不着怕提缺点和错误，相反地，当我们意识到我们所从事的事业的伟大性，以及工作中所取得的胜利和成绩的巨大性以后，我们更应该虚怀若谷地倾听大家议论我们工作中的缺点和错误。这将会帮助我们大踏步地前进。这本来是我们党的优良传统作风，但我们往往在工作顺利的情况下，把这种作风忘掉了。

有些同志不愿听别人讲自己的缺点和错误，还由于缺少一种革命者所必须具有的宽阔胸怀。还是看看那普照大地的太阳吧！你看它从早到晚，把它的光和热照在每一个角落，从不吝惜，从不偏袒，从不计较报酬，它那样大公无私，那样一心一意地为人民发射光和热；这是何等宽阔的胸怀！如果有了这样的胸怀，还有什么容不下的东西呢？还为什么不能听取别人的意见并改正自己的缺点和错误呢？尤其是当他理解到克服缺点和改正错误，对人民将有更大利益的时候。我们每一个党员，每一个革命工作者，不都是应该具有太阳一样光明磊落的胸怀吗？

实际上，我们也是这样做了。我们废寝忘食，夜以继日地工作着，我们和六亿五千万人民一起，对改变我国“一穷二白”的落后面貌抱着强烈的愿望，奋不顾身地工作着，难道这不是太阳那种大公无私的精神么？我们既然有这样一种崇高的强烈的愿望，既然有这样一种奋不顾身的工作精神，那我们为什么怕提缺点和错误，为什么怕进行批评和自我批评呢？

要知道，由于我们主观上对客观规律认识的局限性，在工作中有缺点和错误是难免的。所以，我总认为，是不是一个好的革命者，是不是全心全意为人民服务，问题不在于工作中有没有缺点和错误（当然我们要尽量避免），而在于能不能认真地对待缺点和错误。在工作中没有缺点和错误的人是没有的。除非他不做工作。一个政党也是如此。

同样的问题，还有九个指头与一个指头的问题。用九个指头与一个指头来形容我们工作中成绩是主要的，缺点和错误是次要的，当然是可以的。但是，这决不等于只谈九个指头，不谈一个指头；更不等于那一个指头已经不存在。有些同志听不得人家的批评，看不得人家的批评文章，一听到或者看到就跳了起来，说人家为什么不看到九个指头，说人家为什么否定我们的成绩。这种看法无疑是片面的，这种态度是要不得的，对我们的事业是有害的。

我认为，只要是本着搞好社会主义革命和社会主义建设精神，我们应该允许大家自由地议论。九个指头可以议论，九个指头和一个指头可以同时议论，一个指头也可以议论。我们的报纸应该刊登这些议论。报纸应该大量刊登我们工作中的成绩，这是肯定的，因为不如此，就不能真实地反映我们的时代。但是，报纸也应该用一定的篇幅刊登我们工作中的缺点和错误，尽管这是一个指头的问题，也应该刊登。因为只有这样，才能全面地真实地反映我们的时代，更好地推动我们的工作。我们的事业本身早已证明，一个指头仅只是一个指头，正如同太阳中的黑点也仅只是黑点一样，指出来正应该欢迎，为什么要反对呢？孔子的学生子贡说过“君子之过也，如日月之食焉，过也，人皆见之，更也，人皆仰之。”如果说一个古代的“君子”能做到这样，一个共产党员，一个革命者，就更应该能做到这样了，因为我们为群众工作之心，党在群众心目中的地位，不知比古代的那些“君子”要高多少倍。

有些同志还怕谈缺点会被反动派利用。我看这一点不用怕。因为我们不谈缺点，他们也会造谣中伤。他们就是唯恐我们不“天下大乱”。所以，从骨子里来看，反动派是怕我们谈缺点，因为这将对我们的事业更加有利，而对他们却更加不妙。

为了使我们的事业有更大的发展，为了我们的工作取得更大的成绩，我希望我们不但议论我们的伟大成就，并且也议论我们的缺点和错误。也希望有些同志不但善于听取别人议论自己的成就，也善于听取别人议论自己的缺点和错误。

（摘录自《陶铸文集》）

革命的坚定性

（1959 年 6 月）

革命的坚定性，是我们无产阶级政党的一种非常宝贵的品德。在过去革命战争的年代里，我们需要革命的坚定性，需要高度发扬这种崇高的品德；在现在社会主义革命和社会主义建设的年代里，我们更需要革命的坚定性，使这种崇高的品德大放光芒。

革命的坚定性和革命的彻底性是密切地联系着的。认不清革命的崇高伟大的目标，看不见革命的光明远大的前途，要想有革命的坚定性是不可能的；同样，对革命仅有一种向往、一个目标，而不是用革命的坚定性、用百折不挠的精神去实现它，那末这个目标再崇高，再伟大，也是没有办法达到的。这正如爬山一样，当你选择好最高的顶峰，选择好攀登上去的道路以后，这就需要有坚定不移的决心，百折不挠的勇气。因为只有这样，你才不会为半途中的坎坷不平的道路所难倒，你才不会在悬崖峭壁之间摇头叹气，你才不会被丛生的荆棘挡住去路，你才会毫不犹豫、毫不动摇地勇往直前，攀登到那光辉的顶峰。因此，越是彻底的革命目标，越是需要革命的坚定性。共产党人在任何时候都对自己的革命事业信心百倍，从不悲观，从不动摇。这一方面是由于我们所从事的事业是实现共产主义，这是人类最崇高的理想，也是革命的最伟大、最光荣的目标；另一方面，也是由于我们明确地认识到历史的发展的必然规律，这个目标只要经过我们矢志不渝的努力，是一定可以实现的。

回想革命战争的年代，多少共产党员和多少革命者，为了他们的伟大理想，为了他们的坚强信念，而冒险犯难，东奔西走。他们不计名利，不图享受；他们不怕坐牢，不怕杀头；他们不怕妻离子散，家破人亡。他们唯一想到的就是怎样挽救我们民族的危亡，怎样推翻那个人压迫人、人剥削人的万恶的旧社会，怎样实现共产主义的伟大理想，使子孙万代过幸福的日子。他们为了这一光辉的革命事业，付出了数不清的代价，甚至他们自己的宝贵的生命。而且他们在付出任何代价的时候，仍然是洋溢着革命的乐观主义精神，表现了至死不渝的革命坚定性。《革命烈士诗抄》里有夏明翰同志就义前的四句诗：

砍头不要紧，
只要主义真。
杀了夏明翰，
还有后来人。

这四句诗，充分地表现了一个共产党员，一个革命者对革命的坚强无比的信念。对于个人来说，头颅是不要紧的，生命是不足惜的，只要你是一个真正的共产主义者，你是无所畏惧的。对于整个革命来说，牺牲了一个革命者，当然是一种损失，但是，一个人倒下去，就会有千千万万个后继者站起来，继续英勇地战斗，革命终会胜利。象夏明翰烈士这样的同志，在我们革命队伍中真不知有多少。也正是因为有了这样杀不退、吓不倒的无比坚定的人们，中国的革命才取得了光辉的胜利。

这些坚定的人，好比屹立天地间的岩石。这些岩石诞生于“水深火热”之中，经过大水和烈火的锻炼，生成了一身坚强的筋骨，所以特别经得起狂风疾雨的打击。现在，我们想起这些人的坚定不移的革命精神，总会流露出一种“高山仰止，景行行止”的感情，对他们肃然起敬。

我国革命胜利已经十年了。压在我们头上的三座大山——帝国主义，封建主义，官僚资本主义——被推翻了，我们正从事于社会主义革命和建设。但是，为什么在这个时候，还需要革命的坚定性，而且还要更加强调革命的坚定性呢？

道理是十分清楚的。我们虽然推翻了三座大山，实行了社会主义改造，但这只是我们整个伟大革命途程中的初步，我们现在经济上还贫困，文化上还落后，我们一定要为改变这种状况而斗争。这一斗争，和过去的新民主主义革命的斗争比较起来，显得更深刻更广泛更持久。因此，我们还极其需要革命的坚定性，需要更加强调革命的坚定性。

就社会主义建设来说，在我们这样一个“一穷二白”的国家里，要建成一个具有现代农业、现代工业、现代国防和现代科学技术的富强的国家，自然不是一朝一夕的功夫。但我们必须争取尽可能快的高速度，这不仅是全国人民的强烈愿望，而且事实证明是完全可能的。既然是这样，在整个建设的过程中，一定会有很多的困难，会出现一定程度的紧张。何况帝国主义及其走狗们还在对我们虎视眈眈，伺机破坏；更何况残存在人们头脑中的资产阶级和其它剥削阶级思想以及经常可能发生的右倾或“左”倾的错误思想，还时时成为我们前进中的阻力；更何况在向自然界作斗争的过程中，由于我们对它认识不够，而经常可能产生畏难的或冒险的思想和情绪！因此，在这样复杂而艰巨的建设路途中，我们要和各种各样的错误思想作战，和贫困、愚昧、懒惰、落后作战，……要在这些战斗中得到全面的彻底的胜利，没有百折不挠的革命坚定性，那是万万不行的！自然，建设的年代不同于过去战争的年代。过去，在反革命势力的残酷摧残压迫下，革命者为了坚持斗争，要随时准备着断头流血，牺牲生命。现在，一般说来，我们还是处于和平的环境中，过去那种危险是不存在了。但是，就革命事业的艰苦性以及它对革命者的要求来看，其实是没有什么区别的。它们不都是同样地要求我们坚定不移，蔑视困难，为了革命事业随时贡献自己的一切吗？

就这几年来说，坚定地献身于社会主义革命和建设事业的人，真是数不胜数。他们不怕困难，不知疲倦；他们敢想敢干，大胆创造。他们从来不肯停留，他们从来不计较个人的得失，他们心向往着的只是怎样迅速地改变我们国家“一穷二白”的面貌，迅速地把我国建设成为一个高度发达的社会主义国家。他们的英勇行为虽不是抛头颅，洒热血，但是他们对革命事业的忠心耿耿，不怕牺牲，对革命目标的坚定不移的精神，和以往是完全一样的。至于为了革命的事业，贡献出自己宝贵生命的如向秀丽等同志那样的人，就更不用说了。

和革命的坚定性相反的是对革命的动摇性。在革命的历史中，越是在严峻的日子里，这一界限也划得越加分明。在社会主义革命和建设时期，对革命的动摇性当然表现得不象过去战争的年代那么直接了；但是，确实有一部分人，他们对社会主义革命和建设缺乏信心，对能不能在我们这样一个国家里尽快地建成高度发达的社会主义社会表示怀疑。当他们在遇到某些困难时便唉声叹气，裹足不前；他们可以因为碰到一些暂时困难，便闭上眼睛，看不到社会主义的光明远景……自然，这样的人是革命队伍中的一小部分，但是从这里更可以看出，他们和我们那些始终是朝气蓬勃、干劲冲天、坚韧不拔、一往无前的同志们有多么不同！当然，这样的人可以经过教育而获得无产阶级革命的坚定性的；如果他不愿意做到这一点，那他便会为社会主义革命和建设的前进列车所抛弃！从这里可以看出，在社会主义革命和建设时期，一个共产党员，一个革命者，对革命彻底性与革命坚定性的认识与坚持，是多么的需要，多么的珍贵！

历史已经证明而且将要继续证明：胜利是永远属于最坚定的人的。鲁迅也说过：在革命进行的时候，“时时有人退伍，有人落荒，有人颓唐，有人叛变，然而只要无碍于进行，则愈到后来，这队伍也就愈成为纯粹、精锐的队伍了。”革命的列车，将把那些意志脆弱的、动摇不定的人，远远地抛在后头；坚强的革命的队伍，一定能够胜利地到达光荣的目的地。一切动摇的人，如不认清形势，迅速坚定起来，他们将一事无成，可悲可耻。一切坚定不移，不怕困难，英勇地沿着社会主义道路前进的人所从事的革命事业一定会成功；他们将和过去的许多革命英雄一样，永远光荣地受到人们的称誉。

我们，作为无产阶级的革命家，一定要象岩石一般的坚定。想想那海岸边的岩石吧：你看它们，有的矗立着，有的蹲伏着，有的指向青天，有的面对大海。它们是什么时候就在那里了呢？它们曾经经历过多少次狂风暴雨的侵袭，它们曾经忍受了多少遍惊涛骇浪的冲击呵！然而它们从不动摇！它们是多么的坚定！当狂风暴雨之夜，风想把它们彻底掀翻，雨想把它们打进沙滩，浪涛想把它们卷入大海，但是它们屹然不动。在风雨过后，在浪涛退后，它们仍旧矗立在海边，指向青天，面对大海。

我们应该赞美岩石的坚定。我们应该学习岩石的坚定。我们应该对革命有坚强的信念。在民主革命的战争年代应该如此，在社会主义的年代更应该如此。

（摘录自《陶铸文集》）

需要注意的几个问题①

（1959 年 12 月 15 日）

不算什么总结，讲几点意见。

一、当前总的形势是好的

工农业总产值再加一把劲，有可能超过；钢也有可能完成，铁已经完成了；现在就是有色金属、盐、糖、松香要再抓一抓；木材能多搞一些，也争取多搞一些；农业生产指标也完成得不错。总之，今年，除了水灾以及一度出现的粮食和副食品供应有些紧张外，总的情况是好的，是一个全面跃进的形势。有了这样一个基础，有了两年的经验，明年广东的形势也会是好的，可以比今年搞得更好，甚至比去年也会好。所以，我们应该信心百倍，在争取超额完成 1959 年的各项指标的基础上，迎接 1960 年的大跃进。

① 这是陶铸同志在省委第十三次全体会议（扩大）上总结发言的一部分。

二、指标

1960年的指标就按大家提的意见定下来，不再变了。工业总产值增长35%，农业总产值增长25%，工农业总产值合计增长30%。现在看来，这个指标是积极的、稳妥可靠的，也是在全国水平之上的。广东明年的生产速度，应该在全国水平之上，因为广东今年有水灾，粮食生产受到一定损失；工业生产也有很多缺门，没有赶上去。因此，明年必须加倍努力，走在全国水平的前头。

农业生产指标

粮食：1960年保证达到400亿斤，争取450亿斤（每人平均有粮食1100斤）。广东明年搞到400亿斤是完全有把握的，因为去年没有冬种，今年就少收20亿斤，水灾又损失30亿斤，合计50亿斤；今年两造的总产量，根据各地报来的数字，已有332亿斤；两项合计，共有382亿斤，再加上贯彻八字宪法、多养猪、两条腿走路的方针、公社的巩固等条件，完成400亿斤的粮食生产任务，是完全有把握的，因此，必须保证做到。

猪：1960年全省按农业人口计算，实现一人一头，全省的生猪饲养量达到3000万头。这是保证明年粮食达到400亿斤，争取450亿斤的关键。现在看来，明年粮食生产的有利条件是具备了，良种得到解决，八字宪法进一步地贯彻，关键是肥料问题，而解决肥料的根本办法是养猪。因此，明年必须实现全省一人一头猪的指标，以保证农业的大跃进。

油料：除了远景规划以外，明年必须抓好四条：一是抓好花生；二是抓好油茶，按100万亩的面积分配下去，组织专门的力量去抓；三是抓好米糠，把米糠榨成油；四是野生植物油，有的可以人吃，有的可以作为副业生产用。

糖：省委下了很大决心，明年分配8万吨化肥搞甘蔗，各地一定要搞好。不能解决8万吨化肥，我们负责；而8万吨化肥分配下去，各地搞不好，完不成60万吨糖的生产任务，各地要负责，应当作检讨。要改善人民生活，除了粮、肉和副食品之外，必须有些糖，广东老百姓不吃糖是不行的，光说社会主义好，而又没有糖吃，怎么讲得过去呢？所以，明年糖的生产必须抓好。

工业方面，明年煤是主要的，是个关键。等于农业中猪的问题，要发展农业，不养猪不行，要发展工业，要工业支援农业，没有煤也不行。所以，工业支援农业需要煤，工业本身，钢、铁、水泥、柴油、化肥都需要煤。我们今年的工业生产，有些项目所以完成的不够好，主要是煤的问题没有解决。因此，大力发展煤的问题，是广东明年工业生产的关键。具体的指标，省分配下去的煤 750 万吨，铁 30 万吨，钢 10 吨，各地可以争取超过。

在钢铁生产方面，明年要加强广钢的建设，在第一季度，各地还要支援广钢一些生铁，原则上确定：湛江、佛山、江门、汕头不外调生铁，他们的生铁自产自用，海南和粤北要调动一些，并且确定：阳春铁矿交给地委，石碌铁矿交给海南区党委，粤北铁矿全部交给韶关地委，这些地方铁的生产按“三七开”分成，七成上调，三成留作地方用，煤由省里负责解决。但是，各地在第一季度要调些废铁支援广州，广州也要积极把自己高炉搞好，争取及早投入生产。

在钢铁生产的布局方面，广州的广钢，搞一个平炉，两个 250 的高炉，两个 5 吨的电炉，转炉还要继续搞；广州重型机械厂和拖拉机厂，主要搞电炉，转炉不要搞了，小的转炉分到下边去。轧钢机，广钢搞个 550 的，各地分配一个 250 的，湛江、海南、汕头先搞，其他地区后搞。这就是说，全省除了韶钢广钢之外，各地都有一个小的钢铁厂，初步建立一个钢铁工业的体系。目前要对所有的高炉进行一次调整，在提高生铁质量的前提下，把那些不够条件的小高炉改作钙镁硝肥、钾镁磷肥。

肥料：除了集中力量搞好两个大型化肥厂和 30 个中小型的肥料厂之外，最重要的还是推广马伦同志介绍的金华专区利用去年炼钢铁后闲置的小高炉、小土炉，大搞钙镁硝肥、钾镁磷肥。总之肥料问题也要当个群众运动来，要发动群众，千方百计地大搞肥料。

工业有了煤和钢铁，农业有了肥料和粮食，明年的情况就会好起来，工农业总产值就会大大超过。

三、几个具体问题

1. 相互关系的问题。现在，应当把相互关系的问题提到一个原则的高度来看。在目前来讲，最重要的就是把粮食安排好。这个问题，不简单是个临时的工作问题，而是我们跟群众的关系问题。苏联的《政治经济学》教科书第三版中，认为生产关系改变之后，就万事大吉，生产力就会不断前进，就会自动到达社会主义，就会过渡到共产主义；他们不强调主观能动性，特别是不强调政治挂帅，不强调群众运动，不强调相互关系，这显然是不妥当的。因为生产关系的改变，并不等于一切事情都可以办好，生产关系的改变，仅为办好各种事物提供可能性，而不能起决定性。匈牙利的生产关系是改变了，但为什么还会发生“匈牙利事件”呢？这就说明，仅解决了生产关系还是不行的，还必须做好其他一系列的工作，而主要的是决定于三个方面的工作：一是所有制的问题要抓得好，过早地转变所有制是不好的，但是过迟了也阻碍生产力的发展，因此，对所有制的问题必须解决好。二是相互关系的问题，包括党和群众的关系、领导和被领导的关系，这个部门和那个部门的关系，上级和下级的关系，工业和农业的关系，重工业和轻工业的关系，等等。而在目前来讲，对我们特别重要的，则是党和群众的关系以及领导和被领导的关系，这个问题抓得好，所有制会适应得更好，生产力会发展得更快。我们现在有些地区，有些部门的工作所以搞不好，主要是没有从根本上解决这个问题，不强调政治挂帅，不强调群众运动，不重视群众的创造性，只重视物质刺激，强调“一卡制”。现在，我们的所有制解决之后，领导和被领导的关系，实际上就是一个分工的关系，是个完全平等的关系，但是有些部门存在的情况不是这样，他们实际上是存在着统治与被统治的关系的残余，是一种国民党的老鼠和猫儿的关系的残余。这个问题不解决，我们就不能很好地发动群众，领导群众前进，工作就不能做好。所以，对于目前群众的生活安排问题必须搞好，这是保证明年工农业生产继续大跃进的关键。三是分配问题必须解决好。如果我们在生产关系解决之后，能经常注意这三个方面，做好这三个方面的工作，我们就能不断前进，就能遇到矛盾、解决矛盾，就能出现一个新的跃进的局面。

2．全面抓的问题。这是去年工作中最重要的的经验教训。去冬今春，由于我们对于粮食生产的估计乐观，因此，曾经一度出现了粮食紧张的现象；今年又发生了水灾，使生产受到一定的损失；最近一个时期，党内部分同志又存在着右倾机会主义的思想，使工作或多或少受到一些影响，这些都是重要的教训。但是，在7月以后，由于我们注意接受了教训，全面安排了工作，情况就根本改观。可见，只要我们全面安排工作，领导抓得紧，即是工作任务多，部门多，工作也可以做好。所以，我们现在必须学会全面安排工作、抓好工作。今后的社会主义建设是多方面的，各种经济要有计划、按比例地向前发展，要全面综合，不能单打一。在工业方面，光搞钢，没有煤不行，有了煤，没有铁路也不行；农业也是如此，八字宪法必须全面抓；工农业的关系、轻重工业的关系、文教事业和其他事业的关系，都是如此。所以，今后的工作决不可能采取过去的办法，而必须全面安排、全面照顾。广东省委以及广东的干部，过去抓重点、抓运动是抓得好的，有经验的，但是，对于全面安排工作，既有重点又有副点，既有中心又有一般，是注意得不够的，因此，工作往往做得不是很出色，今后必须注意改正。对于社会主义经济建设的规律，少奇同志讲，最基本的有三条：一是满足人民的需要；二是有计划地按比例地发展；三是生产力不断提高。这次，王学文同志查出：马克思曾说过：不断提高生产力，节约劳动力，是社会主义建设中最重要的原则。所以，今后全面的抓好工作，按比例地发展国民经济，非常重要。但是，这并不是没有中心、没有重点。按比例发展，本身就意味着要有中心，要有重点，但是，也要全面。今后，突击运动仍然会有的，但不能经常突击，要有一个正常的平衡的工作秩序，因此，今年把指标定下来之后，从明年1月份起，各项工作都要走向正规，按部就班的进行工作。

3．国防尖端的问题。广东地处国防前线，战争可能打不起来，也可能打起来，因此，领导同志要心中有数，要经常想到这个问题，而且要作打起来的准备。这个准备，主要是两个方面，一是战争的准备，一是经济的准备。将来打起世界大战来，没有强大的经济力量是不行的，所以，我们现在就要着手进行经济的部署，争取在 1962 年粮食过关，有 50—100 亿斤的粮食储备，在工业方面，除广州市外，我们的后方——韶关地区，也有些工业建设和战争的准备。这样，打起来才不成问题。

当前，在广东，发展国防尖端工业最重要的内容，就是：一是加快工作的步伐，以此为动力，迅速完成各项指标，争取在 1962 年有个初步的战略上的、军事上的经济部署，在 1967 年能有个比较完整的经济体系；二是大量发展有色金属、稀有金属；三是加强文教科学事业的领导，培养并且输送一批优秀的理科学生学习尖端科学，以利国防尖端事业的需要和发展。

［摘录自《中国共产党广东省历届代表大会及全会文件汇编第一卷（1949 年 11 月—1961 年 12 月）》］

要大力宣传新生事物[①]

（1960年2月10日）

这次下乡走了一些地方，看到很多好的东西，可以大大宣传。中央的一些同志说“广东有许多好东西，为什么不宣传？”过去我们宣传不够，不突出。如湛江有许多东西，城市面貌改变了，雷州半岛的青年运河、堵海工程，都很值得宣传。雷州半岛青年运河很长，国家才花两千多万块钱。雷州半岛是干旱的地方，现在改变了。高州的鉴江平原，面貌也大大改变。佛山原是很古老的城市，现在卫生工作很好，搞得很干净，面貌大大改观了。佛山花钱也很少，但效果很大，变成新兴城市。海南岛的兴隆农场投资不多，却搞得很好。新会的工具改革和城市面貌的变化，中央一些同志评价很高。总之，只要在党的领导下，发动广大群众来搞，在不太长的时间内，就能把面貌改变过来。这说明新生事物到处都是。我们在广东经常看，见惯了，又没有和别的地方比较，所以印象不那么深刻。但外地来的同志就不同，他们看了之后，印象很强烈。我们回想一下，和过去比较，的确变化很大。

新生事物的出现，是广东省四千万人民群众日夜奋战的结果，而不是少数人的事情。对四千万人所创造的这些东西，如不宣传或宣传不够，那就不对，有愧职守。对广大群众所创造的成绩不宣传或宣传不够，是

① 这是陶铸同志对广东省宣传部部门工作同志讲话的一部分。

个党性不强的问题，不是一般问题。群众的工作做得很好，而我们不反映，不去推广，不鼓他们的干劲，这当然是党性的问题。新生事物那么多，我们宣传不够，宣传工作的确做得太薄弱，文章写得太少了。广东不是有很多作家吗？可是写得也不多。有些是写了，但思想贫乏，不突出，不引人注意。对新生事物没有提高到原则高度来看，写的东西就事论事，当然就引不起人家注意。宣传的组织工作也做得不够，因而声势不大。省内外的报刊都宣传得不够，报纸、电影、刊物都如此。必须重视这项工作，因为这是我们如何对待四千万群众的创造的问题。现在应把所有的宣传工具、力量都动员起来，每一个业务部门都应拿出好东西，大张旗鼓地进行宣传。

《羊城晚报》最近办得较为呆板，有一点向文艺杂志转化的样子，这要改进。《南方日报》有进步，但文章要泼辣些，四平八稳是不行的。赞成什么反对什么要鲜明。文章不能太长，要短些。

电影纪录片也零碎，不能反映很突出、很有思想、很完整的东西。有很多好东西没有反映。如佛山的卫生工作以及电白的绿化（看过电白的绿化工作以后，我感到没有一个地方不可以绿化的），都没有拍电影。反映面要广些，彩色片也要拍。对新生事物，电影要多反映。

要改变目前宣传工作的落后状况。做宣传工作的同志应有理想、有干劲。有了理想就要全力以赴，才能有所表现。同时要依靠和发动群众力量，善于组织力量。以后写文章要规定任务。象蚕一样，不吐丝不行。

（摘录自《陶铸文集》）

在暨南大学开学典礼上的讲话

（1960 年 2 月 12 日）

大家热烈欢迎我，我又高兴，又耽心，耽心如何办好学校，不禁涌现两种心情。

这所设在广东的大学叫暨南大学，主要收华侨学生，沿用以前的名字。过去它设在上海，是华侨办的。现在暨大的学生，有华侨、侨眷、港澳同胞，也有国内各阶层的子弟。

为什么要我做校长，我是这所大学的支持人。决定办这所大学是党的决定，我是省委书记，任校长主要是挂名，但是一定要把暨大办好。

怎么样把学校办好?

办好学校要在两方面努力：一方面是领导和教职员；一方面是学生。把学校办好，大家都有责任。我认为学校一定会办得好，因为我们有比旧社会办得好的重要条件。当然，我们是新办学校，困难很多，但只要大家想办法，帮助学校来克服困难，困难就容易克服和解决。

关于学校方向问题。暨大是综合大学，文理并重。初步计划到一九六二年要有四千学生，达到这样便初具规模。师资从各校再支援些，主要是靠自力更生。要办好学校，首先，就要把书教好。学生要学好，师资要强，光是老先生不行，因为老先生虽有经验，但没有这么多，因此要提拔新先生，新的有新的好处，容易吸取经验，年轻力壮。因此教书要教得好，一面靠老，一面靠新，两方面结合。不管是新的老的，谁教得好，便是好教师，要名副其实。不管黄猫还是黑猫，只要能吃老鼠便是好猫。从这次检查教学质量情况看，有些学校对教学质量好坏是不关心的，认为只要参加劳动就行了。学校应当以教学为主，给学生以一定知识。大学就要有大学的程度，要完成大学的课程，而且要学得好。理发店不理发，怎么叫理发店？学校不把学生教好，怎么叫学校？学生学习不好，怎么叫学生？因此，学校主要应把教学搞好，很好地完成学校课程，质量要高。从学校领导来讲，应把学生教好。从学生来讲，主要靠自学，因为大家都是大学生，都是高中毕业，年龄大些，理解力强些，应有相当的自学能力。这也是两方面结合。从学生自己方面来讲，先生讲得不够，可以通过讨论来解决，可以多看些书，多做些实验，精力集中些。过去我们读书真不容易，担心学费问题。劳动人民的子弟要读大学真困难，现在大学有助学金。过去读大学是一边读书一边到处找工作，毕业就是失业，现在你们只要努力把书读好就行。学校办不好，学生质量差，就不是好学校，因此，学生学好教师教好，完成学校的课程，质量较高，是很重要的。这是决定学校办得好不好的首要问题。

培养好的作风也很重要。特别是新办校，首先要建立好的作风。好的作风便是一种无形的力量。学校办得好，有好的校风，学生不仅学习好，而且思想觉悟高，政治觉悟高，到了社会上就受欢迎。这样，大家都会爱惜这种荣誉，就会形成无形的力量，无形的监督，使得差的也被迫向好的看齐。要树立这种作风，便要大家有崇高的理想。理想不是幻想，不是野心，是为社会主义作一番事业，多发一分热，多发一分光。我们要有抱负，眼光要远，能吃苦，为我们伟大的祖国献出力量。人有了伟大的理想，有了奋斗的目标，生活才有意义。特别是每个青年人都应有崇高的理想。最可怕的是暮气沉沉，计较个人生活，失去远大目标。

物质生活会不断改善，但不要斤斤计较物质生活，天天为物质生活苦恼，当物质的奴隶。我们应该相信，社会生产提高了，个人生活水平就会提高。在目前，我们可以吃饱、穿暖，在这种条件下，展开我们广阔的丰富的精神生活。这样，有了理想，就朝气勃勃。如斤斤计较，就不开朗。我们国家在一天天前进，但还落后，大家还要吃点苦。现在猪肉少，一定会多起来的，会有一天吃不完。我们每个青年不要为困难所吓倒和苦恼，心情开朗比每天吃半斤猪肉还重要。我们国家是要考虑提高人民的物质生活的，物质是第一的，我们要驾驭物质，要支配物质，不当物质的奴隶，不为个人生活而苦恼。只要有远大理想，一切都能解决。我们社会没有剥削，只要把工作搞好，生产搞好，物质生活就一定能够提高。许多先烈牺牲，就为了崇高的共产主义理想。邓中夏家里很富有，但他坚决为革命献出生命。看一个人品德高不高，主要是看他自私不自私，主要是看他如何处理个人与集体的关系。如果一个人始终考虑集体的利益，不为个人打算，这个人的品德就是高尚的。什么人才是伟大的？就是那些能全心全意为了集体，为了工人阶级，为了国家，为了民族，为了全人类的利益把个人利益压到最低程度的人。我们说的理想就是要建筑在这上面。我们这所大学，要用这种崇高的理想来武装学生，讲清道理，领导要以身作则，老的学生要为新同学做出榜样。每个人有了崇高理想，不斤斤计较个人得失，心情是开朗的，活泼的，朝气勃勃的，身体是好的，那我们学习就有了保证。同时伙食要搞好。一方面，要有理想，要有丰富的精神生活，要有高度的政治觉悟；另方面，伙食要搞好，卫生也要搞好。要创造一个好的学习环境。

总之，学校要培养学生有远大、崇高的理想，丰富的精神生活，考虑大的问题。我们六亿人民都有这个理想，建设社会主义强国，就一定能实现。

（摘录自《陶铸文集》）

要重视科教文卫工作①

（1960年3月9日）

科学工作和农业生产是有很密切的关系的，不可以设想：要建设现代化的农业可以不要科学。事实上，农业方面的土壤改良、种子改良、气象预测等等，都不能离开科学工作。因此，各级党委应该重视科学工作，认真领导科学工作。

要搞机械化、电气化的现代农业，农民没有文化也是不可设想的。因此必须认真办好各级各类学校，积极发展文化教育事业。当然，全日制学校的设立需要有一定的控制，应该随着生产的发展和机械化程度的提高而逐步发展。但业余学校和农业中学则应该放手多办一些。因为这类学校不脱离生产，既可以使群众学到文化知识，又不影响生产所需要的劳动力。现在的问题是：各级党委在安排全盘工作的时候，要给文化教育和科学工作安排一个适当的位置。党委书记除了抓生产以外，要抽出一定时间经常检查了解文教、科学、卫生工作存在的问题，并且帮助解决。这是第一。第二，全日制学校的经费必须保证专款专用。有的地方把教育经费挪作他用，这是很不应当的。第三，要给学校搞些基本建设。现在许多地方只顾大建礼堂和办公楼，铺张浪费，而学校则连座房子也没有。这是非常不应该的。第四，学生要参加劳动，但学生参加劳动的

① 这是陶铸同志在广东省三级干部会议上总结报告的一部分。

时间，必须按照国家的规定执行。既不能减少，也不能增多。有些地方，生产突击任务一来就要学校停课去参加突击生产，这种做法是错误的。这样一来，由于学生参加劳动过多，影响了学业，本来三年可以毕业的，结果要读四年，这不是更不利于生产吗！劳动力不足，应该靠发挥群众的积极性和大搞工具改革来解决，而不应该靠学生参加劳动来解决。事实上，学生中的劳动力并不很多，而且劳力也不很强，靠他们是解决不了多大问题的。第五，学生的粮食供应标准，要按照省委和省人委规定的标准供给，并且统一交由粮食部门掌握供应。现在许多地方的学生经常要回家取粮食，既耽误了他们的学习，而且还常常取不到，影响学生的学习情绪。这是不好的。第六，学校要建立自己的小农场，种些蔬菜，养些猪，以解决学生的副食品需要。公社和生产大队要帮助学校解决土地问题；有土地可以开荒的学校自己也可以开荒解决。第七，不要随便抽调学生去搞其他工作。除了国家规定的劳动时间以外，各部门一律不准调用学生。教师也不能随便调用，要保证他们有足够的时间备课。他们是“为人师表”的，要尊重他们的人格。据反映，有些地方有人结婚也要学生去吹喇叭，这是绝对不能允许的。总而言之，文化教育工作非常重要，各级党委和各级领导干部必须认真重视这一工作。

要把卫生工作提到重要的位置上。周总理对广州市和从化县的卫生工作是很不满意的，但对佛山市则大加称赞，并且要中央卫生部在佛山市召开一次全国卫生工作现场会议。既然佛山市可以把卫生工作搞得很好，为什么其他地方不可以搞好呢？如果说有水的地方卫生就不能搞好，那么，佛山也是有水的，为什么他们又能搞好呢！他们不仅是卫生搞得好，而且生产也搞得不错。这说明只要我们主观上努力，任何地方都是可以把卫生工作做好的。现在，卫生工作做得不好的是机关、企业、部队、学校和工厂。必须首先从这些单位抓起。他们的文化水平高，条件又好，应该比全省其他地方做得更好些。

（摘录自广东省档案馆馆藏档案）

理想，情操，精神生活①

（1960 年 5 月）

每个人都有他自己的理想。但是，理想到底指的是什么呢？这个问题是比较复杂的。因为一个时代与一个时代不同，一个时代内，一个人与一个人又不同。比如，从前的学生，大都是希望毕业时搞张文凭，找到职业，或者是希望在社会上能出人头地，以至显亲扬名。这就是他们的理想。做教师的，则是希望能把职业安定下来，能写出一两本书，或者能去外国留学“镀镀金”，回来求得更高的名誉和地位。这就是他们的理想。当然，那时候，也有一部分学生和教师，把推翻反动派的统治，建立一个富强独立的新中国，以至于实现共产主义作为自己的理想的。现在，与从前大不相同了。很多学生与教师，都是以为人民服务、为实现共产主义、完成全人类的解放事业作为自己的最高理想。虽然抱有象前面说的那样理想的人也还有，但为数已经很少了。你们也许会想着自己将来成为航海家、飞行家、科学家、文学家、工程师、大学教授……但是，所有这些想头，都是围绕着为人民服务、实现共产主义这一最崇高最伟大的理想的。这正是我们这个时代、这个社会的特征。当然，在少数人中间，他们的理想并没有和我们这一伟大的奋斗目标结合起来：他们也想做一些事情，但是他们做事情的目的是为了他们自己。比如为了

① 这是陶铸同志对华南师范学院与暨南大学学生讲话的一部分。

自己能够有一个“明窗净几”的环境，能够“红袖添香夜读书”；或者是为了有一个爱人，一座别墅，一部汽车。他们把这种个人打算作为自己的“理想”。一点理想也没有的人有没有呢？一般地说，是没有的。有些人憧憬他们的过去，但是过去的东西是永远不会再来了，因此他们感到将来的渺茫，从不把希望寄托在将来。这种人好象是没有理想了，其实，那消逝了的过去就正是他们的“理想”。也还有一些人认为现在已经生活得差不多，甚至感到已经满足，心安理得，不想再前进一步；生怕一前进，会破坏他们现有的生活。这样，他们便忘记了革命必须不断前进的真理，忘记了一个人一生的责任，忘记了更广大的群众。这种人可以叫做“现状维持派”。他们也可以说自己再没有什么理想了；这从某种意义上来说，当然是对的。但是，究其实，他们仍旧是有“理想”的，这眼前的光景就正是他们的“理想”，或者说，他们正躺在自己的“理想”上睡觉哩。

理想是有社会性、阶级性的。在什么样的社会，就会产生什么样的理想；什么样的阶级，更确切地说，站在什么样的阶级立场上，就有什么样的理想。在封建社会，“洞房花烛夜，金榜题名时”，往往是那些地主阶级或者是向往于地主阶级生活的人的理想；在资本主义社会，资产阶级的理想是希望钱越赚越多，利润越来越高，而且希望这个人剥削人、人压迫人的社会是“永恒”的。而无产阶级，却要打破这个“永恒”，把这个人剥削人、人压迫人的社会推翻。在社会主义社会，为人民服务，建设社会主义事业，就成为广大人民的共同理想。所以，我们说，理想是受到一定的社会阶级所限制的。比如古时候，就象屈原那样富于理想的伟大的爱国主义诗人，他的理想，也只限于为当时被秦国侵略的楚国的贵族阶级利益服务，还没有站在平民群众方面，更谈不到什么依靠群众，发动群众。此外，理想还受到社会的一定的生产力的限制。比如传说中的鲁班以及过去许许多多伟大的科学家，他们虽然有着各种各样改造自然、改进人民生活的理想，但是由于那时的自然科学水平还很低，无论如何，他们也不会提出象今天我们所说的电气化、机械化、自动化等计划来。因此，我们在谈到理想问题的时候，就要分别出什么样的社会和什么样的人，而这些人又抱有怎样的理想，然后才能做出确切的评价。当然，我们对理想还是有一个基本的看法的，那就是：无论在什么样的社会里，一个人的理想，是为了多数人的利益，为了社会的进步，对社会生产力的发展起了促进作用，也就是说，合乎社会历史的发展规律，就是伟大的理想。为了这样的理想，付出了毕生精力的人，不管他的事业在当时人们的眼光里看来是重要还是不重要，也不管他在从事这种事业中是成功还是失败，他都不失为一个值得赞扬的人物。反之，为了那些不合乎社会发展要求、不合乎人民群众利益的“理想”，尽管他用尽毕生精力，甚至于丧掉自己的生命，或即使是获得了成功，创造了“宏绩伟业”，都是无足称道的。总之，一个人的思想行为，要合乎社会发展规律的要求。

在我国历史上，许多民族英雄、人民英雄、大发明家、科学家，他们都是一些有伟大理想的人。当强敌压境，国家民族危在旦夕的时候，民族英雄的理想，就是要把敌人赶走，使自己的民族生存和发展下去。当统治者昏庸腐朽，横征暴敛，使得人民无法生活下去的时候，人民英雄就揭竿而起，把反抗强权，救民于水火之中作为自己的理想。当时人民的劳动强度很大，生活很苦，劳动生产率很低，发明家、科学家们的理想，就是要以他们的创造、发明，去改善人民的劳动条件，提高劳动生产率和改善人民的生活。归根结蒂，这些人对促进社会的进步，对社会生产力的发展，是有所贡献的，虽然他们的贡献还不免要受着历史条件的限制。

正因为伟大的理想是合乎社会的进步、合乎人民利益的要求、合乎社会发展的规律的，所以对于一些具有伟大理想并为伟大理想而斗争的人，千百年来人们一直在尊重他们，怀念他们，纪念他们。相反地，对于一些破坏这些理想，阻挠这些理想实现的人，千百年来，人们一直怀恨他们，憎恶他们，咒骂他们。前一种人，在传说中和历史上是很多的。如众所周知的，夏禹为了治水，在外九年，三过家门而不入；李冰父子为了当时成都平原的水利问题，两代相传把它作为终生的事业，不知克服了多少困难，终于修成了泽被后世的都江堰；扁鹊深入民间，“周游列国”，“随俗为变”，解除人民疾病的痛苦；还有我们所熟知的贫苦出身的黄道婆，流落到海南黎族地区，为解决人们的穿衣问题，苦心学习和研究，终于掌握了纺织技术，改良并制造了纺织工具，她把自己的丰富经验无保留地传给别人……这些人千百年来一直受到人们的尊重、怀念。汉代的霍去病，为了国家的生存和强盛，在戎马中过了一生。当他击退了匈奴的入侵，汉武帝想给他盖房子酬报他的功绩时，他回答说：“匈奴未灭，何以家为。”宋代的岳飞，为了挽救国家的危亡，离妻别母，转战疆场，最后和自己的儿子一起屈死在风波亭上。文天祥，抗击元兵进攻，坚贞不屈；被敌人抓住后，仍旧临危不苟，和敌人作了坚决的斗争，誓死不投降。清代的林则徐，坚决反对帝国主义的侵路，和腐朽的当权派作斗争，乃至充军伊犁，他一点也不灰心，一直没有忘记帝国主义对我国的侵略，而且在那里和群众一道修水利、栽葡萄，为当地人民造福。洪秀全，看到当时清室的腐败，民不聊生，看到当时的帝国主义吞并中国的阴谋，就聚集群众，要把清室推翻，为中国找出一条出路。孙中山，为了推翻清朝，为了建立一个强盛的中国，他奋斗了四十年……所有这些人，都是有伟大理想并坚决为他们的伟大理想而斗争的人。他们的理想不是为了哪个人，而是为了国家，为了民族或为了广大的人民。他们为了自己的伟大的理想，有些人家可以不要，有些人官可以不做，有些人生命可以抛弃，有些人真正是做到了“富贵不能淫，贫贱不能移，威武不能屈”的地步。这样的一些人，是永远不会从人民的心中消逝的。相反地，在我们的历史上，也有不少为着个人的利益和少数人集团的利益，不惜专门破坏人民的、民族的伟大理想的败类，如宋朝的秦桧，明朝的洪承畴，清朝的曾国藩，以及后来的袁世凯、汪精卫等等。他们遭到人们的憎恶、咒骂；咒骂之不足，人们还通过许多文学艺术作品，对他们作了不遗余力的鞭挞。

理想问题，实质上是一个人的世界观问题。一个人活在世界上，应该具有什么样的奋斗目标呢？什么样的社会才是最理想的社会呢？这是和一个人的世界观密切联系着的。抱有资产阶级世界观的人，所谓资本主义式的“西方文明”就是他们的最高理想。他们认为资本主义的人压迫人、人奴役人的制度是完全合理的，是“上帝”的意旨，是不能也不应该改变的。相反地，抱有无产阶级世界观的人，则认为世界是向前发展的，社会的财富都是劳动者所创造的，必须推翻而且能够推翻那个人压迫人、人剥削人的资本主义社会，建立一个没有压迫、没有剥削、使全世界人类都过着幸福生活的共产主义社会。总之，不同的世界观就有不同的理想；不同的理想，同时也就表现出各种不同的世界观。所以，在今天谈到一个人有没有伟大的理想的时候，还必须注意到世界观问题。

我们的时代，我们的社会，是树立崇高理想和实现崇高理想的最好社会。生活在我们这样伟大的社会主义国家的青年人，没有崇高的理想，是可悲的。一个没有崇高理想的人，好象迷失了路途一样，不但不知道明天走到哪里，做什么，就是连今天做什么，为什么要这样做都弄不清楚。我们大家为什么要进学校呢？为什么要读书呢？进学校、读书的目的何在呢？当我们翻开书本第一页的时候，就要回答这个问题。同学们！这个问题，也就是要我们回答的关于一个人应该有什么样的理想的问题。“千里之行，始于足下”，在开始的时候，就得有个盘算，才不致“失之毫厘，谬以千里”。所以，理想问题，对每一个人来说，都是一个重要的问题。对社会主义社会里的青年人来说，更是一个大问题。

为什么说实现共产主义是我们最崇高最伟大的理想呢？这不仅因为共产主义、也只有共产主义能够使人类从私有制的束缚下彻底解放出来，能够使人类过着最快乐、最美满、最幸福的生活，能够实现古人所常说的“使老有所终，壮有所用，幼有所长，鳏寡孤独废疾者皆有所养”的“大同世界”，而且因为这个理想是完全能够实现的。中国古代的不说，大家知道，在四百多年以前，英国的托马斯·莫尔等，就始创了空想社会主义学说，到了十九世纪，法国的圣西门、傅立叶，英国的欧文等人，又使空想社会主义的学说得到了进一步的发展。他们都梦想着要在世界上建立一个美好的社会。但是由于历史条件的限制，他们虽然有力地揭露了资本主义的矛盾，批判了资本主义的罪恶，但是他们看不到无产阶级的力量，不懂得要经过阶级斗争和革命战争去取得胜利。在他们的心目中，无产阶级只是被压迫的群众，只需要给予同情和帮助就够了。因此，他们的理想尽管是好的，却是不可能实现的，因而也就是空想的非科学的东西。马克思和恩格斯第一次把社会主义由空想变成科学，指出了我们的理想是共产主义社会，指出了资本主义掘墓人和共产主义社会的创造者，正是受着资本家剥削与压迫的工人阶级。他们解答了多少年来人类进步思想所提出的但不能解决的一系列问题。列宁在无产阶级革命的新的条件下，发展了马克思主义，并在俄国缔造了第一个社会主义国家——苏联。他们不但从理论上丰富了马克思主义，而且给全世界做出了榜样，用铁一样的事实告诉人们，这个最崇高最伟大的共产主义理想，是完全可以实现的。在我们中国，自从一八四〇年鸦片战争以来，不少的先进人物曾经想使我们的国家变为独立富强的国家，使我们的社会变为一个理想的社会，但是都没有成功。直到十月革命一声炮响，送来了马克思列宁主义，这才真正为我们的国家找到了一个伟大的理想和实现这个理想的道路。我国革命的胜利以及社会主义建设中取得了伟大成就的事实，又一次证明了这个最崇高最伟大的共产主义理想，是完全可以实现的。当然，我们现在的社会，还只是共产主义社会的第一个阶段——社会主义社会。我们要过渡到共产主义社会还要经过长时期的艰苦奋斗。大家都知道：只有使社会产品极大地丰富了，全体人民共产主义思想觉悟和道德品质极大地提高了，全民教育普及并且提高了，旧社会遗留下来的三个差别（工农差别、城乡差别、脑力劳动与体力劳动的差别）以及反映这些差别的资产阶级权利残余逐步消失了，国家的职能只是为了对付外部敌人的侵略，对内则失去作用了，只有到了这时候，共产主义理想才算实现了。

同学们！从开始有人类社会以来，没有哪一个社会能与共产主义社会相比。什么理想也不能同共产主义这一更崇高更伟大的理想相比。我希望每一个同学都要有这个崇高的理想，把自己最好的年华、把自己的一生贡献给这个崇高的伟大的共产主义事业。

高尚的情操

一个人有了崇高的伟大的理想，还一定要有高尚的情操。没有高尚的情操，再崇高、再伟大的理想也是不能达到的。刚才已经讲过，共产主义这一最崇高最伟大的理想之所以能够实现，就是因为找到了一个为实现这一理想而斗争的社会力量，这就是具有高尚的情操的无产阶级。我们说，一个有高尚情操的人，一定是一个有崇高理想的人。象现代无数的革命烈士们，他们不怕坐牢，不怕杀头，不计名利，不图享受，为劳动人民的解放，为共产主义的远大理想，流尽了最后的一滴血。我们只要重温一下《革命烈士诗抄》里的那些诗，就可以从中得到激励和鼓舞，得到无限的精神力量。这些诗，都是烈士们用自己的生命和鲜血写成的。这些诗集中地表现了一个理想，就是即使在生命到了最后的时刻，他们也是坚决地相信着自己的牺牲是有代价的：革命事业一定会得到胜利，人民群众一定会得到解放，共产主义社会一定会得到实现。敌人虽然摧毁了他们的驱体，但是永远摧毁不了他们的伟大理想。《革命烈士诗抄》里那些诗句所表现出来的那种宁死不屈的磅礴气魄，对无产阶级事业的无限忠诚，正是一种最高尚的情操。而这样的高尚的情操，是与对自己的远大理想抱着坚定不移的信念相联系着的。中国革命的胜利，就是靠着无数具有高尚情操的革命同志和革命先烈们的斗争才取得的。现在，我们要在我们这个"一穷二白"的国家里，进行社会主义革命和社会主义建设，还要为实现共产主义而奋斗，这都需要作更为持久的、极其艰苦的斗争；要取得这个斗争的胜利，必须要求我们每一个人首先是共产党员和先进青年都具有高尚的情操。

什么是情操呢？情就是感情；在我们来说，就是无产阶级的感情，集体主义的感情。操就是操守，节操；在我们来说，就是革命的坚定性。那么，具体说来，什么样的情操才是高尚的情操呢？又怎样才能使得自己具有高尚的情操呢？我想，除了必须具有正确的世界观和崇高的理想之外，还必须严格地做到下面三点：

第一，要丢掉一切私有观念，要与自己的个人主义思想彻底决裂。从私有观念中解放出来，这是一个很重要的问题。我们说解放思想，本来是包括两方面的：一方面是从保守观念里解放出来；另方面就是从私有观念里解放出来。这后面一点往往被人们忽略了。大家可以设想，一个受私有观念束缚的人，一个满脑子个人主义的人，整天患得患失，怕这怕那的，是何等不愉快和不自由。我们还要知道，要做到真正从私有观念里解放出来，并不是那么容易的事情。因为我们都多多少少受着旧社会的思想、习惯的影响；同时，我们现在是生活在社会主义社会里，社会主义是从资本主义社会里刚刚产生出来的；它在各个方面都带有旧社会的痕迹；由于物质还不很充裕，因此我们在分配上还是要采取“按劳分配”的方式，资产阶级权利仍然起着一定的作用，在这种情况下，私有观念如不彻底去掉，很可能还会有所增长。所以，我们要具有高尚的情操，就一定要从私有观念的束缚里解放出来。要有高尚的情操，就要具有“先天下之忧而忧，后天下之乐而乐”的品德。一个有着个人主义思想的人，怎么可能做到这一点呢？有些人不是只在想着自己“小家庭的温暖”吗？不是还把争取这个“小家庭的温暖”作为自己的最高理想吗？这也是由于私有观念作怪，个人主义作怪。一个人的小家庭的温暖，我们是不反对的。每个人应当有个温暖的小家庭。但是我们要问：为什么不去多考虑到我国广大人民的家庭的温暖呢？为什么不去多考虑到全世界绝大多数人的家庭的温暖呢？前面已经讲过，当霍去病为国家立下汗马功劳的时候，汉武帝想给他盖房子，总该是一种“家庭的温暖”吧？但是，这种个人的家庭温暖，霍去病不要。“匈奴未灭，何以家为”，千古传诵，就正因为它代表一种公而忘私，不为个人打算的高尚的感情。杜甫的成都草堂为秋风所破，他也是需要“家庭的温暖”的，但他想到的并不只是他自己，而是“安得广厦千万间，大庇天下寒士俱欢颜，风雨不动安如山！”现在我们的国家仍旧没有摆脱“一穷二白”的面貌，世界上多少国家的劳动人民仍旧在啼饥号寒，我们怎么能够老是在考虑一个人的家庭的温暖呢？怎么能够满足于自己一个人的家庭的温暖呢？所以说，一个人只是为了自己家庭的温暖而“奋斗”，他的情操是不高的。鲁迅在年轻的时候，就写下了“我以我血荐轩辕”的诗句，立志为国家、为广大人民贡献出毕生精力；而到后来，他也确实做到了“横眉冷对千夫指，俯首甘为孺子牛”。我们说鲁迅是有着高尚情操的人，原因也正在这里。

第二，要有坚强的革命毅力，也就是鲁迅所说的“韧性”。过去进行革命战争、阶级斗争的时候，斗争是残酷的、长期的，需要坚强的革命毅力；现在，在进行社会主义建设（社会主义革命当然还要进行到底），在同大自然作斗争，与贫穷愚昧作斗争的时候，仍然需要有坚强的革命毅力。我们的爬山队，前些日子爬上了世界第一峰，他们就是具有坚强革命毅力的人。如果他们在爬山过程中有一点点动摇，就不会光荣地爬到顶峰上去。在我国古代，也有不少人具有坚强的毅力，例如明清之际的史学家谈迁，他就是一个具有坚强毅力的典型人物。他花了二十多年的时间写了改，改了写，修改六次，编写成一部五百万言的明朝编年史《国榷》。但是被人偷去了。谈迁虽然很伤心，却没有灰心。他在大哭一场之后，又下定决心：他想，我的手不是还在吗？再从头干起。从此以后，他手脚更勤了，收集资料更广了，研究更深了，经过几年更艰苦的劳动，他终于把失去了的五百多万字，更完美地写了出来。谈迁这种不畏艰难、不怕险阻的坚强毅力，是值得我们每一个人学习的。在革命战争的年代，我们讲操守，是不向敌人屈服和投降。我们今天要向大自然作战，要征服大自然，也要讲操守，也就是决不能向它屈服和投降。我们要不断努力，要艰苦奋斗，只有具有坚强的革命毅力的人，才能具有不断努力和艰苦奋斗的精神，才能不为取得一点成绩而停步不前，才能永不止息地向前迈进。同学们还要知道，要在我国建成社会主义，我们还要攀登许多科学的、文化的高峰，还要经过极其艰苦的劳动与斗争。在这整个过程中，没有百折不挠的勇气，没有坚强的革命毅力是不行的。

第三，要有丰厚的群众的感情，丰厚的劳动人民的感情。不要忘记，我们是生活在群众之中，是群众所养大的。我们今天所学到的一点知识，是群众所创造，是群众给我们的。因此，我们要把我们所学到的一切知识都还给群众——为群众服务；要时时刻刻地想着：我能够为群众做些什么？我为群众做了些什么？有人把知识作为自己的私有财产；有人以为有了一点知识，就应该高人一等。这些都是很糊涂很错误的想法。要具有劳动人民的感情，还必须热爱劳动。过去有了知识的人，往往“好逸恶劳”（“逸”是指游手好闲的意思），这是一种很低下的感情；我们今天应该把它翻转过来，“好劳恶逸”。我们学到一点知识，是为了更好地劳动，使自己聪明一些，而不是为了脱离劳动，使自己愚蠢一些。只有热爱劳动，参加劳动，我们才能真正与劳动人民打成一片，才能真正培养起劳动人民的感情，才能发挥知识的力量。

我认为，在我们这样一个时代，我们国家的青年人必须具备以上三点，才能称得上有高尚的情操，才能实现共产主义这个最崇高、最伟大的理想。

我们已经知道，实现共产主义这一崇高理想，并不是一个空洞的、玄虚的、可望而不可即的东西。但是，我们还必须知道，要实现这一理想，决不是光认识到就可以了，也不是光谈一谈高尚的情操就可以达到了，而是要通过各种具体工作的进行才能实现的。崇高的理想变为社会的现实，必须通过革命的实践；革命的理想必须和革命的实践结合起来。因此，我们说一个人有没有理想，情操高尚不高尚，决不光是听他谈论得如何，更重要的，是要看他的行动，看他是否在自己的工作岗位上尽了自己最大的心力，是否对工作上碰到的困难想尽了办法来克服。要在我国完成社会主义建设和实现伟大的共产主义理想，是和每个人都有关系的，是每个人都负有责任的。如果我们每个人都能在自己的工作岗位上有所贡献，千万河流归大海，我们崇高的理想就一定能够实现；如果我们每个人都能奋勇争先，不畏艰苦，不畏困难，那我们崇高的理想就一定能快些实现。这样的人，在我们的周围是很多的。他们把自己的工作和实现共产主义这一崇高的理想联系在一起，并且和大家一起同心协力地建设社会主义。这些人，都是有崇高理想的人，也是有高尚情操的人。我们在学校学习的同学，就应该把自己的学习和实现共产主义这一崇高的理想联系起来；我们应该在同样的时间内，学习得更多更好；我们应该在设备条件并不很好的情况下，克服困难，比之在条件很好的学校里学习的也毫无逊色。

革命的精神生活

一个人的生活，可以分为两个方面。一个方面是物质生活，另一个方面是精神生活。这里所说的精神生活，其实也就是一个人的理想和情操的问题。一个有崇高的理想，高尚的情操的人，就会有充实的丰富的革命的精神生活；反之，精神生活一定是异常低下和空虚。

物质生活，对每一个人说来，无疑都是需要的。我们很难想象，一个人十天半月不吃饭怎么样活下去。从前有两兄弟叫伯夷、叔齐，他们对武王领导的伐纣战争（这是一个正义的战争）很有意见。武王伐纣成功后，改号曰周，他们更不满，跑到首阳山上躲起来，叫做“耻食周粟”；但是饿极了，还得要采点“薇”来吃。可见一个人完全没有物质生活是不行的。我们共产党人是唯物主义者，我们从来不离开一定的物质条件谈精神生活。就是在革命最困难的时候，我们党也强调要关心人民的物质生活。我们闹革命，要建设社会主义和实现共产主义，从根本的意义上来讲，就是为了提高广大人民的物质生活（当然同时也是为了提高人民的精神文化生活）。我们所要实现的崇高的伟大的理想，并不是一种幻想，也不是一种离开物质专讲精神的理想。我们要使大地上都长满庄稼，使荒山野岭都种上果木，使山坑山坳建成为湖泊水库，使湖泊水库里都养上鱼，使所有的海滩都种上树木，变成为绿色长城，使沙漠种上葡萄、棉花，使每个人都能住上舒适的房子，使所有的房间在晚上都亮起电灯，使所有的人都穿上整齐漂亮的衣裳，出门都能坐汽车，都能丰衣足食……这是共产主义的远景，也是我们的理想。这一理想决不是建立在什么“天国”上，而是建立在我们面前；经过几代人的努力是完全可以实现的。这样的理想，难道不是物质生活么？不错，过去的统治阶级也强调物质生活，但是，他们只强调他们本阶级的，只强调少数人的；

他们过的那种灯红酒绿、纸醉金迷的糜烂生活，是榨取无数劳动人民的血汗得来的；而我们却是要使得每一个劳动人民通过自己辛勤劳动，都能过上丰富的物质生活。

但是，当我们讲到物质生活的时候，我们绝不应该忽视精神生活的作用和意义。无论是在物质生活充裕的时候，或是在物质生活困难的时候，精神生活对我们都是十分需要的。刚才已经说过，精神生活其实就是一个人的理想和情操，所以在我们来说，一刻也不能没有精神生活。我们之所以无论在什么时候都是充满活力，朝气勃勃，意态昂扬，勇往直前，原因是什么呢，决不只是由于吃多少斤猪肉，吃多少斤砂糖，或增加多少工资，即是说，我们前进的动力，主要是靠政治思想教育，不断提高人民的共产主义觉悟，使大家都能具有崇高的理想、高尚的情操和充实丰富的革命的精神生活。

大家都知道，易卜生的《玩偶之家》里的女主角娜拉为什么要出走，她的出走并不是追求物质享受，她的物质生活水平可以说是相当高的了。她的丈夫新升了银行经理，虽然他们的生活中一度出现了波折，但是只要娜拉愿意，她还是可以照以前那样甚至比以前“更好”地过下去的。但是，她不能再这样过下去；经过了这次波折，她要重新考虑自己在家庭生活中的地位，她发现她充其量不过是自己丈夫的一个玩偶而已。她发现自己的精神生活是异常空虚的。她要摆脱这种生活，所以她不顾一切地出走了。娜拉的出走，为的是想追求一种比较合乎理想的（这种理想当然是模糊的）精神生活。《青春之歌》里的女主角林道静，就更为清楚地给我们说明了这一问题。她如果安心于做余永泽的妻子，也是可以过一过“小康之家”的生活的。但是，她不满足于此，她看不起余永泽那种唯我的、自私的、反动的思想和行为，她痛切地感到自己精神生活上的空虚，因此，她才迫切地追求一种新的生活。当她找到了党，党把她领到一条对她说来是崭新而又艰苦的道路上去的时候，她毫无留恋地抛弃掉她的“小康之家”的物质享受，走上了革命的道路。在抗日战争开始的时候，为什么那么多青年学生不怕险阻，长途跋涉，冒着被国民党、日本军队扣留、杀害的危险到延安去？原因不是别的，也是为了追求一种更高的理想，要过一种更充实的精神生活。当时有人形容自己才到延安的心情，说看到延安的塔影，好象在海洋里出现桅杆，到了延安，好象登上了革命的大船一样。这就是表现他们当时的精神状态，说明他们对革命的精神生活的需要。

现在，在我们这个社会里头，比之从前，我们的精神生活是空前地充实和丰富了。但是另一方面，我们目前的社会生产力还很低，物质条件还很差，要完全实现我们的伟大理想，还不可避免地会遇到各种各样的困难，包括某些物质缺乏的困难。在这样的情况下，怎么办呢？放弃我们的理想，追求个人的物质生活的满足，还是坚持我们的理想，充实我们的革命的精神生活？我觉得正是在这样的条件下，革命的精神生活，对我们说来，更是极为重要的。因为有了它，我们就可以清楚地认识到目前的困难是前进中的困难，是由于我们要把自己的国家建设速度加快一点（只有这样，我们才可以尽快地摆脱贫困，才可以再也不受帝国主义的欺侮）而出现的困难，从而我们就可以从积极方面去想办法克服这些困难；因为有了它，我们每个人便能够懂得我们目前所从事的工作的重大意义，从而对目前所遇到的某些物质上的困难就无所怨尤；因为有了它，我们就懂得不能只从个人利益、目前利益出发，更不能成为物质的奴隶，从而就会自觉地解决个人利益与集体利益、目前利益与长远利益的矛盾，就会保持朝气勃勃、坚强饱满、勇往直前的革命气魄。所以我常想：一个人只有物质生活没有精神生活是不行的；而有了充实的革命精神生活，就算物质生活差些，就算困难大些，也能忍受和克服。所以我又想：不论在什么时候，一个精神生活很充实的人，一定是一个很有理想的人，一定是一个很高尚的人，一定是一个只做物质的主人而不做物质的奴隶的人。反之，一个受物质支配的人，一个人“物欲”很强的人，一定是缺乏理想、趣味低级、精神生活很空虚的人，也是生活极为可悲的人。这使我想起《儒林外史》里的一些人物，如严监生、周进、范进等。他们就是这一类人物。严监生死的时候，总是不断气，原来是为他跟前点的灯盏里有两根灯草，直到懂得他爱财如命的人替他挑去一根时，他才断了气；周进是个所谓“读书人”，他听到几个商人说愿拿钱给他“捐监”，竟趴到地下给他们磕头不止；范进也是个所谓“读书人”，他未中举前穷途潦倒，一中了举，竟喜欢得发了狂。这些人想的是升官发财，完全变成了物质的奴隶，这些人的精神状态，真是低下得可悲亦复可怜了。

我们是有崇高理想的人，也是有高尚的情操的人，我们的精神生活是很丰富的。理想、情操、精神生活，这三者是紧密地联结在一起的。如果能把这三个问题都解决好，那我们就会不为物质所束缚，就会创造出一个有丰富的物质生活和精神生活的新世界。古代有一个颜回，好学不倦，他很穷，但是他并不以为苦。孔子称赞他说：“贤哉，回也！一箪食，一瓢饮，在陋巷，人不堪其忧，回也不改其乐。”这是古代的事。我们今天搞社会主义建设，以后还要实现人类最高理想——共产主义社会，我们应该具有为颜回所不可比拟的伟大的革命胸怀，我们应该什么时候都充满革命的乐观主义精神，即使是在最困难的时候，最艰苦的时候，也是如此。同学们都知道，二万五千里长征的时候，比起现在来不知要困难多少倍，艰苦多少倍，但是，就是在那个时候，毛主席写了充满革命乐观主义的《长征》诗，他写道：“红军不怕远征难，万水千山只等闲”；他还写道：“更喜岷山千里雪，三军过后尽开颜”。哪一个时代，哪一个阶级会具有我们这样崇高的理想，高尚的情操？哪一个时代，哪一个阶级会具有我们这样丰富、充实的革命的精神生活？任何困难也是挡不住我们前进的。修建川藏公路的战士们有一句话：“高山为我们低头，河水为我们让路。”这种英雄豪迈的气概，值得同学们学习。我们不要辜负了这伟大的时代，不要辜负了党和毛主席对我们的教导！

（摘录自《陶铸文集》）

改进报纸的宣传工作[①]

（1960 年 6 月 20 日）

报纸工作应该跟省委对于改善干部作风、关心群众生活、反对形式主义的决心相适应，要采取革命措施来改进报纸的工作。

（一）切实防止浮夸、杜绝浮夸。今后凡是指标，都不要登报，等以后做到了才讲。有些东西做到了也不一定讲。如水产、水果，尽管是丰收也好，但市场上暂时还没有得卖，也不要报道。增产数字不要轻易报道。“优越性”、“巨大成绩”、“伟大成就”等字眼也不要随便用。对领导干部的讲话、个人照片等，都不要随便登。报纸要着重表扬人民群众和基层干部的劳动创造。科学技术成就，有些东西虽然试验成功，但是还没有证明能够全面推广的，也不要报道。工业报道不要只讲产值，要讲质量、规格、品种。报道全面完成计划，产值应该写在最后。今后许多会议消息都不报道。省一级的会议，一年大概有三、四次会议见报外，其他都不登报。总的精神是，要少讲一些，要力求讲得可靠，不成熟的东西，许愿的东西，不能登报。

（二）报纸一定要有批评。记者一定要在下面发现工作中的问题，批评缺点。要有勇气批评缺点。光讲好的，群众不相信。

（三）大力宣传农业。省委历来都是重视农业的。报纸必须宣传贯彻

① 这是陶铸同志对广东省各新闻单位负责人谈话的一部分。

执行中央和省委的方针、政策情况。这些贯彻得好，那些贯彻得不好；措施具体不具体，认真执行了没有？都要经过认真研究以后，大力宣传，不要讲空话。对贯彻得不好的，要批评。

（四）强调关心群众生活，宣传劳逸结合，反对干部的特殊化。

（五）大张旗鼓地宣传干部改善作风。认真反对形式主义。要看看那个地区的领导干部是否都下去了，应下去而未下去的要批评。下去了，作风改进的，要表扬；仍然脱离群众的，也要批评。

今后报纸的文章要短一些。比较长的文章要加插小标题。版面要活泼一些。不要滥用特大号标题。每个时期和每天的报纸都要有中心。

（摘录自《陶铸文集》）

绿化要和生产相结合[①]

（1960 年 9 月）

我省大搞绿化有好几年了，已获得很大成绩。仅就公路两旁栽树来讲，前几年虽然年年栽，结果却往往是死的多，活的少，现在总算栽活了。我们这次经过湛江地区几个县，看到绿化确实不错。特别是高州、化州、雷州等县（饮誉全省的电白，我们这次还没有去），绝大部分公路两旁的树木，长得又高大又整齐，而且有的地方不只栽一行，而是三、四行，有些还间种了香蕉。在很多荒坡和山岗上，也都栽上了各种树木，其中相当多的一部分已绿树成荫。在小江和鉴江沿岸，到处栽满了一丛丛的竹子。我们走过这些地方，觉得格外舒适爽目。你看，山是绿的，水库、河流的水是绿的，庄稼也是绿的，真为自然界的美。我们想，这才真称得上是“江山如此多娇”。因为自然界的美，最为人所称道的是“绿水青山”。而“绿水”又依靠“青山”，山不青则水是不可能绿的。人要靠穿衣裳打扮，大地要靠绿化梳妆。一座山上，一棵树也没有，就象一个人赤身裸体一样，该是十分难看的。由于绿化，雷州一带的自然面貌有了很大改变。再经过今冬明春的水利建设，干旱将基本可以解除，土壤也开始变得肥沃了，为彻底改变雷州面貌打下了基础。过去满目荒凉的雷州，现在使人感觉到一种极为兴旺的气象。

① 这是陶铸同志到粤西调研时所写的在《南方日报》发表文章的一部分。

大家都知道，雷州半岛是以干旱著名的。有些地方，不用说树，就是草也不生长。但是，它为什么能绿化得这么好？这里面是有原因的。我们认为：除了领导上重视绿化工作并抓得很紧以外，能不能把绿化和生产结合起来，绿化能不能从群众利益出发，是一个地区的绿化能不能搞好的很重要的关键。

绿化是不是专门为了好看？当然不是。我们进行绿化，除了阻挡风沙的侵袭和保持水土以外，还为了给国家建设提供木材和原料，并增加人民群众的收入。这也就是说，创造物质财富是绿化的根本目的。比如，松树是很好看的，我们看漫山遍野的松树林，不免要称赞一番。但是，谁都知道松树又是用处很大的，除可木材外，还可以采割松香，松叶可以榨油，松枝可以作燃料。正因为这一点，我们才要大种松树，而不是单纯为了好看。湛江地区大部分县份能够绿化得好，和他们对这一问题的看法明确是有很大关系的。可是，现在有的人却不是这样认识的。他们或者认为绿化只是增添一些自然界的景色，与国计民生关系不大，搞得好与不好对本身工作关系不大；他们或者把绿化工作当做装门面，因此一谈到绿化，就是要修公园，种奇花异草，即或栽一些树，也大都是经济价值不大的，根本没有想到如何使绿化工作和群众利益很好地结合起来。这样来看待绿化，当然不可能把绿化工作搞起来。东兴盛产极有价值的玉桂、八角，在往县城的途中，我们找玉桂、八角看了又看，站在绿荫如盖的八角树下，芬芳扑鼻。我们原来以为，这样美丽而经济价值又这样大的树，应该在沿途村庄的周围和东兴镇郊区、镇内的空地都会种上的，殊不然，在这些地方却根本看不到。相反地，他们在公园里以及一些地方尽种上一些美人蕉和鸡冠花之类，既毫无经济价值，也并不是怎么好看的观赏植物。可以设想，如果他们在县城的公园里、街道边和所有空闲地方，都栽上玉桂、八角，该是多好看，又是一笔多么大的财富！同样，如果在每一个城镇的内外都种上果木或其他生长特别快，很快可以修枝的树木，不但会比奇花异草好看得多，而且又能增加城镇的财富收入，对解决城镇居民吃水果、烧柴等方面的一部分需要，也大有好处。现在，不少城镇需要的这些东西，都全靠外地调进，困难不少。为什么不可以结合城镇的绿化搞点生产，来增加一些收入和解决一些困难？这不是什么别的原因，就是一些同志对绿化的认识有毛病，没有从发展生产和有利于群众方面考虑问题。至于农方面就更不用说了，农林关系极为密切，必须很好的结合。一个公社和大队，特别是山区和丘陵区的公社和大队，如果不在林业方面建立收入基础，光靠农业，是不太可能使社员富裕起来的。

我们做任何工作，都应当从群众利益着想，搞绿化也不例外。绿化本来是同群众利益密切相关的，一方面关系到群众的长远利益，另一方面又关系到群众的当前利益。这两方面要结合得好，才能更有利于群众，才能更好地调动群众的积极性，否则将会得到相反的结果。

我们在湛江地区看到，广大群众对造林是积极拥护的。因为他们懂得：我们国家要修建很多很多的工厂、铁路、矿井，需要大量木材；群众自己要修房屋、造农具等，也需要不少木材。只有从现在起就抓紧时机大量造林，到将来才能满足各方面对木材的需要。种植油桐、油茶、果树等等，也是国家建设和群众生活所必需的，种的越多，于国家、于群众越有利。但是，由于许多树木生长时间较长，对增加群众当前的收入难以发挥作用。所以，我们在安排绿化工作时，要注意到“长短结合”，要“以短养长”。即：要在种植生长期较长的同时，种植生长二、三年就有收益的，使公社、群众能快得到收入。在这方面，门路很多。比如，种竹就是一个最好的门路。“若要富，多种竹”，这句流行在民间的谚语是有道理的。情况确是如此。竹子很粗生，到处可以种，不与粮食争地，生长很快，三年以后就可以砍伐，而且每年可以轮砍。竹子用途很大，现在城乡都很需要，却供不应求。所以，不论农村、城镇，公社、大队，都宜大量种竹，将来多了，除卖给国家外，还可以组织专业队编制竹器。又比如，种柠檬桉也是好门路。它的好处是：荒山野岭也到处都可以种，连幼松林里也可以间种；生长也很快，在春季定植后，当年就可以采叶榨香料油。此外，香蕉、肉桂、茶等等，也都是在短期内就有很大收益的。还有木麻黄、苦练树，生长很快，到处可种。只要各地都多种一些，木材和燃料方面的一些困难也就可以解决了。湛江郊区南三公社种植木麻黄就是一个突出的例子。这个由十个小岛连结起来的公社，现在几乎所有荒地都种了木麻黄，而且已经长得很粗壮。公社党委书记告诉我们，两年前这个地方烧柴是很困难的，现在除了群众烧柴用不完，种子、针叶的收入每年有好几万元之外，在两三年后，他们还准备砍伐一部分木材，为社员修建房屋，争取到1965年把群众所有破旧房屋改造好。由上面的许多事实可以看出，假如每一个公社、大队都抓了这一着，比如，种上百来亩柠檬桉，几万根竹子，若干株香蕉，几百亩木麻黄与苦楝树，就一定能够保持经常有收入，保证定期发工资；同时，群众烧柴和修建住宅的木材问题也就解决了。可惜的是，现在一些公社、大队的一些同志却忽视了这一着。他们眼看到自己按月发工资有困难，烧柴不易弄到，却不现在就着手从根本上想办法解决。这不能不说是对群众不负责任的一种表现。其实，这些本来是很容易解决的。只要公社、大队的同志多从群众利益着想，根据本地条件，种香蕉也好，种竹子也好，种柠檬桉也好，种木麻黄、苦练树也好，种玉桂、茶也好，都是大有收入的，而且时间性并不要很长就有收入。为什么让时间一年一年地空放过去，而不抓紧解决这些问题呢？

总的来讲，全省各地绿化成绩很大，但问题也不少。而要在三几年内使全省能够进行绿化的地区基本实现绿化，各地领导者首先要把绿化工作的目的、观点明确起来。当然，要把绿化工作搞好，除了解决认识问题以外，还有两点值得注意：一个是收集种子，大搞苗圃，每个公社、大队都要搞，没有足够的种苗，绿化就等于空谈。再一个是解决好所有制问题。屋前屋后社员种的零星果木、竹子等，一律要归社员所有；机关、部队、学校、工矿等单位开荒种的，其收入也要归他们。另外，我们考虑是不是可以规定：在全省公路经过各公社的地段，除负责抚育现有的树木外，各公社在实现三个丰收之后，把公路略为加宽一点，在公路两旁再栽几行树，这些树长大后，可以砍掉一些，这些木材全部归公社作建筑社员房屋、造农具之用。可以预料到，这样一来，大家搞绿化的积极性一定会更高。

（摘录自《南方日报》1960年9月23日第1版）

重视卫生工作[①]

（1960 年 9 月）

从广州到东兴，走了近两三千里的路程，沿途所经过的乡村和中小城镇，觉得卫生工作搞得不错。许多村庄，都很整洁，那满地是粪堆和垃圾堆的肮脏情景，已不多见了。小城镇的环境卫生也大都搞得很不错，象灵山县的一些小墟镇如平南、坛墟等，就相当整洁，使人感到很舒适。

据我们所知，许多地方在改善了环境卫生的同时，也消灭了一些可怕的流行病，象雷州县的安铺镇，过去是世界著名的鼠疫地区之一，严重地威胁着人们的生命，现在鼠疫都已彻底消除；疟疾、天花、霍乱之类的流行病，也接近于消灭了。

这表现出来，我们的卫生工作是很有成绩的。我们许多干部，都经常关心着群众的健康，与群众一起，战胜了疾病，又做了许多移风易俗的工作。我们的乡村和城镇，所以越来越整洁，越来越可爱，固然是我们的工农业生产的不断跃进，逐步地改变了自然面貌和生活面貌的结果，同时也是我们搞好了卫生工作，使乡村环境更美，人们有了新的生活风貌的结果。

但如果进一步要求，我们觉得有些地区，对一些带有根本性的卫生工作，是做得不够好，不能满足人民群众的要求的。例如合浦县，在农

① 这是陶铸同志到粤西调研时所写的在《南方日报》发表文章的一部分。

村中许多人有蛔虫病，钦县、灵山等县的农村中，也有不少人有钩虫病，而干部们对此却重视得非常不够，没有进行认真彻底的消灭。与那些疾病有密切关系的，是那一地区的群众习惯喝冷水，对粪便处理得不当，而我们一些县社的领导干部和卫生工作干部却看作是无关重要的事，不设法加以改变。

群众喝饮未经消毒的冷水，是一种有害的传统习惯，是在旧社会过惯了被剥削的穷困生活，遗留下来的。但这种习惯，是不是不能改变？不是的，只要从群众的切身利害来考虑问题，把道理讲清楚，又加以积极的有效的处理（如食堂替群众烧开水，每户自备一个茶壶等），群众是容易接受，很快就可以改变的。如果厕所很不卫生，粪便不加处理就下到田里，稻田又不挖好排灌渠沟，田水任其自流，既失去肥效，又使饮水不干净，而其中又不消毒煮开就饮这样的生水，这样，蛔虫病、钩虫病当然无法消灭。虽然这种病也是旧社会穷苦生活的产物，但解放十年来，为什么还未引起我们的干部的重视，任由它损害人民的健康，而不加以消灭，难道还有理由把责任推到旧社会去么？

在我们想来，这恐怕不是两三个县特有的问题，也恐怕不是个别的问题来不及解决，而是关系到卫生工作部门如何贯彻卫生工作的方针。我们卫生工作最根本的方针，应该是增强劳动人民的体质，为促进生产，发展生产服务。所谓除害灭病，改善生活环境，整洁，美化，目的也就是使人民有着健康的身体，有充沛的精力，身心愉快，能够更好地发展生产，为国家创造更多的物质财富。根据这样的要求，显然，省卫生部门的工作，是带有方针性的缺点的。象合浦县有那么多人有蛔虫病，灵山、钦县等县有那样多的人有钩虫病，不是严重损害了群众的健康，身体受到影响，因而生产也受到影响？

要使群众的体质增强，讲究营养，提高生活，办好食堂，都是十分重要的，但如果卫生工作搞不好，虫病不消灭，吃下去的东西不是养了人，而是养了害虫，那么，营养再多再好，人们的体质也是无法增强的。所以，与搞好生产，提高人民生活同时，我们的卫生工作必须赶上去。

由于有那样的缺点，在进行具体工作时，就不注意把那些带有普遍性的，群众最关心的最迫切要求解决的重要问题，加以解决，而是把眼睹集中在两三个先进的城镇或先进的乡村，人力、物力、精力都投向那里，造成一种热热闹闹的“锦上添花”的盛景。当然，树立一支先进的红旗，带领群众前进是应该的，问题是，要能够前进，要迅速推广。不看到全面，不去解决普遍大量存在的问题，不很好地为生产服务，我们的卫生工作显然是有严重缺点的。

在这里，为着使全省的卫生工作真正做到为提高人民体质服务，为生产服务，我们提出几个要求：第一，一定要关心群众的疾病，保障群众的健康，千方百计想办法去消灭群众性的宿病。如合浦县的蛔虫，钦县、灵山等县的钩虫等等，一定要彻底消灭。省卫生厅、专署和县卫生局，必须迅速组织专业队伍到那些地区去，深入到农民群众中去。别的地方有类似的病情的，也必须同时进行。第二，群众中有长期遗留下来的、易于致病的陋习，要对他们进行思想教育，订出具体措施，加以改变。合浦县采取了积极办法在一个星期内，就有一半的食堂改喝开水了，这充分说明群众是愿意改变自己的陋习的。第三，积极改善环境卫生，搞好下水道，解决饮水不干净的问题。公共厕所要修建，并要把粪便加以处理，才送到田里去。食堂、托儿所等也一定要认真办好，使它合乎卫生要求。第四，把乡村和城镇的垃圾、污泥，清除干净，一年定期搞几次大的清洁卫生运动，并建立定期的身体健康检查制度和环境清洁的卫生制度。

这许多工作都要搞好，看来似乎很困难，但只要认真地发动群众，依靠群众，采取积极而具体的措施，又是可以解决的。我们应有充分信心把工作搞好。

这样，经常地注意群众的疾病和生活，经常地搞好卫生工作，一定能够更好地增强人民的体质，更好地推进生产，更好地改变我们的乡村和城镇的面貌。

（摘录自《南方日报》1960 年 9 月 28 日第 1 版）

热爱自己工作的地区[①]

（1960年11月）

我们走过了整个湛江专区，接触了各级党委的一些领导干部，有一个深刻的感受，便是那些干部不管是来自外地的，还是本地的，都非常热爱自己工作地区，热爱群众。他们都有一个良好的心愿：愿意把自己所有的才华、智慧、本领；把自己毕生的精力，贡献于当地的人民群众，贡献于社会主义的事业。对于他们，我们从心坎里发出了热爱。

人们知道，雷州半岛的自然环境是十分恶劣的。是苏东坡曾经流放的地方。在这里，荒原、风沙、苦旱、贫瘠、荒凉，鼠疫蔓延，疟疾流行、灌木林里还有不少毒蛇恶兽。但是，解放以后，那里的干部们和群众一起，进行了长期的苦战，战胜了风沙，战胜了病疫，战胜了连续十九个月的大旱，使整个雷州半岛的面貌，从根本上改变。现在，它已经不是毒蛇恶兽、病疫流行的荒凉之地了，而是绿树成林，庄稼兴旺，显现出一种日渐富裕的样子。

以电白县来说，它是一个贫困亢旱，缺粮缺水的“不毛之地”，许多荒山野岭连一根青草也不长，水土流失极为严重，耕作条件十分恶劣。现在却是大部分耕地可以自流灌溉，变成了余粮县。特别是绿化：海滨、山头、荒地，都已长起了葱茏的树木。这个县变得很可爱，正如县委的

① 这是陶铸同志到粤西调研时所写的在《南方日报》发表文章的一部分。

领导干部所说的：过去，人们都说电白这个地方不好。我们看来，电白实在是个好地方，它有山，有海，有平原，可以种庄稼种树木，可以打渔，可以开矿，由南到北也数不出几个这么好的地方，问题是我们要开发，要做工作。

人们也知道南三岛，这个四万人口的小岛，历来遭受海浪和风沙的侵袭，“无风三尺土，风起土如山”，沙土经常淹没了田野和村庄。在旧社会里，海盗横行饿殍满地。但自从十岛联成一气，海岸上筑起了“绿色长城”（防风林带）以后，也就起了根本的变化，变成了渔盐丰富，农作物旺盛的日渐富饶而美丽的海岛。在那里，一位鲁智深式的英雄人物，公社党委第一书记邹建理同志，带着乐观和理想，与群众一起，奋战了十年。到那里参观的人，都可以看见他带着一张布制的南三岛地图，他一边谈今后的计划，一边谈现在，谈到现在时，不住地说：地图过时了，过时了。热爱自己工作的地区，溢于言表。

人们同样知道，两阳县有一个岗列公社的岗列大队。他们改变了酸性严重的稻田，使整个大队的生产全面跃进。在粮食年年增产的同时，大量发展了畜牧业。一个不足三千人口的大队，养了近万头猪，无数三鸟和鱼苗，为国家提供了大量粮食，大量副食品，社员们也有了幸福的生活。大队的总支书记何世昆同志，在那里贡献了自己全部智慧和精力，受到了党和群众的赞扬。

以上所说的那些地区，能够逐步改变自己的落后面貌，出现了新局面，当然应该归功于党和群众。但同时不能不看到，那里的各级党的领导干部们，却是起了异常重要的作用。就我们所知道，那些领导干部，无论是县、公社或大队的，也无论是来自外地或本地的，都是富于理想，有深厚的革命感情和群众感情，对自己工作的地区，十分热爱，对群众、对自己的岗位，十分热爱。他们不怕困难，不怕恶劣的环境，不计较个人的苦乐，在那里长期安居乐业，并且愿意干一辈子。他们对前途充满信心，无限乐观，相信群众的智慧和力量，相信自己能和群众一道创造出一个共产主义的新世界。这样，他们获得了动人的成绩。

从这里使人想到，一个对党忠诚，对人民群众忠诚的党员干部、革命干部，毫不计较个人的利害，无条件地服从党组织的调配，做党的驯服工具，调到哪里就到哪里，要干什么就干什么，是十分必要的、应该的。但同时，必须自觉地树立一种落地生根，开花结果，破旧立新，开创局面的思想，并且要有深厚的革命感情和群众感情。具有了这样崇高的思想感情，才能对自己的工作地区、工作部门、工作岗位，发生深厚的爱。作为一个地区的领导者，这种感情应该更深厚、更丰富，热爱自己地区里的劳动人民，高山大海，草野河川，田园村舍，以及一猪一牛，一草一木。自然环境越恶劣，生产条件越坏，生活现象越贫困，越要热爱。惟其热爱，才有充沛的热情，无畏的勇气，超群的毅力，把不如人意的环境和现象加以改变。

什么是创造？托尔斯泰写《战争与和平》是创造，但是，一个人用毕生精力认真地搞好一个县、一个公社而至一个大队，也是一种创造，而且是一种伟大的创造。把一个县的生产搞得很好，粮食很多，各种物品很丰富；把一个县的绿化搞得很好，处处是绿树林荫，一片碧翠；把一个县的水利建设、乡村建设搞得很好，绿水青山，整洁幽美；全县人民都有高度的文化，又过着丰衣足食、文明幸福的新生活，这不是最伟大的革命的创造吗？搞好一个公社，搞好一个大队，也有同样的意义。

有些好高骛远的人，把一个大队，一个公社，以至一个县的工作，看不上眼，认为“浅水养不活大鱼”，不能发挥自己的才智，这是十分错误的、最没有出息的想法。一个县或一个公社，都是伟大的事业所在，是英雄用武之地，纵横驰骋的疆场，有多少本领，多少才华智慧，多少知识学问，都用得上，都能任意施展。事业没有止境，前途没有限量，谁的局面闯得最好，谁搞得最先进，谁就是最受人民爱戴和赞颂的英雄。

一切有出息的革命干部，都不要辜负了这伟大的时代。我们要求他们，有高度的革命热情，热爱工作，热爱群众，以鹏程万里之志，降龙伏虎之勇，克服一切前进中的困难，认真把工作做好，与时代一同前进。

这里，我们想到有那么一些人，和我们的时代是不相称的。他们对自己的工作地区、部门、岗位，缺乏革命者应有的感情，对周围的群众和事物，冷冷淡淡，终日忙忙碌碌，计划也是有的，会开的不少，看起来也做了许多工作，但并没有把工作做好。这样的人，是没有什么作为的。另一些人，不但对自己的工作岗位毫无感情，而且总是带着个人主义的想法，追求逸乐，害怕困难，斤斤计较个人地位、个人得失，调到那里，那里不安心，做起工作来，采取“做一天和尚敲一天钟”的态度。这样的人，不但无所作为，而且发展下去，会被浩荡奔腾的时代浪潮所淹没。

淹没就淹没吧。在英雄的时代里，具有共产主义的英雄性格的干部，随处皆是。他们对党对人民，忠心耿耿，对社会主义的事业无限热爱，对群众、对工作无限热爱，愿意把自己的全部思想感情、才华智慧，而至于个人的生命，寄托在伟大的事业上。雷州半岛、南三岛以及湛江专区，以至全省各个地区，都有许多这样的值得人们赞扬和学习的好同志。我们希望他们再进一步，继续前进。

（摘录自《南方日报》1960 年 11 月 22 日第 1 版）

《随行纪谈》序言[①]

（1960年11月）

今年9、10月间，我同几位同志一齐到粤西和海南去，检查省里对于党中央大办农业、大办粮食的方针政策的执行情况。沿途同地委、县委、公社党委以及基层干部广泛接触，边看边听边谈，共同商量，也到群众中作了一些调查、访问。同行的同志把大家议论得来的意见，写成通讯，题为"随行纪谈"，寄给"南方日报"发表。陆续写陆续登，共得二十七篇。

"随行纪谈"的写作，可以说是在三个方面作了一次试验。

"随行纪谈"的写作，是在检查工作的方法上的一个试验。记得在1958年，我们省曾经组织过大规模的检查团，在全省范围检查生产工作。省委的领导同志差不多都下去了。所到之处，张贴标语，"欢迎省委检查团莅临指导"，群众"熙熙攘攘"，很是热情，我们则有点象"招摇过市"的样子。当时，虽然感到群众在党的总路线指引之下，的确是意气风发，干劲冲天；但是，从检查工作的效果来看，实在什么东西都没有认真地看，也就无从发现问题和解决问题。这种方法，近两年来已经不再采用。这次约了几个同志，静悄悄地下去，时间一个多月，行程近万里，虽属走马观花，但毕竟能够看出一些东西来；再同下面的同志，一商量，一

① 这是陶铸同志在粤西等地调研时为《随行纪谈》在《南方日报》发表所写的序言。

议论，肯定或否定，就更加明确。沿途借助几位拿笔杆的同志的力量，随手把这些意见写成通讯，交报纸发表，作为向干部和群众的建议。这比诸下乡回来以后，再动手整理材料，向省委打报告，然后由省委批转下去的方法，又显得迅速及时一些；登在报上，看的人也多一些，而且谈的问题也可以随便一些，广泛一些。一个政策下去以后，一个运动开展以后，由于干部的政治水平不一样，思想作风不一样，因而对党的政策的了解和执行，总是参差不齐的。这就需要我们去发现和解决这样或那样的问题，抓住和发扬好的，纠正缺点和偏差，才有可能把党的政策正确地贯彻实行。为此，党的领导机关必须力求同下面密切联系，掌握工作进程，以便于及时交流经验和纠正错误。这么一来，下面的同志就会少犯偏差和错误，工作少受一些损失，不至于等到问题成了堆才去作总的纠正。在这里，利用报纸作为组织和领导工作的工具，既灵活，又方便，非常重要。这是毛主席所指示的工作方法，我们必须学会很好地运用。写作"随行纪谈"可以说是运用这个领导方法的一种尝试。从它发表以后所得到的反应来看，效果是不坏的。

我们检查工作的目的，总是为了贯彻实行党的方针、政策。我们基层干部，特别是人民公社的公社、大队、小队这三级基层干部，直接担当着组织群众的生产和生活的重大责任，是直接执行党的方针、政策的人。那么，县以上领导机关的主要职责就在于当党的方针、政策制定以后，切实地帮助基层干部领会党的方针、政策，帮助他们划清正确与错误、许可做与不许可做的界限，帮助他们学会走群众路线，同群众一道使方针、政策见诸实行。这就要求在一个运动开展之初，向他们传达和讲清政策；更重要的是还要在运动的过程中，通过具体的事实，给他们分析我们所做的工作对在哪里，或者错在哪里，从而帮助他们在实践中，通过切身的体会，进一步明确地划清政策界限。"随行纪谈"也是这样的一个试验，即从一个个具体事实材料的分析中，引出关于执行党的方针、政策的经验教训来，这样可以使干部，特别是基层干部，比较容易明了，容易接受，可以启发他们仿照所提出的意见，解决自己工作中的问题，改正自己的工作中的缺点。尤有进者，我们党的每一项政策，都是代表人民群众的利益的。为人民群众谋利益，动员和组织群众起而为自己的利益而奋斗，这就是我们共产党人所毕生致力的事业，也就是我们党的群众观点的中心。可以这样说，我们党的政策的总的出发点，就是这个群众观点。目前，在社会主义建设时期，发展生产就是最直接最主要的群众利益。因而，也可以这样说，生产观点就是我们的群众观点的集中表现，有无生产观点就是有无群众观点的试金石。现在，我们的许多干部，对执行党的方针、政策，既然是那么勤勤恳恳、忠心耿耿，但为什么又总是不能做到融会贯通，举一反三，而且还会摇摆不定，甚或做出某些蠢事来呢？这主要的是，他们还没有牢固地确立群众观点、生产观点，以致对党的方针、政策的精神实质不了解或者了解不深，只知其然，而不知其所以然的缘故。没有牢固的群众观点和生产观点，就难于明晰地和锐敏地分辨美与丑、善与恶、好与坏、正确与谬误、许可做与不许可做的界限，也就难于自觉地和勇敢地去执行党的方针、政策，也就极容易为主观主义的思想所蒙蔽或受到资产阶级思想的影响而做出一些蠢事或坏事来。我们的每一项政策，每一个行动，都是为了群众的利益；这里包括着长远利益和眼前利益两个方面，党的政策总是全面地体现这两个方面的利益，把两者巧妙地结合起来的。我们的一切工作，必须按党的政策办事，必须以群众观点和生产观点为其基本的出发点。为了教育我们的干部，特别是基层干部，明确地树立这些思想，让他们读一读“随行纪谈”的每篇文章，是会有裨益的。

“随行纪谈”的写作，也是在新闻报道上的一个试验。目前省内的报纸在新闻报道上存在着一些问题。这是些什么问题呢？一曰不敢于提出问题，二曰缺少建设性的批评，三曰体裁格式单一化。可以说，不尖锐和八股气，就是目前新闻报道上的通病。报纸的主要任务，是宣传和贯彻党的政策。党的一个政策下去以后，由于干部的认识总是参差不齐的，运动的开展又是有先有后的。那么，作为贯彻政策的极为重要的工具的报纸，就必须在贯彻政策的群众运动的过程中，帮助党委去解决一个个问题，防止和克服这样或那样的缺点，随时指导下面干部和人民群众划清政策界限，鼓励和帮助他们按照政策所指示的方向不断前进。那么，报纸就必须不断地、一个一个地把工作中的问题尖锐而明确地及时地提出来，把那些解决这些问题的好经验传播开去，同时还得适当地批评那些离开了党的政策的错误观点和做法。现在，我们的报纸虽然努力在这样做着，可是总还未能令人满意。我们的新闻工作人员就是不敢尖锐地提出问题，怕在报纸上开展批评。省委多年来要求报纸开展批评，而批评总是展不开。究其原因，首先当然是水平所限，不容易从实际中抓到最中心最关要紧的问题。其次是他们有顾虑。这是可以理解的，但同时又是不应有的。“随行纪谈”的每一篇文章，总是要提出一个问题，总是有表扬又有批评。这些文章中的属于批评方面的意见，登在报上，是不是“泼冷水”呢？会不会起消极作用呢？显然，都不是，都不会。有了这个样子，我想从事新闻工作的同志，顾虑就可以消释了。我们的工作，成绩是主要的；但又决不是一点缺点也没有。因此，我们的报纸以表扬成绩为主，但又不可没有批评。现在，报纸对工作成绩的宣传，尽管材料很多，篇幅很多，而对照这些事物的本身，可说是宣传了千分之一也不到。而在另一方面，报纸缺少了建设性的批评，也使人看了觉得真实感不足，即没有全面地反映客观真实情况。报纸上的批评，当然不要过多、过分和过于集中，否则也是违反了客观的真实；但是，建设性的批评则是一张报纸所不可缺少的。这些批评，只要在立场、观点上是正确的，对社会主义事业是满腔热情的，是为了贯彻党的政策而不是违反党的政策的，对被批评的单位是采取共命运、同呼吸的态度的，对它的缺点和错误能分析其产生原因和指出改正办法的，那就决不是什么“泼冷水”，决不会起消极作用，到什么时候来看也不会被认为是右倾。

报纸要提出问题，那就要求我们的新闻工作者锻炼自己的立场、观点。除此之外，还要把眼、耳、腿、脑、手这些在认识客观世界、反映客观世界时需要使用的器官统统运用起来。现在，我们的记者往往只带耳朵，找某些做实际工作的干部谈一谈，听了就写，很少深入到第一线的现场，亲眼看一看，再用脑子想一想，然后动笔。我们长着两只耳朵，是为了兼听。要一边听干部的话，一边听群众的话。“兼听则明，偏听则暗”，古人也这般说的。可是，我们的记者同志，往往只注意听干部的话，没有同时也去听群众的话，互相参照；只用一只耳朵，而不是用两只耳朵。这样，就发现不了什么问题，而只能写出一些一般化的报道，还写了一些不真实的报道。要写出提出工作中的问题的新闻通讯，必须眼、耳、腿、脑、手“五官”并用。耳要聪，目要明。深入实际中去，到群众中去，多看，多听，人就会变得聪明起来，这样总是比较能够发现问题和提出问题的。

我们的报纸也有过不少好的文章，好的通讯，但体裁格式单调则是通病。写文章、写通讯，总要有体裁、格式，而丰富的现实生活要求体裁多样化、格式多样化，以使确切地加以表现。比方写字，颜、柳、欧、苏，就是四体。现在我们的报纸的文章、通讯，当然也有一个体；不过，看来看去，只有那么一个体，天天只是这个体，篇篇只是这个体，即使这个体裁很好，也会使人感觉单调无味，显得八股气。初写文章、通讯，难免要模仿，但写文章、通讯，总不能只去模仿那几个人或那几篇东西，必须进而有所创造。“随行纪谈”的文章，看来，可以说是在新闻报道方面创一体、备一格。如果这个看法成立的话，那么，只要我们的新闻工作者既在新闻报道的内容方面用功，又在新闻报道的形式方面用功，打破某些陈旧的格调，跳出相互模仿的圈子，创造出更多的好体裁好格式来，我们的报纸就可以办得丰富多采，引人入胜，动员、组织、教育群众的作用也就会更大。当然，不能说这二十多篇文章一点八股味道也没有了，由于它是随行随谈，随写随发的，它的形式还远远不够理想。不过它给人以一种新颖的感觉，却是比较明显的。

“随行纪谈”在上述三个方面作了试验，它自从在报纸上刊登以来，所得到的反应是良好的。为供做领导工作的同志、做实际工作的同志以及做宣传工作的同志改进工作的参考，把它编成这个小册子，我想是很有好处的。

（摘录自《南方日报》1960 年 11 月 25 日第 1 版）

发扬党内民主与对被处分错了的干部实行平反[①]

（1961 年 7 月 6 日）

大跃进以来，特别是在传达庐山会议后，全省开展反右倾斗争，党内的正常民主生活受到了相当程度的损害。现在，一方面要在执行党的政策上纠正“左”的错误，和在思想认识上纠正“左”的倾向，同时，在组织上也必须健全党的民主生活。关键在于做好下列三条：

（1）切实保障党员充分运用“八大”党章所规定的党员权利，任何人、任何一级组织不得侵犯。

在党的会议上，必须允许有多种不同的意见和争论，坚决执行“三不”规定，最后还是：少数服从多数，个人服从组织，下级服从上级，全党服从中央。但可以保留自己的意见。在党的会议上，某个人由于认识不同所发表的不同意见，都不应当在他犯错误时拿来算老帐。

打击报复，压制党员向上级申诉，都是严重违反党章的，应受到党的纪律处分。

严格规定与审查过去反总路线，反党、反党集团与反对领导等案件的内容。这些大帽子绝对不许乱戴。今后如果谁个乱戴，就必须以压制民主或打击报复论处。

（2）各级领导要真正作出发扬民主的示范。省委首先带头执行前面讲

① 这是陶铸同志在中共广东省委三级干部会议结束时讲话的一部分。

的几条。

今后，省委应当倾听下级的意见，特别是不同的意见。意见不同时，不能压服，只能说服。三年来，我在这方面有很大的缺点，现在再一次向同志们检讨，引以为戒。例如，在反瞒产问题上，以及在某些日常工作问题的争论上，我的作风是不够民主的，往往表现急躁和不够虚心，这次会议对省委提的许多工作上的批评和意见，凡是正确的，省委都诚恳接受，并付诸实施。有些不能完全接受的，也应当进行解释。举一个例子：去年秋季，省委为着引起各地警惕，曾经规定各县的人口死亡率最多不得超过百分之二，超过百分之二的要追究责任，有些同志对这个问题持有不同的看法，觉得对他们有压力。我以为这不是压力的问题。

因为省委曾经三令五申，要求各县如果粮食确实不够，会发生人口死亡时，应该如实向省委报告，省委可以保证各地每人每月安排口粮。但是，不少的县既没有反映情况，又没有很好安排群众生活，其结果在去年春多死了一些人，而且超过了百分之二的死亡率，这难道还不应该追究责任吗？我以为，省委在去年秋季严重地提出这个问题，并为此作出的相应的规定，是正确的。

（3）平反必须搞彻底，这是发扬党内民主的一个大的推动力量。

省委已经责成组织部与监委联合组织省的领导小组（地、县、市也要组织），有步骤有计划地、分批地对被处分的同志进行重点审查与普遍复查。凡是被处分的同志，都有权进行申诉；领导小组应当接受申诉，并进行重新审查，给予答复，不这样做，党内的民主空气总是难以活跃起来的。

（摘录自《陶铸文集》）

在广州市中学校长、党支部书记和教师恳谈会上的讲话

（1961年8月5日）

我到广东十年了，工作没有做好，广州市的工作没有抓好。最近一连七天听了市委的汇报，感到文教工作问题很多。过去了解不够，解决也不多，主要应由我们负责，因为没有抓好。

广州市有七万多中学生，这是我们的后一代。几年来广州市教学质量是下降了的，学生的体质也一天天差，教师的积极性也不高。这不能怪教师们，只因为我们的工作没有做好。我们教育工作，“百年树人”，就是要把年轻一代培养成为“三好”学生，现在有的学校培养的学生不是“三好”而是“三坏”，我们很忧虑。据汇报：有两间中学办得很差，是不是只有这么两间？其中一间学校的学生大部分是干部子女，家长溺爱，纵坏了，不少人偷东西，有的要送去劳动教养；另一间学校的学生骂教师，给教师起绰号，教师上课学生在下边传篮球。体质是不是好呢？也不好，百分之二十五患近视眼，百分之五患肺病，学习成绩也很差。

广州市是文化有基础的城市，为什么学校弄成这样呢？首先我要负责，市委和文教部门也要负责，可不可以这样？我们负责七成，教育部门负责二成，学校也总是要负点责任的，当然过多也负不了。

首先，从我们党委来说，过去我们搞工业搞生产，主要力量抓这方面

是必要的，但对文教工作也应注意，这是做人的工作。如果我们培养的后一代，未老先衰，文化很低，名义是初中生实际是高小生，那我们就是在搞下降，不是搞提高。建设我们这个社会主义大国，任务是很艰巨的，教育的任务是培养社会主义新人，是为了整个后一代。这已经是老话了，但怎样去完成这个任务呢？按现在的样子是不成的，只能是糟蹋青年，他们象一匹白布，染在青缸子就变青，蓝缸子就变蓝。三字经说："人之初，性本善"，过去有性善性恶之争，孟子主性善，荀子主性恶，我看都不对。人生下来就象块白布，主要还是靠后天的教育、环境和家庭影响的结果。家庭很重要，对六岁以下的儿童，家庭影响起决定作用。现在有的干部对小孩溺爱，教育儿女没有方法。共产党人是爱小孩的，但不能这样爱法。人不是生下来就注定了的。封建社会认为皇帝生下来就是皇帝，他的母亲怀胎时，就梦见龙或者是什么降生，这都是胡说八道，为的是欺骗人民。我们也不是生下来就革命的。拿我来说，十岁父亲就被杀害了，他是同盟会会员。初时，我羡慕过南方军阀，羡慕许崇智。想学画，买了芥子园画谱，学不成。想学音乐，买了二胡也学不成。后来当学徒。入黄埔军校参加了革命，这主要是党的培养，要不然当个劳动力也不是好的劳动力。社会锻炼和党的培养很重要，过去的社会象个大熔炉，一千八百度高温，石块铁矿丢进去烧，不成钢不成铁就是渣滓，我们就是在那个社会里闯出来的。现在不象过去了，现在革命不担心杀头，但吃一些苦总是要的。那时我们参加革命随时准备脑袋搬家，没有想到革命什么时候成功，更没有想到今天在越秀宾馆讲话。那时广州最漂亮的是二沙头颐养院，想不到今天有这个大宾馆。我一九二六年入党，当时只想到应该这样做，这是正确的，作为一个中国青年应走这条道路。那时完全没有想到升官发财，如果为了升官发财可以跟蒋介石走，要捞一官半职或当个小军阀是可以办到的。我有不少同学就是这样。那时对牺牲是有准备的，想到所有的人都是要死的，问题是怎样死法。有的死在水里，有的死在飞机失事，多数人死在床上。我在黄埔的同学现在只剩下二、三百人，五分之一也不到，大部分人牺牲了，不少人叛变投敌或者变消极了。这就是考验。革命是姜太公钓鱼，愿者上钩。一般鱼钩有倒刺，鱼受了骗，咬住就脱不得，这是不自愿的，但姜太公的鱼钩是直的，鱼放开口会掉下水里，咬住硬不放就是完全自愿的了。过去我们参加革命是完全自愿的。我感觉到现在有些党团员和过去参加革命大不相同，不是“俯首甘为孺子牛”的态度，而以为自己高人一等，好像是“新贵”，这是不好的，把革命看为进身之阶是不对的。本来革命就要有牺牲，应该多吃一点苦，一点也不能特殊。“先天下之忧而忧，后天下之乐而乐”是革命者的本色。在最困难的时候要经得起风雨，所谓“疾风知劲草”，“岁寒然后知松柏之后凋”。青年一代要革命，要更谦虚，老老实实，刻苦耐劳，这要靠学校教育，也要靠家庭培养，我们已经是这样做了。现在问题是运动多，好象只有运动才能使人进步。课本也太深了，高中讲《无产阶级革命和叛徒考茨基》、《论权威》，想把十六、七岁青年一下子变成革命家，用心是好的，但效果就不会好。过去错了我们负责，以后大学、中学应让学生好好念书，教师好好教书。运动多了，不念书质量就下降，这个运动那个运动，学生愈“运动”愈差。学校要念书，正如军队要打仗，理发店要理发，理发店不能变成炼铁厂。农民不会种田，军队不会打仗，学生不念书那成什么话？几年来运动多，学生不能安心念书，教师不能安心教书，这实在是贻误青年，是质量不高的重要原因，这是一个经验教训。你们是不是同意这样看？现在在党内党外要定出三条：不戴帽子，不抓辫子，不打棍子。在座的都是十年多的朋友，也经过考验。最近二、三年来，经济生活很困难，还是坚持教书，说明觉悟有很大提高。当然，思想上是有不一致的，也讲几句怪话，党内也有，这也是难免的。今后党内外应互相信赖，加强团结，同舟共济。毛主席说过今后主要是解决人民内部矛盾，办法是团结——批评——团结，批评也不是打击，不是整人，而是在尊重的基础上帮助提高。“偶语者弃市”，是过去反动统治者的做法。其实，讲错话是很难避免的，话讲开了就会有些是错的。列宁写的文章改动很多，可见第一次写时是有错的。毛主席的稿也一改再改，就是最初不够准确。“文不加点，一字不改”，是吹牛皮的。写文章也这样，何况说话？人们认识是逐步完善的，看问题的角度不同，说的话也不同，要求一句话也不说错，就只能如鲁迅所说的：只说“今天天气好，哈哈哈”，要不就把嘴巴贴上封条。嘴巴有两大作用，除了讲话还要吃饭，要吃饭就不能贴封条。讲话也不可能大家一样，既然一样就不用讲了，开会也没有必要了。讲话难免有缺点，因此就不能给人戴帽子，不能抓辫子，现在辫子是没有了，但是要抓政治辫子，使人不敢讲话。话讲了也就过去了，是正确的很好，不正确的可以等待他觉悟，通过实践证明，他自己会改正的。不打棍子就是不要搞过火斗争。我们是要斗争的，“吾日三省吾身”，就是一种思想斗争，睡在床上也会想一想今天哪些话说得不对，哪些态度不对。人民内部的斗争要用批评的办法解决，采取互相探讨的态度。古人也说：“君子爱人以德”，又说：“良药苦口利于病，忠言逆耳利于行”。我们的批评应该是忠言，批评者应有古君子之风，这不是复古。相交应作“诤友”，不要做酒肉朋友，平常吃吃喝喝在一起，有什么患难，困难就躲开，当面捧场，背后讲闲话是品质很坏的。正确的批评不是打棍子，接受的人会满意，当时不满意以后也会想通的。我们有些同志心是好的，就是办法不怎么好。现在我们要实行“三不主义”，过去第一条经验教训是没有让学生好好读书，教师好好教书。对不对？

其次，我要谈谈党内党外关系问题。现在有些党员有优越感，盛气凌人，“我来领导你”。中学不少党员负责人很年轻，没有什么经验，而党外的许多校长是很有经验的，这些经验是可宝贵的。中华人民共和国成立了得到什么财产？最大的是中国人民大团结，还有一个很大财产是教育和文化，包括几十万知识分子，知识分子起很大作用。搞文化教育的共产党员，要与党外校长、教师好好合作，尊重人家。过去春秋两季我都和大学的党外朋友开开座谈会，谈谈心。这办法好，要恢复。现在有的同志年纪轻轻，高高在上，发号施令，这样不好。据说广州有个中学搞了一次时事测验，有些老师答不出。本来答不出也不奇怪，有时测验题目也出得不好，不着边际，很难答。我的女儿在执信中学念书，有一次，拿一个题目来问我，很大很广泛。我一时也答不出来，这叫中学生怎样答呢？一个可能是题目出得不好，另一个可能是教师对政治不关心。对此，我们都有责任。但那位年轻的支部书记就训人，在大会上讲人家

"丑态百出，莫名其妙"。你应该用同志的态度帮助他，使他"有明其妙"嘛！采取这样的态度，就是拒人于千里之外。党内党外关系要搞好，首先要关心人家。我们是当权的党，但不能滥用权力。人民给我们这个权力，要为人民办好事情，更好地团结人民，没有任何理由不尊重人，即使人家有错误也应采取帮助态度。现在党团员与教师很少谈心，赤诚相见的恐怕很少，包括文教行政部门在内，以后应该深入到教师里谈谈心。不关心人，不谈心，不尊重人家怎能领导？这就不是以德服人，而是以力服人了。不靠真理，靠压力，靠权威，这是不成的，这样下去权力也不能长久，因为人家就不会拥护我们。为什么人民赶走蒋介石欢迎我们呢？就是因为蒋介石搞独裁统治，脱离人民，在学校里搞特务教育，有一点进步表现就告密、镇压。我们绝不能这样办。要搞好我们的国家，靠全国人民还是只靠我们的党团员呢？靠少数的党团员能办多少事？党之所以伟大在于能团结七亿人民，得到群众拥护。在一个单位，共产党得不到这单位广大群众拥护，就是失败的领导，起码不是好的领导。我们在工作中完全不犯错误是不可能的，我也犯过不少错误。问题是对错误采取什么态度。我们是对人民负责的，有错误就承认就检讨。古时有所谓"君子之过如日月之蚀"，我们党员比古代君子还胜一筹，为什么不能承认错误？现在有些单位的领导不与群众商量，少数人包办，自己外行又不懂装懂，搞不好工作人家有意见就整人家，对人很不尊重。我们说党的领导是指总的政治方向，领导大家搞社会主义建设，但具体业务不是包办代替。比如汽车中途抛锚了，我们只能安慰司机，鼓励他的情绪，这样就是政治领导，不能靠自己动手搞，也不能开一个会，作出决议：汽车非走不可。因为这样汽车还是不走的。总的原则方向我们一定要领导，但具体业务我们不包办。现在有些党员，不能当校长是因为经验不够。为什么党员主任一定要领导校长呢？过去对"党的领导"没有讲清楚，并不是说，每一个党组织每一个党员都能领导一切。我看过一个合作社，盈亏自负，本来应该以理事会为最高领导机关，党只能通过党员在理事会起作用，不能直接下命令指挥理事会。但实际上却是支部说了算的。一九五六年我在顺德看了一个合作社，印象很深。农民根据过去经验，认为春天鸭子难养，只能养一千只，可是合作社长一定要养五千，结果大批死亡，亏了老本。农民在大会上批评他："亏了本怎办，要你赔看你赔不起，如果以后你要领导，就得每个月给我们每人发二十四元，办不到就不要来领导。"说得很尖锐，也很对。学校是国家办的，不是自负盈亏，但教育质量低要谁负责？党要负责。当然校长也要负责，但是现在校长没有权力，不应由他负责，有权才有责，讲话不算数，怎能负责？党支部有责任检讨，但支部负责人年纪轻，没有经验，检讨了又怎样呢？误人子弟呀，光检讨也不是办法。看来中学不能由支部领导，要实现校务委员会领导下校长负责制。校长要在其位谋其政。确实是懂教育有经验，就可以做校长，不一定是共产党员。只要求他三条：一、拥护共产党，不反对共产党；二、有教育工作经验；三、积极地把学校工作搞好。当校长有职就要有权，不够条件宁可调换。校务委员会包括校长、学校中党的工作人员、班主任代表、老教师。校长做主委，支部书记做副主委，大的学校可以多一个副主委。重大问题在校务委员会上讨论，实行民主集中制，少数服从多数，支部有意见可以在校务会议上讲。以后教育局主要找校长开会（有时支部书记也参加），党委文教部主要找支部书记开会（也可以邀请校长），有个分工。布置工作主要通过校长，由校长向校务委员会传达，平常行政工作由校长管。支部抓政治思想工作，对党的方针政策的贯彻执行进行监督，向上级党委反映情况、经验和缺点。现在是支部包办行政工作，党不管党，这样改过来是不是会好些？这并不是不要党的领导，文教部门领导就是党的领导，非党校长执行党的方针政策也是党的领导，支部在校务委员会起作用也是党的领导，我们就是靠正确领导而不是只靠权力。总之，校长负教育行政责任，支部书记管政治领导；教育局管教育行政，文教部管政治工作，大家各得其所，站在各个不同岗位发挥作用，不是互相牵制。现在党组织代替了行政的工作，本来应该做的工作放松了。要改进，首先要党内外从思想上解决问题。建国已经十一年了，你搞革命人家也革命，你进步人家也进步，不能只许自己革命，应当相信人家嘛，不能采取不信任的态度对待非党同志。孙中山讲的"精诚团结"这句话还用得着。团结就要精诚，否则同床异梦，怎样团结！首先要党信任人家，共产党就是得对人宽对己严。现在有些人恰恰相反，对人严对己宽，这就不对了。

再其次，谈谈生活问题。文教工作是清苦的，工资待遇不高，工作累，要用脑子。一九五九年以来经济没有很大好转，广东各界人民都吃了苦，教师生活本来就清苦，这下子更加苦了，尽管实际工资没有减少，但生活水平是下降了。这方面，党的工作同志是清楚的，因为本身也在吃苦，待遇也不高。但是觉悟应当较高，也应关心别人。游击战争时期，生活之苦是可想而知的。但红军战士没有人开小差，这是什么缘故呢？在井冈山的时候，生活苦得很，有的战士讲怪话："打倒资本家，天天吃南瓜。"那时要逃跑是很容易的，但却没有人逃跑，因为物质虽苦，精神却很愉快。现在有些事要改一改，例如现在对负责同志叫什么首长，不叫名字，好象他们都没有名字的，叫名字不更亲切吗？叫我们"老陶"、"老曾"不更好吗？过去红军中就不是这样。那时官兵平等，讲民主，军官士兵平起平坐、部队废除打骂，大家一起吃大锅饭、吃南瓜，毛主席朱总司令也一样，大家知道朱德扁担的故事吧！总司令和大家一起挑米哩。物质生活很苦，但是不开小差，就是由于精神上有个寄托。士兵都不想到国民党那里去，虽然那里吃得好，领光洋，但要打屁股。当红军闹革命，打土豪、分土地，分给自己的阶级兄弟，虽然苦一点却很痛快。现在我们搞社会主义，就是要搞工业化，用工业武装农业。只有这样，才能真正翻身，才能摆脱一穷二白。我们干部要学红军那样关心人，关心别人比关心自己还多，这样人民吃点苦也会想得开。现在我们道理讲得不多，人们不够了解。三年来我们搞工业是快了，挤了农业。所有制改变太快，损伤了农民的积极性，不能不反映到生活上来。过去对粮食的估产有浮夸，天灾严重，我们工作也有错误，因此一九五九年和一九六〇年粮食都有减产，广东减少二十亿斤，而非农业人口增加二百万，要吃十亿斤大米，因此口粮共减少了三十亿斤，全省三千九百万人算，每人减少八十斤粮食（大约短了两个月口粮），猪、家禽也跟着减少了。今年如果晚造好，明年可能恢复到一九五八年的生活水平，这就要比一九五八年粮食产量增加十多亿斤，因为商品粮食的消费比过去增加了，这工作是相当艰巨的，我们现在正尽一切力量搞。几年来，我们犯了两个错误，一个是工业搞快了，搞工业是对的，但搞快了，现在要大力支援农业。其次是所有制改变得太快。我们工作有偏差，应该承认，不讲清楚人们就想不开。生活水平下降了，对人又不关心，物质条件差，精神又得不到寄托，就成问题了。我们有些干部，人家意见是正确的还斗争人家，讲几句怪话就说人落后，不管怎样，我们应该听嘛。我们共产党人是实事求是的，对人民要采取完全负责任的态度。中国人民觉悟很高，基本上是团结的，教育界也是这样。我们应该感到满意。党团员要相信人家，有做得不对的就要承认错误，改正。不能立刻改过来的，也要关心人家，人家就不会有很大意见。教师的口粮是不高的，平均二十六斤还要节约。过去我们发支票，说什么时候好转，但未兑现。现在要说明：今年还是困难，明年十月以后就会好些，肯定会好些。但也不可能说很好了，应该看到我们的国家是在欣欣向荣的，我们要有信心克服困难。但我们一定要关心人民，精神安慰一下也好嘛。我建议教师口粮调整一下，至少不得低于二十六斤，体育教师个别还可以调高一些，让人家吃得饱才可以教书。学校的福利应搞好一点，现在灯光不够，近视眼人数增加，不要把下一代都搞成近视眼。学校破破烂烂的应修缮一下，原来七十多万元基建费不要冻结，还可以增加五十万元，搞点修补，首先修理教室，宿舍、饭堂也解决一下，重点放在中学。过去文教基建费排不上，往往被挤掉，冻结了，以后不要这样。可以考虑明年教职员增加一点工资，今年先作一些准备。一方面，明年农业搞好一点，东西多了，物价就下降一点，自由市场物价贵就是因为东西少了；另一方面，增加一点工资，生活就会好过些了。我们党团员应该了解这个情况，教职工生活是下降了，就应更关心人家，象过去红军里一样。如果又要吃南瓜，又要耍威风，人家就会跑光的。现在应该是患难与共，同舟共济。

最后，谈一些政策问题。学校里有一批人过去在国民党里做过什么区分部书记之类的职务。当然国民党整个是坏的，他们也不可能不做一点坏事，人民是有意见的。但是解放十一年了，对他们就应区别对待。如果一直为我们工作，问题又早已交代，表现又是好的，就应该替他摘掉反革命分子的帽子。我们要他做老师，但戴着反革命分子的帽子，怎么行呢？如确实罪恶很大，民愤很大的，就不要让他当教师，换到另外地方好了。表现好，又不摘帽子，他们怎能有翻身之日，怎能做好工作呢？我们党不是从个人恩怨看问题，而是从国家人民的利益出发。总之，我们要按毛主席的指示：团结一切可以团结的人建设社会主义，我们千多万共产党员，如不能团结所有可以团结的人，工作怎能做好？什么叫领导，什么叫作风好？很重要的一条就是看能不能团结一切可以团结的人。党的领导和核心作用就是表现在把人民紧紧地团结在党的周围，建设社会主义上。团结是最要紧的任务。

还谈谈红专的问题。我们现在应该取消“白专”的提法，“白”和“专”不应该联系在一起。什么叫做红呢？对教师们来说，拥护党，拥护社会主义，以自己的专长为社会主义服务，这就是红。不管他信康德、信佛教，世界观是唯心主义都可以。马师曾很害怕打雷，要求搬到爱群大厦，这是迷信，但不妨碍他成为名演员，不妨碍他为社会主义服务，他也是红。因此，对人们红的要求不能太高，不然都成了共产党了。什么叫做专？对教育工作有经验，能贡献自己专长为社会主义服务就是专。现在我们要求别人过高过严，这是不好的，可以求同存异嘛。共产党应有容人之量。教育工作中也应贯彻“百花齐放，百家争鸣”。可能有人还相信杜威的教育观点。杜威的观点也可以保留，尊重你的保留，“物之不齐，物之情也。”观点总不能完全一致。看戏也是一样，有人说马师曾好，有人说马师曾不好。杨康华喜爱粤剧，杜老（指杜国庠——编者）喜爱潮剧……我什么也喜爱，个人爱好问题，不能要求相同。吃菜也是这样，有人喜欢辣，有人喜欢酸，饭堂吃一样的菜，我就不赞成。应该大方向相同，其它则求同存异。只要拥护共产党，执行党的政策，有不同看法，可以提出，可以保留，留待以后证明，这样可以团结一切可以团结的力量。

今天耽误了大家两个半小时，作为第一个发表意见，请议论下，对的大家就说对，不对的请批评。

（摘录自《陶铸文集》）

搞好对党外同志的团结①

（1961 年 9 月 27 日）

我谈谈对党外同志的团结问题。团结问题究竟解决得好不好呢？你说好也很好，说不好也可以。对同党外同志合作要有个基本认识。解放十二年来不是风平浪静，是经风经雨的，经过很好考验的。在十二年中，大家做了很多工作，付出了力量，虽然有缺点、错误，但责任在于我们。

党的伟大是它能团结一切可以团结的人，又无私心，一心想搞好国家，现在有什么困难，都应向人民讲清楚，共产党没有什么不可讲的事情。猪肉、粮食少了，不是我刮地皮，搞私人财产，这是无愧于心的。有的党员对党外同志总是认为人家不革命，自己才革命，人家落后，自己才进步，这怎么行呢？这怎么叫共产党呢？应该把党内外所有力量发挥出来。我在广州中学教师座谈会上讲，可以在中学搞校务委员会负责制，有人说我是朱可夫，说要请示中央。不要动不动就说人家是资产阶级知识分子，走白专道路嘛。一个人一点旧思想都没有？我们也有。不要对人严，责己宽。马克思主义者应当要求别人宽，要求自己严，应当乐于帮助人家，对人家的批评应接受，不要拒人于千里之外。十年来，我们和大家来往少，但你们下面的同志应多来往，不要老死不相往来，应多团结党外人士，多交朋友。解放十二年了，还不信赖人家？对人家

① 这是陶铸同志在广东省民主人士座谈会上讲话的一部分。

要求不要太高。有些非党同志认识不那么清楚，应该多帮助他们。又专又博当然好，今天主要要求专，今天称为博士的，也只是对一门有专门研究。什么叫红，陈毅同志说过，只要拥护党，愿搞社会主义，愿搞好工作的就算红。要人家做好工作应该给人家工作条件，对工作能力也不能要求过高。在党领导下，让其发挥长处。一个人总有长处，也有短处。过去没讲清楚，我们在上面工作的人要负责。今天讲清楚了，在下面的同志就要好好办了。好领导是令人心服，团结多数，否则，不是好领导。应象孙中山讲的要“精诚团结”，不要同床异梦。我国有九百六十万平方公里的土地，搞到这么大的国家嘛，秦始皇、汉武帝、唐太宗、康熙、乾隆也有一点功劳。这是最大的财富，我们应把这家当保存下来，但今天要搞社会主义，没有科学不行。因此，对知识分子要发挥他们的所长。这个问题主要是我们过去没讲透。时至今日，看得比较清楚了。我们是唯物主义者，但认识客观也要有一个过程。当然，也不是说今后党与非党的关系就没有问题了，彼此仍要注意。广州市里那个同志说我是朱可夫。什么朱可夫？那办法至少可以试验一下嘛！还有市委的领导嘛！难道你才是党，我们就非党？什么是党的领导，这道理应讲清楚。你支部书记如果有能力，可以当校长，否则，要人家当校长，就应给人家权力，当然当了厅长、院长、校长的也还要和大家商量，三个臭皮匠就是诸葛亮，一个人的才智总是有限的。我粗识“之乎者也”，当省委书记是个“中庸”，无非兢兢业业，按中央指示办事情。如果没有党的培养，我有何本事？共产党靠团结大家，发挥大家的力量，不能只靠个人才智。当然，也不要自卑。我们作为普通的人，不是低人一等，也非高人一等，能工作是靠党的领导，靠集体，靠大家。

（摘录自《陶铸文集》）

在中南区高级知识分子座谈会上的讲话（节录）

（1961 年 10 月 11 日）

对高级知识分子要做新的估价

中国的民族资产阶级是有革命性的，因为它受帝国主义、封建主义和官僚资本主义的压迫和排挤，因此能和我们合作。中国的高级知识分子更是如此，他们中除了一小部分人跟蒋介石走以外，大多数人是搞科学研究或教育工作的，都有爱国心，想把中国建设成为一个富强的国家。有的人在解放前就开始同党合作了，他们有些人在过去就直接间接参加过革命斗争。解放后，他们大多数人都是愿意为社会主义服务的。12 年的时间不算短，可以说高级知识分子已同我们结成患难之交。高级知识分子政治觉悟有了很大提高，社会主义建设的成绩是全国人民共同努力的结果，其中包括了高级知识分子的努力在内。特别近几年来物质条件比较困难，大家还是积极工作，没有躺倒不干。这是不容易的。所谓相交应作“诤友”，酒肉之交，不算好朋友，患难之交才算好朋友。在正常的、顺利的情况下喊口号容易，在困难的情况下坚定不移是难得的。高级知识分子是不是经过了考验，能不能同我们一起搞社会主义建设？应该有一个肯定的总的估计。我们的统战部长、宣传部长对此要有新的认识。解放 12 年了，应该说是经过考验了。如果要打分的话，我看现在可以打分了，起码是及格了。道理很简单，因为跟着共产党走，你说是为了名吧又没什么名，为利吧猪肉也没有吃的，但还是拼命干，为了什么呢？就是有一个大的目标：大家希望把国家搞好。到底是不是都对共产主义相信呢？那不一定，但都希望把我们国家搞好，对社会主义是拥护的。粮食不够、猪肉没有吃的还在拼命干，这还不是拥护么？什么叫政治坚定呢？就是在我们困难的时候能够站得稳，即所谓“疾风知劲草，寒霜识磐松”也。

高级知识分子经过了考验，有很大的进步，我们不能老是讲人家是资产阶级知识分子，我看要到此为止了。现在他们是国家的知识分子，民族的知识分子，社会主义建设的知识分子。至于资产阶级思想，我们都是有的，当然程度不同，有的人多一些，有的人少一些，共产党员资产阶级思想应该少一点，但你说一点也没有？不是的。我们也是旧社会出来的，“蒋委员长”还是我读黄埔军校时的校长哩，我也在旧社会吃了几年饭的。从总的方面看，同志们都是希望把我国建设成为一个社会主义强国，大家不仅是口里讲，而且实际在做，这就算不错了，就是经过考验了，就算及格了。因此，我建议今后在中南地区一般地不要用“资产阶级知识分子”这个名词了，这个名词伤感情。谁有什么毛病，实事求是，是什么讲什么，不要戴这个帽子。帽子满天飞不行。8 月份我在广州市中小学教师座谈会上讲了一次话，提出在中学实行以校长为首的校务委员会负责制，会后有个同志给我戴了一个帽子，说我是不要支部领导，取消党的领导，是朱可夫。我当时想，难道只有学校支部是党的领导，市委、市文教党委就不是党的领导吗？不过我没有质问他，因为他是在会后反映的。这说明什么问题呢？说明现在帽子仍然多，过去我还没有尝到帽子的味道，你们是感受比较深的，为什么呢？我是省委第一书记，而且是中南局第一书记，帽子都戴上去了，你们是民主人士，“资产阶级知识分子"，还不更加容易戴上去！今后不能这样，哪一点不对就讲哪一点不对，不能随便乱扣帽子，不能像唐僧对孙悟空一样，动不动就念紧箍咒。再就是今后的思想斗争不能采取粗暴的办法，只能采取交心、恳谈、切磋的办法，不要搞运动。思想斗争是长期有的。但人民内部的斗争要用批评的办法解决，采取互相探讨的态度。必须把思想认识问题与政治问题严格分开，只要总的方面拥护社会主义、拥护共产党，在某些具体问题上有不同意见，还可以保留。党内党外都应如此。没有这一条，团结就有困难。事实上不同意见总是有的，如有不同意见就说人家是"反社会主义"、"反党"，那怎么行？

进一步增强团结

我们党是团结的，全国人民是团结的。党和高级知识分子也是团结的，但团结的程度是否还可以增进些？我看可以。刚才讲了，高级知识分子经过解放以后 12 年的考验了，既然是经过考验了，我们共产党就没有理由不更进一步地同他们合作，搞好团结。革命是大家的事情，人越多越好。若是做官，"一朝天子一朝臣"，都是安插自己的亲朋好友，那是人越少越好。共产党的伟大，就是能够团结全国人民在党的领导下进行工作和斗争，如果没有这一条，共产党员也就没有什么本事。当然，我们自己也不要妄自菲薄，也不能说共产党员都是低能者，但共产党员的最大本事就是善于团结人民在党的领导下努力实现党的政策。离开了人民，我们一事无成。全国 1000 多万党员，只占总人口的六十分之一。离开了群众，再有本事也不行。

讲团结，首先要有团结的可能。所谓团结，是革命的团结。我们在民主革命阶段，以工人阶级为领导，以工农联盟为基础，团结了小资产阶级和民族资产阶级，打倒地主阶级、官僚资产阶级。在历史上我们曾经犯过错误，陈独秀的右的错误，脱离了工人、农民，使大革命遭受了失败。后来，又犯了“左”的错误，最严重的是王明的错误，对很多可以团结的人不团结，也使革命受到重大损失。毛主席是正确的，对不能团结的坚决同他作斗争，对能够团结的尽可能争取团结。事实证明了，民族资产阶级是可以参加搞民主革命的，当然其中也有动摇的，但总的来讲对中国革命是能够参加的。我们现在搞社会主义，团结的范围更广泛了。地主阶级、官僚资产阶级被打倒了，作为阶级来说已经不存在了，但地主分子、官僚买办分子也还有，对于这些人现在我们也采取改造的政策。地主分子也是可以改造的，那么，改造一个，我们就团结一个。官僚资产阶级分子很多跑掉了，没有跑掉的改造了之后我们也团结。至于民族资产阶级，和我们一道搞社会主义，在广义上来讲，都可以叫同志，是搞社会主义建设的同志。所以，现在团结的基础更广泛了，全国绝大多数人是能够团结的。

高级知识分子，经过了 12 年的考验和锻炼，思想有很大的进步。我们国家依靠工人、农民，这是基本力量，但建设社会主义没有知识分子是不可能的，建设社会主义就是要依靠科学文化。搞社会主义就是要使生产高度发展，社会物质财富很丰富。我们国家是很穷的，不大力发展生产不行。人民拥护共产党，就是为了过好的生活。国家这么穷，人口天天增加，军队还是要，学校不能不办，我们共产党员家里又没钱，老百姓也没有钱，那么怎么办？就是靠发展生产。发展生产，一方面要广大群众有高度的政治积极性，另一方面是要有先进的科学技术。解放时，我们接收下来的是一个破烂的摊子，旧社会给我们留下来的最大财富是一大批高级知识分子。当然，高级知识分子不能算是蒋介石的财富，而是社会的财富。蒋介石在中国统治了 22 年，在这 22 年中，他杀了一批高级知识分子，如瞿秋白、彭湃、邓中夏等同志。但在他统治期间，也生长了一批知识分子。这笔社会财富对我们最有利。当然，这还不够，还要培养新的知识分子，扩大知识分子队伍，但总还要有个基础。老一辈知识分子还是有经验的，有他们的长处。现在我们有些同志，一是不懂得知识分子的重要或懂得不够深刻；二是不懂得培养新知识分子的方法，有了新的不要老的，没有充分发挥老一辈知识分子的作用；三是对知识分子要求过高，以为高级知识分子都是万能的。不可能设想，高级知识分子样样都懂。孔夫子大概应该算是高级知识分子了吧，但他不会种田，也不会种菜。那个时候他搞教育还有一点办法，孔夫子是所谓“至圣”者，他也不是样样都懂得。当然，实际上我们现在比孔夫子高明。我看，高级知识分子就是有一门或两门专长，不可能门门都懂。我们也应该要求知识分子有专长，只要有一门专长就是好的，现在我们国家需要越多越好的各种专家，我们要建设社会主义，我们不团结一切有一技之长的人是不能搞得好的。总的讲，高级知识分子经过了 12 年的考验，证明是可以信赖的，是可以和我们一道搞社会主义的。但我们不能对人家要求过高，相反地，对己要严，对人要宽。缺点人人都有，哪个人没有缺点呢？现在责任在我们方面。我们受人民的委托，权在我们手里，如果我们拿到这个权不是团结人民而是搞特殊化，脱离人民，那么人民应该把权收回去。我们有些党员同志有个人优越感，以为自己高人一等，好像是“新贵”，这是错误的。当然，每个人都要相信自己，革命决不后人，这是一方面；但另一方面，也要设想人家革命不会比我差。现在我们有些同志只知道自己革命决不后人，但不相信人家革命不会比我差，好像人家一点都不革命了。我们共产党员应该特别谦虚，谁不愿意把我们的国家搞好，谁不愿意成为一个进步的人，谁不愿意在社会主义建设中多贡献力量呢？我们要相信自己，也要相信别人。如果我们党员同志能够这样认识问题，那么全国人民的团结，特别是和高级知识分子的团结，就可以增进。

搞好团结的关键有两个：一是尊重，二是关心。我们很多做这方面工作的同志，对高级知识分子尊重不够，有个时期很不尊重。所有共产党员都必须懂得，要尊重人家的人格，尊重人家的专长，尊重人家的意见。当然，我们对高级知识分子的尊重不是像过去一样，所谓“万般皆下品，唯有读书高”，“劳心者治人，劳力者治于人”，对知识分子迷信，神秘化，那是不对的。但我们建设社会主义应该尊重知识分子，要尊重人家，相信人家革命，以平等的态度相待，有什么事情互相商量，使人家真正有职有权，真正感到这个国家大家都有份，大家都是主人翁。在企业、机关、学校，任何单位都要如此。我们前面讲了，高级知识分子跟着我们党走，一不为名，二不为利，所为何来？还不是为了把国家搞好。大家都是为国家，都是主人翁，就应该团结合作，互相尊重。人的生活有两方面，一是物质生活，一是精神生活。光有物质生活是空虚的，当然没有物质条件人也不能存在，我们不是唯心论者，唯心论者也要吃饭，不吃饭是不行的。我试验过，曾经在监牢里绝食五天，确实难受，不吃饭也还要喝水，所以一个人没有一定的物质生活是不能生存的。但光是吃饭也不行，为人如果光是为吃饭，历史上有很多事情就不能解释。文天祥是有猪肉吃的人，物质生活并不坏，为什么他要写《正气歌》呢？刘备三顾茅庐，懂得知识分子的重要。诸葛亮明知不可为而为之，盛情难却。诸葛亮也不是没有饭吃的人，如果只是为了吃饭他是不会干的。至于讲近代的人物，那就更多。简单地为了物质生活，不是真正有理想的人。人最重要的是精神有所寄托，能够用自己的才智为社会做点事情，即所谓有所抱负。我们要看重人，尊重人。现在，我们的物质条件很差，精神上也对人不那么很尊重，这怎么行？诸葛亮跟着刘备，物质条件并不好，但在精神上刘备很尊重他（张飞、关羽不懂得这个道理，看不惯），所以诸葛亮“六出祁山”，鞠躬尽瘁。当然，我这些比方都不确切，因为那是封建统治者和知识分子的关系。我们现在大家都是国家的主人翁，每个人都对国家有责任。但共产党是当权的，我们的责任大一些，要我们伸出手来，信任人家，尊重人家，主动做好团结工作。

再讲到关心问题。一是政治上的关心，就是要相信人家也是革命的，如果人家有不正确的地方，就真诚地进行帮助，不要搞斗争会，不要戴帽子。现在大家也不是要求多吃猪肉之类，而是要求帮助人家进步，能够贡献自己的力量。其次是关心同志们的工作条件，现在高级知识分子感到时间不够、助手不够或不合要求，资料供应有问题，工作环境不好，我们要注意帮助解决。另外，在广州市座谈时，中山大学校长讲：“农民有自留地，我们是否也可以搞一点？”就是在完成国家规定的任务之外，自己搞点研究或写写文章之类的业余活动，我看可以。再是生活上的关心。当然，现在马上改善物质生活还有困难，大家还要吃两年苦（当然这两年内也要逐步改善），但作为领导机关来说，对高级知识分子的物质生活稍加改善是可以的。现在大家的要求不高，中山大学一位老先生只要求给他的面粉里不要有砂子，鱼不要是死的，这个要求不高嘛。所以，现在要在可能的条件下少许改善一点。

现在，一方面绝大多数高级知识分子决心在党的领导下工作，需要我们帮助他，尊重他，关心他，给他一定的工作条件；另一方面共产党光明磊落，实事求是，我们做错了的，我们自己承认错误，加以改正。因此，现在相互之间搞好团结的条件是具备的，基础是好的。在此基础上，党与高级知识分子的团结一定能够增进一步。

发挥专长为社会主义建设服务

团结知识分子，是为了发挥他们的专长来为社会主义服务。我们的国家现在已经取得了伟大的成绩，但要彻底改变一穷二白的状况，建成一个伟大富强的社会主义国家，还必须作很大的努力。社会主义要求有高度发展的生产力。而要发展生产力，没有数量相当多、质量相当高的专家是不可能的。这个问题的解决，一是发挥原有专家的专长，并使他们的研究成果不断提高扩大。一是要依靠老专家培养出更多新的专家。我们的专家现在不是太多而是太少了，对于我们来说，有才能的专家越多越好。苏联在十月革命后专家也很不够，请了美国专家，列宁当时就下令要好好招待和使用他们。我国革命胜利后也请了许多苏联专家，现在他们回去了，这就要完全依靠我们自己的专家。但我们自己的专家还远远不能满足实际的需要，有什么理由我们不好好团结我们自己的专家，培养、提高我们的专家，发挥他们的专长呢？对于如何培养自己的新专家，以及如何发挥现有专家的特长的问题，目前我们党内干部中有许多人是认识不足的。有人说，到了共产主义社会，不要专家了，那时人们的文化、科学高度发达了，什么都会干。这是不对的。当然，到了共产主义社会，人们的文化科学知识水平比之现在是极大地提高了，但是专家还是要的。还是要有“红线女、马师曾”的。那个时候工作时间短，人人可以唱戏弹琴，但是总有一些人唱得更好听些，弹得更动听些。只要社会存在，就有分工，就有专家。没有专家是不行的。现在不发挥人家的专长搞专业还批评人家不对，批评什么“一本书主义”。其实出一本书有什么不好？真正科学的东西是永垂不朽的，一本就够了。当然我们要求的不只是一本书，不要成为一本书主义。要鼓励大家向专深的方面发展，越专越好。红不能要求太高，只要真正为社会主义服务。红就是拥护共产党、社会主义，把自己的专长为社会主义服务。培养专家队伍，越多越好，这是党的一项严重的政治任务。

要使每个人的专长为社会主义服务，必须有高度的民主。我们的国家是大家的，每个人都有责任，我们党要把大家团结起来，要把大家的积极性发挥出来。我们的清规戒律不要太多了，不要这样也不行，那样也不行。党提出百花齐放，百家争鸣的方针，就是要发扬高度的民主，就是要发挥每个人的积极性和专长，敢于和愿意把自己的东西拿出来。科学有科学本身的规律，对待自然科学，尤其不能用社会科学的同一尺度去要求。各种不同的专业科学反映世界事物的各个不同方面的规律，只要总的走社会主义道路的问题解决了，至于专业本身的科学研究，应该是意见越多越好。这样才有选择的余地，有比较的余地，“只此一家，别无分店”是不行的。比如戏剧就要多种多调，京剧里有二黄、西皮，有慢板、快板，一个调子就太单调了。百家争鸣，大家都可以比赛一下。哪一个派的东西都要欢迎，都要一视同仁，究竟哪个好，大家来评论，群众来评论。例如关于柑橘黄龙病的问题，有人说是由于病毒引起，有人说没有病毒，像这样问题就要经过试验、研究、讨论，找出符合客观实际的结论，而不能随便作结论。

共产党的责任就是组织大家，把大家的意见都拿出来，进行比较。战国时代就是百家争鸣，各家有各家的学说，你讲我不行，我讲你不行。当然，我们今天的百家争鸣不是互相诋毁，而是互相切磋，探讨真理，但战国时代的气氛是很好的，的确是学术争鸣的黄金时代。到了汉代“罢黜百家，独尊儒术”以后，思想就不是那么活跃。今天搞社会主义，就要有广泛的民主。现在有些人视野很狭，他们不懂得：百家争鸣，百花齐放，实质是个民主问题，是科学研究和文艺上的民主问题。贯彻党的这个方针是一个艰巨的任务，目的是为了繁荣我国的社会主义的科学、技术、文化事业，这是一个关系到社会主义建设能否搞快一点的问题。无论哪一个单位的党组织都必须认真贯彻党的这个方针，事实也证明，哪一个单位党的领导正确贯彻了这个方针，哪一个单位的科学研究成果就大。

（摘录自《陶铸文集》）

坚定立场　鼓足干劲　奋勇前进[①]

（1961 年 12 月 14 日）

第二次党代表大会即将闭幕了。这次大会时间不长，开得很好。主要是总结了经验，鼓起了干劲，选举了新的省委，加强了领导。这次会上干劲很大。许多代表在小组讨论和大会发言中讲得很好，例如台山张其昌同志，提出力争在 5、7 年内上调大米一亿斤，佛山杨德元同志提出沙田地区每亩增加 100 斤商品粮，等等，都是很好的。台山在历史上是缺粮县，1958 年上调只 1000 万斤，今年已上调 5500 万斤。今年全年粮食增产 24%。增长速度很快，工作是有成绩的。可见任何时候都必须鼓足干劲，扎扎实实工作，建设事业才能前进。

大会产生了新的省委委员会。这次选举是很民主的，采取从下而上酝酿提名的办法，同志们是满意的。委员会人数较多，代表性大。选举的结果表明，广东党的组织是团结的，新的省委将更强有力地领导广东全党全民搞好社会主义建设。

我同意紫阳同志所作的“广东形势与任务”报告，以及大会的决议稿。这是大会最好的总结了。现在只讲一点个人意见。

① 这是陶铸同志在中共广东省二次代表大会上讲话纪要的一部分。

一、要更高度地表现我们立场的坚定性，更高地举起三面红旗，继续奋勇前进

几年来，我们绝大多数同志立场是坚定的，表现是好的。但是不是每个人的立场都很坚定、毫不动摇呢？不见得。对成绩与缺点的估计不正确，不适当，就不可能是很坚定的。一年来，我们谈缺点谈得很多，作了不少检讨，现在不要再讲了。缺点和错误就是那么一些，无非是搞得快了些，步子跨得太急些。总路线的方向是完全正确的，缺点和错误只是在具体执行总路线中产生的问题。经过几年的摸索，正面和反面的经验都有了，不仅有了总路线，而且有了具体的办法，今后我们就会搞得更好。如果只是因为前几年碰了一下钉子，就对总路线、大跃进、人民公社三面红旗发生怀疑，不敢领导群众，觉得理亏，对不起群众等等，那就是错误的。如果那样、我们就水远不要希望能建成社会主义。在中国革命历史上也会遭到一些挫折，但大家并不为困难所吓倒，站起来继续战斗，终于取得了今天的胜利。现在对待建设中碰到的一些困难，也必须采取同样态度，克服困难，坚持方向，继续向前。这次到别的国家走一通，越发感到我们党中央和毛泽东同志的伟大正确。我们已经在党中央和毛主席领导下取得了伟大成绩和极其丰富的经验，今后只要继续朝着正确的方向前进，就一定会取得最后胜利的。疾风知劲草，在困难面前，我们要更高度地表现立场的坚定性，高举三面红旗，奋勇前进。不管风浪多大，不管还有多大困难，社会主义总是一定要建成的。帝国主义在骂我们，现代修正主义在笑我们，无非是因为这几年我们经济生活上碰到一些困难，这没有什么了不起。他们骂我们恰恰证明我们是正确的，我们坚持了马克思列宁主义。现在我们必须埋头苦干，把工作做好。等到产品丰富了，物质基础更巩固了，帝国主义和现代修正主义者就不敢那么嚣张了，我们就可以更有效地击退现代修正主义者对马克思列宁主义的猖狂进攻了。坚定立场，高举三面红旗做好工作，这是关系到马克思列宁主义命运的问题，保卫和发展马克思列宁主义的重任已经

落到我们党的肩上，落到我们全体党员的身上来了。

二、要鼓起更大的干劲，克服当前困难

政治上的坚定表现在对当前工作的劲头上。目前干劲不足是我们迅速克服当前困难的主要障碍。当前的困难大致有两种：一种是暂时还不能解决的，必须创造一定的条件才能解决。对这种困难必须鼓足干劲，创造条件，促使这些问题迅速得到解决。另一种是，只要我们鼓足干劲就可以得到解决或者能够解决得更好的。这一种困难只要在实际工作中挖出潜力是可以克服的。例如广州的南洋电机厂以前生产很差，亏损严重，原因是原材料供应不足，窝工浪费严重，但他们改变了坐待国家供应材料的消极态度，采取了积极措施，鼓足干劲，靠群众动手解决困难的方针，提出"生产渡荒"的口号，大搞"来料加工"，"大鸡吃小米"，结果，产品超额完成任务又赚了钱。天光化工厂、苧麻厂、重型机器厂的经验也是如此。他们靠大家想办法，大搞维修，改变了月月亏本等现象。反之，不积极依靠自己想办法，等待国家调拨材料，必然坐失时间，生产任务完不成，使企业严重亏损。所以说，有些问题确实是有困难的；但是有些问题只要我们想办法，动脑筋，是完全可以解决的。如果每个部门、每个单位、每个地区都能想办法克服困难，那么，所谓困难就往往不成为问题，或者能够顺利加以解决。

中央指出，本位主义、分散主义、片面观点、畏难情绪等都是当前克服困难的障碍。这是十分值得我们警惕的。尽管这种情况目前还处在萌芽状态。但是，今年以来强调了纠正"左"的倾向。出现右的情绪是完全可能的。本位主义、分散主义就是右的东西。当然，目前不要开展反右倾运动，但当着这些现象还处于萌芽状态的时候及时纠正了，就可以避免左右摇摆。我们要象高明的汽车司机那样，经常注意调整方向盘，不要形成大的偏差。只要大家在困难面前不畏惧，看清前途，鼓足干劲，

朝气勃勃，困难就一定能迅速得到克服。

三、迅速调整好农村生产关系并加以稳定下来

1958年改变农村生产关系，建立人民公社，这是客观形势发展的必然结果，是完全必要的，正确的。但当时规模搞得太大，标准搞得过高，则是过急了。后来改为以生产大队为基础，现在看来还不是最恰当的。从我国农业生产水平看，最恰当的还是现在毛主席提出的，以生产队为基本核算单位。因为这样的生产关系适合于生产力的发展水平，能充分调动群众的积极性，迅速促进农业生产的发展。

由于过去我们变得多，变得不够恰当，要实行以生产队为基本核算单位，必须克服群众怕变的心理。大石公社一位女队长说对这个政策她只相信八成，群众只相信五成，不是没有道理的。群众怕变，就不敢放手搞生产，添置农具，搞基建。这对发展生产是不利的。因此，必须向农民讲清楚两条：一不再变了，以生产大队为基础那是至少要十年以后经群众同意之后才干的事；二不再退了，就退到以生产队为基本核算单位为止，大家安心搞生产。要使农民认识，即使十年以后实行大队为基本核算单位，也是生产队"共"大队和公社的产，而不是剥夺农民。南海县平洲公社的农民说："机械化靠公社，大型副业和基建靠大队，生产靠小队。"可见农民是有眼光的，可以理解得了的。

调整和稳定农村生产关系，实行以生产队为基本核算单位，对调动群众集体生产的积极性，争取明年农业大丰收是有决定性的意义。因为，明年化肥不会很多，水利要积极搞，也不能增加很多，天时又不可靠，农业增产就只能主要依靠调整生产关系，调动群众的积极性。这是我们的"王牌"。所以，必须十分重视，把它搞好。现在有些地方，没有经过很好的试点，公社、大队干部未曾取得经验就草率铺开，这是非常危险的。据番禺县委反映，他们已经铺开的生产队中，50%是搞得好的，40%

搞得不很好，还有少数队搞得比较乱，产生了反作用，这就更不利于生产了，可见，搞不好是不能达到调动群众积极性的目的的。为什么没有搞好？主要的原因就是方法简单，政策上的问题以及干部和群众思想上的问题没有解决，组织上没有充分准备的缘故。我们必须正确地接受三年来的深刻教训，必须采取经过试验，点面结合的方法。要先武装干部使干部有亲身的经验，然后铺开，务求搞好一个算一个。否则，“大幅度增产”就会落空。总之，这项工作是细致的、艰巨的。最正确的政策，也要经过许多组织工作才会发生作用。当然，这不是说已经铺开的要收缩不搞。但对铺得太宽，搞得不深不适的，可以把干部集中到一个点上来，取得经验之后，再回去铺开。

其次，必须认真把思想问题解决深透，坚决走群众路线。番禺沙溪的群众说得好:“自己的头要自己点”，勉强不得。要教育农民，生产关系就是这样稳定下来了，既不会再搞平均主义，也要把单干的道路堵死；要教育大队干部这不是削弱大队，而是加强了大队；不但要搞好大队本身的生产，而且要帮助生产队搞好生产，大队的责任是加重了，而不是减轻了。总之，要把公社三级所有和优越性讲清楚，使大队、生产队的干部都积极起来。

第三，要很好解决生产队的领导骨干问题。目前有些生产队，因为没有骨干，该划小的没有划小；有的生产队干部不团结，不该分的又分开了，都影响了生产，必须注意解决。应该告诉群众，生产队领导的好坏，是关系到切身利益的问题。头要自己点，担子要自己挑，应当认真挑选自己的队长。

第四，具体政策要认真研究并确定下来。果树、山林、荒山应划给生产队管。果树问题高级社以来就没有解决好，潮州柑严重减产与生产关系未解决好有密切关系。归生产队管就可以解决这个矛盾。总之，给生产队管有利的就应放给生产队，给个人管有利的也可以放到户。一经确定，应受到法律的保护。同时要告诉农民，集体也不能侵犯全民所有制的利益。桥归桥，路归路，各不相侵，一清二楚。公路上种东西，收入不多，影响交通就不好。

第五，正确处理大队与生产队的关系。大队企业应下放给生产队的应坚决下放；但由大队管有利的，则应继续由大队搞下去，不要变动。大队的机动粮不能太少，也不要太多。一般要留1%—2%，最多2%—3%就可以。公积金和管理费必须节约使用，公积金主要应用于扩大再生产。

生产队的规模象番禺那样的地区，一般以20户至30户、30至40个劳动力是适宜的。太小了，不宜于农活的安排；太大了，难以管好。过大过小都不相宜。

第六，任务问题要制度化，实行派购，可推广潮阳的办法。这也是生产关系的一个方面。这是国家和农民如何对产品进行分配的问题，应当有个合理的制度，把它确定下来。派购任务要适当，原则是要让上市产品的大部分掌握在国家手里，一部掌握在农民手里。番禺沙溪农民认为三鸟派购任务占三分之一就可以，乐于接受。

第七，应该强调节约，提倡勤俭办社。现在农民手里有钱，要教育他们不要浪费，要拿点出来购置农具，搞好生产；不要大吃大喝，不要争买贵东西，把钱存起来，以后总有便宜东西买的。

四、要大力发展农业生产力

过去我们提倡绿化、种果树，修路、实行车子化等等，执行得并不好。原因是生产关系中的问题没有解决好。现在经过调整，生产力肯定会很快恢复发展起来。但是，生产力是不可能自流地发展的，需要主观的努力。要靠国家、集体、个人三方面结合来搞。譬如沙田地区，要农民自己解决木材、钢铁是有困难的，这就需要国家的帮助。有些东西在生产关系解决以后，则是农民可以自己解决的，如肥料、小农具等。解决肥料靠化肥不可靠，但靠农民自己积肥则大有可为。

当前要发展农业生产力主要抓三项：一、水利，二、肥料，三、小农具。今冬明春水利要多搞，我省台山、宝安、花县、徐闻等几个县连年增产都是因为水利解决得好。肥料除进口一些化肥，湛江的磷肥厂和广州氨肥厂尽早生产化肥外，主要应靠群众积肥。绿肥、海肥、家庭肥资源丰富，潜力不少。各地还可以搞些小型的化肥厂。农具问题主要是解决小钢材、竹、麻、木材、桐油等。山区县可以多支援沙田地区一些木材和竹材。

要真正使农业获得大幅度增长，还必须靠机械化。全世界农业真正过关的只有美国、加拿大、澳大利亚和瑞典。美国为什么能过关？主要是有 13 亿匹马力的动力和农业机械。美国农业劳动力只有 700 万，农业人口也不过是 2800 万，却养活了 1 亿 7 千万人，而且有余粮，原因就在于有充足的农业动力和机械。13 亿匹马力相当于 40 亿个劳动力。这就是说，表面上它是 700 万人养活 1 亿 7 千万人，实际上是 40 亿人养活 1 亿 7 千万人，差不多 30 个劳力才养活一个人。而我们中国，农业劳动力 2 亿多，每个劳力却要养活 2 个人。秘密就在这里。所以，只有发展工业，才能彻底解决农业问题。现在压缩工业为的是更好地发展农业，反过来，农业必须支援工业，才能促使农业更好地发展起来。

五、造林

林业是关系到国家经济建设的重大问题。木材缺乏和粮食缺乏一样，是十分苦恼的事。明年中央要广东上调 60 万立方米木材，不准讲价。根据 7 年建设规划设想，原煤要增加一倍，木材的需要量就要增加一倍。木材缺乏的严重性是关系到工业能否前进的大问题。

如何解决？现在就必须下决心。现在大抓还不为晚。雷州半岛准备搞 100 万亩的林场，用拖拉机开荒，种速生树如木麻黄等。只要加强抚育，8 年可以成材，1969 年有 20 万亩可砍伐。如果每亩可砍 5 立方米，那么，就可以砍伐 100 万立方米，解决很大问题。中南局已决定投资搞。

各地应该认真把造林工作抓起来。每个县要搞一、二个国营林场，各地委也要搞一、二个，省也集中力量搞几个，省、地、县三级一齐搞，国家投资1300万元，一定要搞好。这样到1965年可以解决一部分，10年以后就可以基本解决问题。不这样做，是永远也解决不了问题的。除了国营以外，还必须发动群众——集体与个人来搞，采取两条腿走路的办法。每个公社搞一个苗圃，国家投资2000元。荒山要分给大队、生产队，主要是生产队；有的还可分配给个人。树苗由公社给，种好归自己采伐，种不好收回土地，而且不供应木材。采取这些措施以后，是可以解决问题的。

看来，如果现在还不动手搞林业，那么过几年后经济建设中的困难就主要不是粮食问题，而是木材问题了。

六、城市工矿企业要自力更生解决困难

广州市几个工厂的经验很好，要推广。完全依靠国家给原料是不可能满足的。等待原材料、燃料必然要使自己陷于被动的局面。必须采取措施，发动群众千方百计想办法，解决困难。五定首先要把定资金，清理债务搞好，确保不负债。不再借债发工资。同时应采取“大鸡吃小米”的办法，自己动手解决困难，大搞维修，也可以搞些来料加工，把企业维持下来，在最近几年内，多搞制造是不可能的。工矿中还必须加强政治工作，发挥工人群众的积极性。

七、加强财贸、市场工作，保证物价稳定和城市必要的供应

要加强财贸工作；必须加强财贸部门骨干的配备。这是主要的问题。要抽调优秀的共产党员搞财贸，学会做经济工作。

分配工作搞不好，就会严重地影响生产。市场东西少，分配得合理些是可以过得去的。但目前商品“走后门”的现象很严重，东西都给搞掉了。因此，各级党委必须下决心，坚决打击“走后门”，给予法律制裁，一定要把这个歪风压下去。要严格控制市场货币的投放。现在物价上，主要是货币投放过多，商品少。应该采取各种措施回笼货币。工厂不能再赔钱下去；工业品要下乡交换农产品，以解决粮食和原料问题，以及货币回笼问题；明年不发农货，“共产风”的赔退只发期票；公粮不收代金，收实物，水利款也要收实物；农贸市场要征税……总之，一方面是少发票子，另方面是多收实物。此外，要奖励储蓄，教育农民多存储，以备将来修建房子等等。

农副产品必须继续实行统购、派购的办法，使国家拿到必要的物资，以保证城市、工矿和出口的需要。否则，工农联盟就不可能巩固。城市的供应，明年必须有所改善，不仅广州，中小城镇也应改善。农贸市场不能关死，但又不能不管，过松、过紧都不成，应该象小孩子抓麻雀一样，用一根绳子缚住，既能飞，又飞不远。加个“锁子”就好了。对农副产品的收购、派购可以推广潮阳的办法，实行等价交换，“快牛加料”，不要再采取“鞭打快牛”的办法。大体上奖售50%的工业品，其余给票子，按牌价收购，农民是基本满意的。要坚决实行两条:（1）基本生活物资维持定量供应不变;（2）那个生产队、大队多出售农副产品就多卖给工业品。

［摘录自《中国共产党广东省历届代表大会及全会文件汇编第二卷（1961年12月—1988年5月）》］

对繁荣创作的意见[1]

（1962 年 3 月）

我今天不是来做报告的，只是以东道主的身分，对来广州开会的各位同志表示欢迎，对话剧歌剧创作会议表示祝贺。但是全国剧协的负责同志一定要我谈谈有关戏剧方面的问题，因此，我又只好以党务工作者的身分和观众的身分，来讲一点自己的意见。因为我是做党的工作的，而且很喜欢看戏，就个人平时所接触到的问题发表点意见，我想是可以的。这里讲三个问题：

一、关于繁荣创作的问题

现在我们的创作是不是很繁荣呢？应该说自新中国成立以来，文艺创作是相当繁荣的。但是，从我们这样大的一个国家，从我们国家这十多年来的空前伟大的变革，从人人都迫切需要精神食粮的角度来看，我们的创作还是不很够的。不论是小说、戏剧、诗歌、音乐方面都还远不能满足需要。刚才讲到，我是以三种身分来讲话的，不论是哪一种身分，

① 这是陶铸同志在广州召开的全国话剧、歌剧和儿童剧创作座谈会上讲话的一部分。

都希望大家能写出更多的东西来。

创作上还不能满足我们的需要，特别近几年来，表现得更突出一些，原因在哪里呢？我想原因是多方面的。

有人说，这是由于我们这几年连续遭到了严重的自然灾害，工农业生产没有有象前几年那样全面地、大幅度地增长。这种说法，不能说是完全没有根据的。我们社会主义社会，一般地讲，创作的繁荣和工农业生产的上升，人民生活的改善应该成正比例。然而，我们也不能认为：经济上还不够繁荣，建设工作中有了困难，就不可能产生更多更好的作品。特别是，为建设我们的国家，我们不会不遇到各种各样的困难，这时，我们的文艺工作者就应当通过自己的作品，号召人民起来与困难作斗争。我们要写积极向上的东西，写鼓舞人民奋勇前进的东西。越是在困难的时期，我们越要多拿出精神食粮来，越要写出富有战斗性的作品来，鼓舞大家克服困难，奋勇向前。毛主席说："革命的文艺，应当根据实际生活创造出各种各样的人物来，帮助群众推动历史的前进。"在十年内战时期，抗日战争时期，解放战争时期，我们的文艺都是起到了这种作用的。而现在，在社会主义建设时期，当然也能做到。我们要写出许多富于战斗性的文艺作品，创造各种善于克服困难的人物形象，以鼓舞大家前进，把我们的国家建设好。

近几年来创作不够繁荣的原因，有些同志归咎于文艺领导部门"干预"太多，所以有的作家就搁笔不写了。关于这个问题，我们要作具体分析。总的来说，我们对文艺的领导工作，不是"干预"过多，而是领导得还不够有力。这当然是指正确执行党中央的文艺政策的领导来说的。但是我们有些文艺领导部门——比如我们中南地区的某些部门，文艺领导工作在这方面有没有问题呢？我想问题是多少存在着的。党中央、毛主席的"百花齐放，百家争鸣"的方针早就提出来了，但是，据我看，我们"放""鸣"还是不够的，阻碍"放""鸣"的问题还是有的。在我们某些领导文艺工作的部门和同志中，有一个时期是存在着不尊重作家、乱指挥等现象的。我们文艺工作的有些领导同志不仔细想想，如果要作家完全按照你的想法去创作，要作家看着你的眼色去修改，甚至创造出

“我领导出思想，你作家出技巧”的“理论”来，这怎么能不乱指挥？怎么能做到“百花齐放，百家争鸣”呢？怎么能从各个方面来反映我们时代的面貌呢？又怎么能表现作家的个性和风格呢？听说曹禺同志在《胆剑篇》里写了劳动人民下跪，就有人批评他这是侮辱劳动人民。那也要做具体的分析，要看历史背景。我们现在有些领导文艺工作的同志，对历史并不很熟悉，对生活并不很理解，对文艺创作也并不那么内行，却偏偏爱乱发号施令，要人家照着他的想法来创作。在这种情况下，要创作出好作品来是有困难的。

我们一定要使我们的创作更繁荣，写出更多更好的作品来。人民的要求是多方面的，我们必须从各个方面来满足人民的要求，提高人民的生活（精神的和物质的）水平。农业方面多生产粮食、副食品，工业方面多生产生产资料和生活日用品，创作方面多“生产”小说、剧本、诗歌、音乐、电影，这就好了。现在工农业都有所好转，我们正在争取更大的好转。文学艺术方面，我们也希望如此。这次剧作家、音乐家都到广州来开会，我们都寄以厚望。更进一步繁荣创作的问题，我们是把它和工业增产、农业增产一样来提的。我们正在前进的道路上遇到一些困难，要克服这些困难，就要群策群力，大家尽自己应尽的责任。拿锄头的拿锄头，拿锤子的拿锤子，拿笔的拿笔，拿胡琴的拿胡琴。同志们的责任，就是把创作更进一步繁荣起来。

怎样才能更进一步繁荣我们的创作？我看要解决如下几个问题：

首先，要端正作家的创作思想。作家要认识到自己的责任，要用马克思列宁主义，用毛泽东思想（自然是通过具体的作品）来影响别人，教育别人。具体说来，就是要解决艺术为社会主义服务、为工农兵服务的问题。作品，我们可以把它分为有益的，无害的，有害的三种。对于有益于人民，有益于社会主义革命和社会主义建设，有益于我们事业的作品，我们要尽量提倡，尽量鼓吹；对于无害的作品，我们允许其存在，因为它在某种程度上也适应了人民的需要；对于有害的作品，我们要经过内部的研究、讨论或群众的批评，指出它有害的地方，清除它的影响，使大家在批评、讨论当中受到教育，提高觉悟。作为作家，作为文艺工作的领导者，当然应该要求创作出有益的作品。

其次，在前面的明确的目标下，就得要充分发挥作家创作上的自由。作家的笔是他自己的，作家的思想也是他自己的，我们应该让作家独立创作。不要象有些文艺部门的领导者那样，你想什么，就要人家写什么。对创作乱指挥的事，还是少来一些，还是尊重作家，叫作家更充分地发挥他们的自由。同志们，这样一来会不会写出坏东西来，会不会天下大乱呢？我想，粗制滥造的东西会有一些的，不那么完善的东西也会有的。但是不要紧。我相信我们的作家不会写出象有些外国的坏电影那样糟的东西来。即使有，也不要紧，有党的领导，还有群众的鉴定呢，群众不让通过，就演不下去。所以，我说不要怕，放手让作家去写吧。当然，毛主席在《关于正确处理人民内部矛盾的问题》一文中谈到的六条政治标准，我们作家必须遵循。谁要歪曲现实，攻击社会主义，谁要写污蔑共产党的东西，肯定地说，人民会坚决反对的。至于判断什么是香花，什么是毒草，不能简单化，需要做仔细的具体的分析。现在我们对作家还是多鼓励，在政治思想上加强领导和帮助，而不要乱指挥。现在作品不是多了，而是少了。大家要努力造成一种更加繁荣创作的环境和气氛。毛主席在《红旗》创刊号上发表的《介绍一个合作社》的文章里，引了龚定庵的一首诗“九州生气恃风雷，万马齐喑究可哀。我劝天公重抖擞，不拘一格降人材。”我们一定要做到出现“万马奔腾”的局面。我们一定要“不拘一格”。从创作上来讲，“不拘一格”就是要在坚持政治方向的一致性的前提下，在为工农兵服务、为社会主义服务的总目标下，提倡题材和艺术风格的多样性，要尊重作家在创作上的自由，那大家胆子就大了；胆子大，笔也就放开了。你也写，我也写，东西就多了；东西多了，就有得比较了，就有“齐放”和“争鸣”，也就有可能达到创作上的繁荣了。

对创作可不可以批评呢？一批评，是不是又不尊重作家的创作自由了呢？我看是可以批评、也应该批评的。问题是怎样批评。比如说，写出东西来，请领导上提意见，或者请专家们提些意见，这都是需要的。哪些意见可以采纳，哪些意见不可以采纳，当然要尊重作家本人的意见。

在文艺部门做党的工作的同志要善于做这种组织工作。作品出版或公演以后，再让群众来评论。群众批评是应该的。人家看戏要买票，买票要花钱，为什么不能提意见呢？而且群众里面的不少意见，往往是最好的意见。自然，作为作者，不能今晚听了张三的意见，今晚就改一个地方；明晚听了李四的意见，明晚又改一个地方。而是要在演出若干场后，把群众意见加以集中、研究，然后再考虑修改。这才是郑重的态度。我们党的政策，就是“从群众中来”，然后又“到群众中去”的。我想一部作品、一出戏也可以如此。真正的批评家，是群众，是专家。我们做党的工作的，应该组织群众、组织专家协助作者把作品搞好。那么，象我们做党委书记的人，有的高兴看戏，看了之后讲点意见，这可不可以呢？我看完全可以。但只能作为观众之一的意见，提出来也只能供作者参考。不然，你这个书记主张这样结尾，他那个书记主张那样收场，那作者就麻烦了。总之，谁都有提意见的权利，而作者也有对意见取舍的权利，所有的意见都是给作者作参考的。

再次，作为文艺工作的领导者，要真正以平等态度待人，要充分地发扬民主。不要特殊化，不要自以为是，不要以“领导者”自居。红军在井冈山的时候，那时部队不多，装备很差，物质生活非常艰苦，有战士讲怪话说：“打倒资本家，天天吃南瓜”。但是大家的精神却很愉快，士气很旺盛．并且经常打胜仗，部队一天比一天壮大。为什么？一方面是大家有一个共同的革命目的，有个共同的理想；另方面就是有充分的民主生活。红军是毛主席亲手建立起来的新式的革命部队，建立了党对部队的领导，有坚强的政治工作，官兵一致，上下一致，如同一个和睦的家庭一样。所以大家不但不跑，恰恰相反，打起仗来十分勇敢顽强。我们要始终发扬民主的传统。各级干部，都要真正以平等态度待人，真正与群众同甘共苦。广大的知识分子为什么跟共产党走，不跟国民党走？就是因为我们是为人民服务的，是要建设一个美好的共产主义社会的；也是因为我们是平等待人的，是讲民主的。所以，我们要特别注意领导作风，要深入到群众中去，要同群众打成一片，要真正走群众路线，有事和群众商量，越是困难的时候越是要和群众同甘苦，要集中群众的智慧和发挥群众的力量。

我们做文艺领导工作的同志，如果不真正以平等态度待人，不真正发扬民主，是不可能导致创作的繁荣的。我们很可以检查一下，这两三年来，我们有没有很好地执行党中央、毛主席的“百花齐放，百家争鸣”的方针呢？有没有给这个“百花齐放，百家争鸣”的方针准备好适宜的气候和土壤呢？有没有一个如毛主席所讲的：既有集中，又有民主；既有纪律，又有自由；既有统一意志，又有个人心情舒畅、生动活泼的政治局面呢？应该说，我们做的还是不够的。大家知道，现在领导与被领导的关系，不是过去反动统治阶级那种你归我管、我统治你的关系。现在大家都是做革命工作，只有职务上的不同，并没有什么谁高谁低的分别。你挑水，我切菜；你当书记，我作演员，是职务的不同，分工合作，应该是完全平等的。但是，做到这一条就是不容易。我们有时不知不觉地，总是有那么一点“优越感”。似乎领导就是与众不同，党员与非党员也有地位的区别，好象是高人一等。有了这种“优越感”，领导也好，党员也好，一切事情都是办不好的。不要以为我们是共产党员有什么了不起，好像旧社会时写传记、做墓志铭一样，一讲就是“生有异禀”，与众不同。天下哪里有这样的事情呢！我们做党的工作的，只要正确地执行党的政策，经常同群众商量，又很讲民主，平等待人，以身作则，那么，你不讲“领导”，人家也是信服你的；相反地，你架子十足，搞特殊化，盛气凌人，你再怎样说“领导”，人家也是不信服你的。现在有些文艺部门的领导同志，把党的政策理解为很空洞的东西，又不讲道理，还硬是要人家信服，那怎么能行呢！

这里，还牵涉到一个对知识分子的看法问题。自从五四新文化运动以来，大多数的知识分子都是愿意站到革命这边的，没有多少人愿意站在反革命那边。为什么？因为中国的知识分子受帝国主义的压迫，和资本主义国家的知识分子不同，他们一般地确实是比较革命的。我国的知识分子在过去的革命运动中起了很重要的作用。在今后建设社会主义的事业中，将起更重要的作用。知识分子从各种不同的社会阶级出身，他们本身不能单独构成一个独立的社会阶级。许多知识分子是由旧社会走过来的，但是经过十二年特别是这三年的锻炼，应当说是大有进步；对于多数人来说，共产党的领导和社会主义的道路他们是拥护的。当然，资产阶级思想在许多人的头脑中还是存在的，所以还要坚持进行思想改造。但是资产阶级思想的存在，并不限于知识分子，我们的许多共产党员也有，问题是程度不同而已。共产党员不也是要经常进行自我改造吗？说自己是百分之百的无产阶级思想，那是不合乎事实的。毛主席说过："社会的财富是工人、农民和劳动知识分子自己创造的。"我们要充分发挥工人、农民的生产积极性，同样地也一定要发挥劳动知识分子的积极性。只有这样，我们的国家才能变成一个社会主义的又富又强的国家。

以上是从党的工作的角度来讲的。至于作家自己，只要了解到：我们革命不是为哪一个人革的，而是为了我们的国家，为了六亿五千万人民；我们是自愿来干革命，不是谁强迫我来、谁收买我来的。别人待我好我要革命，别人待我不好我也要革命。所谓"求仁而得仁，又何怨？"这样想，很多问题就想得通了。解放以前，我们国家曾经到了灭亡的边缘，全国人民处于水深火热之中，我们跟着共产党走，终于能够拯救我们的祖国。现在要使我们的国家变得富强起来，要使全人类都获得解放；如果有着这样一种理想，那末，虽然遇到了某些挫折，只要我们不改初衷，坚定地跟着共产党走，一齐努力，我们的理想也一定能够实现，我们一定能创作出更多更好的作品来，我们的创作一定能够繁荣起来。

二、党怎样进行领导

这个问题，首先要解决的是党要不要领导的问题。要不要领导呢？党必须领导，党要领导一切。这就是说，社会主义建设的所有各个方面，党都应该领导。但是党的领导是方向、政策的领导，并不是不论什么东西，事无巨细都来领导。只有这样，才能既不会迷失方向又能发挥每一个人的积极性和创造性，把一切积极因素都调动起来，投入社会主义建设中去。

怎样才称得上好的领导呢？不论哪个地区和部门的党的组织，都要加强政治思想工作，以坚定的无产阶级立场，团结党与非党同志，充分调动人民群众的积极性。因此，真正很好地实现了党的领导的地方，应该是大家阶级觉悟很高，团结得很好，人人都为建设社会主义贡献出自己的力量。我们到一个地方，看那里的党组织领导得怎样，我觉得主要就看这一条。党员要密切联系非党同志，要与非党同志打成一片，真正要做到大家心情舒畅，工作起劲。现在就有这样的情况：多数地方，党的组织领导得好，大家很融洽、很舒畅，工作积极性很高；另外有少数地方，没精打采，死气沉沉。我看，后面这些地方的党组织就没有领导好。用党的政策团结千百万群众，把人民的积极性充分地调动起来，这就叫党的领导；而不是你报告作得多，会议开得多，就算党的领导。抗日战争时期，广大群众感到只有依靠共产党，跟着共产党，我们的国家和民族才有希望，才有前途，我们团结了大多数人，从而打败了日本帝国主义。在解放战争时期，也是由于团结了广大人民，使得革命的力量一天天壮大，蒋介石集团的力量一天天缩小，最后逃到台湾去。解放以来，我们的革命和建设事业突飞猛进，难道不是因为全国人民紧紧地团结在党的周围，在党的领导下，不畏艰苦、奋勇前进的缘故吗？所以，我们必须十分珍视这种团结，把团结工作看作领导工作好坏的标志。团结，当然指的是对大多数人来说。除了极少数敌人，大多数人是可能团结和必须团结的。几十年来，国民党杀也好，关也好，但因为我们是为大多数人谋利益的，始终和群众血肉相连，国民党永远也消灭不了我们。现在我们胜利了，取得政权了，我们要和广大群众一起建设我们的国家。没有政权，没有人民民主专政，根本谈不到这点。不用说别的，就连开今天这样的一个会议都不可能。政权实在是十分重要的啊！但我们也要看到，有了政权而不很好联系群众，也可以使我们滋长官僚主义。对于这点，我们不能不有所警惕。不要因为有了政权便产生特权思想。我们要用政权的力量来团结广大人民群众，为人民创造更好的条件来进行社会主义革命和社会主义建设。

党的领导是总的方向、政策和政治思想的领导。在一定时期内制定方针、政策，带领人们向着这个总的方向前进。但如何到达这个方向所指的目标，具体怎样执行，还要不断地实践，取得经验。党的领导就要领导群众向这个方向走，要根据前进中出现的问题，做细致的解释说服工作；把大家感到疑难的问题讲清楚，使大家了解他们所不了解的情况，从而更好地把大家团结在一起，朝着总的方向前进。

党的领导，量重要的应该是政治思想上的领导。政治思想领导，就是要以无产阶级的观点、立场和方法把道理跟大家讲清楚。对一些问题，我们要经常研究，跟大家谈，应当采取研究的态度，采取总结经验的方法，使得大家思想逐渐一致；而不是有了不同意见就去“打通”人家的思想，更不是不准人家提不同的意见。思想只能通过说服、通过交流取得一致，思想是“打”不通的呵！我们为什么要开会？原因之一就是大家思想可能不一致，所以来交换意见，采取互相切磋的态度，取得思想上真正的一致。

政治思想领导，在文化艺术部门，有其特殊的重要意义。艺术家表达思想的方法，和我们也很不一样。比如一种思想，一个想法，我们可以很简单地表达出来，但是一个作家或一个演员呢，他却需要通过人物的声音，容貌，一言一语，一举一动等等去表达出来。无论是文学、戏剧、音乐等专家，都有他们的独特的思维方法和表现方式。他们都是通过自己的特殊手段，来达到他为社会主义建设服务的目的。我们任何时候都不要采取简单化的粗暴态度。讲到政治思想领导，在目前的情况下，我们除掉经常要很好地以无产阶级思想来武装文艺工作者的思想外，还要经常注意我们的文艺工作者的劳动成果，能够及时发现他们的长处和短处，正确和错误；是好的说好，不要埋金没玉；是坏的说坏，不至于鱼目混珠。真正能够做到这样，我想就算是政治思想领导做到家，也真算得上一个好的领导者了。当然，这样做并不是容易的。但正因为不容易，也正说明政治思想领导之难能可贵。

领导文艺工作还有一条，就是要保证作家的必要工作条件。“又要马儿跑，又要马儿不吃草”，是不行的。一定要帮助他们解决工作上、生活上必须解决的问题。今天困难大家都有，所以要提倡艰苦奋斗。但是对从事创作劳动的人，应尽可能地予以精神上和物质上的照顾。当然，今天要一下子把各方面的问题都解决，还有困难，需要一个时间逐步来解决。可是文艺部门的领导，在可能范围内，多方设法，总是可以更多地解决一些问题的。比如，写东西要有个安静环境，要有些参考材料，到各处去看看，要给予机会和方便，等等，在可能范围内都必须解决得好一点。但是，如果我们既不这样想，更不这样做，人家一提点要求，就说要求太高，把它统统挡回去，那就不对了。有的同志说：有很多问题不是我不解决，而是我没有力量解决。你没有力量解决，就该往上反映。往上反映了也不能解决呢？那就跟人家解释，讲明不能解决的原因，这也是负责的态度。

其实，作家的有些工作上的需求，倒不是那么难于解决的。例如作家十分需要有个适宜于创作的环境。这一环境的造成，并不是要有高楼大厦、亭台楼阁才行。只要我们对从事创作的同志不采取漠不关心的态度，而是抱着十分关心的态度，尊重他们的劳动，形成一种宜于创作的“创作气氛”，我看这就是给作家解决了很大的问题了。又例如，作家要求有合理的政治待遇。这有什么不好呢？这正是许多作家政治上要求进步的表现。这方面，我们更应当主动关心他们。对于他们当中，在创作上确有成就，对革命事业有显著贡献，合乎共产党员标准的，就可以吸收到党内来。他们当中，在历次运动中有批判得不当的，就应当实事求是地改变原来的决定。对于那些在思想上、生活上犯了错误的同志，应当积极地帮助他改正错误，使他能够跟上大家一同前进。这些事情，都是我们应该做而又完全能够做到的。

在文艺部门的每个做领导工作的同志，要注意关心作家的创作条件，关心他们的作品，关心他们的进步，凡事必须设身处地地替人家想一想。能够这样做，和大家的联系就更密切了。不是说“己所不欲，勿施于人”吗？以作品而言，如果那篇文章是你自己写的，人家连看也不看，或者随便看了一下，便批评你一顿，戴上几顶帽子，我看你自己一定会觉得很不舒服吧？那么，就以己度人，对人家的一出戏、一部书，可千万不要采取这样简单粗暴的态度呵！同志们，一个演员、导演、作家，你知道他在想什么呢？一部作品的产生，花费了多少血和汗？我没有写过剧本，也没有做过导演，对个中味道还未尝过。但他们的心情，我是了解几分的。因为我也曾经和这些同志一块儿看他们自己所写的、所导演的戏。每次演出和演出之后，他们那种紧张的心情很快便传染给我。他们这种情绪，一方面是兴奋；另方面也是担心，生怕效果不好。我希望今后对于这些忠于自己的劳动，忠于自己职责的戏剧工作同志们应该多多关心他们，使他们感到革命的温暖，使他们能胜任愉快地为建设祖国的事业贡献出自己的力量。无可否认，今天从事戏剧工作的条件，是比过去国民党黑暗统治时期，好了几千几百倍了：过去国民党对进步艺术是无理的摧残，对进步的艺术工作者是拘捕和枪杀。这种现象在我们社会里是永不复有了。今天我们的艺术花朵，正如向阳花一样，向着太阳，开得正好。但是这还不够。我们还要给予更多的肥料、水分和阳光，要使得大家工作得更愉快，使得这花朵开得更好。

三、作家的责任

最后谈一点对作家的希望。这几年我们对党的政策执行得不够好，工作上有缺点错误，我们坚决地改正，事实上也有了很大的改正。同时，我们希望作家也要更加振作起来。因为上面我讲过，大家革命不是为谁个革的，是自己要革的。象鲁迅所说的“俯首甘为孺子牛”，为了我们的国家，为了六亿五千万人民，我们甘愿做牛，甘愿拉车，甘愿拖犁耙，就是把肩膀磨破了也没有怨言。所以，作家经常要提高自己的无产阶级的思想觉悟，坚定自己对社会主义革命的信念。进步是没有止境的，学问也是没有止境的。进步和做学问一样，主要是靠自己。靠自己对人民的责任感，对国家的责任感，对民族的责任感，对无产阶级事业的责任感。有了这种责任感，我想什么事情都可以做得成的。

大家不是经常谈论要经得住考验吗？考验是从各方面来的，在战争中有考验，在和平环境中也有考验；在困难的情况下有考验，在顺利的情况下也有考验。这几年，由于严重的自然灾害，我们不少方面是有困难的，但是大家都经受住了这个考验。“疾风知劲草”，没有风的时候，每一棵草都是挺立的，大风一来就不一定了。我们要做劲草，大风来了也仍是挺立的，这就是革命的坚定性。我们要永远跟着共产党走，要为共产主义事业奋斗，这个方向丝毫也不能动摇。

重要的在于不断地提高自己，改造自己怎样提高、改造？我想，主要的是多接触实际，接触群众，到实际和群众中去最锻炼。此外，我以为多交几个“诤友”，平常多交换意见，多互相切磋，也是一个很重要的方法。我们做党委书记的可以做作家的“诤友”，作家也可以做我们的“诤友”，在小范围内谈心，相互批评，这比开大会好。自我思想改造，对我们每一个人都是需要的。

再就是充实生活，丰富感情。我看，要提高我们创作的质量，要多从这方面着手。我们要给作家各种条件，便利他们充实生活。生活是多方面的，不拘一格，不要划一个框框。要到火热的斗争中去，到最艰苦的地方去，工厂、农村、部队、学校、商店都可以去，作家可根据自己的需要和所长来充实生活。大家尽可能地多参加实际活动。作家要知道我们国家的建设是怎样进行的。作家到生活里去，可以看好的方面，也可以看坏的方面，因为只有这样，对生活才能理解得全面，理解得深透。丰富感情，首先就要把我们的思想改造好，要具有无产阶级的革命的世界观。有了革命的世界观，革命的感情自然就会从而流露、从而洋溢了。

再有一个问题就是创作上的公式化和概念化的问题。生活和感情的问题没有解决好，又一定要写出作品来，这就难免会产生公式化和概念化。这样的作品容易写，而且似乎也不容易出“毛病”。于是我们经常可以看到这样的一些作品：当中人物一出场就知道哪个是正确的，哪个是不正确的；哪个是进步的，哪个是落后的；正确的和进步的似乎一点缺点也没有，而不正确的与落后的则一无是处，没有半点好的因素。表现的手法通常是经过几场所谓“激烈的斗争”，前者很容易地得到了胜利，后者很容易地得到了改造，连斗争的过程几乎都大同小异。同这类描写相类似，有的作品写敌人，就好象稻草人一样，可以任人摆布的公式化、概念化的来源，如上所说，主要是我们的作家缺少生活，缺少感情，因此在人物的刻画上，抓不住人物内在的思想活动，看到的只是外形的表现。此外，也大概是由于这两年大家对反映当前阶级斗争和人民内部矛盾还缺乏经验，也有所顾虑所致。自然，解决公式化、概念化的问题要有一个过程。但是，我们应该积极地改变这种状况，写出真正能感动人的、有深刻教育意义的作品来，反映现实生活，主要的总的方面是歌颂我们的时代和人民，但也要允许作品中写缺点。说工作中，生活中一点缺点也没有那是不符合事实，不可想象的。关键在于作家的立场和思想感情是否站在革命的方面。只要我们对社会主义的革命事业充满了热爱，写缺点也不要紧。进步与落后总是在各个方面都有的。工人阶级、共产党员不经常警惕自己的缺点，也会落后的，谁能说共产党员没有一个落后的呢？正确与错误总是同时存在的，谁能说我们对各项工作的领导就总是百分之百的正确呢？总而言之，作家要真实地反映我们的生活。作品的题材要广泛一些。在这里不能不提到：我们的文艺创作，反映我们伟大的时代的东西实在是太少了，这就牵涉到艺术怎样为社会主义服务的问题了。我们不能把为社会主义服务理解得太狭窄。为社会主义服务，是从一个时期，一个历史阶段来看的，是一个总的方向。作家可以从这一方面反映，也可以从那一方面反映，异途同归，从各个方面反映我们国家和人民的新面貌。当然，历史题材也可以写。但是必须强调有教育意义，有益于人民，没有什么毒素。如《秦香莲》、《海瑞背纤》，都是比较好的历史剧。历史剧还是可以写、可以演的。作为作者自己，要尽量多创作现代题材的作品，把作品质量提高，要牢牢记住艺术必须为社会主义服务。

总的来说，作家要努力学习马克思列宁主义和毛泽东著作，要深入生活，与工农兵打成一片，要写自己所熟悉的东西，写自己真实的感情，要多写现实生活里面的先进人物，把作品写得很出色，要注意克服写作上的公式化、概念化。

我们做党的工作的要时时记住：革命的人越多越好，我们必须团结尽可能多的人参加到革命队伍中来；我们自己革命、爱国是坚决的，同时也要相信人家革命，爱国也是不会后人的。有了这两条，大家的积极性就高了，我们的创作就会更加繁荣起来了。

（摘录自《陶铸文集》）

团结在党的周围，作克服困难的模范[①]

（1962 年 5 月 23 日）

全体人民，首先是知识青年，要更好地团结在党的周围，作克服困难的模范，锻炼自己。

中华民族是优秀的民族，中国是个伟大的国家。我们中国人民是经得起考验的。从历史上看，我国经过很多变化，很多帝国主义侵略过我们，我们经受过很严重的苦难。但是我们的民族并没有被消灭，相反，更发展了，国家更强大了。现在我们已经取得了革命胜利，正在建设社会主义。尽管现在我们粮食不够，很困难，但是世界上谁也不敢欺侮我们。为什么呢？因为我们民族是团结的，是有觉悟的，是不可欺侮的，现在我们革命胜利了，更加不可欺侮了。一个民族的好坏，在什么地方考验呢？是在最困难的时候不屈服，不堕落，不灰心丧气，不瓦解民族的团结，不丧失民族的战斗性。那就是最伟大的民族。世界上有些民族，一个时候表现很好，但是一遇到严重考验时，就经不起考验，没有办法，就衰退了。我们中国人民，中华民族，是经得起考验的。远的不说，八年抗战，我们没有垮，我们中华民族仍然屹立在世界上。我们取得全国胜利之后，政治还不稳定，就进行了抗美援朝，全国人民一条心，节衣缩食，打败了美国。三年恢复经济，接着实行第一个五年计划，全国人

① 这是陶铸同志在广州各高等院校党委书记、教师、学生代表会议上报告的一部分。

民又作了英雄般的劳动。一九五三年以后，我们经济有很大的发展，我们有了点东西，有了点家当。我们领导不清醒，估计不够。这个力量没有正确使用，伤了一些元气。在最近这三年当中，人民的表现是很好的。现在有困难，牢骚是有的，怨言是有的，讲怪话也是有的。那是难免的。但是不管怎样艰难困苦，我们的民族还是团结的。特别是那一次高级知识分子会议，很使我们感动。他们吃了很多苦头，会议以后，他们并没有提出个人的问题，并没有埋怨，而是继续坚定地工作。他们说：没有猪肉吃，不要紧，生活苦一点，不要紧，我们要把我们的国家建设好。在广州如此，在全国政协、全国人民代表大会上也是如此。表现突出，有很高的觉悟。有些恐怕比我们某些党员还要好。这些是党外人士，为什么这样呢？因为我们的命运是共同的。一个人的问题也许能够解决，但一个人的问题虽然解决了，还有六亿七千万人民的问题。如果我们对民族有责任感，我们是大家庭的一员，就应该共同把国家搞好，搞好国家才是出路。只有这条出路，没有其他出路了。

虽然我们犯了错误，我们一定坚决改正错误。比如打仗，有所谓的常胜将军吗？查查历史，没有。毛主席说，打三个仗，两个打胜了，一个打了败仗，就算好的将军。三个都打胜仗，那真是天才了。我们在工作中完全不犯错误是不可能的。但是我们这次错误犯得大一些，损失大一些。既然世界上没有常胜将军，打仗也有胜有败。只求胜得多，败得少就好了。我们党领导整个国家只是十多年。一九五八年以前，我们搞得不坏，就是一九五八年以后这三年，我们冲昏了头脑，犯了错误，搞得不好，那么我们就改正。是不是我们不行呢？不行，再想办法，我们真的不行，再改嘛。我想，全国人民对我们是信赖的。

我们不要斤斤计较一时的得失，而把我们社会主义远大的目标放松了。建设社会主义，这是长远的利益，是伟大的理想，我们对此要有坚定的信心。不能因为三年来我们吃了些苦头，就动摇了这个信心。我们要百折不挠，一定要实现社会主义，一定要把我们的国家搞得很强盛，一定要使我们国家的人民过比较好的生活，最后达到共产主义。理想的实现是要经过艰苦奋斗的，不会是一帆风顺的。所谓政治上的坚定性，就看这个方面。什么叫政治坚定性呢？就是我们相信这个真理，困难的时候也相信它，更困难的时候我更相信它。如果顺利时你相信它，一碰到困难就动摇了，灰心了，退缩了，这就叫没有坚定性。历史上有不少这样的人，你说他完全没有理想也不是，就是不坚定。我们共产党员中也有不少这样的人。大革命的时候，他是很革命的，一到大革命失败了，面临杀头的危险了，他就不革命了。我们每个同志在这个时候都要表现出最大的坚定性。如果相信我们的事业是真理的话，那终究要取得胜利的。如果不合乎真理，那我们当然不相信它。你们里面有很多人是搞科学事业的。科学试验也是不能一时便成功的，一次试验失败就灰心了，那是永远也不可能成为科学家的。我们搞社会主义没有经验，因为想搞快点，不够谨慎，吃了大亏。这次要考验每一个人，党内党外都是这样。最好的考验是在最困难的时期，道德品质、政治思想怎样？有没有政治觉悟？要在这个时候考验出来。

我向来都讲“疾风知劲草”，“岁寒见松柏”。草地上没有风，草都是立起来的，但是哪株是劲草，哪株是软草？不知道。一刮四五级风，有骨子的草是挺起来的，没有骨子的则倒下去了。春夏之交，树木都发芽，都长得很葱绿，很茂盛，看不出有什么分别。但是一到下雪的时候，旁的树叶子都落下来了，松树呢，不落叶，还是那样茂盛。

我们国家遭受挫折的经验教训我们总结了，解决的办法也有了，全国人民是团结的，是很有觉悟的，特别是知识青年，觉悟更高。任何困难也吓不倒我们，挡不住我们的前进，任何困难我们都能克服。当然，那是一个一个地克服。我们完全有这个信心。

（摘录自《陶铸文集》）

办好省报的"农民版"[①]

（1962 年 12 月）

我们进行社会主义建设，一方面是经济建设，一方面是思想建设。这两方面犹如车之两轮，鸟之两翼，缺一不可，缺少一个方面，就不能前进。什么叫做"落后"？工农业不发达，没有物质基础，当然是落后。但是，没有社会主义思想，没有革命的进取精神，对社会主义的新事物不习惯，对资本主义和封建主义等旧的东西还留恋，那更是最根本、最可怕的落后。我们全党全民的思想水平是高的。但是，不能因此就认为，继续提高全党全民的社会主义觉悟，继续改造落后思想的任务已经不存在了。不对，这方面的任务仍很重大。改变这种落后的最主要办法，是最广泛、最经常地在全国范围内，特别是占人口绝大多数的农民群众中加强社会主义思想教育。毛主席说过："严重的问题是教育农民。"现在我们越来越领会到这句话包含着极其深刻的意义。

我们的农业还很落后，必须很快赶上去。不然，工业上不去国防建设也受影响。但是要农业很快赶上去，就必须进一步提高农民的思想觉悟，高度发挥农民的生产积极性，要使广大农民懂得搞好农业生产的重要意义。

要做好对农民的社会主义思想教育工作，报纸的作用是很大的。现

---

① 这是陶铸同志在中南五省（区）宣传工作座谈会上讲话的一部分。

在各省的省报还不能直接担负起这个任务，因为省报发行份数有限，很多生产大队、生产队看不到报；即使看到了，由于它的内容不适合农民（包括基层干部），他们也看不懂或不愿看。为了更好地对农民进行社会主义思想教育，为了使农民及时地、正确地理解党的政策，出版一张直接联系农民，为农民所爱看的报纸，是迫切需要的。为此，中南地区各省（区）的省报一致决定出版“农民版”，刊期有的为周双刊，有的为五日刊，每期篇幅都是四开四版。这样做很好，我很赞成。

“农民版”的方针怎样？是“小报小办”？或是“大报小办”？这些提法我看都不对。它应该是一张真正的农民报纸。对象是生产大队、生产队的干部和广大的农民群众。这就是办“农民版”的方针。所谓真正的农民报纸是什么意思？就是要有效地促进农村经济建设和提高农民思想觉悟；反映农民的要求和思想情绪（当然是正当的和先进的），讲农民真正要讲的话，帮助农民正确地解决他们需要解决的问题。文字上要农民读得懂，听得懂。这就要求要精干一点，字数不要多，版面不要大，“山不在高，有仙则名，水不在深，有龙则灵”，小小的报纸，只要群众爱看，就会发生很大的作用。大家如果同意，就把它作为方针定下来。

要办好一张农民报，对我们来说，都还缺乏经验。过去我们也办过不少出色的为工农群众所喜爱的报纸，但象现在这样发行上百万至两百万份，直接为农民阅读的报纸，却是少见的。所以，我们一定要用实践来创造自己的经验。各省带来的试版版样，我看了一遍。总的看法是“农民版”的内容不能搞“大杂烩”。现在相当一部分农民社会主义觉悟还不是那么高，对有些问题的认识还不那么清楚，因此，最好是搞“营养餐”。每一期报纸都应该象一份思想上的“营养餐”。每一期报纸，编辑部都应该挖空心思来想，看看这一期要给农民一些什么东西。内容要集中，大致包括两个方面：一是当前的政策和工作，一是系统的思想建设。文字要很浅显，通俗易懂，又有高度的思想性，使农民读了真正有点益处。这就要求编辑部的同志对每一期、每一版都要采取严肃认真的态度，深入进行调查研究，做到真正了解党在农村中各个时期的方针政策和农民对这些方针政策的反映，了解农村各阶层的动向和要求，了解农民读者对报纸的真正需要和对每一期甚至每篇稿子的意见。简单说来，农民需要的，就登；不需要的，一点也不要登。这样做，会不会很单调呢？不会。形式上还是要多式多样。我说不要搞“大杂烩”，主要是就内容来说的。内容上的有益、系统和集中，同形式上的多式多样并不矛盾。

在编排上，要敢于打破旧框框和陈辞俗套，要有革新精神，别出心裁，给人们以新颖的感觉。一般地说来，第一版是指导工作和宣传、解释政策方面的，是“营养餐”的主菜。二、三、四版编排部自己根据情况来组织，但都要配合第一版。时事要有一点，但不要讲得太远。科学、文艺、知识性的东西，都搞一点。组织版面要考虑一期最好解决一个中心问题。关于版面，有这样几点具体意见，供同志们参考：（一）版面要活泼，但不要太花俏；（二）栏目要基本上定下来，能够一找就找到，不要经常变换；（三）标题要大，要有鼓动性；（四）字要大一点，不要搞那种不容易认的艺术字；（五）漫画可以要，但不要太费解，要农民看得懂。

“农民版”要特别注意通俗化的问题。通俗化的标准是什么？要农民一看就懂，一听就懂，最切合广大农民的要求。白居易写了诗念给老太婆听，我们编了报纸也要拿到生产队念给农民听，看他们懂不懂。因此，语句要通顺流畅、文字要避免艰涩难懂，最要紧的是还要采取平等态度和商量口吻，少来一些“干部腔”。不要用方言，都用普通话，有些地方（如广东）一省好几种方言，那用起来就很麻烦。有些方言从字面上大家都能看懂，用了又能增添文章的生动性的、可以用，但也不能多。编辑部要选几个不同类型的大队，生产队，建立经常的联系；还可以派出流动的编辑小组，到一个县、一个公社去编报，从那里取得材料，学习群众的语言，了解群众的需要，读报给社员们听。这对通俗化，对办好“农民版”也有很大的好处。以上所谈的通俗化，主要地是谈的语言问题，要做到通俗化，最重要的还是内容方面，就是所表达的东西，是农民能够懂得、需要懂得和乐于懂得的，不然光是语言很通俗也无济于事。

报上要不要开展批评呢？我们的报纸必须以表扬好人好事为主，但批评也必须有。没有批评，表扬就不会有力，也不符合事物的客观情况，因为我们工作上不能说没有缺点。当然，批评的分寸一定要掌握好，是、非、轻，重，要慎重考虑，总之要以对工作有利，对团结有利，对人们（包括对被批评的单位和个人）的进步有利为原则。也不要四面开弓，什么都拿到报上来批评，须知各省一印就是十到几十万份，影响是很大的，所批评的现象，一定是要带典型性的，要有普遍的教育意义的。批评要有结果，改了没有，改得如何，要登出来。这样才能更大地发挥教育和督促的作用，并吸引读者对报纸和批评的关心。被批评的单位和个人可以在报上表示态度，申辩、检讨、决心改正都可以。在这里还要注意，报上的批评和对批评的反映，要体现出民主和集中的精神，体现出群众性的上下间和互相间的监督，而不要造成象法院的“判决书”一样的，给人造成一种不必要的压力。批评是否可以指名道姓呢？情节十分恶劣的，应当挑选登一些，这样可能会收到更好的教育效果。

人员编制问题。“农民版”在编辑方针、处理稿件等方面，是独立的；但是，在消息、稿件来源、行政、发行、印刷等方面，又是依附于省（区）报的。为了认真办好“农民版”，除省（区）报的总编辑要直接领导外，还要有一个副总编辑做主编，具体负起责任来，组成十人到十五人的编辑部，选拔一些懂得农民、懂得政策，有一定的思想水平和文字水平的同志参加。

发行问题。发行就发到生产大队和生产队，其余关系不大的都不必订。目前不能满足全部生产队，就先满足一部分。要求邮电局、交通部门、商业系统合力把发行工作做好。报纸出来后，一定要检查它的发行情况，看是否的确全部发到了大队、生产队，花了多少时间。报纸发到生产队后，一定要认真组织读报。每个生产队都应该有读报小组，定期读给群众听并注意他们的反映。不然，大家花了再多的精力也是浪费。农村各级党的组织，特别是农村基层干部要重视这个报纸的发行，并作为指导工作的一个武器来运用它。

总之，我们对“农民版”寄予很大的希望。根据大家的意见，使全中南一百八十万个生产队都能看到报纸，在半年内可以靠内部调剂纸张逐步办到。如果真的如此，而一张报纸又通过生产队的读报组传播到五十至七十个农民中去的话，那么，全中南就有一亿左右的农民，在三天或五天内，受到一次社会主义的思想教育，受到一次党的政策的教育，这对我们的社会主义建设，将会起多么大的作用！希望大家一定要把它办好。

（摘录自《陶铸文集》）

必须改善工作作风[①]

（1963 年）

中南局是中央的代表机关，一定要把作风搞好，才象一个中央代表机关的样子，不然就有损中央的威信。作为一个高级领导机关，没有优良的作风是搞不好工作的。我们绝大多数同志是好的，但也有个别同志的确是不象样子，必须切实地整顿作风，首先从领导上做起，不然"上梁不正下梁歪"。看来严格一点是对干部的爱护。当然，主要还是加强教育，帮助提高。我们要求中南局七百个干部大家负责，互相监督、互相帮助，搞一个好的作风，特别是各部委、各单位要搞好本部委、本单位的作风。

所谓好的作风，要求是什么呢？第一，就是要求每个同志钻研工作，钻研理论，真正做到有相当的马列主义水平，真正学好毛泽东思想，象一个共产党员的样子；第二，就是在任何工作情况下都要勤勤恳恳，表现有高度的党性和原则性，组织纪律观念很强，维护党的民主集中制，谦虚谨慎，而有创造性；第三，在生活作风方面，真正做到艰苦朴素，不讲求个人享受，不搞特殊化并能坚决地同各种贪图享受、腐化堕落、铺张浪费的坏现象作斗争。当然，我们要尽可能把集体生活搞好，起码条件要保证，办公厅要尽量做好这方面的工作，但是我们每个同志就不

① 这是陶铸同志在中共中央中南局机关党员干部会议上讲话的一部分。

要在这方面多考虑，应该多考虑如何做好工作。直属党委发了一本材料，可以作为反面教材；另外再把中印边境自卫反击作战中一些英雄模范事迹印发作为正面教材，组织全机关的同志进行学习。中南局决定在全区进行整党，首先要在中南局直属机关搞一个好的作风，不然就没有资格去领导全区的整党。

整顿作风的方法，还是经过学习、教育、检查、提高的办法，但对个别很恶劣的必须严肃进行组织处理；同时，要严格党的组织生活，开展批评和自我批评，接受党的监督；要使学习制度严格起来，现在许多同志对于学习的兴趣不高，这对共产党员来说是很不好的。通过整顿作风，要使我们机关的空气为之一变，做到政治空气很浓，原则空气很浓，学习空气很浓，就是大家都关心国家大事，关心党的大事，关心群众生活，而不是斤斤计较个人的事情；大家都坚持党的原则，与违背原则的现象作斗争；大家都认真学习马克思列宁主义，多学习，少为个人的事情花费精力。学习问题，从中南局领导同志做起，要坚持每周至少有一个下午的时间集中学习，中南局部委负责同志学习小组决定三年学好十二本书，确定由吴芝圃同志担任小组长，不论在家人多人少都要坚持，剩下一个人也要坚持，下乡的同志要把书带着，回来后要汇报学习情况。

机关的政治空气、原则空气、学习空气很浓厚，那才象个党的高级机关的样子。但现在我们的情况恰恰是这方面很薄弱，而那些言不及义的东西在一些情况下相当吃得开，乌七八糟的事情不少，必须认真整顿。现在提出这个问题来，是希望大家互相勉励，共同努力，即使工作做得差一点，也要搞一个好的作风，如果工作任务完成得不错，又有一个好的作风，我们就算尽到责任了。

（摘录自《陶铸文集》）

要大兴调查研究之风[1]

（1964 年 4 月）

现在看来，广东的调查研究之风，还没有大兴起来，人们开始有这个愿望，还没有很好见诸于行动，调查研究的风气还不浓厚，劲头还不大，对调查研究的意义还认识不足。通过这次会议可能会好一些。

要搞好调查研究，首先要省委带头，大家动手。特别是我个人，更要做好调查研究，才能把大家带起来，才能克服主观主义的领导作风和工作作风，才能改变目前的被动局面。

我们这几年，是很辛苦的，但是工作没有做好，主要是缺乏调查研究，对于一些问题，只听下面反映，自己没有去看，就信以为真，当然不可能做好工作。如果我们深入下去，下面就不敢反映假情况，自然就会做好工作。所以，工作的好坏，关键在于领导作风，在于工作方法。

什么是好的工作方法呢？就是调查研究。调查研究是做到实事求是的唯一方法，是搞好工作的最根本的方法。我们是唯物论者，我们从来认为主观是客观的反映。历史上所有阶级都不可能象我们今天这样运用调查研究的方法来解决主客观的矛盾。我们没有任何个人打算，共产主义是我们的理想，是客观规律，我们就是根据客观法则来办事，追求真理，服从真理，这是我们共产党人的高贵品质的表现。所以，能不能进行调

① 这是陶铸同志在省委三级干部会议上总结报告的一部分。

查研究，能不能一切从实际出发，是考验各级领导和每一个党员的党性和工作作风好坏的唯一标志。

从实际出发，是我们进行调查研究的根本方法。是真调查研究，还是假调查研究，是认真负责地进行调查研究，还是形式主义的调查研究，其主要的区别就在是否从实际出发。调查研究是解决问题的手段和方法，经过这个手段和方法，来得出正确的结论，以便把问题解决好。

这里还有一个对党负责与对群众负责的老问题，需要再次讲清楚。我以为：凡是上级指示与群众利益（指绝大多数的革命群众）有违背时，应当服从群众的利益，但在组织手续上，应当向党报告。因为党的一切指示、决定，都应是从群众利益出发的，应是为着实现群众的利益。不可能设想，损坏了群众利益，还是对党负责，这是没有的。所以，真正对群众利益负责，就是对党负责。

要做好调查研究，必须高度发扬党内的民主作风。为此：

（1）必须保证党内任何人在一定的党的会议上，有反映工作的实际情况和批评领导的权利。这个权利是神圣不可侵犯的，任何人不准违反。同时，不准戴帽子，不准记帐，更不许进行打击报复。

（2）任何个人不得代替党委作决定或改变决定。也就是说要发挥党委的作用，发挥集体领导的作用，在会议上每个人都可以发表自己的意见，但是，必须少数服从多数，贯彻执行民主集中制。第一书记的作用很大，权力也很大。我看今后要适当限制些。第一书记，就是主持书记处的日常工作，召集会议，根据多数人的意见作决定，坚决执行少数服从多数、下级服从上级、全党服从中央的原则。

（3）上级对下级，组织对个人，不能压制不同的意见，应当允许申述不同的意见。不仅要允许申述不同的意见，而且当说服不了时，还可以保留意见，向上反映，直到中央。当然，在组织外进行议论，搞非组织的活动，散布流言蜚语，是绝对不允许的。

（4）不要随便拿“反党活动”和“路线错误”的帽子来压人。一般的认识上和思想上的问题，或者一般的错误言论与违反纪律的行为，应当与路线错误与反党活动严加区分。

同志们谈到，广东党内自庐山会议以来，上下不那么通气了，感到无形之中有一股压力，有些问题看到了，也不敢向上反映，也不敢深入想下去，这主要是省委，特别是我个人的民主作风很差所造成的。这表现在对与自己看法不同的意见往往很难听进去。这可以说是省委近年来的工作所以做得不好的致命之点。省委决心真正深入下去，切实做到倾听来自各方面的意见，特别要尊重地、县两级对自己地区工作的意见。只要这样，把调查研究之风大兴起来并不是困难的。

（摘录自广东省档案馆馆藏档案）

医务工作者到农村去，给农民“雪中送炭”[1]

（1964 年 4 月 29 日）

卫生工作和社会主义建设、工农业生产发展有着密切的关系。一个人的一生里，除了参加阶级斗争和改造自然的斗争，还要和疾病作斗争。一个人的生活，除了吃饭、穿衣、住房、走路和文化生活之外，还有治病的问题。人民的身体更加健康一些，也就能更好地参加社会主义革命和社会主义建设。随着生产的发展，广大农民的物质生活已不断有所改善，有一部分的生产队、大队、公社还比较富裕了。我们应当去帮助农民建设社会主义新农村，过社会主义的有文化的生活。例如，乐昌县九峰公社歧乐大队几年来坚持搞好环境卫生；最近，新会县有计划有步骤地帮助沙田地区农民改善住宅，这是改善农民生活和增进人民身体健康的一件大事，也是建设社会主义新农村的一件大事。卫生工作者也有责任去指导农民如何过好生活，帮助他们搞好环境卫生，预防和战胜疾病。

要彻底消灭对广大人民健康影响最大的传染病，如天花、白喉、霍乱、伤寒、恶性疟疾、血吸虫病等。解放后经过医务工作者和人民群众的长期努力，对这些传染病的防治已经取得了很大的成绩，有些病已经控制下来，没有流行；有些病的发病率已经大大减少。但还要继续努力

① 这是陶铸同志在广东省高等医学院校历届毕业生参加农村卫生工作积极分子座谈会上讲话的一部分。

和提高警惕，针对每一种传染病采取具体的措施，从根本上彻底加以消灭，以保障广大人民的身体健康。

今年分配在广东的医学院应届毕业生有一千五百多名，这些毕业生要到农村去，到农业第一线去，到公社卫生院和联合诊所去工作。医学院毕业生留在城市，这是“锦上添花”。给城市添社会主义锦上之花，当然也是需要的。但是农村更加需要医务人员。到农村去，到边远地区去，到落后地区去，那就是“雪中送炭”，是极光荣、极体面的事情。医务工作者到农村去，不仅可以保障人民的身体健康，而且可以在对农民进行社会主义教育中起重要的作用。因为通过治病和进行卫生宣传，也就帮助了农民摆脱封建迷信思想的影响，移风易俗，消灭封建迷信的残余。同时，有专门医学知识的人自觉自愿地到乡下去，这件事情的本身，就是移风易俗，可以克服长久流传下来的知识分子脱离工农群众的问题。知识分子由于在城市生活久了，一下到农村，是会感到不习惯的。由不习惯到习惯需要有一个过程。但是，只要下定决心和农民结合，全心全意给农民治病，那就会受到广大农民的尊重和欢迎，逐渐和农民结下深厚的感情，那时就会舍不得离开了。

出席广东省高等医学院校历届毕业生参加农村卫生工作积极分子座谈会的三十多位同志，多年来坚持在农村工作，起了模范作用。他们对社会主义建设事业所作出的贡献，是并不比在其他各个建设方面作出了贡献的人逊色的，毋宁说，他们这种全心全意为人民服务的精神是更为值得大家学习的。

（摘录自《陶铸文集》）

要做好培养接班人的工作[①]

（1964 年 7 月 8 日）

坚决做好培养各级接班人的工作。

同意区梦觉同志的意见，并且补充几点。

（一）必须大力宣传，反复宣传，形成舆论，促进“开明”。要使大家都认识到，培养无产阶级革命接班人的问题，关系到我们老一代马克思列宁主义者所开创的革命事业是否后继有人的问题，关系到我们党和国家是否能不断掌握在无产阶级革命家的手里，关系到我们的子孙后代能否沿着革命的道路不断前进的问题。因此，我们老一辈革命者做好培养接班人的工作，就是对革命的最好贡献，意义重大，无尚光荣，人人有责。因此，要反复做好这方面的思想工作，讲明道理，提高认识。

（二）必须开始行动。先从公社、县、地三级动手，进行必要的调整，将好干部提一批上来。公社可以结合这次“四清”运动，适当调整一批。公社干部一定要政治可靠、朝气勃勃、生龙活虎、艰苦深入、联系群众。公社党委书记中优秀的，可以挑一批提为县委副书记，个别的还可以越级提拔为书记；县主要干部中有些不适当、不能胜任的，则要调出来，由省、地另行安排。县委书记和县委领导核心要精干一些，一定要政治可靠、年青有为、能够深入群众，又懂得生产知识的。地委一级要彻底

① 这是陶铸同志在中共广东省委二届二次全会上总结的一部分。

解决有困难，但是可以适当调整一些，有的地委书记年纪太大、工作有困难的，可以调到省里另行安排。省以上则要加强宣传，做好思想工作，慢一步再作调整。总之，现在开始，就一级一级的挑选、培养，帮助提高，经过考验和观察一段，不行的还可调换。老同志要开明地带头交班，这是很光荣的事情，是党性的最好表现。各方面也要很尊重他们，生活上给予很好的照顾，使他们能够愉快地度过晚年。

（三）切实带好工作队。这是挑选接班人的重要来源，要寄以很大希望。各级领导核心真正全面调整，要等运动过后进行。

（四）加强大专院校的思想政治工作。要特别注意加强对学生的思想工作，要真正培养出无产阶级的新型的知识分子，使他们又红又专，成为可靠的革命接班人。对原有的高级识分子不要粗暴是对的，但是决不能迁就，要帮助他们进行思想改造。

（五）各县要办劳动大学，公社则办半耕半读的农校，这也是县、社、队干部的来源之一。

（六）整顿党团组织，加强共青团的工作。这是培养我们后一代最基本的工作。

（七）各级领导要带头实现主席指示培养接班人的五条标准，即：（1）要懂马列主义；（2）要为人民大多数谋利益；（3）要能团结大多数；（4）要发扬民主作风：（5）要能自批评。还要能经得起大风大浪的考验，在大风大浪中站得住，不慌张，不动摇。各级领导都要带头作出榜样来，才有可能培养下一代成为革命的接班人。

（八）要规定一些可行的制度，保证党的优良传统作风不断发扬，挖掉封建主义、资本主义和修正主义三个根子，使我们永远立于不败之地。广东文艺界的问题没有解决好，在全国来说比较落后，主要是作家没有深入群众，所以写不出有分量的东西来。我们要求党员作家首先要带头深入下去。欧阳山同志在小组讨论会上发言，讲得很好，希望能够带个好头！连弱不禁风的红线女同志都可以到农村去搞几个月社会主义教育运动，在生产队实行“三同”，其他的人为什么不可以做到呢？主要是看有没有决心。共产党员要吃苦在先，享乐在后，在物质生活待遇方面总要比非党群众差一些才对。有的党员工资多的，可以多交点党费；党员干部享受福利补助的标准应当从严掌握。此外，还要考虑一些有利于革命化的指施，比如：实行“五不”（不请客、不送礼、不办常会式的晚会、不跳舞、不打麻将），等等。我们应当把业余时间多用在学习毛主席著作方面去，多举办一些促进革命化的活动。

[摘录自《中国共产党广东省历届代表大会及全会文件汇编第二卷（1961年12月—1988年5月）》]

当前应当注意做好的几个问题[①]

（1964 年 7 月 23 日）

关于培养接班人问题

一方面要大力宣传；另方面要立即开始行动，现在已经到了解决问题的时候了。要使大家都认识到，培养无产阶级革命接班人的问题，关系到我们老一代马克思列宁主义者所开创的革命事业是否后继有人的问题，关系到我们党和国家是否能不断掌握在无产阶级革命家的手里，关系到我们的子孙后代能否沿着革命的道路不断前进的问题。我们老一辈革命者做好培养接班人的工作，就是对革命的最好贡献，意义重大，无尚光荣，人人有责。因此，要反复做好这方面的思想工作，讲明道理，提高认识。

培养接班人的工作目前就应立即开始行动，有计划有步骤地进行。今年先在县和已经搞了社会主义教育运动的公社进行一次干部调整，运动结束后再作全面调整。提拔新生力量要先从下边搞起，由下而上。公社

① 这是陶铸同志在中共广东省第二届代表大会第二次会议上总结的一部分。

干部一定要政治可靠、朝气勃勃、生龙活虎、艰苦深入、联系群众。公社党委书记中优秀的，可以挑一批提为县委副书记，个别的还可以越级提拔为书记；县主要干部中有些不适当、不能胜任的，要立即坚决加以调整，调出来的，由省、地另行安排。县委书记和县委领导核心要精干一些，一定要政治可靠、年青有为、能够深入下去又懂得生产的。地委一级现在要彻底解决有困难，但是可以适当调整一些，有的地委书记年纪太大、工作有困难的，可以调到省里另行安排。省以上则要加强宣传，做好思想工作。先培养些典型示范，以后逐步再作调整。总之，现在开始，就一级一级的挑选、培养，帮助提高，经过考验和观察一段，不行的还可调换。老同志要开明，带头交班，这是很光荣的事情，是党性的最好表现。各方面也要很尊重他们，生活上给予很好的照顾，使他们能够愉快地度过晚年。各级都要培养接班人，干部来源有没有问题呢？今天的问题，主要不是没有人，而是认识不认识培养接班人的重要意义，肯不肯去培养。最根本的，是要把“四清”、“五反”搞好，在运动中必然会锻炼出一批优秀的干部，特别要重视带好城乡社会主义教育工作队，这是挑选接班人的重要来源，要寄以很大希望。要有意识地在斗争中去发现和培养新生的一代。组织部门和人事部门要建立和健全挑选、培养、考察、了解干部的制度。要加强大专院校的政治思想工作，加强共青团的工作，把我们后一代教育成为能够担当伟大的革命重任的人。

关于文教战线的问题

最近主席批了中央宣传部关于全国文联和各协会整风情况的一个报告，指出了在文教战线上存在的严重问题。主席在批示中指出：我们的许多文艺团体十五年来，基本上（不是一切人）不执行党的政策，做官当老爷，不去接近工农兵，不去反映社会主义的革命和建设。这是十分严重的问题，各级党委要十分重视，加强对文教战线的领导。

广东文教战线的问题很多，而且很严重，这点省委有责任。过去我们抓得不紧，前两年还存在某些迁就的情绪。现在对这些部门必须进行一次大整顿。文教战线如果整顿好了，就可以成为社会主义革命的一支重要的方面军，可以起到打击敌人，教育人民的重要作用；否则，就会成为资本主义腐蚀我们、进行“和平演变”的一个大漏洞。

对这个问题，会后省委准备召开专门会议加以研究。但是，有一点是不能动摇的：文教战线的同志，特别是文艺界，必须下乡下厂，参加阶级斗争，这是最好的改造自己的方法，也是使他们能够真正做好工作、拿出作品来的根本前提。我们要对这些同志讲清道理，动员他们自觉地下去；如果有些人最终还是不肯下去的，也要强制他们下去。只有到实际斗争中去锻炼，蹲点，有了阶级感情，才能写出好的作品来。党员作家要带头下去，到阶级斗争中去改造锻炼、提高。对少数确实不象样子的则要坚决清洗出去。

为了扭转目前文教战线的严重情况，要加强文教战线的骨干力量。各级领导要亲自抓好，要经常检查和讨论文教方面的工作，今后向上级汇报、写报告，要有这方面的情况反映和措施。

要考虑恢复《广州日报》。把《羊城晚报》改版作为中南局和省委在宣传毛泽东思想方面、文化教育方面以及在意识形态方面开展兴无灭资斗争的喉舌。要反对资本主义、反对封建主义、反对修正主义，就要鼓动风云，形成舆论。因此《羊城晚报》和其他报刊都应当成为开展批评，与各种资产阶级思想作斗争的阵地。

要认真学习毛主席著作

毛泽东思想，是中国革命和建设的胜利保证，也是世界革命胜利的保证。学习毛主席的著作，用毛泽东思想武装头脑，这不仅是中国人民的迫切要求，而且是世界各国革命人民的迫切要求。毛主席是当代最伟大的马列主义旗手。毛主席不仅对革命的战略策略等一系列的问题作出了伟大的贡献，而且解决了马克思、恩格斯、列宁、斯大林所没有解决或者没有完全解决的极重要问题，即在社会主义社会历史时期如何防止资本主义复辟、如何彻底消灭阶级、过渡到共产主义的问题，总结了一系列的经验，丰富了马列主义的宝库。现在外国许多同志和朋友都非常重视学习毛主席著作，我们有些干部反而学得不认真。这是很不应当的。过去我们的工作所以搞得不够好，赶不上形势，主要是由于对毛主席的著作学习不好，对主席的思想体会不够。比如阶级斗争问题，主席向来是很重视的，特别自十中全会以来，主席一直在强调阶级斗争，而我们在这方面却认识不深，抓得不紧。省委这两年抓经济上的具体政策比较多，强调抓阶级斗争彻底革命不够；在干部问题上，认真地从阶级斗争这一高度来考虑问题也还不够，有时表现迁就。既然我们对阶级斗争的问题重视和研究不够，自然就不可能把工作抓好。

为了能够跟上主席的思想，在工作中不出偏差，取得更好的成绩，县委书记以上的干部一定要带头学好毛主席著作，系统研究毛主席思想。在这方面要加强组织，检查督促，表扬好的典型。除在职的经常学习外，还可以组织离职的短期学习。凡是在学习毛主席著作上不能以身作则的，就不是好的领导干部。为使干部学习主席著作能很好开展起来，要真正建立严肃、紧张、团结、活泼的生活作风，要提倡正当的文娱活动，反对任何玩物丧志的表现。现在有些干部，一读书就头痛，玩起来却无边际，必须从原则高度来纠正与反对这种落后现象。

学习毛主席著作，最重要的还是要联系实际，要学习主席的立场、观点和思想方法，学会站在无产阶级立场，从大多数人的利益出发，实事求是地分析和解决问题。因此，学习毛主席著作必须结合下乡下厂，深入蹲点，结合解决自己的思想问题，用毛主席的立场、观点、方法，解决各种实际问题，总结经验，提高思想，改进工作。只有这样把学习理论和实际结合起来，才能真正吃透上、下两头，真正搞好工作。

［摘录自《中国共产党广东省历届代表大会及全会文件汇编第二卷（1961 年 12 月—1988 年 5 月）》］

关于面上生产问题[①]

（1965 年 2 月 17 日）

首先，今年一定要把生产搞得比去年更好。

大家来开会必须确立这样的思想。这是这次中央工作会议对全党提出的要求。主席再三交代要求我们把面上工作搞好，要求我们把今年的工业、农业生产和各方面的工作比去年做得更好，以迎接明年开始的第三个五年计划，把我们的社会主义经济建设搞得更好更快，以利于更有力地支援世界革命。我们国家已经搞了两个五年计划了，第二个五年计划是个大跃进，成绩伟大，只是我们搞得猛了一些，需要消化，因此，搞了几年调整、巩固、充实、提高。实际上我们这两年有不少的发展，不完全是调整、巩固、充实、提高，从去年起我们已经出现了经济发展的新高涨。中央为着把第三个五年计划的基础打得更好一些，要求我们把今年的生产搞得更好，把生产搞好了，不单是国内的问题，同时也有很大的国际意义。大家必须有这个雄心壮志。现在世界革命的高潮，一天一天的迫近了，我们的工作做得好一些，对世界革命支援大一些，高潮就会来得更快。现在我们的生产劲头是有的，但作为高潮还不够，面上的干部和群众思想还有顾虑，因此，关键的问题是要进一步解决好干部和群众的思想顾虑，鼓起干劲，迅速地掀起生产高潮。

① 这是陶铸同志在省委二届三次全体会议（扩大）上总结报告的一部分。

第二，继续宣传贯彻《二十三条》，并以《二十三条》为中心，提高干部觉悟。

这是目前能否掀起生产高潮的关键。这次会议上有的同志说，“前方没问题，后方有问题；点上要防‘左’，面上要防右。”讲面上右，就是讲面上干部有些埋怨情绪。原来面上问题比较多，据说开了万人大会后就好多了。我们不要估计过高，事情没有那么简单。开了万人大会比不开好，对解决干部、群众的思想顾虑起了很好的作用，这是肯定的，但是绝对不能认为这就完全解决问题了，现在应该继续宣传贯彻《二十三条》。回顾几年来，我们就是靠政策调动群众积极性的。调动干部、群众的生产积极性，要有政治挂帅，要有思想动力，现在就要以《二十三条》作为思想的动力，使面上干部坚决改正错误，更好地发挥群众的积极性，坚决搞社会主义，反对走资本主义道路。如果说，这两年来，干部多数是好的，群众积极性还是不错的，再经过贯彻《二十三条》，大家都坚决搞社会主义、不搞资本主义，干部首先带头改正错误，把群众生产积极性高度发挥起来，今年的生产肯定会搞得更好。

现在，面上干部有些埋怨情绪，主要是：一、面上干部听到点上搞得很厉害，有意见；二、面上搞了小四清，大家坦白交代一些问题，退赔了一些东西，有怨气。虽然经过宣传《二十三条》怨气少了一点，但还没有完全解决。因此，必须继续把《二十三条》的道理讲透。《二十三条》肯定了社会主义教育必须搞，任何人不能走资本主义道路，任何人有四不清都要清理。现在是给面上四不清干部一个机会，是主动改正错误，放下包袱，轻装上阵，心情舒畅地迎接四清运动的到来呢？还是背着包袱等待在四清运动中挨整呢？《二十三条》说得很清楚：问题不大的，或者问题虽多但交代好、退赔好的，只要做好工作，搞好生产，将功补过，就一律既往不究。因此，面上有四不清错误的干部要争取主动自我革命，不要等着挨整，更不应该产生埋怨情绪，把生产和工作搞坏，加重错误。现在点上的干部经过运动后没有意见，大家心情更舒畅了（当然不是100%的人舒畅，大概百分之八、九十的人是比较舒畅的），面上还没有搞，倒有意见，这是没有理由的，这是革命觉悟问题。如果你是坚决反对资本主义，坚决走社会主义道路的，对四清有什么不满呢？如果你有四不清，为什么不坚决改正错误，积极努力工作呢？面上搞的小四清，就绝大多数来讲，是搞得很浅的，而且是自己承认的，一般只有不足，不存在什么过头的地方，有什么理由抵触呢？至于个别地方搞得过了一点，可以查一查，工分清多了的，可以再补回去。

总之，对面上干部要讲清楚这个问题，要宣传点上的运动好得很，不是糟得很，要大讲点上运动的成绩。面上必须充分利用点上的影响推动工作、推动生产。省委已发了个通知，要各个重点县抽一些坦白交代得好的干部到面上巡回作报告，现身说法，揭阳已这样做了，效果很好，各地都可以这样做。将来点上、面上都要进行检查，哪个县、哪个公社、哪个大队、哪个生产队，如果今年的生产搞不好，是没有理由的。我们每一个共产党员、革命干部都应当积极响应党的导召，争取把工作搞得特别好，为开始第三个五年计划充分做好准备。

第三，要大张旗鼓表扬好人好事，宣传模范事迹，开展比学赶帮运动。

过去我们宣传的红旗单位有些虚夸，还有些是假的，在今后的宣传工作中要注意。但是，绝对不能因此就闭口不宣传了。对各个战线上涌现出来的好人好事、模范事迹，革命化搞得好的单位和个人，还是要大大宣传，以此组织和开展比学赶帮运动。可以提出“把今年的生产搞得比去年更好，为明年开始的第三个五年计划作好准备，更好地支援世界革命”的口号，以激发我们全体干部的雄心壮志。我们要有世界革命的观念。要讲世界革命、要讲新的世界革命高潮的到来，我们要做好工作，迎接这个高潮，这是我们极为光荣的任务。要更好的宣传生产搞得好、干劲大、革命化的单位和个人，大搞比学赶帮运动。最近南方日报宣传学潮汕先进经验很好。现在有很多经验值得宣传学习的，物质变精神，精神变物质。大跃进以来，我们搞了很大的物质基础，在这个基础上又开展了社会主义教育，提高了阶级觉悟，有了好的思想基础。现在应该精神大变物质，如果不能变精神为物质，就说明我们精神状态有问题。最近我去广州氮肥厂看了一下，这个厂第一期是按照苏联的设计建成的，有三台压缩机，三座煤气发生炉，年产 25000 吨合成氨（合成硫酸氨 10 万吨），投资约 7000 万元；第二次扩建，花了约 4000 万，增加了两台压缩机，两座煤气发生炉，今年很有可能生产 75000 吨合成氨（合成 30 万吨硫酸氨）。过去投资 7000 万元只生产 10 万吨，增加 4000 万元，就增加 20 万吨，说来也很简单，主要是靠两条：一是原计划五座煤气发生炉和五台压缩机都有一台是备用的，现在全部开动了；二是把压缩机和循环机的电机的速度加快，由每分钟 125 转增加到 150 转。这样，本来只能生产 20 万吨的，现在可以生产到 30 万吨。由于我们解放了思想，突破了苏联设计的框框，只增加了很少的投资，产量就有了很大的提高，这就是精神变物质的很有力的例证。现在工农业各个战线，生产潜力大得很，主要是怎样去认识它，发掘它，怎样使精神变物质。现在面上要集中力量把工农业生产的比学赶帮运动搞起来，不搞其他运动，一切服从生产。面上，以阶级斗争为纲，目的也是要迅速把生产高潮掀起来。

第四，集中劳动力到备耕生产上来。

目前各地兴修的水利工程，凡是在春耕时不能发挥作用的要全部停下来，把劳动力全部集中到生产备耕上和冬种作物的田间管理上来。现在春耕季节已经逼近，要抓紧生产季节。广东南部应该在清明以前插完秧，北边也要做到谷雨以前插秧完毕。要尽可能早一点播种，并且要采取措施注意防止烂秧。

第五，支援农业生产。

各个部门要将主要的力量用到支援生产上去，特别是工业、财贸要支援农业。当然农业反过来要支援工业，和为国家提供更多的农副产品。

第六，调整面上的领导班子。

目前面上的领导班子多数还是好的，但有一小部分工作抓不起来。大家回去以后，要马上自上而下的进行调整。干部的来源，主要是从下面提拔，不要总是站在老圈子里面。要把一些能够提拔的，朝气勃勃，干劲大，民主作风好的干部提拔起来，有的县可以组织临时常委，搞得好就当下去，让他们挂帅。如果下边确实提拔不起来的，可以从上边或者从点上抽一些干部回去加强。面上占全省地区的 93%，如果生产搞不好就要发生极大的困难。因此一定要迅速把领导班子调整好，把生产高潮迅速搞起来。

第一批点搞完后，要集中力量整顿点上的县委领导和机关，把县委搞得更加革命化。同时面上的领导也一起来参加集训，采取河南的办法，以点带面，进一步调整县和公社两级的领导班子。在整顿时，每个县委机关和公社机关还可以来一些了解情况和敢于提意见的一般干部，帮助领导放包袱。这样做的好处是，经过对面上县、公社两级领导班子的整顿调整，面上就可以依靠他们搞革命化，抓工作。以后面上的生产，面上的社会主义教育就由这些调整了的县委和公社的领导班子负责抓起来。应当把这个方针和措施告诉所有面上的领导干部，促进他们的革命自觉性，以搞好生产的实际行动，取得党的更好的信任。

第七，迅速展开检查生产的行动。

组织一些人去大队、生产队摸一摸。一方面要听电话，听汇报，更重要的是要深入下去摸一摸，看看生产劲头真正搞起来了没有？运动的规模怎样？是不是已经形成高潮？如果生产高潮没有搞起来，应该迅速采取措施，不要贻误春耕季节。

第八，各地、县必须十分重视解决的一个问题。

我有这样一个想法，我们的工作做得好、坏，从一个省委、一个地委、一个县委来讲，特别是一个县、一个公社、一个大队、一个生产队来讲，主要是要革命化，坚决搞社会主义。具体表现，主要是生产搞得好，群众收入比较高。不然，搞了社会主义教育，生产提不高，收入分配不增加，也不能巩固。现在有一部分生产队分配水平很低，每人每年集体分配的收入平均不到40元，这样社员怎么能不“吃饭靠集体，用钱靠自己”呢？怎能使他们坚决走社会主义道路呢？解放15年了，这些生产队分配水平还这样低，前几年还可以说是因为公社化刚实现，大跃进中基本建设投资比较多，现在基本建设已经搞起来了，集体分配水平仍然这样低，年年如此下去，这对群众无论如何也交代不过去。

广东前几年搞了一些基本建设，取得了很大的成绩。现在看来，不论气候条件如何，每年增产一点是比较有把握的。从水利条件，种子条件，肥料条件来讲（如果把绿肥搞起来，条件更充分一点），都是可以做到的。现在很多地方增产不增收，是一个很大的问题，我们1963年的分配水平比1962年是下降了，1964年比1963年大概也不会高。这两年增产并不少，但全省的集体分配水平平均每人不到70元，原因在哪里呢？主要是我们生产成本太高了，干部没有经过四清，没有精打细算，把钱乱用掉了，有的还多占多吃，贪污盗窃，从各方面来削弱集体，损害集体，而我们许多干部都没有认真考虑如何提高集体分配水平的问题，更没有采取扎扎实实的措施来解决这个问题。现在点上要解决这个问题，面上也要解决这问题，不要等待系统开展四清运动再来解决。把生产搞好了，集体分配水平提高了，将来开展四清运动也会更容易些。

［摘录自《中国共产党广东省历届代表大会及全会文件汇编第二卷（1961年12月—1988年5月）》］

要做好农村幻灯和电影发行工作[①]

（1965 年 5 月 22 日）

今天我来跟同志们讲一讲。同志们要讲形势，讲什么形势呀？我看形势就是农民没有电影看（全场大笑）。现在就是这个形势。其他形势都很好，我国试爆的第二颗原子弹已经响了，工业增产，农业增产，现在就是农民没有电影看，这是要同志们来解决的。农民没有电影看是个大问题呀！这不是个技术问题，我看是个政治问题。为什么是个政治问题呢？我们这个国家是个无产阶级专政的国家，是劳动人民当家作主的国家。但是，现在劳动人民的最大多数，看不到电影，这说明我们的工作存在一个大的问题。几亿农民没有文化娱乐，宣传教育到不了他们那里去，我们只是在城市里面、在小范围里面打圈圈。同志们要讲形势，我就讲这个形势。这个形势很不好，请同志们来扭转这个不好的形势。我看是可以办到的。我们前几年那样困难，很快就扭转了嘛，农民看不到电影还不容易扭转过来？毛主席说：严重的问题是教育农民。我们教育农民，到底做了些什么工作呢？过去我们这些人下乡，不到农民家里去的，顶多到大队，或者到生产队长家里。农民听不到我们的声音。那报纸呢？农民是看不到的。后来办了农民版，还是看不到。这个农民版不是压在大队部就是压在生产队长那里，它不是卷烟抽掉了，就是给小孩

① 这是陶铸同志在中南区农村幻灯放映与电影发行工作会议上的报告。

揩屁股了。办农民版我是很热心的。办农民版，本来我以为农民会知道。可是一了解，什么农民版？农民根本不知道。报纸农民看不到，其他的书刊更不用说了。电影在我们中南区一年平均一个农民只看三点二场，三个月看一场也看不到，有些地区三场也没有。相反的，资本主义的封建残余的东西，在农村猖獗得很。在农村，如果我们不把社会主义阵地巩固起来，农民受资本主义、封建主义思想的侵蚀就会很厉害。因为我们没有正确的东西给他们，也没有去反对那些资本主义、封建主义的东西，那资本主义、封建主义思想当然就不胫而走嘛。

为什么开这次会呢？因为我在湖南看了他们的幻灯，好得很。广东、河南、湖北怎么样，我不清楚，也许我很落后了，没有看到你们的好的。在广西我看了，广西的不行，广西的同志你们不要泄气呀！反正我现在看到的，湖南的不错。湖南的同志来了嘛，请他们给你们表演一下。你们有好的可以把他们压倒嘛！如果没有他们好，就向他们学习，都要互相学习。我看，幻灯是很好的形式。以后要多给群众放电影，要想出办法，能做到两个月让群众看一次电影就好了，逢单逢双都可以，两个月看一次。现在你们不是提出一个季度看一次嘛？一个季度看一次，比一年看三次又多了一次啰。我说现在要两个月让群众看到一次电影，你们研究一下看，这是高指标，加一番。这种高指标不要紧的，你多给群众看电影，群众劲头就越大，生产就越搞得好。就是你们辛苦一点。一个农民两个月看一次电影，一年才看六次嘛。要让农民同我们一样，半个月看一次，初一、十五打一次"牙祭"，搞点文化娱乐，那靠什么呢？我看搞幻灯。首先一个月看一次，再作到初一、十五看一次。初一、十五不要老百姓去烧香拜菩萨了，来看幻灯。农民叫它"小电影"、"土电影"。再就是办好农民版报纸。农民版现在出了大概是上两百万份，如果一份给五个人看，就是一千万。一份给十个人看呢？就是两千万。我们中南一亿六千万农民，如果有几千万人懂得世界大事，懂得全国大事，他到处去讲，那就好了！此外，还要加上我们的剧团。我主张剧团下乡。总而言之，要各方面都下农村去，要向农民做工作，要把力量用在农村这个主要的方面，配合农村社会主义教育，进一步把农村思想阵地占领，把它巩固起来。

电影能不能做到这一条？现在新片子不多，我看过去的老片子还有很多好的，还可以用的。我们要把仓库清理一下子，看看有多少老片子可以重新复制拷贝。另一方面是加紧拍新的，现在题材很多嘛。我们现在提倡演现代戏，很多现代题材都可以拍。要把影片排个队，哪些片子农民没有看过。我看许多片子对农民来说都是第一次。要搞好字幕，搞好翻译，放一次电影要真正使农民看懂内容，受到教育。一个县有多少大队，或者多少公社，需要多少放映队，要算一算，作个规定。要尽量把放映队固定下来。因为它既是放映队，又是农村工作队。向农民宣传教育你们是很重要的力量。放映队同农民很熟识，同农民谈得来，又有电影给他看，农民很高兴，农民有什么思想，你们都知道。有些什么思想情况，你们就可以搞些幻灯，搞点字幕。有什么好的你表扬，有不好的就批评，那不是很好的教育？这要当个重大的政治任务来搞。我们珠江电影制片厂要多搞一点新闻纪录片，再多搞一点科教片，好一点的幻灯片。将来珠江电影制片厂要搞一个车间，专门生产高级一点的幻灯片。

区里面的宣传部，区里面搞文教工作的同志，一定要搞这两个事情：第一是检查农民版报纸农民读了没有，第二就是放幻灯。这就是你们的专业化工作。将来放映队是不是分两层：第一层是县的放映队，它是电影放映队加幻灯，这个幻灯是比较高级一点的。能够示范的；再就是区（公社）里的放映队，它只放幻灯。他们由县的放映队来辅导，辅导他们怎么样放，怎么样搞本区的些真人真事，还要帮助他们学画，搞点唱词，使他们成为多面手。自己能画，能唱，能搞点音乐，又能放。向农民作宣传鼓动工作，应该有一批专业人员。一个县，那么大，搞个幻灯创作组都不行吗？问题是县委书记干不干。只要他管一管，我看是可以的。我建议具委书记要兼幻灯创作组的组长（全场大笑）。不一定是第一书记，至少是搞宣传的，搞文教的书记要兼创作组长。要宣教、文教书记兼创作组长，是完全有道理的。那么地委呢？也应该搞创作组。地委宣传部应该有一个创作、发行机构，在你全地区范围以内，哪一个县有好的，你就多搞一些，发给各个县，交流片子。同时，在全地区范围内，有的好经验，县里面搞不出来的就由你地区来搞。至于省里面，我要求办一个幻灯制片厂。省里搞幻灯要搞高标准的，把全省范围里面好的挑出来，再把它提高下，搞得更好，再发下去。我们中南局搞什么呢？中南也要搞。中南的珠江电影制片厂要搞一个幻灯制片车间、一年拿多少片子出来，要规定一个数目字。王匡负责，他是中南局宣传部长，搞不出来就开斗争会（全场大笑）。斗争会嘛，就是为了总结经验，为什么搞不出来，原因在什么地方。珠影搞的那应该又高一点。这样一级一级搞创作，我们的幻灯片子就多了，也可以慢慢提高。可不可以？

今天，要我讲形势，就讲这么个形势。这个形势，就是老百姓看不到什么东西，看不到电影，幻灯也没有搞起来，要我们急迫地拿些东西给他们。这个事情要落实，要坚持下去。电影、幻灯戏这一类的东西，主要要搞到农村去，作为我们教育农民的主要工具。通过形象化，农民容易接受，你讲抽象的道理，讲概念的东西，农民不容易接受。同志们责任很大。在座的有很多好放映队，有的同志九年都没有回家过年。同志们很艰苦，成天在农村里面跑。这就是真正为人民服务嘛！现在我们要提倡的正是这个。现在农民迫切欢迎我们下去，不管你电影也好，戏剧也好，幻灯也好，农民都欢迎。我也讲不出什么道理来，就提出这么几个要求，道理在同志们那里，你们有实际经验，你们做了很多工作，也有了一些成功的经验了，我们要更好地把它向前做下去。这次请同志们来，就是来好好总结一下经验，解决这个问题。

（摘录自《陶铸文集》）

广州要成为一个有文化的城市[①]

（1965 年 6 月 7 日）

搞好会演，主要在于剧本好，表演好，但还要组织领导得好，招待好，热情相待。这次三千多人来广州，有的人可能是第一次来，人家向往广州，无论如何不能使人感到冷冷清清。广州店员的态度是不好的，剧院是很脏的，秩序很差，不象个有文化的城市的样子。这次要彻底整顿一下。本来，广东历来是有文化的，出过康有为、梁启超、孙中山，……但现在还有很多方面却表现没有文化，十五年来没有多大振作。戏剧，没个好剧本。连幻灯也没好的。大的没抓住，小的也没抓住。从《东方红》的排演来看，确实是可以改造人的。广州的龙舟，应该搞成文娱体育性质的活动，市里要组织好，不要由各公社临时凑。广州舞狮子，也要提高。文化局要抓。广州的花市，要真正做到多采多姿，要给各公园规定任务。灯光搞好一点，搞点钢材做花架子，年年花市用得着的。不要到处都搞，而要真正搞好一、两处。这些东西，为什么不改革？全国各地好的东西为什么不学？马克思主义都可以不断发展，我们的这些东西为什么不可以发展、改变？我看就是有“老大”派头，因循保守，得过且过。原因是领导同志没有大力抓或者自己还认为很好。当然，广

① 这是陶铸同志在中南区戏剧观摩会演前谈话摘要的一部分。

州也有许多好东西，成绩是主要的，还是一分为二，但我们自己还是多讲缺点为好。

剧院、剧场要搞得焕然一新，整洁，有秩序，气氛好。从灯光通风、座位、卫生、幕布，到剧院的服务人员的衣着、服务态度，都要修整一下。今年广州市各剧院赚的钱可以不上交，拿来修整一下剧场。这也是市政建设。可以分期分批搞，先把这次会演要用的剧场整顿好。这次演出，各剧场要把制度搞严格一点，有个好秩序。

《东方红》在中山纪念堂排演，七月一日正式演出。要公演，演它半年，让广州的老百姓都看一看。

（摘录自《陶铸文集》）

办好“乌兰牧骑”式的农村文化轻骑队[①]

（1965 年 6 月 29 日）

“乌兰牧骑”真正做到了文艺为工农兵服务、为社会主义服务。这次中南区举行戏剧观摩演出大会，是为了演好革命现代戏。但是有了好戏，还要让广大人民特别是农民经常看到。现在有些艺术团体，演革命戏虽然也演得不错了，可是由于戏大、人多，布景和道具一大堆，行动不便，不容易适应农村的演出条件，要经常为农民演出就很困难。还有的戏，正因为提高了，便老是在大城市大剧场演出，不回到农村去。可见，怎样真正做到能为工农兵服务，特别是为农民服务，仍然是个大问题。这方面，“乌兰牧骑”给我们提供了一个好样板。你们不但演出大量反映当地革命现实的充满革命激情和浓厚生活气息的节目，能使群众喜闻乐见，而且自觉地做到人少、行装轻便、一专多能。这样，你们就能够经常深入最基层、最偏远的地方，直接把各种革命文艺、科学文化知识和时事政策，送给工农兵群众。

你们来中南区演出，对我们这里的文艺工作下乡会起很大的推动作用。现在，我们文艺工作者要向农村大进军，怎样进军？就要学你们的样。我们在前两年也曾组织过少数的文艺轻骑队，但是没有坚持办好。这些队现在都应当加紧向“乌兰牧骑”学习，下决心办好；此外，中南

① 这是陶铸同志接见“乌兰牧骑”巡回演出队时的讲话。

五省（区）每个县，都应当积极筹办几支“乌兰牧骑”式的农村文化轻骑队。这些轻骑队应该是综合性的，既演小型戏剧、歌舞、曲艺，又放映幻灯、展览图片；组织形式和活动方法是短小精悍、轻便灵活的；队员思想作风是革命化的，本领是一专多能的。象“乌兰牧骑”那样，每队十二人也够了；“乌兰牧骑”用马车过草原，我们在农村还可以利用自行车。一定要人少、轻装，这样才有可能深入到农村去。轻骑队的人才从哪里来？首先从各剧团和文艺团体抽调，还可以从地、县机关挑选一些有文化、爱好艺术的青年人加入。由文化部门组织他们集中学习一段时间，武装思想和掌握一专多能的艺术技能，然后让他们到农村去，巡回演出，一边对群众的业余文娱活动进行辅导。这样，我们农村的文艺工作就可以做得更好些。

（摘录自《陶铸文集》）

在接见广东省、广州市和中山医学院医疗队时的讲话

（1965 年 8 月）

我国现在有七亿多人民，将近六亿在农村。农村六亿人民卫生医药条件很差，过去我们知道一点，这次下乡就了解得更多了。特别是同志们下去，群众高兴极了。你们吃了点苦头，但是你们的精神得到鼓励，是为人民服务嘛。你们到农村去，农民那个欢迎的热情多高呀！自从盘古开天地，什么时候有过医生这样下乡几个月，同农民一块儿生活，给农民治病的呢？没有。这样做就做对了，为人民服务就服务到了最需要的地方。

医生为农民服务，医学为农民服务，卫生为农民服务，这是当前最迫切需要的。当然城市也需要，但最迫切的还是农村。这次同志们下去有这个感觉，我们下去也都有这个感觉。

我们解放十五年了，农村医药条件还很差。这个问题不迅速解决，怎么行呢？今后怎么办呢？我看城市医务人员下乡，要成为一个制度，不要三天打鱼两天晒网。卫生厅长、医学院长也要轮流下去蹲点。必须坚决执行毛主席指示，从城市调配一些医生下到农村去当县医院和公社卫生院的院长，或者当医生。现在的县医院和公社卫生院有些条件还不错，就是没有好的医务人员。再就是要组织医疗队到农村去，帮助农民治病，

了解农民生活，了解农民疾苦，这不仅是一项很重要的建设社会主义新农村的工作，对医生本人的锻炼和提高也大有帮助。有些较难治的病，你们一下去就可以解决。但是，下去更重要的还是要把农村的医生培养起来。广州市和专署所在地的中等城市共有六、七千名医生，每人每年下去一个月，全广东省每个县一年有一个月得到几十名高明医生前去，一方面帮助下面的医生提高技术水平，一方面解决他们不能解决的疾病问题。这对农民与下面的医生都是欢天喜地的事情。特别是我们这样关怀农民，使党和农民的关系更密切了。总之，要搞个医药卫生向农村进军的制度，同志们议论一下看怎样做更好。

目前农民生活水平还相当低，到下面去，对思想锻炼，对克服我们的个人主义思想很有好处。我们都是搞革命的，一年下去几个月有什么不可以呀，人家一辈子都在那里。我在省贫农下中农代表大会上提出一个口号：组织文化、科学、卫生向农村大进军。虽然只提了一个口号，但贫下中农反应是那么强烈。他们就是要求看电影、派医生嘛。

另外，从根本上解决农村卫生工作问题，就是要多培养农村医生。照我们的医学院现在这样办下去，多少年才能解决医生问题呢？现在广东全省的医学院校每年培养出医生约九百人左右，中央上调二百人，还剩七百人左右。现在全省有两万多个大队，要做到每个大队有一个医生，要三十多年才行。退一步说，一个公社要配备四、五个我们培养出来的西医和中医，也要六、七千个医生（还不算县和城市），这也要十多年，要加快速度来解决这个问题。第一，每个公社要建一个好的卫生院，把医生配起来，大队卫生站也要建立起来。现在卫生院的医生要考核一下，训练一下，能用的还可以用。第二，把城市医院的医生抽一批到农村当医生。第三，今后每年分配一批医学院毕业生到农村当医生。第四，把老一点的有经验的护士训练半年到一年，经过考核，到农村当医生；已经退休的可以找回来。她们不一定比大学毕业的医生差，因为她们有临床的实际经验。各专署的医专与卫生学校要认真培养公社卫生院和大队卫生站的医生。所有医学院校，都要加强政治思想教育。要使培养出来的学生愿意下乡，能自觉地为农民服务。当然，治病技术要学习，但要在学校中完全学好才工作，也是不可能的，还要在实际工作中不断地学习提高。卫生部门要和医学院商量，把这个事情当作战略任务来完成。

解放十五年来，我国工农业建设有了巨大的进步。今年的粮食和工业生产又有很大增长。文化向农村进军是有条件的。办学校，办医院，农民自己可以出点力量，公社、生产队也有了些积累。群众吃饱饭就要看电影，要讲卫生。现在我们的农村还很脏，一定要尽可能地逐步改善。社会主义的农村还那么脏，那不能叫社会主义。如果大队有了卫生站，病少了，牛有栏，猪有圈，又有公共厕所，干干净净，又有电影看，这样农民搞生产的劲头就更大了。农业是国民经济的基础。六亿农民劲头大了，农业迅速发展了，就决定了国家前进的速度，工业也就很快可以赶上去。现在我们应该面向农村，解决六亿人口的文化卫生问题。六亿人民没有文化叫做什么文化革命，六亿人民没有医生叫做什么讲卫生，六亿人民看不到电影还叫什么文艺为工农兵服务呢？现在有这个条件，解放十五年了，也应该要解决这个问题。一个国家现代化不现代化不能光看城市，还必须看农村。六亿人民有文化，懂得卫生，身体很好，有点科学知识，那我们的农业生产会发生突飞猛进的变化。农村变了，城市会变得更快。加强农村，推动城市，这样，我们的农村和城市就会全面进步。

我们现在的公费医疗制度，本来是一项重要的社会保险，是社会主义制度优越性的表现，但是实行起来还有不少毛病，这就是助长了一部分人变成“吃药专家”，药物的浪费也相当严重。这要设法改变。今后公费医疗可不可以规定百分之九十公家报销百分之十自己拿钱？有些人怕拿百分之十，就不看病了，因为他本来就没有多少病嘛！有些人就是因为有了公费医疗，有一点小毛病就去找医生的麻烦。这事我看要坚决改革，广东可先走一步，先试验。

广东全省现在还有麻疯病患者。第一步要把广州市的麻疯病者安排出去，由卫生厅负责。这是历史遗留下来的问题，我们不解决还有谁去解决呢？还有，血吸虫病还有几千人，为什么不可以集中力量彻底解决一下？越拖越不容易解决。有些问题不能急，要慢慢解决；有些问题就是要集中力量一下子解决。否则，今天搞一点，明天又生长出来，始终消灭不干净。对鼠疫也要警惕，不能放松，要彻底消灭。白喉、恶性疟疾等还没有完全消灭。根据我们现有的医药条件完全可以解决这些问题。医生工作是为革命，为使我国成为世界上伟大的先进的国家而工作。

要把医药卫生力量集中到对付最大量、最经常地威胁人民健康和生命的疾病上来。已经解决了的要巩固下来，并彻底解决，还没有解决的要进一步想办法解决。要彻底解决，不能满足于“基本解决”，“基本解决”实际上就是没有解决。

（摘录自《陶铸文集》）

在中南区戏剧观摩演出大会闭幕会上的讲话

（1965 年 8 月 15 日）

这次会演，在中南区是空前的，共有三千多个戏剧工作者参加，中南地区所有的大剧种都有剧目参加演出，一共演出了五十多个剧目，历时一个半月，得到了很大的成功。

这次会演解决了两个大问题：首先，通过会演，组成了一支包括编剧、导演、演员、音乐工作者和舞台美术工作者在内的有相当战斗力的演革命现代戏的队伍。过去我们想演革命现代戏但总是担心能不能演好，特别是感到有些剧种，表现现代生活可能会有更多的困难。还有些老演员，长期以来只是演传统戏，究竟能否演好革命现代戏也信心不足。但事实证明，所有剧种和老演员、新演员，都能演革命现代戏，而且绝大多数演得很好。如同我们的军队打仗一样，有了勇气，有了信心，就一切都好办了。其次，通过这次会演，我们有了一批自己创作的革命现代剧目，其中绝大多数都是好的或者比较好的，比较差的和差的只是少数。这是一个很大的成绩，对中南地区演好革命现代戏具有决定性的作用。今后，我们的革命现代戏的剧目，还是要以自己创作为主，移植为辅；大家要把立脚点放在“自力更生”上面，同时要积极地把全国和外区的优秀剧目移植过来。我们要有志气拿出越来越多、越来越好的革命现代剧目，丰富我们的戏剧艺术。只要我们坚持这样的方针，扎扎实实地干下去，革命现代戏的基础就越来越雄厚了。

更多地塑造社会主义英雄人物形象

革命的戏剧，应当根据实际生活创造出各种各样的英雄人物形象来，帮助群众提高政治觉悟，激发革命热情，以推动历史前进。没有成功的人物形象，就没有成功的戏剧。塑造社会主义英雄人物的光辉形象，这是革命现代戏的灵魂，也是能否演好革命现代戏的关键。我们的时代是人民当家作主的时代，是英雄人物辈出的时代。革命现代戏应当责无旁贷地反映社会主义革命和社会主义建设的各个战线的斗争，塑造出各种各样的光辉的社会主义英雄人物形象来，这次会演在这方面已有了极为良好的开端。

我们戏剧艺术工作者是担负着用社会主义思想教育人民群众的责任的，但是在教育工农兵的任务之前，先有一个熟悉工农兵和学习工农兵的任务。我们戏剧艺术工作者和其他文艺工作者一样，要重视思想感情的改造，使自己的思想感情和工农兵大众的思想感情打成一片；要在深入生活的过程中熟悉自己所要表现的人物，积累创作的材料。毛主席在二十三年前就教导我们："中国的革命的文学家艺术家，有出息的文学家艺术家，必须到群众中去，必须长期地无条件地全心全意地到工农兵群众中去，到火热的斗争中去，到唯一的最广大最丰富的源泉中去，观察、体验、研究、分析一切人，一切阶级，一切群众，一切生动的生活形式和斗争形式，一切文学和艺术的原始材料，然后才有可能进入创作过程。"为了编好演好革命现代戏，为了塑造社会主义英雄人物形象，我们一定要按照毛主席的指示，深入工农兵，熟悉工农兵，学习工农兵。

要成功地塑造英雄形象，在创作过程中一定要解放思想。要大胆地揭露矛盾，展开矛盾和解决矛盾。没有矛盾，就没有戏。世界是充满着矛盾的。我们的戏剧大胆地揭露矛盾，展开矛盾和解决矛盾，就是运用唯物辩证法的观点，通过生动的艺术形象和戏剧语言，客观地反映在社会矛盾中前进的社会现实生活。

那末，革命现代戏应当以反映什么样的矛盾为主呢？我认为，在现阶段，应当把反映人民内部矛盾的任务，摆到最重要的位置上来。目前在我们戏剧创作中，还存在着不敢大胆揭露矛盾的现象，在这方面还存在着不少框框，思想不够解放。有的剧目所以显得比较平淡，缺少波澜，主要的原因就是因为揭露矛盾不深；这样一来，也就没有戏剧冲突了，没有戏了，缺乏激动人心的感染力量了。害怕接触矛盾，或者只是一般地揭露了矛盾，却没有进一步展开矛盾和解决矛盾，戏剧中的人物就不可能在矛盾冲突中显示其鲜明的性格。英雄人物的形象就无法树立起来。事实证明，凡是好戏，都是敢于大胆接触矛盾的，都是对现实生活中的矛盾揭露、展开和解决得好的。“疾风知劲草”，只有通过描写矛盾和斗争，才能树立起真正的英雄人物来，才能使无产阶级思想大放光芒。

要做到解放思想，大胆反映人民内部矛盾，需要从两方面来解决：一方面，创作人员要有正确的立场，要有高度的政治责任感，要通过戏剧武器，大力歌颂新生事物、歌颂社会主义英雄人物。同时有力地鞭挞那些腐朽和落后的东西。这也就是说，作者应当具有为党的事业忠心耿耿的精神，无所畏惧，不要一味追求保险，把保险系数打得大大的。一个人怎么能够整天关在保险柜里过日子呢！另一方面，领导上要学习广西区党委对待话剧《朝阳》的创作那样，给创作人员以正确的支持和领导。话剧《朝阳》所以能够比较深刻地揭示矛盾，塑造出林恒那样的英雄人物形象，绝不是偶然的。

为了进一步解决好关于正确反映人民内部矛盾的问题，还有几个问题，需要讲清楚：

第一，什么是歪曲工农兵形象？

现在有一种误解，以为一讲劳动人民的缺点就是丑化劳动人民，就是“暴露人民”，就是歪曲工农兵形象。因而在创作过程中表现缩手缩脚，前怕狼后怕虎，生怕犯方向性的错误。这种想法是不对的。只要你是热爱工农兵的，是真正站在无产阶级的立场上，又是以塑造英雄人物为主，服从于表现正确主题思想的需要，用保护人民、教育人民的满腔热情来说话，那末，写人民的缺点，进行批评教育，提高他们，不但可以允许，而且是社会主义戏剧的职责。劳动人民身上沾染了某种不正确的思想，存在着一些缺点错误，是很自然的，不如此反而是不可思议的。要是每个人都是十全十美的，不需要教育，不需要提高，哪还有什么戏可写呢？问题在于站在什么立场、采取什么观点、为了什么目的去写劳动人民的缺点。这个问题解决好了，就决不会丑化劳动人民，相反可以衬托英雄人物形象，使之更加高大，更加光采照人，大大地增加戏剧的教育效果。

要把“揭露”和“暴露”严格区别开来。我们说革命现代戏要大胆地揭露矛盾，也可以写劳动人民的缺点错误，这绝不是什么“暴露人民”。毛主席讲得很清楚：“对于革命的文艺家，暴露的对象，只能是侵略者、剥削者、压迫者及其在人民中所遗留的恶劣影响，而不能是人民大众。人民大众也是有缺点的。这些缺点应当用人民内部的批评和自我批评来克服，而进行这种批评和自我批评也是文艺的最重要任务之一。但这不应该说是什么暴露‘人民’。对于人民，基本上是一个教育和提高他们的问题”。

第二，什么叫方向性问题？

在革命现代剧目的创作中，只要是对社会主义革命和社会主义建设能起促进作用，能够成为“团结人民、教育人民、打击敌人、消灭敌人的有力的武器”，“使人民群众惊醒起来，感奋起来，推动人民群众走向团结和斗争，实行改造自己的环境”的，就是具有正确方向的作品。这次会演的所有剧目，我看都是符合这个要求的。其中有个别剧目是有缺点的，应该继续修改，但不是什么方向性问题。例如豫剧《打牌坊》，曾经引起很大的争论，有人说它不符合社会主义的创作方向，是歪曲了贫农的形象。我们认为，不能这样讲。贫农下中农是社会主义的最积极最可靠的拥护者，这是没有疑问的。年老一代的贫农下中农，受的苦最深，又有土改的阶级斗争经验，很好；但是他们也确实受封建思想的影响比较深，存在着这样或那样的落后意识。象《打牌坊》中所讲的续家谱，曾经是大量存在的现象，现在被打下去了，是不是从思想上根本解决了呢？没有。迷信思想，贫农下中农也有。解决这方面的问题，要通过教育。而《打牌坊》在破除封建宗法思想和迷信思想方面，比我们对农民作报告的力量还要大。《打牌坊》的作者还是从爱护的心理出发，批评老贫农刘保太的封建宗法思想的而不是丑化贫农下中农。在革命现代戏的创作中，存在着这样那样的缺点，是难免的，因为这件事也是新生事物，我们应当采取善意的态度，不断帮助其提高；随便扣帽子，什么都是方向性问题，这不是实事求是的科学态度，是不利于创作的繁荣的。当然，谁也不能保险今后不出一个有方向性错误的剧目，不能保险没有人借创作革命现代戏之名实行“走私”。如果有这种情况，也用不着害怕。人民的眼睛是雪亮的。总之，我们要鼓励创作，要热情帮助戏剧艺术工作者编好演好革命现代戏，而不要随便扣以“方向性错误”的帽子，束缚他们的手脚。

第三，什么叫才子佳人戏？

革命现代戏要用工农兵的英雄形象代替帝王将相、才子佳人，这是没有问题的。可是，有人把这次会演中的个别剧目说成是新的“才子佳人”戏，这就需要认真弄清楚了。象湖南花鼓戏《补锅》，本来是很好的戏，怎么能说是新的“才子佳人”戏呢？世界上有男的，有女的，就会有恋爱，正大光明的恋爱为什么不可以？两个高中学生，一同响应党的号召回乡参加劳动，志趣相同，互相爱慕，那是很自然的；而且她爱的是向来不被人重视的补锅匠，这出戏提倡这种革命的爱，阶级的爱，我赞成。所谓“才子佳人”，是属于剥削阶级的人物，是寄生虫。“才子”，就是过去所谓的纨绔子弟，他们游手好闲，不劳而获，油头粉面，醉生梦死，腐化堕落，寻花问柳，吟风弄月，无病呻吟；“佳人”就是过去所谓的名门闺秀，他们无所事事，专讲享受，梳妆打扮，涂脂抹粉，搔首弄姿，多愁善感，弱不禁风。所以，就是在封建社会，除了这些最可怜的寄生虫，也不是随便什么人都可以戴上“才子”“佳人”的帽子的。象诸葛亮，初出茅庐时年纪并不大，而且很有才华，但他是一个封建社会的政治家，不属于我们反对的那种“才子”，又如文天祥，是个状元，但他是宋末的民族英雄，也不能叫“才子”；花木兰，梁红玉，都是有才气的女子，都不属于我们反对的那种“佳人”。而《补锅》中两个生活在社会主义时代、受党的阳光雨露培养、高中毕业后下乡补锅和种田、全心全意建设社会主义农村的青年，怎么可以叫什么“才子佳人”呢？还有的人讲，那个小姑娘的表演动作“不够庄重，有点色情味道”，我看这个批评不恰当。相反，我认为，她把角色演得天真活泼，有青春的活力，非常可爱。这个戏在湖南演了两千多场，很受群众欢迎，这次百分之九十以上的人都叫好，难道这些人都有资产阶级腐化堕落的思想吗？如果《补锅》就是新才子佳人戏，那革命现代戏里就只好表现老头子、老太太了，所有的人物都得道貌岸然，脸孔绷得紧紧的了。这难道是合理的吗？

第四，什么叫毒草？

曾经有人认为这次会演的一些剧目是“毒草”，这意见对不对呢？不对。当然，不能说这次会演的剧目一点缺点也没有；但缺点是缺点，不应当把缺点说成毒草。如果是毒草，那就是反党反社会主义的问题了。这个原则界限是不能混淆的。我们共产党人是彻底的唯物主义者，是按照客观真理办事的，是无所畏惧的。所以，大家要拿出勇气，创作出更多更好的革命现代剧目来。有人还担心今后舞台上会不会出现毒草，我看出现毒草的可能性是存在的，因为还存在阶级斗争嘛！但是过多的担心是不必要的。出一两棵毒草，有什么了不起呢？我们对待毒草的态度应当是，第一反对，第二不怕。

第五，什么叫中间人物？

在塑造英雄人物方面，碰到了一个如何写落后人物或者介乎先进和落后之间的人物的问题。我们说，从对我们的社会各阶级的阶级分析来看，从广大人民的政治态度来看，绝大多数的人是要求革命的，是拥护社会主义的。但从一定时期的思想觉悟程度来看，“两头小中间大”的情况仍然是存在的。即先进的和落后的都是少数。中间状态的则占大多数。这种暂时处于中间状态的人物，是客观存在的事实，当然是可以写的。这次会演的许多剧目，都写了有这样或那样缺点错误的人物，许多剧目写了处于中间状态的人物，可是它们更多地塑造了英雄人物的光辉形象，英雄人物是舞台的中心角色，他们的英雄事迹和模范行动，有力地教育了处在中间状态的人物。这也就是我们一贯所主张的，通过先进，带动中间，帮助落后，共同前进的方针。当然，我们并不是说处于中间状态的人物一概不能成为一出戏的主角。有一些剧目把中间状态的人物列为主角，也是可以的：重要的是作者对这种人采取什么态度，是同情和赞扬他，还是批评和教育他，把他教育改造过来。

关于戏曲传统的继承和革新

要编好演好革命现代戏，还必须重视戏曲传统的继承和革新问题。各个剧种都有其自己的特色，有其传统的唱腔和表演程式。演革命现代戏，应当善于继承传统，使它为我所用，这样就可以做到保持各个剧种的原有特色。京剧还是要姓“京”，豫剧还是要姓“豫”，汉剧还是要姓“汉”，湘剧还是要姓“湘”，粤剧还是要姓“粤”，桂剧还是要姓“桂”……各个剧种都拥有自己的观众，如果把特色搞掉了，观众是通不过的。当然，世界上没有一成不变的东西，演革命现代戏如果原封不动地照搬原有的一套表演手法，那也不行。旧戏中的靡靡之音，低级趣味等，必须坚抛弃；有些表演程式，象水袖、兰花指，在表现现代人物时也应当有所创新。这就是“推陈出新”的方针。我们这次会演，在这方面也有不少经验。食古不化和乱改一气，都是不对的，两者都要反对。为了把革命现代戏演好，老演员在表演中要有意识地多吸取新的生活养料，敢于打破妨碍演好革命现代戏的旧框框；新演员要刻苦地练好基本功，多向老演员学习传统唱腔和表演程式。一出戏的成败，剧本好坏当然是最重要的关键，但是演员表演得好不好，同样是极关重要的；有好剧本，加上有好演员，可以相得益彰。光是剧本好，演员表演得很差，就会使剧本大为逊色。不好的剧本会糟蹋好演员；拙劣的演员同样会糟蹋好剧本。现在有些演员对于艺术表演还缺乏一丝不苟的严肃认真态度。

我们的革命现代戏应该是最严肃的艺术活动，希望大家继续努力，在戏曲传统的继承和革新方面摸索出比较完整的经验来，使革命现代戏的艺术表演能够做到精益求精，精雕细刻。

必须重视小戏和短戏的意义和作用

小戏和短戏是轻武器，轻便灵活，反映现实快，创作和演出比较容易，很适合于到农村演出，必须予以足够的重视。我们要占领农村舞台，主要就是靠小戏和短戏。这次会演的剧目中，小戏和短戏占了一半，并且大都是经过多次锤炼的优秀剧目。这是革命现代戏的一笔宝贵财富，应当广为移植。从这批剧目来看，多数都是表扬好人好事、讽刺落后事物的，是一种新的喜剧形式。这对于反映农村生活，解决人民内部矛盾，是很好的手段。但是，要编好演好小戏短戏并不是容易的事。如果编导和演员没有深厚的生活根底和过硬的表演技巧，是难以使这种形式短小的剧目，做到寓意深刻，妙趣横生的。所以，多编多演小戏短戏又是训练编导和训练演员的重要途径。

（摘录自《陶铸文集》）

要认真搞好四清运动[①]

（1965 年 11 月 10 日）

四清是中央的方针，是备战的最重要的决策之一。广东省这批运动是抓得很紧的。现在重申一定要把四清运动搞好。四清运动不搞好，社会主义建设确实搞不好。最近我看了陈郁同志一个报告，连县的问题的确严重。我们过去确实是官僚主义，工作不深入，情况不那么了解，四清运动是最好的检查工作，最好的改进工作。去年我们讲蚂蚁多了一点，后来有些同志又讲没有蚂蚁了，哪里没有蚂蚁呢？现在有好多地方就是变了质，那个地方搞什么社会主义？它是破坏社会主义！广西灵川县老百姓说："你们讲社会主义，是乌七八糟的社会主义。"其实我们还是搞社会主义，没有搞好就是了，连县看来也是个乌七八糟的社会主义，这样的地区大概很多。这次不搞四清暴露不出来，一搞四清就暴露出来了。不管从那方面来讲，要打仗不搞四清不行，就是我们要搞社会主义建设也非把四清搞好不可；不搞好四清，社会主义建设不起来。不搞四清，就是阶级调和，就是不搞阶级斗争。这样严重的阶级斗争，不坚持下去，不解决，想开小差？想向右走，避开它？不搞四清，发展下去，真是要象毛主席讲的，不要多少年就要变颜色。现在城市证明了，农村也证明了，并且还继续证明着。所以中央强调要认真搞。什么叫认真搞？就是

① 这是陶铸同志在省委二届四次全会（扩大）上讲话的一部分。

要踏踏实实搞。我们要坚定起来，毫不动摇，谁刮冷风，谁在动摇我们的政策，就坚决和他斗争，保证四清能够胜利搞下去。

过去我们很多办法都试验过。不靠工作队，搞那么两三个月，“自觉革命”啊，评功摆好等都搞过，但都不成。现在搞四清就是要搞“笨”办法。什么叫“笨”办法？就是：第一，分期分批打歼灭战，以地委为单位，一个县一个县，一个生产大队一个生产大队搞。第二，要有强有力的工作队。中南区要按60万工作队，继续搞三年，工作队可以轮换，但换来换去，要保持这个数字。各省委各地委都要这样，不要动摇。工作队抽出来，并不影响面上工作。这是训练干部的好机会。第三，领导蹲点。第四,一年一批，一带一。按这四条坚决搞下去。这四条中南局已经下了决心，丢原子弹、刮十二级台风，也是这样搞，义无反顾。这是笨办法。就是要搞笨一点，太聪明了吃亏。我们现在很多“聪明”人，其实是因为他们怕吃苦。

第一批铺开总的比试点好，有发展。当然还要看结果。主要是几条：

第一，这次四清，不管城乡，都在放手发动群众的基础上大学毛主席著作思想，解决得比较透。这是根本的。只有把群众发动起来，形成巨大的革命威力，才能迫使干部改正错误。这条，试点时多数搞得很好。试点的一个缺点是思想工作不够，从思想上解决问题做得不够。这次在充分发动群众的前提下，加强了思想工作，大学毛主席著作，解决问题比较深。当然，这一批运动，开始有个偏向，有些地区不发动群众，有的甚至说“宁愿不发动群众，也不得罪干部”。这是反阶级斗争的思想，反马列主义的思想。后来改正了。现在群众确实发动起来了，放手了，有了威力了，逼迫得干部不革命不成，不交代不成，不把四不清解决不成。在这个前提下，就要加强思想工作，突出政治，强调正面教育，解决干部的思想问题。工作队多同干部接近，开座谈会，讲清道理，解除他们的顾虑，特别是要同干部一块学习毛主席著作，使他感到很亲切，有了共同的语言，共同的思想，就可以一起革命。这样一边发动群众，一边加强思想工作，用群众的威力逼迫着他，好象打仗一样，三面包围，网开一面，给他有个出路，容易缴械。不放手发动群众而搞自觉革命，是空谈。在放手发动群众的基础上，自觉革命是有作用的。这样一二类干部解放得比较快，比较满意，不伤感情。看来，在充分发动群众揭露材料以后，可以将干部分开两个小组学习毛主席著作。一个是解放了的干部，一个是未解放的干部。我们对犯错误的干部要苦口婆心，还要承认绝大多数干部过去是好的，这些错误我们也要负责任，你改正了就好。使干部觉得一方面群众压力起来了，不交代、不改正错误不行，另方面领导上又十分关心他。这样比较容易解决问题，顶牛情况比较少。集训时，要做好家属工作，发动家属劝他好好交代，不要耽心家里。家属工作，花县、广州郊区做得好，集训干部，家里没有柴火安排好柴火，没有粮食也给安排好粮食，去的时候又征求大家的意见，把大家的意见带去。家属、留在家的贫下中农干部送他，嘱咐他一定要交代。就是这样，广州郊区还有些干部去集训时把膝上包个棉絮，怕跪、怕抓头发，后来在集训会上，不但不斗，还开欢迎会，说：欢迎你们来，多数干部是问题比较小的，你们放了包袱就好，帮助问题严重的干部解决问题，问题大的干部过去还没交代清楚的也不要紧，现在交代还不迟。讲话不要太长，要讲鼓励的话，要交代政策，以后就开晚会，看两条道路的斗争的戏，还加点菜，第二天学毛主席著作。不斗争又学习毛主席著作，这样，干部感到温暖。所以形势就比较好，势如破竹。另方面在家里的发动群众，不断写信问他，交代没有？不断将揭发的材料寄去，这就是逼迫，这比试点有发展，搞得好。看来，不充分发动群众什么都谈不上。有了充分发动群众，在群众威力下面，加强思想工作，思想解决问题，很有作用。

第二，抓生产。去年试点，运动与生产的结合不够好。现在看来首先还是运动第一，但生产必须而且也可以结合上去。一进村抓生产完全可能，群众看到面貌一新，有新气象，感到真的搞社会主义啦，这样对运动有很大推动作用，对解决群众问题，对运动以后改变生产队、生产大队面貌十分重要。现在凡是进村抓生产，结合运动，把生产搞好，基本建设搞好的，群众情绪就高，运动发展比较平衡。凡是不注意抓生产的，运动发展就很慢。当然，开始进村必须以运动为主，不能够冲淡运动。

我们试点搞迟了，这次一开始就抓生产结合运动，肯定将来的结果搞得比试点好。

第三，一带一。试点没有搞，没有经验。现在看来，一带一还是要重点先走一步，不然就不叫带（当然干部一样强，可以同时搞，那又不叫一带一了）。一步究竟是多长？可以研究。我主张一步不要太长。广西认为第一步跨得小一点好，他们公社开会，重点、附点一块去，重点回去开会，叫做整四不清；附点回去，吸取经验教训后，自己以公社为单位，单独开次代表会，不算解决问题。广东在附点没有正式铺开以前，搞什么呢？一个是搞百分之二三十的小的队伍，一个是有一些比较好的一类干部，放放包袱，搞搞生产，附点真正铺开，要在点上的大四清大体上告一段落以后，全省大概秋收以后。都可以试试看，反正一条，不能够齐头并进，不然就不叫做带！

［摘录自《中国共产党广东省历届代表大会及全会文件汇编第二卷（1961 年 12 月—1988 年 5 月）》］

坚决贯彻民主集中制的原则[①]

（1966 年 3 月 12 日）

党的民主集中制执行得不好，不仅仅是广州军区党委存在这个问题，地方也有这个问题，中南也有这个问题。中央为什么现在重新印发毛主席《在扩大的中央工作会议上的讲话》呢？因为这个问题没有解决。毛主席最近指出："看来此问题很大，真要实现民主集中制，是要经过认真的教育、试点和推广，并且经过长期反复进行，才能实现的，否则在大多数同志当中，始终不过是一句空话。"

我们广州军区总的来讲是团结的，但是问题不少，意见不少。这是什么原因呢？还不是个领导作风问题！我们干革命必须平等待人，必须讲民主，必须有同志式的态度。如果我们不搞民主集中制，那就是搞特权，那就不可能团结大家一同革命。

过去封建时代是搞特权、搞专制的，那时候没有什么民主。你要讲句话，他高兴就听一听，不高兴就推出午门斩首。也有个别比较高明的皇帝，象唐太宗，还能够听一点逆耳之言，这样的皇帝不多。多数皇帝喜欢听好语，只要他听得耳朵舒服，把国家丢掉都不要紧，逆耳之言是听不进去的。封建时代没有民主，那不足为怪，它不可能讲民主嘛！讲民

① 这是陶铸同志在中国人民解放军广州军区四级干部会议上讲话的一部分，当时陶铸同志是中共中央中南局第一书记兼任广州军区政委。

主，皇帝就当不成，那一套吃人的剥削压迫制度就不能存在，他的统治就要垮台了！在资本主义社会民主倒是谈得不少，但那是骗人的。资产阶级要真讲民主，你不让他剥削剩余价值，那他资本家靠什么啊？资本主义开始兴起时，为了打倒封建势力，提出了民主、自由、平等、博爱这些口号，可是它一上台，就不搞什么民主了。一切剥削阶级、压迫阶级都不可能讲真正的民主，只能讲特权、讲专制、讲少数人的强力统治。反动统治阶级讲民主，就要自己缴械，自己交出脑袋来，这在历史上从来没有过。只有共产党才真正讲民主，如果真的做了对人民不起的事，就是杀头，也要讲民主，要听人民群众的意见。我们共产党代表无产阶级的利益，代表人民的利益，我们同人民群众没有根本利益方面的矛盾，历史上只有我们能真正实行民主。我们共产党是人民的勤务员，我们一不剥削人，二不压迫人，一心想把人民的事情办好，讲民主只对革命事业有利，为什么不实行民主？

但是，为什么我们往往不能实行民主集中制，不能体现正常的民主生活呢？这是旧的统治阶级、剥削阶级、压迫阶级思想残余的反映。我们来自旧社会，我们脑子里有很多旧的东西。我们大家都有这样的体验，当自己私心杂念少一点时，民主就多一点；私心杂念多一点，民主就少一点。这不是一个简单的作风问题，更不是一个工作方法问题，而是思想觉悟问题，阶级立场问题。民主作风是革命化的一个标志，是思想觉悟的试金石。思想觉悟越高，民主作风越好，思想觉悟越低，民主作风也越差。

因此，中央重印毛主席在七千人大会上的讲话，有十分重大的意义。我们要认真学习，好好讨论，对照检查自己，改造我们的思想，增强我们的党性，想出办法，提出措施，真正把民主集中制贯彻下去。广州军区党委要下决心贯彻民主集中制，虽然不可能一下子彻底改好，但这次会议以后，必须做得好一些，必须有所前进。对缺乏民主作风的问题不要轻视，不要原谅，要提到原则高度，认真对待，在党内、军内进行教育。学习毛泽东思想，我们应当切实把这一条学好。没有这一条，革命就不可能胜利。连党内的同志都团结不好，怎么能团结全国人民？怎么能团结全世界人民？

我们民主作风差，除了因为我们脑子里有剥削阶级思想残余外，我想还有一个原因，就是我们革命取得胜利，有了政权，我们大家都当了“官”，特别是我们这些高级干部，“官”当得很大，如果不自觉，就容易搞特殊化，容易靠行政命令办事，也就容易脱离群众。“官”做得越大，群众越不敢向我们提意见，我们越难以发现自己的缺点，还以为群众对自己没有好多意见，其实不是那么回事。现在我们要群众提意见是比较困难的，不象过去同甘共苦的年代。记得在大革命时代，那时许多人还只有一股革命热情，革命组织性和纪律性是比较差的，极端民主化很厉害，但有什么意见都可以提，甚至同领导关系搞不好还可以走，可以到别的地方去干革命。现在要是搞不好，你就给人家扣上些帽子，弄得人家走到哪里都不受欢迎，甚至把党票也丢掉。过去我们做工人工作，可不能搞包办代替、强迫命令，你要强迫命令，工人会把你赶走，饭都不给你吃。而且群众不掩护你，坏家伙马上就会把你抓起来。那时候才真叫深入工作，和群众打成一片，和亲人一样。现在我们到下面去深入工作，尽管你做到“三同”，总还有那么三分官气，要做到一分官气也没有是很困难的。我下乡就深深感到这一点。我们取得了政权，全国都在我们手里，我们领导大权在握，下面随便讲话不容易呀，得罪了我们不好办啊！

那么，有政权不是成了坏事了吗？不，有政权当然是很好的事，革命就是为了夺取政权。问题是不能运用政权的力量来搞官气，我们当干部的要真正发扬民主。你们批评我们过去对你们不民主，这次开会不就讲民主了吗？所以问题是在于领导干部的自觉。我们高高在上，权力很大，一言一语人家都是有顾虑的，那有什么办法呢？或者，我们可以不叫司令员，不叫政治委员，那叫什么呢？叫“上等兵”？我看还是得叫司令员，还是得叫政治委员，还是得叫军长、师长、团长，有汽车还是可以坐汽车。问题是给我们的权力已经很大了，给我们的享受已经跟一般人不同了，因此我们自己一定要警惕，不要使自己特殊化，而要使自己群众化，经常把自己放在和群众平等的地位上。即使这样，我们还是与众不同。已经是与众不同了，如果我们自己还要加码，那就要严重地脱离群众了。

我们一定要自觉，要真正发扬民主，要造成一种气氛，使群众敢于接近，敢于讲话，不怕我们。特别是高级领导，军区党委，必须做到这一条。这是最主要的。另外我想，在反对特殊化方面我们是否还可以采取一些具体的措施？这里，我提一些个人的意见，请军区党委和同志们考虑能不能办：

第一，警卫森严的情况要改变。现在我们住的地方警卫森严，本来已经很特殊了，已经很吓人了，但警卫工作还唯恐不够，还要加码，故意把我们搞得特殊，搞得人家不能接近。我们可以坐汽车来来往往，人家骑自行车都不允许。军区的大门也不是容易进的，人家要见我们可不容易，人家高高兴兴来找我们，吃了一个闭门羹，再也不想来了。我并不是说不要警戒了，保卫军事秘密和首脑机关是需要的。但不要把反革命看得那么多，还是要相信群众。

第二，个人待遇要和家属的待遇分开。一人得道，鸡犬升天，这很脱离群众。你本人老资格，没有功劳有苦劳，党照顾一下，这个可以。但家属小孩和领导干部同样待遇，这是不合理的，是要脱离群众的。每个领导干部都应该注意这个问题，不要把它看成是个小事。

第三，与众同乐。我们看电影是单独的，看戏坐前排，椅子特别大，总之一切一切都与众不同。山羊成一群，绵羊成一群，山羊绵羊搞不到一块去，不是同类。今后要做到与众同乐。看电影看戏大家一样看。现在看戏，一定要等首长来才开幕，这个很脱离群众，影响坏透了。应当按时开演，你来就来，不来拉倒！

第四，严格遵守规章制度。许多规定，我们自己没有很好执行，今后执行规章制度没有例外。领导干部不遵守规章制度，就容易造成特权地位，就要脱离群众。

第五，要过党的组织生活。我想我们还是要过。不能每星期参加小组生活，至少一个季度也要参加一次。过去讲了没有办到，我看要办到，这是一个大问题。和群众一块开会，至少也可以吸点群众的空气嘛。也可能我们一到，警卫员、秘书他们一开始不敢讲，一次不敢讲，慢慢就敢讲了。

总而言之，我们要提高警惕。我们做的官不小，已经有许多东西与众不同了，我们要警惕，不要自己再加码了，要尽量地搞得群众化一点，平等一点。要有普通一兵的作风，才能更好地联系群众。

党委要真正实行集体领导。我们现在也有集体领导，但往往流于形式，不那么真实。找大家来开会，人都到了，“赞不赞成哪？”“赞成！”其实同志们有些意见还没有讲；有些不同意见，讲了又被顶回去了，人家并没有真正赞成。今后重大问题一定要事先在常委中酝酿，不要一下子就拿到桌子上来。要先在常委中交换意见，看大家有什么不同意见，基本一致了，再拿到桌子上来议议嘛！事先没有准备、没有商量，一下子拿出来，有些问题就不好发言。要经过酝酿、商量，再经过大家讨论，真正是集体做决议，允许有不同意见，可以保留，少数服从多数，不是书记说了算，不是“一言堂”。要做到这一条不容易，首先是书记要自觉，约束自己的权力。书记应该成为一个好的班长，团结大家出主意，想办法，召集会议要准备好议题，要和大家事先商量，开会时把大家好的意见集中起来，做出好的决定。现在书记权力很大，需要加以约束。你是“班长”，但班里的事还要大家来商量决定。我看要坚决打倒“一言堂”，要大家一齐来打。你们不是说“一言堂”多、“群言堂”少吗？我们就来打倒“一言堂”，实行“群言堂”。如果你们赞成，我也赞成在会议室写上“群言堂”三字。还有，不要搞形式主义的决定。有时候形式上是议了议，实际上七搞八搞，还是按照他的意见办事，这是不好的。要真正按照多数人的意见办事，即使错了，也要按多数的意见办，错了一段，自然会纠正过来，执行正确的意见。不这样，我们的“一言堂”就打不倒。

军区常委要有明确的分工。“大权独揽，小权分散”。分工以后要各负起责任把工作做好，但都要向常委会负责。要定期召开全委会和党代表大会，向大家报告常委工作，请大家讨论、检查、批评，错了就改。这样，是不是我们书记的权力就小了呢？是不是大权旁落了呢？是不是极端民主化了呢？我看不会。我们是讲在党的会议上、在党的正常民主生活中，允许讲不同的意见，错误服从真理，少数服从多数，按组织原则办事情。如果在会外搞小组织活动，搞自由主义，那是不行的。但是在党的正常生活中，有什么就可以讲什么嘛！允许人家讲嘛！那不是什么极端民主化。

（摘录自《陶铸文集》）

三、回忆文章选编

在陶铸同志追悼会上的悼词

陈云

我们怀着十分沉痛的心情，在这里悼念毛泽东同志的好学生，我们党和国家的卓越领导人，久经考验的无产阶级忠诚的革命战士陶铸同志。

陶铸同志遭受林彪、“四人帮”的残酷迫害，于1969年11月30日含冤去世，终年61岁。陶铸同志的不幸逝世，是党和国家的重大损失。

陶铸同志生前同林彪、“四人帮”反党集团进行了坚决的斗争。陶铸同志在党的八届十一中全会上，当选为政治局常委，兼任书记处常务书记、国务院副总理、中共中央宣传部部长。在毛泽东同志的领导下，他协助敬爱的周恩来总理处理党和国家的日常事务。他坚决抵制林彪、“四人帮”的倒行逆施，积极保护老干部和革命群众，成为林彪、“四人帮”篡党窃国的障碍。1967年1月，“四人帮”采取突然袭击的卑鄙手段，捏造罪名，诬陷陶铸同志是什么“中国最大的资产阶级保皇派”、“复辟资本主义的急先锋”、“叛徒”等，在精神上和肉体上对陶铸同志进行了残酷的折磨和摧残。这是林彪、“四人帮”陷害老一辈无产阶级革命家的严重罪行。

陶铸同志生于1908年1月，湖南省祁阳县人。1926年入黄埔军官学校，同年参加中国共产党。蒋介石叛变革命后，陶铸同志参加了著名的南昌起义和广州起义。1928年，回湖南做兵运工作。1929年到1933年，陶铸同志先后担任中共福建省委秘书长、书记，中共漳州特委书记，省委组织部部长，福州中心市委书记等职务。这个期间，陶铸同志出色地组织和指挥了闻名全国的厦门劫狱斗争，先后建立了闽南工农红军游击总队和闽东地区的人民武装力量，这些部队的一部分在抗日战争时期编入了新四军。1933 年 5 月，由于叛徒的出卖，陶铸同志在上海被国民党逮捕，先后被关押在上海公安局和南京中央监狱，并被国民党判处无期徒刑。陶铸同志在被敌人监禁的 4 年期间团结和鼓舞被囚战友，同敌人不断地进行了英勇的斗争。1937 年，国共再次合作，经周恩来同志和叶剑英同志交涉营救出狱。陶铸同志出狱后，即被党派到湖北省担任省委常委兼宣传部长。陶铸同志坚定地贯彻执行毛泽东同志关于建立和发展抗日民族统一战线和发展抗日武装的方针，创建了鄂中游击区。后来，鄂中游击区和游击队扩大为鄂豫边区和新四军鄂豫挺进支队，陶铸同志任政治委员。1940 年陶铸同志到延安后，任中央军委秘书长、总政治部秘书长兼宣传部长，并出席了党的第七次全国代表大会。解放战争期间，陶铸同志先后任辽宁、辽西、辽吉等省的省委书记，东北野战军第七纵队政治委员，东北野战军政治部副主任。在平津战役中，陶铸同志受中央委托，化装进入北平同傅作义将军谈判，以后又担负了改编起义部队以及组织和领导南下工作团的工作。

中华人民共和国成立以后，陶铸同志先后担任中南军区政治部副主任、主任，中共广西省委代理书记、中共中央华南分局书记，中共广东省委第一书记，中共中央中南局第一书记等职务。他在历任的工作中，善于联系群众，团结干部，认真执行党的路线、方针和政策，对社会主义事业作出了重大的贡献，深受广大群众的怀念和爱戴。

陶铸同志为共产主义事业艰苦奋斗数十年，深得党和人民的信任。在党的第八次全国代表大会上当选为中央委员，在八届十一中全会上当选为中央政治局委员、中央政治局常务委员。陶铸同志还曾当选为三届人大代表，二届、三届全国政协委员。陶铸同志的一生，是鞠躬尽瘁、全心全意为人民服务的一生。陶铸同志不幸逝世，我们非常悲痛。我们深切怀念他。我们要学习他对党忠诚，无私无畏，威武不屈，为共产主义奋斗终生的高贵品质；学习他襟怀坦白，光明磊落，坚持真理，英勇斗争的革命情操；学习他密切联系群众，善于发扬民主，敢于独立思考，多谋善断，勇于负责的优良作风；学习他艰苦朴素，忘我工作，严格要求自己，对党和人民高度负责的革命精神。我们要化悲痛为力量，紧密团结在党中央周围，为把我国建设成为伟大的社会主义强国而努力奋斗。

陶铸同志永垂不朽！

1978年12月24日

（摘录自《人民日报》1978年12月25日第2版）

聂荣臻同志给曾志同志的信

曾志同志：

听说你昨天去广州参加陶铸同志塑像揭幕式，因而也引起我对陶铸同志深深地追念。一幕幕影像立刻浮现在我的脑海。最使我沉痛的是1970年初，我从邯郸下放回来，第一件听到的事就是陶铸同志在安徽被整惨死的噩耗！我的心情异常激动，党内又失去一个久经锻炼的好同志！我和陶铸同志相识较早，是1926年在黄埔时，他是五期学员，我在政治部工作，有一些接触。之后，我就参加北伐离开广州，直到1932年打漳州时，在毛主席处又遇到了陶铸同志和你，这才知道你们在闽南打游击。但以后又各自东西不得相见。直到全国解放后，陶铸同志主政广东，我们几位老帅每于冬季常聚羊城，与陶铸同志接触才多起来。他一有空也喜常来聚会，议军议政慷慨陈词，或于小岛散步，谈天说地评古论今。我感到他思想开阔，思维敏捷，工作勤奋，作风果断，而待人豪爽热情，诚恳可亲更是他的优点。虽然都是浅显的印象，没有共事的深刻理解，但这些思念至今铭记不忘。现在羊城故友一一乘鹤而去，故地重游，恐会倍加伤感，因此我不敢再作五羊游！今闻陶铸同志塑像揭幕，趁你在穗，略谈追忆，聊表纪念之心。望多保重，健康是福！

顺祝

旅安！

聂荣臻

1989年元月14日

（摘录自中共广东省委宣传部、中共广东省委党史研究室编:《高山青松——陶铸诞辰100周年纪念文集》，广东人民出版社2008年版，第3页）

哲人虽去　风范犹存

林若

陶铸同志解放后长期在广东工作，他的名字与五六十年代的广东是紧密相连的。那时我在东莞任县委书记，和陶铸有过多次直接的接触，他责任心很强，对工作抓得很紧，要求很严格；他抓工作全面，常到各地去，不仅中心任务抓得紧，而且总能顾及那些容易被人忽视的薄弱环节；他关心人民疾苦，自己却艰苦朴素。他的许多言行，至今仍然能够给我们以教益。

我第一次见到陶铸，是在1956年的省党代会上。他在大会上讲广东怎样实现农业发展纲要，除了强调粮食、水利等问题外，还提到造林绿化、城镇卫生建设等事业，对工作的要求很高、很严。这次会议给我留下了深刻的印象。

1958年四五月间，我第一次接待前来东莞检查工作的陶铸。当时，听到陶铸要来，我们心情真有点紧张。因为，据说陶铸刚刚视察了粤东某县，严厉批评了那个县卫生工作搞得不好，县委"生活在垃圾堆上"。好在我们二三月间抓过一下，城乡卫生面貌有所改观，造林绿化工作也已起步。

陶铸来到后，吃过晚饭，我陪他在莞城镇的街上散步，顺便看看市容卫生。在街上，不是我带路而是他带着我走。他不沿着街道走，走了一段之后就走进了一条小巷。边走边察看环境卫生状况，走完这条小巷，又看了另一条小巷。看到这两条小巷比较干净，陶铸满意地说：“不错，你们的环境卫生搞得好。”

当晚谈完工作，第二天，陶铸要去惠阳，我送他去樟木头。沿途，他看到莞樟公路两旁树木零零落落，远处的山上也童山濯濯。我想，这回可要挨批了。但陶铸并没有严厉批评，只是说：你们要注意绿化，绿化搞不好不行呀！

后来，我们听说陶铸离开东莞、惠阳后，到了粤东某个山区县。他看到那里满目荒山秃岭，十分生气，批评该县的领导“没有文化”。他强调指出：不搞造林绿化，就是没有文化的表现。

陶铸把造林绿化、搞好卫生这两件事当作社会主义建设的大事来抓，当时，这对我的影响是很深的。东莞的造林绿化工作，从那时就着手进行，虽然“大跃进”、大炼钢铁时原来的老树被破坏了，但大量的果树总算保护下来，不久又对荒山进行了造林绿化工作。有了这个基础，虽然经过十年动乱，东莞的造林种果现在还算是比较好的。城镇的卫生工作，也有一定的基础。

1958 年冬，在浮夸风的影响下，各地纷纷报高产，后来发现没有那么多粮食产量，我们就向省委写报告，纠正原来多报的产量数字。不久，陶铸便来到东莞，要检查东莞的粮食产量是否没有这么多。结果，发觉有的地方瞒了一点产（但比报高产时报的少了很多），因此就在全省开展“反瞒产”。后来，陶铸一点也不回避这次失误，他在各种场合都说自己错了，在那种情况下，不该提倡吃三顿干饭，不该“反瞒产”。听说有一次，他到珠海前山公社和农民谈话，有个农民说：现在生活好了，能吃饱了。就是 1959 年饿肚子，是陶铸号召吃三顿干饭，粮食吃光了，害得我们要吃粥。陶铸问他，你认识陶铸吗？农民回答说，不认识。陶铸沉痛地说，我就是陶铸，我向你们检讨，我犯了错误，使你们饿肚子，吃稀饭，我以后再也不那样做了。

人们看到陶铸对工作要求这么高，对下级的批评这么严厉，总以为他必定只能听好话，不能听逆耳之言。其实却不然。除了“反瞒产”这件事以外，这里还有一个例子：1958年“大跃进”时，陶铸曾根据一个县的经验，提倡各地搞一路两河的“社会主义公路”。一次在下乡的路上，他身边的工作人员在车上同陶铸就此事是否可行辩论起来。结果，陶铸接受了反对他的意见，取消了要求各地修这样的公路的做法。

1959年春，陶铸带了一个调查组来东莞虎门做农村调查。在那里，我陪着他工作了一个星期。此时，由于我党在“大跃进”、公社化中的失误，由于苏联撕毁合同，撤走专家，我国国民经济的发展正面临着极大的困难。为激励人们振作起来战胜困难，陶铸同当时正在虎门体验生活的中山大学中文系的师生座谈，以松树为话题，寓物抒情，勉励他们要像松树那样培养坚强的性格。他把这次谈话整理成文，那便是脍炙人口的散文《松树的风格》。

在这篇散文里，陶铸借松树的形象充分地抒发了无产阶级革命家的情怀，热情地讴歌了松树“要求人的甚少，给予人的甚多”这样一种高尚的风格。他在文中要求共产党员“为人民的利益和事业不畏任何牺牲”；“都应该像松树一样，不管在怎样恶劣的环境下，都能茁壮地成长，顽强地工作，永不被困难吓倒，永不屈服于恶劣环境”；“都应该具有松树那样的崇高品质，人民要我们做什么，我们就去做什么，只要是为了人民的利益，粉身碎骨，赴汤蹈火，也在所不惜”。

5月，陶铸发表了《松树的风格》的姐妹篇《太阳的光辉》。这篇散文，借用太阳也有黑子的自然现象，阐发了伟大的党也有缺点的道理，阐明了共产党人对于自己的缺点、错误，应如日月经天，光明磊落。这本是他在东莞调查中有感而发，不想后来却在“文化大革命”中被诬陷为攻击共产党及党的领袖。

1959年6月中旬，东江地区暴雨，东莞连续降雨几百毫米，博罗一夜之间降雨四百多毫米，遂致山洪暴发，发生了百年未遇的特大洪水。东江河水超过历史最高水位一米多。洪水漫进堤围，吞没了大片农田，冲倒了房屋，冲毁了公路。博罗、惠阳、增城、东莞四县一片汪洋，人民群众生命财产受到严重的威胁。6月16日，陶铸亲率空投救灾物资的飞机来到灾区视察，组织解放军前来营救被洪水围困的群众。洪水稍退后，陶铸又把我们四个重灾县的负责人叫到广州，连夜在他的家里召开救灾工作会议，与省直有关部门的负责同志一道，核实情况，落实措施，分拨各种救灾和恢复生产重建家园的物资。他对救灾工作抓得很紧，使灾区恢复生产、重建家园的工作进行得很顺利。在救灾的日子里，陶铸曾写下了“人民自有回天力，蛇蝎难施蠢毒针，我信奇迹现秋后，灾痕不见见新村”的诗句。果然，经过灾区人民一年的努力，这么大的灾害所造成的“灾痕”不见了，灾区人民的生活得到安排，生产迅速恢复过来。

1959 年 11 月 13 日，还在我们救灾时，陶铸来灾区检查我们的救灾工作。当天，陶铸把东莞、增城、博罗、惠阳四县的负责人和佛山地委负责同志召集到增城石滩，详细地听取了我们的汇报，并且在石滩公社实地察看了灾区恢复生产、重建家园的工作。吃饭时，增城的同志出于对上级领导的关心、爱戴，杀了鸡加菜。当时就受到了陶铸的批评。陶铸历来都是这样：到地方上吃饭，只能四菜一汤，多做了不仅不吃，而且要批评。这一点，基层的同志都留有深刻的印象。

1965 年在群众大学毛主席著作的高潮中，陶铸在出差途中又一次来到东莞。他听省里有同志说东莞厚街公社溪头大队学毛著学得不错，便决定到那里去看看。他来的那天，我们正在县里开三级干部会，我临时陪着他去溪头大队，随便找了几个人来谈。因为事先一点没有准备，又听说来人是中南局的第一书记，这些被临时找来的大队干部、社员都很紧张，说话结结巴巴，既没有背语录，又讲不出豪言壮语。大队也没做表面文章，没有把农民写的诗词、豪言壮语之类写在村前屋后的墙壁上。这种情况同当时的“政治气氛”是很不相称的。可是，陶铸丝毫不计较这些。他问了这个大队的生产和群众生活情况，又了解了干群关系的状况之后说，你们这里的生产搞得不错，干群关系好，老百姓的生活也不错。不久，他在一次会上说：“调动群众积极性，依靠群众搞好生产，增产增收，就是政治工作。干群关系好不好，群众生活水平怎么样，应作为每个公社、大队、生产队工作好坏的标准。”陶铸在工作中总是坚持从实际出发的。

在陶铸离开广东以前，我先后多次听过他的讲话。他除了在党代会等必须形成正式文件的场合之外，在讨论研究工作的会议上，从来是不用讲稿讲话的。他经常深入实际调查研究，掌握了大量的第一手材料。开会时，他针对会议提出的问题，吸收别人提出的意见，形成结合实际的讲话内容，很能解决思想问题和实际问题。这种工作方法，也是我们今天应当学习的。

（摘录自中共广东省委宣传部、中共广东省委党史研究室编:《高山青松——陶铸诞辰 100 周年纪念文集》，广东人民出版社 2008 年版，第 11 页）

陶铸和广东政法工作

寇庆延　李学先　马芳　白云起

陶铸同志离开我们了。每当我们回想起在他的领导下工作的难忘岁月，他对广东政法工作所付出的心血和所作出的贡献时，眼前总是浮现着这位忠诚的革命战士的高大形象。

陶铸是一位善于独立思考、多谋善断、发扬民主、敢于负责任的领导者。他在领导广东的政法工作中，指导思想非常明确，对阶级斗争的形势有清醒的正确分析。在 1956 年 3 月的一次公安工作会议上，他谈到社会主义改造完成以后，阶级斗争是不是一天比一天复杂、一天比一天尖锐时，明确指出：不能这样说，不能说反革命越抓越多，而是越抓越少了。他告诫广大公安政法干部要头脑清醒，既要防止“左”倾，又要防止右倾。他说：“公安干部是掌握刀把子的，一有偏差就会伤害好人，也会放纵坏人。”他在教导政法干部要正确地执行党的政策时，作了这么通俗的比喻：汽车要过桥，偏左偏右，都要掉下桥去，都会给人民造成损失。陶铸每年（有时是每个季度）都要听政法线的工作汇报，参加政法部门的重要会议，并发表明确精练的讲话；他经常到政法线的厅、局去了解情况，布置工作；他很信任政法机关的工作，别人给他反映的案件，都让政法部门依法去处理。他对公安政法工作中的实际问题，经常亲自主持解决。例如对某硫铁矿（是劳改人员开的矿）的领导归属问题上发生了争执，他听取了省公安厅领导的汇报后，立即亲自同中央有关部门联系，最后决定把这个矿场划归劳动局领导。

在镇反运动中，由于我们在执行政策的具体工作中出了些偏差，受到了中央的批评。陶铸主动承担责任，并领导我们认真地总结经验教训，从而采取了积极有效的措施，稳、准、狠地打击了反革命分子的破坏活动，取得镇反运动的重大胜利。

1964年，陶铸在一份简报中看到某地中学有人利用职权强奸中小学生的情况时，立即作了重要指示，并以中南局的名义指示各级党委和公安政法部门要严厉打击摧残女青少年的犯罪分子，有效地保护了人民群众的合法权益，保护了青少年的身心健康。但是，在“左”的思想影响下，公安政法部门在工作过程中发生了扩大化的偏向。陶铸发现了这个问题后，又立即召集有关部门开会，迅速纠正了这种倾向。

陶铸善于发扬民主，同志们在他面前敢说心里话，有啥说啥。向他汇报工作后，他都有明确具体的指示。他对工作敢于负责，从不推诿。因此，我们在他的领导下，敢于放手工作。正是在他的卓越领导下，广东的政法工作取得了很大的成绩。

陶铸深入基层和雷厉风行的领导作风给人们的印象极深。每当人们谈到改进领导作风时，总是常常提到要向他学习。

1964年，他到基层调查研究，了解到有一位会治跌打伤而又经常打人的落后群众，通过教育学习后，改正了错误，充分发挥了自己的医术特长，热心为群众服务的动人事迹后，陶铸专门同他交谈，了解他由落后变先进的过程，勉励他发扬成绩，更好地为人民服务。

在60年代初，陶铸到粤北山区调查研究时，专门到英德劳改场与干部座谈，了解情况。当他看到万亩生机勃勃、郁郁葱葱的茶园时，非常高兴。他对陪同的干部说：“什么是祖国美丽的山河？这‘绿色地毯’（指茶园），就是祖国美丽的山河。”地处粤北山区的英德茶场，是在昔日的荒山上开出的万亩茶园，他们生产的英德红茶名扬四海，运往国外许多国家和地区。回到广州后，陶铸在省委召开的地市委会议上宣传了英德茶场；他还向朱老总、董老等党和国家领导人介绍了英德茶场的成就。

由于陶铸的倡议，在英德茶场建立了茶叶中专学校和茶叶科学研究所，并为这两个单位拨了经费，选派了干部和教师，作了“茶叶要讲科学”的题词，为广东茶叶生产的发展培养了一批技术人才。陶铸了解到茶叶价格偏低的问题长期没有得到解决后，立即找有关部门的负责同志研究，他指出：“茶叶的价格低于价值，已成为生产发展的障碍，要发展茶叶生产，满足人民的需要，增加出口，就必须适当提高茶叶的价格。”正是在他的亲切关怀下，这一问题得到了迅速解决，推动了广东茶叶生产的大发展。

陶铸在贯彻党的路线、方针和政策的时候，总是结合广东的实际，有布置、有检查，办事认真果断、干脆利索。他反对拖拉的工作作风，一旦有关部门的领导共同作出决定时，就要求雷厉风行地干，并限期完成。

1962 年，一位大学的老教授遭到抢劫并被打伤，陶铸非常重视这事，立即召集有关部门研究，限令在 3 天内破案。根据陶铸的指示，公安干警夜以继日地连续作战，24 小时内就把罪犯抓获。这件事对知识界是一个很大的鼓舞。

50 年代初期，刚开始创建劳改场时，是困难重重的。既缺少干部、资金和土地，又没有看押犯人的部队。当时公安部门的看守所远远不能适应形势发展的需要。陶铸听取了有关领导同志的反映后，立即写信给广州军区的负责同志，请他们解决劳改场的看守部队问题，并马上派人找有关部门联系，解决了创建劳改场所需的干部等一系列问题。正是在陶铸的关怀下，创建劳改场的工作得以迅速地展开，从而为罪犯在劳改中把自己改造成为自食其力的新人，创造了有利的条件，有效地保证了人民群众的安居乐业。

（摘录自中共广东省委宣传部、中共广东省委党史研究室编：《高山青松——陶铸诞辰 100 周年纪念文集》，广东人民出版社 2008 年版，第 15 页）

深深的怀念

张根生

陶铸同志逝世后，我一直在怀念着他。当我在写这篇文章的时候，他的崇高形象，音容笑貌，谆谆教诲，亲切地萦绕在我的脑际。他领导广大干部群众，谱写的光辉业绩，经久地装点着南粤大地。我怀着万分崇敬的心情，从流逝的岁月里，谨记下他给我教益最深刻、感染最强烈的一些片断。

坚定的革命立场

陶铸是一位铁骨铮铮、热忱忠贞的伟大的无产阶级革命家。建国后，他主要在华南工作。1951 年 11 月，在广西胜利完成肃清国民党反动派的残余武装和土匪的任务以后，党中央调他到广东，担任中共中央华南分局第四书记，协助叶剑英同志主持华南分局工作。当时，广东正在放手发动群众，在农村开展土地制度的改革；在城市进行民主改革，镇压反革命，彻底解决民主革命遗留问题。叶剑英统管全局和大政方针，陶铸主要领导农村土改工作。是年冬，中南局和中南军政委员会机关干部

400 多人组成工作队，到曲江和英德县参加土改工作。1951 年 5 月，根据叶剑英的意见，留下我在广东工作。从此就在陶铸领导下，一直工作到 1966 年他离粤去京，长达 15 年。我正式调来广东后分配到韶关地委（后改为粤北区党委），在两年多的土改工作中，深切感到陶铸能够根据广东的特点，善于把坚定的革命立场同高度的策略思想巧妙地结合起来。一方面，放手发动群众，坚决依靠贫雇农，对十分猖狂的恶霸地主、土匪和反革命分子，进行坚决打击和镇压，彻底进行革命。另一方面，根据广东华侨众多、工商业发达等特点，注意保护华侨、民族工商业者的利益，注意保护知识分子，注意对华侨地主、工商业兼地主、开明士绅等实行区别对待的政策，发扬了党的统战工作传统。与此同时，在渔区、盐区也开展了清匪、反霸、肃特、清债的群众运动，对城镇和工矿企业，全面进行民主改革。我在华北、中南等地先后参加过贯彻“五四指示”的土改、土改会议后的土改。新解放区的土改，曾经产生过右的或“左”的偏差，对比起来，广东的土改是比较彻底而又健康的。这表现在群众发动得比较深入，政策比较稳妥，没有出大的偏差，为全省农村工作打下了比较好的基础，这是三十多年的历史所证明了的。

1950 年、1951 年广东所处的情况是怎么样的呢？广州是 1949 年 10 月解放，海南岛 1950 年 4 月解放，国民党覆灭前，其中央政府逃迁广州，全国各地的伪军、政、党、特人员很多逃来广东。这些国民党的残渣余孽，外以港澳作依托，和台湾当局紧密配合，内与地主封建努力相勾结，拼死抵抗民主改革，而且妄图夺回失去的天堂，特别是 1950 年美帝发动侵朝战争之后，他们更加猖獗，组织“反共救国军”、“反共游击队”，全省的土匪地主武装曾经达到 10 万多人。他们进行破坏活动，攻打我区乡政府，抢劫粮食物资，被杀害的干部 1000 多人，严重影响社会治安和建设工作的开展。国民党蒋介石时时都在企图反攻大陆。抗美援朝战争，更使国内外的一切反动势力蠢蠢欲动。在这种情况下，党中央和毛泽东同志指示广东要加快土地改革，华南分局和叶剑英、陶铸等决定两年基本完成土改并采取彻底土改的方针。为从组织上给以保证，中南局从河南、湖南、湖北等省抽来一批有新区土改经验的干部，中央把华北抽调工业的一批干部也专门调来支援广东土改。根据毛泽东关于解放军既是战斗队，又是工作队的号召，在华南军区的支持下，从广东驻军中抽调几万人的军、师、团、营、连、排各级优秀干部，参加农村土改。为了贯彻中央加快土改的指示，华南分局提出依靠大军、南下干部的方针，主要是当时本地干部由于长期坚持敌后斗争，缺乏进行土改的经验。在以后的工作中，绝大多数地方的军队、南下干部和本地干部是团结得很好的，而且大多数土改队员、土改队长都是当地的青年干部，现在这些同志多已是省、地、县各级领导的骨干。正如毛泽东指出的："土地制度的彻底改革，是现阶段中国革命的一项基本任务。如果我们能够普遍彻底地解决土地问题，我们就获得了足以战胜一切敌人的最基本的条件。"消灭封建和半封建剥削的土地制度，实行耕者有其田的土地制度，这是最彻底的消灭封建制度，是完全符合广大农民要求的。回顾当时的情况，广东全省局面之能迅速转变，并为以后的人民民主专政打下了巩固的基础，采取这些措施是完全正确的。

由于广东土改时集中了全国各地的经验，在执行政策上和紧密结合生产上避免了北方曾经出现过的"左"的偏差，坚决贯彻依靠贫农，巩固地联合中农，消灭地主阶级和旧式富农的封建的和半封建的剥削制度，不再平分富裕中农的多余土地，地主同样按人口分一份土地，只征收富农的出租土地。在保护工商业、华侨、开明士绅、知识分子等方面，在结合进行整顿党组织和干部队伍方面，也较老区和内地要稳妥多了。必须承认在这样一场暴风雨式的革命运动中，也曾产生过一些错误、缺点。对于这些错误和缺点，陶铸在 1953 年 4 月 20 日《胜利完成土改，全力转向生产》和广东土委会《关于胜利结束全省土地改革运动的总结报告》中都作了明确的检查，并在复查中大部分得到了纠正。如在 1953 年春季复查中，就全部改变了华侨地主的成分，但是对其房屋问题未能解决。

革命的目的就是解放生产力，促使生产的发展。叶剑英、陶铸领导广东土改的成功，就在于消灭了地主阶级所有制，实行了农民土地所有制，建立了新的生产关系。全省共没收地主、征收富农（出租土地）的土地 2300 万亩和大批生产资料，分给了 2000 多万无地、少地贫苦农民和其他劳动人民，从而大大提高了农民的生产积极性，有力地促进了农业生产。1952 年全省粮食产量达到 170 多亿斤，超过了历史上产量最高的 1934 年，农民生活得到了初步改善。这对于巩固新的革命政权，建设可靠的祖国边防，为以后多次消灭妄图侵犯大陆进行反革命破坏的国民党小股武装和土匪特务，打下了重要的基础。

卓越的建设才能和谋略

1952 年，党中央提出了过渡时期的总路线。1953 年，中央调叶剑英主持中南局工作，陶铸主持广东省工作。这一年，也正是实行第一个五年计划的第一年。陶铸把主要精力放到生产建设上来。4 月 14 日，他在华南分局扩大会议上明确提出“我们的任务是全力转向生产”。并且提出由土改到生产转变的关键“在于稳定新的生产关系，即确保与巩固农民的土地所有制”。4 月 18 日，广东省人民政府发出布告，宣布全省土地改革胜利结束，全省工作重点转向发展生产，宣布了新时期党的政策，允许分到土地的农民发家致富，允许买卖自由、借贷自由。是年 10 月 24 日，他在党代会上更明确提出“发展农业为第一位任务”。1954 年全省开始兴修水利，当时广东水利条件不好，每年种植水稻面积 3000 多万亩，真正有水利设施灌溉的仅 900 多万亩，所以大部分地区是种一季稻。开始修建水利工程主要是筑堤防洪，在珠江三角洲，将许多单薄低矮的堤围，实行联围筑闸，塞支强干，加高培厚，兴修了樵北大围、增博大围、北江大堤等工程，以及一些引水、蓄水的小型农田水利。随着生产的发展，规模不断扩大，转向修建大、中型水库工程，全省有名的大型水利、水电工程，如流溪河水电站、新丰江水电站、松涛水库、鹤地水库、高州水库、合水水库、南水水电站、汤溪水库以及深圳水库、东深引水工程、珠江三角洲电动排灌系统，是陶铸亲自决定的。1958 年为了修建鹤地和合浦两大水库，要淹没上游广西部分土地，他亲自派我和孟宪德、魏麟基同志去向广西区党委请示，得到广西的大力支持帮助。陶铸非常关心广东的水利建设，全省起关键性作用的大型水利工程，如24座蓄水1亿立方以上的水库，几乎都有他视察留下的足迹。由于省委和陶铸的重视，上万名水利干部和广大人民群众的共同努力，不但进展快，而且建得扎实，没有一个报废的，有不少工程投资少，质量高，效益大。像新丰江水库装机容量28万千瓦，只投资了2亿元。由于大兴水利，到1965年，全省80%以上农田都有了灌溉设备，再没有发生过像1955年那样的全省性大旱和1959年东江那样大的洪涝灾害，而且开始了东江、宁江、流溪河、锦江等江河的流域治理。

1955年广东大旱，为了解决粤西地区的抗旱，他亲自到茂名、化州一带，总结和推广龙首的经验。1957年他走了几十里山路到乐昌岐乐村，总结核对改善农村环境和卫生条件的经验，并向全省推广，以提高人民的健康水平。为了取得第一手材料，在1959年他还亲自兼任一个时期中山县委书记。直到今天，这些单位的许多干部、群众都深情地怀念着陶书记给他们的关怀和帮助，传颂着他和农民群众在一起的故事佳话。陶铸对于全省农村的先进典型十分关心，曾经花费了极大的心血去进行培育。每两三年就要到这些乡、村检查一次，像清远的洲心、阳江的海陵岛、潮安的枫溪和陈桥、东莞的虎门、花县的花东和花山、南海的大沥、中山的圣狮、万宁的华侨农场、兴宁的合水水库、乐昌的九峰山、新会的圭峰山、澄海的外沙大桥、肇庆的西江林场、湛江的雷州林业局、电白的博贺等地都是他经常去的，或去蹲点调查研究，或去进行视察。

陶铸十分重视科学研究工作，他曾经多次去省农科院、华南农学院、林科所、植物研究所、海南热带作物研究院看望科技研究人员，关心和询问他们的工作和生活情况，帮助解决困难，对他们的工作予以充分肯定和支持。过去，广东水稻品种都是高秆的，遇到大风大雨常造成倒伏，严重影响产量，每亩产量只有四五百斤。1958年要创高产，增产措施主要是多施肥，但施肥多了，更易倒伏。当年晚造，他和陈郁同志在白云山省委干部农场亲自搞高产试验田，施肥较多，禾苗长得很好，但是一场大风，全部倒伏，亩产只有四百多斤，这是当时农业增产的突出矛盾。

就在这年，潮阳农民选育出矮脚南特，1959 年广东省农科院培育出广场矮、珍珠矮等矮秆高产良种，秆矮粗壮，每亩多施几十斤化肥，刮八九级大风也不会倒伏了，因此每亩单产可以达到七八百斤，甚至一千斤，矮秆良种的育成是革命性的大突破。陶铸非常高兴，对农业科学家黄季芳、黄耀祥和农民育种家洪群英等同志都给予了很大的表扬和鼓励，对全省农业科研工作是很大的推动。陶铸还十分重视农业的多种经营。他继叶剑英之后，非常关心发展海南、湛江的橡胶事业。他对发展广东的甘蔗、蚕桑、黄麻、咖啡、胡椒等热带、亚热带经济作物和柑橘、香蕉、菠萝、荔枝等岭南名果也都十分关注，花费了许多心血。这在当时的形势下是十分难能可贵的。陶铸有极高的革命事业心，他对全省农业、工业、交通等各种事业的发展，高瞻远瞩，有卓越的谋略。他走到哪里都先了解那里的生产建设情况，有什么困难就立即帮助解决。1959 年他去广东最偏僻的连山壮族自治县，亲自帮助县委选择县城地址，并派省建工局黄沅强总工程师去帮助进行规划。

党的第八次全国代表大会决定以生产建设为中心任务，但是由于“左”的错误影响等原因，中央这一正确路线没有能得到贯彻执行。当然广东也不能不受到以后多次政治运动的影响，不可能提出更明确的以经济建设为重点的政治路线。但是，陶铸和广东省委对于经济建设，仍然放在极为重要的地位，用了最大力量发展农业、工业生产。全省经济得到了较快的发展。到 1965 年，粮食产量达到 244 亿斤，比 1949 年增长了 100 亿斤。解放前，广东每年要吃 10 亿斤泰国和外省大米，到这时不但实现了自给，每年还可调出 10 亿斤大米，蔗糖、黄麻、畜牧、生猪、水产品都增长了几倍。回想当时，美帝国主义在侵略越南，台湾国民党时时刻刻都妄图反攻大陆，资本主义国家对我进行经济封锁，因而不能不把粮食生产放在头等重要的地位，这对于充分发挥广东亚热带的优势是受到影响的。广东工业总产值达到 63 亿元，比 1949 年的 6.5 亿元增长近 4 倍。广东省的农业和轻工业生产在全国是发展较快的，是中央和各省认可的，这和陶铸的正确领导是分不开的。

实事求是，大胆探索

陶铸在广东工作的十多年中，使大家特别怀念的是他实事求是、锲而不舍的探索中国建设社会主义道路的革命精神。他有很强的组织观念，认真执行中央的指示，但是他尊重群众的首创精神，从实际情况出发来研究问题，提出问题，把中央的指示和本省实际情况结合起来，并向中央提出积极的建议。给大家印象最深的有三件事情。

一是在三年困难时期，他首先对办公共食堂、“一平二调”[在公社范围内贫富拉平，平均分配，县、社两级无偿调走生产队（包括社员个人）的某些财物]，刮“共产风”等“左”的错误，提出怀疑并逐步加以纠正。他在1960年初就开始调查研究，先后到东莞、新会、澄海、饶平和海南、湛江等地，深入到群众中，听取不同意见，为了解基层干部和群众的顾虑，让他们能够讲出自己的心里话，他多次到食堂中与群众一起吃饭、谈心，弄清了农村的真实情况。那一年是广东最困难的时候，农村不少地方发生了水肿病，以陶铸为“第一把手”的省委下决心纠正“左”的错误，对全省发出了重要指示，还得到了毛泽东的批示，转发各省市。为落实这一工作，从省市地县机关抽出几万名干部分三批去开展整风、整社运动，坚决纠正“三风”（浮夸风、命令风、瞎指挥风），恢复实事求是的思想路线，坚决纠正“共产风”。凡是平调生产队的粮物，一律退还，由财政拨出1亿多元，进行退赔；各部门、企业无偿占用的农民土地，一律退回，迅速恢复农民的自留地，占到耕地总面积的5%—7%；恢复开放自由市场，允许农民家庭副业和自留地生产的产品上集市自由交易；凡是群众不愿参加的集体食堂可以解散。同时，为了减轻农民负担，加强农业第一线，坚决压缩基本建设规模，缩短重工业战线，实行必要的关停并转。全省还普遍开展了农业为基础，大办农业、大办粮食的宣传教育运动。全面整顿劳动力的使用，到这年冬天，就从各方面压缩200万劳动力回到农业第一线，减轻了农村的负担，各部门还从物力、财力、技术等方面，大力支援农业生产和农田水利建设，直接用于农业的基建投资占总投资的27.9%，用于农业的钢材占总用量的17.2%，地方外汇用于支援农业的占45.5%，同时减轻粮食征购任务，有计划地提高粮食、油料、生猪等63种农副产品的价格，给农民增加收入2.1亿元。陶铸亲自主持确定的这些有力措施，使广东农村在1961年发生了转折性的重大变化，度过了最困难时期，这比全国各地要早一年到两年。

二是1961年全省农村经过贯彻人民公社“六十条”，实行“三级所有，队为基础”，以生产队为基本核算单位。农村情况有了进一步好转，但是农民的积极性仍没有能够充分发挥出来，农民的劳动和劳动成果不能直接联系，评工记分既烦琐又分值很低，仍然是吃“大锅饭”。清远洲心公社书记陈国生根据群众的要求，试行了联系产量责任制，就是各户承包责任田，评定产量，超产奖励，有的按比例奖励，有的全奖全罚，农民积极性大大提高。从播种、育秧、整地、插秧、施肥、锄草、收割、打场，每道工序都很认真。1961、1962两年，每亩产量提高了30%左右。陶铸到该公社蹲点时发现这一做法，立即进行总结，认为这样既保持了集体生产的优越性，又发挥了农民个人的积极性，把集体利益与个人利益结合起来了。后来在8月中央北戴河会议上，报告了毛泽东，经中央批准，在新会、清远、惠阳、廉江、潮安、花县等八个县进行试验。在试验中，这种承包方法受到群众普遍欢迎，有些地方未经批准，也自发地搞起来了。但终因当时“左”的错误的影响，不得不半途而废。到1965年，虽然结束了试验，但给干部群众留下了深刻的影响，给党的十一届三中全会后农村实行家庭联产承包打下了思想基础。

三是陶铸历来主张在经济管理上放宽搞活。广东省在财政方面大体上都是包干上交，超收的大部分留给市、地、县作为地方建设资金。在粮食方面，三年经济困难时期，就实行了一定几年包干不变，各县完成上交任务之后，多余粮食可以自由经营和处理。在外贸出口方面，各地、市、县组织出口收到的外汇，给地方一定的留成，以用于地方进口农业生产资料，投入发展农业生产。有一件事情是我亲自请示陶铸解决的。60年代省委、省政府鼓励发展水果生产，成立了陶铸为主任的水果生产委员会，但是潮州柑生产始终起色不大，主要是国家规定的收购价格过低，以至种潮州柑收益不好。为了解决这个问题，1964 年地、县委经过反复调查研究，群众要求每斤柑提高一角钱的价格，这样农民才有利可图。但要改变收购价格，在当时是很难办的事情，因为柑橘调价权在中央。我把群众的要求向陶铸汇报后，他果断决定采取了灵活的办法，每斤柑给予一角钱贴补。这个决定向群众宣布后，立即传遍汕头全区农村，柑农奔走相告，大大提高了种柑的积极性，扩大了面积，加强了管理，到 1966 年，潮州柑的产量达到解放以来的最高水平。

我在近几年到过不少省份，也在吉林工作几年，比较起来，广东经济搞得活，对经济发展十分有利，这也是许多兄弟省来广东参观后的共同观感。近几年广东在改革、搞活上步子走得快，农副产品市场早已大部分放开，价格有一定的上下浮动，群众能够接受，这和 30 多年来经济管理上一直搞得活，是有很大关系的。

我们许多同志都深感陶铸对社会主义建设有战略眼光，有远大理想。在每个历史的转折时期，他能够运用马克思列宁主义的立场、观点、方法，学习中央指示，分析本省情况，提出正确的意见，因此在政治上没有发生大摇大摆。在发展战略上，他一贯地强调造林绿化，提出没有林业就没有农业，预见到保持生态平衡的主要意义。在办合作化初期，他十分强调要赶上和超过上中农收入水平；非常重视开发性生产，许多水利专家都说陶铸在广东时，是水利建设的“黄金时代”。许多干部、群众看到某项建设工程搞不好，某个地方公路坏了无人修，某个问题长期不能解决，就说如有陶铸在就好了，这可以说是对他的最深切怀念。

严于律己，以身作则

陶铸对党忠诚，襟怀坦白，光明磊落，严于律己。他在广东工作 15 年中，对搞特殊化从来是深恶痛绝的。他下厂下乡，从来不允许下面搞迎来送往，搞特殊招待。他要求干部做到的，自己就以身作则，带头做到。他严于律己还表现在知错必改，从善如流。他的这种精神，深深地感染、教育着在他周围工作的每一个人。

1958年，广东和全国一样，在“大跃进”和公社化运动中犯了高指标、瞎指挥、浮夸风和“共产风”的“左”的错误，给经济建设和农业生产造成严重损失。认识和纠正这些错误，在当时是十分困难的，必须有极大的胆略才能做到。陶铸早在1959年5月，就在汕头主持召开省委常委扩大会议检查错误，分析危害和造成的损失。他带头作自我批评，承担责任，并从领导方法上进行剖析总结。虽然当时的认识仍很不够，但是这是一个大的转折，开始纠正“左”的错误，陶铸把着重点放在教育干部上。在那一段时间里，他先后写出《领导干部的几个工作方法问题》、《调查研究与一切经过试验》、《端正思想方法和工作方法》、《谦虚使人进步，骄傲使人落后》等名篇，以马克思主义为武器，指导实际工作，教育干部群众。

1962年1月中央召开的七千人大会上，毛泽东所作的重要讲话中指出：“我们是干革命的，如果真正犯了错误，这种错误是不利于党的事业，不利于人民的事业的，就应当征求人民群众和同志们的意见，并且自己作检讨。”“有的省委就是这样做的，有一些省比较主动，让大家讲话，早在1959年就开始作自我批评……”表扬了广东省委发扬民主、勇于纠正错误。正是因为如此，以陶铸为“第一把手”的广东省委，在全省干部、群众中威信很高，省委领导核心思想一致，犯了错误敢于承担责任，不埋怨下边，上下亲密无间。因此，广大干部没有顾虑，敢于放手工作，这是广东工作的一大特点。

既是严师，又是兄长

陶铸是一位备受崇敬的党的领导人。我在他直接领导下工作十几年，深深感到陶铸既是严师，又是兄长。他对干部，既严格又关怀；对工作要求，既严肃认真，又帮助解决困难。

他对造林绿化和公路建设抓得很紧很实。他走到哪里，看到哪里，讲到哪里，帮到哪里。到了一处，一旦发现问题，立刻找县委书记、县长，当场严肃批评，就地研究改进。许多当年的县委书记异口同声地说：陶铸有时批得自己脸上发烧，批过后帮你出主意、拿点子，心里热烘烘。当年全省造林绿化先进县——电白县，不毛的海滩荒坡都披上成荫的绿树，十分喜人。陶铸 1960 年春路过这里，写下“电白竟成绿化城，植树何处不成荫。沧海也教精卫塞，只在无心与有心。”他对电白的有心人、县委书记王占鳌诙谐地说：“电白”堪称“电绿”城。后来又把王占鳌调来广州任农委主任，就是要他把电白造林绿化经验在广州地区推广。另一个县的县委书记陪同陶铸下乡，驱车行进时路旁树木稀疏，这里的绿化，显然是令人不能满意的。陶铸问起路旁树木的学名、属科和生长性能等情况，那位同志张口结舌说不清楚。陶铸不单是批评，还耐心讲述，告诉人们不仅要“有心”，还要“有识”；树木不单是种下去，还要种得好，有效益。给同车干部上了生动的一课。他那种坚持不懈、坚韧不拔、科学求实绿化南粤大地的精神，充分反映了他对绿化重要性的战略眼光，至今闪耀光芒！

当时我在省委中年龄是最小的。1956 年初调我到省委担任秘书长工作，我是有很大顾虑的。我文化水平和理论水平低，没有在省级领导机关工作过。陶铸给了我耐心的教育和帮助。因此我深感他是严师，他给过我无数次的教育，也给过我许多鼓励。开始我看他很严肃，有些话不敢大胆讲，过了不久就感到他能听而且喜欢听不同意见，我就什么话都愿意讲了，而且敢和他争论一些问题，有时争得面红耳赤。他也常常在省委会议上尊重多数人的意见，放弃自己的意见，说“我少数服从多数”。他在我工作没做好时，给予多次批评教育，但从未对我发过一次脾气，所以我感到他又是一位亲切的兄长。

他爱护、培育年轻干部和青年人，他更爱护有事业心并做出成绩的年轻干部。50 和 60 年代，广东省有 30 多岁的省委书记、副省长，30 多岁的地、县委书记更多。他把干部放在岗位上，严格要求，干中培育。他看干部，不以一时一事，在一些好同志受到冤屈时，他敢于挺身而出，说公道话。在1959年庐山会议后，他保护了敢讲正确意见，批评“大跃进”、瞎指挥、刮“共产风”等错误的赵武成、杜瑞芝等同志。“文化大革命”初期，他出面保护著名眼科专家毛文书、粤剧名演员红线女等一批高级知识分子和许多领导干部。林彪、江青一伙，诬陷陶铸为“中国最大的保皇派”直至置他于死地。面对鬼魅非人的折磨，他泰然处之，写下“‘性质’纵已定，还将掏心肝。苌弘化碧血，哀痛总能消”的诗句，以明心志。敬爱的陶铸同志啊，您的高风亮节，堪称楷模，令人永志不忘。

陶铸对自己的独生女儿，同样严格要求，精心培育。亮亮高中毕业的头一年没有上大学，他把她送进省委机关农场。当时我兼农场场长，特别告诉我，要把她作为普通工人看待，参加劳动锻炼。后来，亮亮考进上海第二军医大学，才去读书。寒暑假期间，他总不放过可能的机会，让亮亮接触社会实践，增长见识和才干。

陶铸经常深入实际，调查研究。一年总有两三个月时间到基层去。他对工作布置，对各种问题的处理，都是先经过调查研究，倾听干部群众的呼声。他的心同群众疾苦息息相通。他把深切的爱，倾注在革命事业和人民群众之中，完全彻底为人民服务。

对陶铸的怀念太深了，要说要写的事情太多了，每每回忆起朝夕相处的那些岁月，我常常激动。感受最强烈的就是在广东这样地位十分重要、情况极为复杂的省份，没有陶铸主持工作十多年，那里是不会有今天这样的好局面的。他的超群的革命胆略，彻底的革命精神，坚持实事求是、大胆探索的态度，对于我们今天仍是有极大教益的。

（摘录自中共广东省委宣传部、中共广东省委党史研究室编:《高山青松——陶铸诞辰100周年纪念文集》，广东人民出版社2008年版，第18页）

崇高的形象　永恒的怀念

王全国

每当谈到陶铸同志，他炯炯有神的目光和坦荡豪迈的笑容，就展现在我的眼前。他亲切的教诲和高大的形象，像一股无形的力量，激励着我在新的“长征”中奋勇前进。

每当想起陶铸横遭迫害，过早地离开人间，使党和国家失去了一位优秀的领导人，使我失去了良师挚友，就感到悲愤填膺，不能自已。

我永远也忘不了在那十年动乱的日子里，最使我震惊的一天。那是1967年元月5日的凌晨，高音喇叭中“打倒陶铸”的尖叫声，把我从梦中惊醒，我简直不敢相信自己的耳朵，完全被惊呆了。我虽然知道他在“文化大革命”中同林彪、江青、陈伯达、康生一伙进行斗争的一些情况，但仍百思不得其解，难道一个党中央政治局常委，不经过党的任何组织程序，仅凭着“莫须有”的罪名就被打倒？！难道像陶铸这样对党无限忠诚，对革命事业无限热爱，无私无畏，光明磊落，久经考验的党和国家杰出领导人，光凭江青、陈伯达几个人的胡说八道就被定为“三反分子”？！更令人费解的是随着反动文痞姚文元的血口喷人的臭文章，一场造谣、诬蔑、诽谤、中伤的“批陶运动”铺天盖地而来。在中南局和广东省，曾经同陶铸一起工作过的很多同志，被打成“陶铸黑干将”、“陶铸死党”、“陶赵死党”，被揪斗，被打倒，被非法囚禁，遭到残酷的迫害。

紧接着有更多党和国家的优秀领导人被揪斗，被打倒。各级党政领导机关在“夺权”中完全瘫痪了，形势急剧恶化。一些“造反派”在林彪、江青反革命集团的操纵挑动下，肆无忌惮地进行打、砸、抢、抓、抄，大搞白色恐怖，使我们整个国家陷入深重的灾难之中。

那时，我们这些“陶铸死党”、“黑干将”经常被揪斗，被抓走。而每当我们被揪斗围攻之后，总会有一些干部和群众用各种巧妙的方式给我们以安慰、同情。即使在被囚禁中，也有人出于对陶铸的敬仰之情，而对我们这些“陶铸死党”暗中给予关心和照料。有的老工人和学生还偷偷地问我：陶铸会是“两面派”、“叛徒”、“走资派”吗？1968年我被抓，正巧也有一些民主人士关在那里，有的偷偷向我询问陶铸的情况，对陶铸的崇敬之情溢于言表。1970年我被下放到连山县上草“五七”干校。上草的社队干部知道我们是中南局的干部，经常乘没有人在场时，关心地打听陶铸的近况。后来我下放到韶关钢铁厂“改造”，韶钢是陶铸亲自踏勘厂址决定兴建的。广大工人和干部对陶铸有着深厚的感情，私下谈话中，都对他赞不绝口。因此对我这个下放“改造”、处境困难的“陶铸黑干将”也就格外关照。

1974年，省委在东方宾馆召开工作会议。有一天我们几个人在餐厅吃饭，餐厅工作人员小郭关切地向我们打听陶铸的情况，并愤愤不平地说：“像陶书记那样的老革命，好领导，能是‘三反分子’，坏人吗？！‘文化大革命’真不讲理，连我们这些在宾馆开张前，陶书记向北京饭店要来的服务员，也被说成是‘陶铸的黑爪牙’，真是气死人！”人民群众对陶铸的深厚感情，常使我禁不住热泪盈眶。在那人妖颠倒黑白混淆的日子里，不论林彪、江青反革命集团怎样造谣污蔑、挑拨离间，绝动摇不了我对陶铸的钦佩和敬仰。因为我对陶铸的了解，是在我亲身经历的革命实践中不断加深的，他的一生是与党和人民同呼吸共命运的，我心悦诚服地以他为楷模。否定了他，就等于否定了我们为之浴血奋战的崇高的革命事业，否定了我们党和人民光荣奋斗的历史。

我对陶铸的了解是从全民族抗日战争初期开始的。1937年全民族抗日战争爆发后，陶铸经周恩来和叶剑英同志营救出狱，分配到湖北省委担任省委常委兼宣传部长。他在这个时期的工作中，坚决贯彻了毛泽东同志的正确主张，抵制和反对了王明的“一切服从统一战线”和把工作重点放在大城市的右倾错误做法，取得了很大的成绩。

当时我在鄂西北地区工作。等我1940年冬到达鄂中时，陶铸已离开鄂中半年有余。但是，广大干部和人民群众却深情地怀念着他，为他离开鄂豫边区抗日民主根据地深表惋惜。我在这里工作的六年中，经常从干部、党员、战士、人民群众、民主人士那里听到对陶铸品德、情操、性格、胆略、才能、作风和业绩的传诵。

人们讲述得最多的是他领导主持的汤池训练班。这个训练班开始举办时只有60余人，住在破庙里，生活异常艰苦。他呕心沥血，言传身教，在短短的时间内，培养出大批革命干部，成为撒在鄂中各地的革命火种。这些火种在人民的土壤中迅速生根发芽，枝繁叶茂，结出丰硕的果实。同时，由于他在汤池训练班，高举团结抗日的大旗，在鄂中地区广泛开展抗日救亡运动，因而使地处京山应城交界、大洪山南麓边缘的、不为人知的汤池，一时间竟成为鄂中抗日进步的革命中心，日后成为新四军第五师及包围武汉的鄂豫边区抗日民主根据地的三大战略支撑点之一。

1938年9月，陶铸被迫暂时离开鄂中时，广大干部抱着依依不舍的心情，开会为他送行。他充满信心、坚定地对大家说：“我现在暂时离开大家；一定还要回来的。如果斗争需要，我将毫不犹豫地把自己的热血洒在鄂中。”不久，武汉、鄂中相继沦陷，陶铸果然回来了，人们奔走相告“陶铸同志回来了！”“陶胡子回来了！”“陶先生回来了！”

他一回到鄂中，即同杨学诚同志一起，投入到火热的发动抗日游击战争之中。他特别强调要放手发动群众，广泛开展抗日民族统一战线，团结一切可以团结的人；采取各种形式发展抗日武装，建立抗日政权，创建小块游击区。他亲自整训部队，指挥反“扫荡”，并身先士卒带领部队主动打击敌人。仅用半年左右的时间，在应城、京山、安陆、天门、汉川、汉阳、钟祥、云梦、应山、随县、孝感等十多个县都组织起由我党掌握的大小不等的抗日武装。其中应城县，因为利用了国共合作的第五战区鄂豫边抗敌工作委员会，推荐了进步人士孙耀华当县长，以“应城抗日游击司令部”（后改称“应城抗敌自卫总队”）的名义就发展组织起3个支队、2000多人的队伍。一个以大洪山为中心的鄂中抗日游击区初具雏形。

陶铸在当时的另一个重要功绩，是对民族资本家出色的统战工作。应城县有个生产盐和石膏的矿区，这里有一些资本家。陶铸一到汤池即从抗日游击战争的战略任务出发，一面派干部去发动组织工人群众，一面派干部去向资本家做统战工作，工作做得非常出色。所以日寇占领应城后，这里既是我们的兵源，又是我们抗日武装的经费来源。矿区的资本家不仅在开始组织抗日武装时出钱，就是在日寇强化对矿区统治时，也暗地照常向抗日民主政府交税，一度成为鄂豫边区财政收入主要来源之一。应城沦陷前后，矿区资本家和工人一起在我党领导下，组织矿区自卫队。有的资本家送子女参加革命，有的资本家亲自参加自卫队，以后又带领自卫队参加“青抗”，参加新四军，有的资本家以后还成了光荣的共产党员。

再一个被人们视为传奇式的事迹，是陶铸成功地争取了帮会组织“汉流”“双龙头寨主”，参加抗日斗争。

我在鄂豫边区工作时，所听到的这些关于陶铸的传说，一个特殊材料铸成的共产党人的高大形象深深铭刻在我的心中。

我和陶铸第一次见面是在1950年。1949年南下，我被分配到广西工作。当时广西刚解放，敌人的正规军虽然被消灭，大量的土匪武装还盘踞着山区和农村，形成了一支以敌人残留的正规军为骨干、以封建地主为靠山、以惯匪为先锋的土匪武装，严重地扰乱了社会治安和阻碍各项工作的开展。就在这紧要关头，1950年，陶铸奉中央之命到广西代理省委书记，主持剿匪工作。他以超群的革命魄力和杰出的组织指挥才能，大刀阔斧地开创了剿匪和各项工作的新局面，迅速消灭了顽匪，安定了社会秩序，开展了轰轰烈烈的清匪反霸群众运动，为广西恢复经济和进行社会主义改造奠定了良好的基础。他在广西工作只有一年时间，我在广西和陶铸直接接触后，更加印证了抗战时期人民群众对他的事迹的传诵。他那卓越的组织领导才能，惊人的革命魄力，实事求是、敢于坚持真理的科学态度，顶天立地的共产党人正气，给我留下了更为深刻的印象。

1954年起我先后调到广东和中南局工作，和陶铸接触多了，对他的了解也更深了，越发觉得，他确实是我们党不可多得的人才，在他身上洋溢着杰出的无产阶级革命家的品德、气质、胆略，是难得的良师益友。

在他直接领导下10多年的工作中，给我印象最深的是他对党的无限忠诚，对人民、对革命事业的无比热爱，他像一团旺盛的烈火，到处燃烧着，不怕困难，不避艰苦，不知疲倦，废寝忘食，夜以继日地忘我工作。他抓工作雷厉风行，观察处理问题敏捷果断，事必躬亲，效率极高。特别是对中心工作，锲而不舍，一抓到底，一定要抓出成果来。星期天，他常常召集我们开会或叫我们随他下去察看工作。有时星期六夜晚开会，将近午夜12点时，他才幽默地说："今天是星期六，提前散会吧！"重要文件和他的讲话、报告，他都是亲自动手或亲自主持起草，经常为此通宵达旦。我曾多次跟随他下去蹲点和视察工作，亲眼见到他每天都是工作10多小时。有一次到海南岛视察工作，正值他的女儿陶斯亮从大学放寒假回家。他为了让"大学生"更多地接触社会实际，要陶斯亮和她的两个同学一起下去。到海南一下飞机即马不停蹄地视察汉区、黎族山村、国营农场、莺歌海盐场、石碌铁矿、港口、海口市。找县、市和区党委汇报情况，研究工作，解决工作中的问题。每天工作到深夜，连午休时间有时也是用来乘车赶路，坐在车上他也不休息，精神矍铄地谈笑风生，不停地询问情况，研讨问题。他当时已是五十多岁的人了，同行的工作人员多次劝他夜晚不要工作得太久了，可是他每天都是工作到深更半夜。随行的20来岁的大学生有点吃不消了，不想参加晚上的会议，派陶斯亮去"请假"。他要她们不要放过参加社会实践的机会，而未准"假"。在返回广州的飞机上，有些倦意的陶斯亮对我说："王叔叔，我们在学校功课很紧张，本来想利用寒假好好休息松弛一下，这次随爸爸到海南岛体验生活，真是'牺牲'太大了。"陶铸和坐在周围的人听后都哈哈大笑了。

再一个突出的印象是他高瞻远瞩的革命胆略和奋不顾身、披荆斩棘的开拓精神。解放初期他从社会主义改造、社会主义建设总的战略任务出发，结合华南、广东的实际，提出了要重点抓农村工作，在土改胜利结束后，他又立即提出把工作重心转向发展生产，并要求集中主要精力抓好农业生产。在广东工业建设上，他根据广东的特点，提出以发展轻工业为主，并十分重视发展制糖工业。他还卓具远见地一直特别重视植树造林绿化工作和交通、电力等基础设施的建设，重视广州市的市政建设、公用事业和蔬菜生产的供应等工作，获得显著成效，这在广东是有目共睹、人所共知的。

即使在十年动乱期间，人们也常常谈起陶铸在广东的卓越功绩。我是九一三事件之后重新回到广东工作的，记得在研究农村工作或下乡时，经常有人会情不自禁地说："我们现在还是靠吃陶铸同志留下的老本，要是能像他那样抓农村工作就好了！"走到珠江三角洲，人们怀念和赞誉陶铸如何抓粮食和经济作物生产，抓电动排灌工程；走到雷州半岛、粤东北地区或海南岛，人们怀念和赞誉陶铸如何抓水利工程，改变农业生产面貌，如何重视抓橡胶等热带作物和发展林业；走到潮汕平原，人们怀念在陶铸领导下，最早实现千斤县和发展柑橘生产；到了电白县，人们深情地怀念和赞誉在陶铸亲自关怀支持下，把电白变成"电绿"，背诵"电白竟成绿化城，植树何处不成荫"的诗句，叹惜在陶铸关怀下营造的博贺防风林带在"文化大革命"中遭到重大破坏；到了雷州林场，职工们指着望不到尽头的林海深情地说：这昔日的荒坡野岭变成繁茂的国营林场，陶铸同志倾注了多少心血啊！从而议论着：陶铸同志一直重视植树造林工作，在广东绿化起来的荒山秃岭，到处郁郁葱葱。记得在 1958 年大炼钢铁时，有人砍了白云山上的几棵树，陶铸同志听说后，立即打电话给当时的广州市委书记王德同志，要他严令禁止。有人无限感慨地说：如果没有陶铸同志的关心，哪能有今天的白云松涛绿树成荫啊！

特别使我难忘的是 1958 年，全国范围内头脑发热，搞了"大跃进"和农村人民公社化运动，犯了高指标、瞎指挥、浮夸风和"共产风"的"左"倾错误之后，他除了认真总结经验教训，主动承担责任，反复地向干部群众进行公开检讨之外，为了尽快地纠正“左”倾错误，调整国民经济，改变困难局面，他还以惊人的远见卓识和革命胆略，在政治上、思想理论上、方针政策上，直至工作方法上，大刀阔斧地纠正“左”倾错误。他参与中央制订纠正“左”倾错误的方针政策，在经济上创造性地贯彻执行“调整、巩固、充实、提高”的方针，在政治上平反了大量冤假错案，同时他还发表了大量讲话、报告、文章（后来编辑出版的《理想·情操·精神生活》、《思想·感情·文采》两本书只是其中一部分），团结教育干部和人民群众增强信心，克服困难，为建设社会主义而奋斗。

1960 年冬以后，他力主取消所谓“社会主义阵地”的公社大食堂，受中央委托参与起草了农村人民公社“六十条”。为了调整农村生产关系，迅速发展农业生产，他总结了清远县洲心公社大田作物联系产量、超产奖励的生产责任制经验。他和王任重同志一起，到广西龙胜县进行调查，向中央写了《龙胜调查报告》，提出农业生产要有责任制，作业组可以实行联系产量、超产奖励，冬种作物及分散的经济作物，边远小块土地等可以责任到人。还在广东省若干县试行洲心公社生产责任制的经验。

陶铸一贯重视团结知识分子。在调整时期，他认真落实知识分子政策，十分重视抓文学艺术、新闻、教育、卫生等方面的工作，亲自帮助他们解决工作生活上的困难。直到现在，广东的知识分子谈起陶铸还是有口皆碑，称赞他是重视文化战线的好领导，是广大知识分子的知心人，有些人珍藏着同他一起拍的照片和他的诗文，有些人在谈到他怎样关心爱护自己时，不禁热泪盈眶，感动不已。

陶铸十分重视在经济建设和城市工作上贯彻中央的调整方针。1961 年 4 月中旬，他在广州主持召开了中南地区经济工作会议，研究中南各省市的经济情况，布置对工业问题进一步调查研究。5 月中旬，他和王任重主持召开了中南地区工业问题座谈会，在分析形势、总结经验教训的基础上，起草了《对当前工业中需要解决的几个问题的初步意见》，大胆地提出了 12 条意见，上报中央、下发中南五省。这样比较系统地在工业方面提出问题和意见，当时在全国还是比较早的，中央曾将其印发给中央工作会议。1961年8月召开了中南局南岳会议，起草了《关于当前经济工作若干问题的指示》，还将他主持起草的《广州市的建设方针与工作问题》印发南岳会议。陶铸在讲话和起草的文件中，站在马克思主义基本原理与中国实践相结合的高度，深刻地总结了社会主义建设的经验，指出“左”倾错误及当时存在问题的严重性，要求坚决贯彻执行中央的调整方针，坚决退够，搞活。这些文件要求坚决压缩基本建设规模，压缩工业生产规模，降低工业生产发展速度，调整比例关系和产业结构；要求调整工业、手工业、交通运输和商业的所有制，要求合并后规模过大的工、商、运输业改小，要求恢复发展个体手工业、商业、交通运输业，恢复发展集市贸易；要求重视对民族资产阶级的团结改造工作；还初步提出了在相当长的时期内，社会主义经济应当是以全民所有制经济为主导，包括集体所有制经济、个体所有制经济的多种经济成分并存的意见；在经济管理体制上，他提出应当明确规定基层企业独立经济核算的职责和权力，改进计划管理，改革商业体制，打破封锁割据，疏通流通渠道，发展地区之间和城乡之间的联系，允许三类商品和部分二类商品自由流通，允许集体企业自购原材料的产品及手工业的产品自销，减少农副产品派购任务，还对财政金融、物资管理等体制提出了改进意见；在分配关系上，主张坚决贯彻执行按劳分配的原则，反对平均主义，提倡计件工资和各种单项奖，在集体企业中允许比例分成和在运输业实行“包车”、“包船”超额奖励等办法；在企业经营管理上，提出党政分工，建立以厂长为首的生产指挥和行政管理系统，加强思想政治工作，加强工会工作，建立职工代表大会制度，还特别强调要十分重视产品质量、反对浪费、勤俭节约。他重视外贸出口；在城市建设方针、控制大城市人口等方面也提出了不少精辟的见解。特别是在中央召开七千人大会以后，他全力以赴组织中央方针政策和这些会议文件精神的贯彻。因此，在国民经济调整时期，虽然后期遇到社教运动的干扰，中南地区的经济恢复和发展还是比较快的。现在回过头来看，陶铸当时提出的这些问题，虽然有一定的历史局限性，但对当时纠正“左”倾错误和对今天建设具有中国特色社会主义都有重要意义。他深厚的马列主义理论基础，密切联系群众，敢于从实际出发的实事求是精神，勇于创新开拓的革命胆略和才智，永远值得人们学习。正如他的诗句：“弘血化碧”，无论是在十年动乱的岁月，还是在今天，在广州市，你会经常听到人们谈起在陶铸亲自主持和关怀下，建设起的一个个工厂、商店、学校、文化设施和宾馆，你会听到一些人议论他如何重视解决蔬菜和副食品的供应，如何关心人民疾苦，解决水上居民上岸住房，建起的立体交叉桥，亲自主持规划和参加劳动建设的各个公园，以至定下火车北站的高度等等。走到江门甘化厂、深圳水库，人们不约而同地怀念着陶铸。当人们乘车行驶在路面宽平、林荫蔽天的公路上，自然地就会议论着：广东从50年代初期起，公路的质量和发展速度就在全国名列前茅……总之，陶铸走遍了广东的山山水水，到处留着他光辉的足迹，永远留在人们的心间。

陶铸襟怀坦白，光明磊落，才思敏捷，知识渊博，讨论问题时尖锐泼辣，观点鲜明。当他认定一个问题之后，要改变他的看法很不容易，加上他工作上要求严格，有时语调相当严肃，不熟习的人容易认为他武断自信，甚至有些怕他。其实，相处久了，就会感到他是密切联系群众，善于发扬民主，并且很体贴爱护干部的。在讨论问题时，他反驳别人，别人也可以反驳他，只要你的意见正确，说服了他，他就会很干脆地放弃自己的意见，按正确的意见办。有时吵得面红耳赤，甚至发生不愉快的事。但他从不计前嫌，而且当他事后想通了，便会主动改变自己不恰当意见并向你检讨自己的态度。记得我初调到广东时，发现华南分局宣布要处分一个干部，但材料不符合事实。我去找陶铸提意见，开始他坚持自己的看法，态度很严厉，经我争辩之后，他不再坚持原来的决定，要我去找监委负责同志谈。经我向监委负责同志说明情况后，改变了对这个干部的处分。再一次是在三年经济困难时期之初，他在会上提出要把一个游泳池建起来，多数同志都不同意，争论中他显得激动，但还是按多数同志意见决定缓建。在党内民主生活不正常时，他反复提倡“海瑞精神”，并身体力行。因此，在他领导下感到心情愉快，敢于大胆地工作。

陶铸生活俭朴，不搞特殊化，反对讲排场，摆阔气，从不接受下面送来的土特产、新产品、“样品”。他到农村、工厂蹲点时，坚持和群众“三同”。他每逢下去调查研究、视察工作，都是轻车简从，不准迎送，不准请客，不准送礼。我随他下去视察工作，遇到吃饭时多弄了几个菜，他都坚持把多的菜退回去。1960 年国民经济发生困难的时候，中南局筹备会议在湛江召开，他把条件好的房间分给各省来的同志住，自己住在连卫生间也没有的较差的房间里，规定会议伙食不准吃荤菜。一天，湛江地委书记孟宪德同志来看望参加会议的同志，知道伙食不好，说地委大院抓到几条蛇，想送来改善一顿伙食，他也坚决拒绝了。

1966 年 6 月 1 日，他调离中南局到中央工作。我和同志们一样，为像他这样杰出的领导人调到中央工作而高兴，同时也怀着依依不舍之情；万万没有料到，这次分手，竟“一别岂知成永诀”。九一三事件后，听到陶铸已离开人间的传说，我是半信半疑的。直到 1975 年冬在北京见到曾志同志和陶斯亮，才了解到江青、林彪、陈伯达、康生一伙反革命阴谋家、野心家如何狠毒地将他迫害致死的惨况。当时，所谓“反击右倾翻案风”已经开始，周总理又病在垂危，我们三人沉浸在极度悲痛和忧愤之中。但也坚信真理终将战胜邪恶，久经考验的伟大的人民、伟大的党、伟大的军队终究会战胜一小撮反革命分子。

那时，虽然黑云压城，风雨满楼，但从广大干部、人民群众对陶铸的怀念，对江青反革命集团迫害党和国家领导人的愤愤不平，对“文化大革命”的反感、厌倦，对江青反革命集团阴谋活动的仇视，对周总理病危的关心，对邓小平同志出来主持工作开创的好形势的拥护，对“反击右倾翻案风”的抵制，已经看出形势发展的端倪四五运动的民心党心所向，更预示着新的历史转折将要到来。坚信颠倒了的历史终究要颠倒过来，历史将公正地记下它过去和以后的功过是非。1976 年 10 月，江青反革命集团被粉碎了，十年内乱结束了，全党、全国人民多么欢欣鼓舞！在这伟大胜利的时刻，广大干部、党员、人民群众多么渴望遭受诬陷迫害的党和国家领导人得到昭雪平反！在广东和中南地区的广大干部、党员、人民群众尤其渴望陶铸早日能得到昭雪平反！然而，“左”

倾错误的流毒阻碍着人们渴望的实现。直到党的十一届三中全会，经过斗争，历史才真正发生伟大的转折，被诬陷迫害的彭德怀、陶铸、薄一波等一批党和国家领导人才得以平反昭雪。

敬爱的陶铸同志，你10年多的沉冤终于平反昭雪了，颠倒了的历史终于颠倒过来了，你终身呕心沥血、夜以继日为之奋斗的共产主义事业在经历挫折之后更加生机勃勃，迈入了新阶段。

历史是最公正的，你那对党无限忠诚，对人民无限热爱，坚持真理，百折不挠，为共产主义奋斗终生的高尚品德，你那“心底无私天地宽”，“性质终已定，还将心肝掏”的革命情操；数十年如一日，从来不知疲倦的忘我工作精神；你那傲风屹立的松树风格；你那密切联系群众、实事求是、艰苦朴素的优良作风；你那倾注一生全部心血才智，对党对人民作出的杰出贡献，都将永远谱写在历史的丰碑上，深刻地铭记在人民心中。

（摘录自中共广东省委宣传部、中共广东省委党史研究室编：《高山青松——陶铸诞辰100周年纪念文集》，广东人民出版社2008年版，第40页）

回忆陶铸同志二三事

杨应彬

在陶铸同志身边工作，我们可以从他的细节上、具体的工作中看出他高尚的人格、坚强的党性。

在 1957 年，正好是开始办初级社，陶铸同志到粤北农村（即现在曲江县的郊区）开展两条路线大辩论的调研，我和欧阳山跟他一道去的。去的时候坐的是火车，火车还是慢车，坐硬席，一开始很多人不认识他，后来有学生认出来了，看出他是陶铸同志，陶铸就和他们聊天，很随和，很平易近人。一路上我们没有马上到曲江郊区，陶铸同志要到南华寺，起初我们不了解，接触时间不长。原来在 20 世纪 20 年代末 30 年代初，他在福建漳州南山寺，用当和尚的办法，掩护他特委书记的身份，搞地下工作，所以他对寺庙很有感情。他去了南华寺住了下来，当时的主持，好像就是现在深圳的中国佛教协会副理事长幻本，90 多岁了，前些时间，《深圳特区报》还作过报道。陶铸同志和他谈了很多道理，陶铸同志，你看他很严肃，讲党的政策，对佛教很有研究。当年的国民党广东省主席李汉魂，对南华寺也很有兴趣，写了很多对联在那里。他（陶铸）很感兴趣，研究对联，同幻本聊很多佛教的问题，但他绝对不是把佛教当作迷信的东西。

从南华寺出来，我们就坐船从小河进入北江，到码头的地方去。陶铸同志当时在白土乡的中村，我当时在下村，他就蹲在那个地方，很注意群众的思想动态。当时欧阳山在中村，后来欧阳山和关振东、张涛，《南方日报》韶关记者站的两位骨干人物，写了一篇报告文学叫《白土之役》，好像打仗一样的，1957 年 9—10 月在《南方日报》上刊登。后来陶铸同志在白土乡听说有个卫生村在九峰山，那地方地势高，很贫穷，过去疾病很多，自从讲究卫生后，治病效果很好，他就要去。欧阳山留在韶关写文章，我就跟着陶铸同志去了。途中走过乐昌县的沿溪乡，现在很有名的一种白毛尖茶叶，就是沿溪乡出产的。陶铸同志在土地革命战争时期广州起义失败后，就是从那条路回湖南去的，因此，他对当地的山山水水是很有感情的。

我们上到九峰山，从公路边上的一条小路爬上去，大概 10 多里路。他那时 40 多岁了，还是坚决爬上去，我们跟他一道爬上去，韶关还有一个副专员涂锡鹏也一起走，我们一边聊天，一边爬上山去。我们到了卫生村，看卫生设施，几乎没什么设施，就是每人一个小木盆，有牙刷、牙膏，分开的，一条小毛巾。就是这么简单的卫生措施，很多传染病就不传染了，眼睛发红什么的，就没有了，成了韶关地区的一个卫生村。陶铸同志在山上还与干部、群众座谈，座谈后才回来。后来，陶铸同志在中央开会时讲了卫生村的事情，引起毛主席很大的关注，毛主席还称赞说：“呵，那很好呀！”当时地委书记还没有去过。后来在一次中央召开的会议上，地委书记也谈到这个岐乐村，毛主席问：你去过没有？地委书记说，还没有去，但是陶铸同志已去过了。

这次粤北之行，我深深感受到，陶铸同志既关注农村重大的经济问题、生产问题，也关注群众的文化卫生，也就是现在的“两个文明”一起抓了！很早他就是这样做了，这是我跟他下乡印象很深的一次，到现在快有 50 年了，我印象还是很深。

有一次陶铸同志、陈郁省长、李坚真大姐，和我们一起去阳江的海陵岛闸坡，那次印象也非常深。当时海陵岛还是孤悬海外，没路可走，要坐船去的一个岛屿。我们当时从阳江西边的平岗坐船，到了岛上，当天就来了台风，陶铸同志又感冒了，发高烧。就在闸坡，生产大队长说，海陵岛东北边有个小港口，可以坐船直接到阳江。我们准备给他做一个担架，抬他走，他坚决不肯，他说：哪能坐担架，走路！那就走，走到半路他的烧还不退，很辛苦，我们劝他，你躺一躺，我们休息一下，休息一段再走。陈老、李大姐也跟着走，最后还是走回来了，坐小船回到阳江。大概走了多长时间？回来一天时间，中间休息一下，连休息至少有六个小时了，40 华里。他那次虽然还发烧，但还记挂着海陵岛，写了一首诗，在《陶铸文集》里面都有的。前面几句不说它，后面就讲到，“且喜望天勤水利”，望天，望天田，勤水利，海陵岛周围都是海，都是咸的，没有水，不能灌溉，要修水利。“更惊穷峒养鱼肥”，穷垌也是一个有名的望天田，计划将养鱼。“千斤粮产期明日”，当时亩产 800 斤就不错，他还是希望将来能达到亩产 1000 斤。“一道长堤接翠薇”，有一条马路直通到海陵岛去，现在都实现了，不但实现，而且远远超过了。从这可以看出，陶铸同志一生都是想怎么让老百姓“脱水火，登衽席”，告别困难的日子，走上小康社会，这事给我印象很深。陶铸同志总是把人民的疾苦时刻放在自己心上，先天下之忧而忧。

第三件事，就是“大跃进”以后，出现的“共产风”，中央发出指示要纠“左”，1958 年的秋冬，中央在郑州召开一次六级干部会议，就是要纠正“共产风”、“大跃进”的一些虚假数字。在广东省也是这样，也要来纠正我们错误的地方。陶铸同志因为当年曾经讲过，希望大家“三顿干饭，放开肚皮吃”这句话，当时他讲的是违心的话，老实讲，我们在他身边工作是知道一些情况的。因为他最先是在潮安讲了这句话，因而他到潮安就做检讨，向大家道歉。

当时，据我所知，广东对高产风并不积极。1958 年上半年，我跟赵紫阳同志参加中南区六省农业书记会议。我们一起去的时候，当时我们早造收割在先，平均亩产 380 斤，当我们报出这个数字，中南有些省不相信，“不可能！”湖北的同志说：“我们是亩产 5000 斤，5000 斤的问题已解决，现在是 10000 斤的问题。”湖北是蛮“左”的，他们不相信我们亩产 380 斤。可是广东省委还是比较谨慎的。

那正好是 8 月的时候，在空军俱乐部，铁皮做的礼堂，开了三级干部会议，省、地、县三级干部会议，赵紫阳同志给陶铸同志打电话的时候，他们最后商量的，不能报太多，争取晚造翻一番，或者翻半番，那时还是很谨慎的，翻一番，380 斤不就是 760 斤了，翻半番不就是 500 多斤了，人家已经是 5000 斤解决了，要 10000 斤，我们还是争取翻一番，翻半番，可见陶铸同志当时还是比较实事求是的。

后来，根据郑州会议的精神要纠“左”，省委就要我跟省委秘书长李子元同志，一起到潮安县陈桥公社（该公社做瓷器很有名）赔罪，做试点，摸摸底，到底怎么样。经过摸底发现，“大跃进”的时候把祠堂庙宇什么都拆掉了，那都要赔罪的嘛，仅陈桥这个公社就要 4000 万，当时广东有 1000 个左右的公社，那就是 1000 个 4000 万啊。虽然我们是执行的人，但是也算是在决策机关旁边工作的人，所以自己心里面也很难受啊，怎么会搞成这样子啊。接着，4 月省委就在汕头召开了个省委常委扩大会议，全省的地市委书记都来了，部长也都来了。在那次会上，陶铸同志就号召大家敞开来谈，中央号召的嘛！检讨这个“左”的作风。那么在这个会议上，大家确实都敞开来谈了，我当时也不知天高地厚，不仅是整个决策机关的问题，我们自身也一样有这个错误，这个“大跃进”，这个“三面红旗”到底是怎么来的，是不是我们在精神和物质关系，上层建筑和经济基础等方面的一些基本问题上，出了一些毛病。精神和物质问题，当时很有名的一句话叫“人有多大胆，地有多高产”。反正你想有多少，就能有多少，这个问题广东也很严重。但后来执行的结果很多没有这样做，那么后来就做了很多自己的检查了，陶铸同志最后总结的时候，他把这些精神都列进去了，他讲了 16 点，后来归纳成了《总路线和工作方法》这篇讲话，在《人民日报》上发表了，大概是 1960 年、1961 年的时候发表的。

因为有病，我到上海治病。在医院里，医生、院长、党委书记，他们是很赞同的，他们说：“你们这陶铸还是实事求是啊，我们这里的一把手比陶铸差得远。”就讲到柯庆施了，他就更“左”，他完全是看脸色行事的。陶铸同志上庐山准备开会，庐山的会议一开始完全是准备纠“左”的，结果半路上，突然转过来反右了，反彭德怀，这一年，就反右倾机会主义。那么真的提出反右的时候，我们省委也有一个负责人认为要把李子元和我都打成右倾机会主义。陶铸同志讲，在我们身边工作的人，他们的情况怎么样，我们不知道？应该说知道的啊。这事是后来李子元告诉我的。我当时才知道陶铸同志不仅保护了身边的同志，更主要的是他实事求是。他本人就很反对虚假的东西，所以在这事上，我就深感陶铸同志的坚持原则和实事求是。想到陶铸同志在“文化大革命”中含冤致死，我感到很难过，也很崇敬他，很佩服他。我有首诗悼念他：

洞庭波涌九嶷云，战士情怀学士魂。
但为生民登衽席，去留肝胆照乾坤。

陶铸同志很注重人民的思想解放，他很多诗里面也表现了这个精神，他号召人民也要这样做。我记得他在三年困难时期，对特别有贡献的文化界的人，教授，教育界的人，尤为关照。他曾经特别列出 600 多人的名单，在困难时期专门给予照顾。他还亲自上门去看望这些人。

还有就是他讲话的时候，经常号召大家一方面是要学理论，另一方面要注意思想、品格。他不是写了《松树的风格》，写了《革命的坚定性》、《太阳的光辉》这三篇文章吗？这就说明了，他对人的思想品格非常重视，号召同志们好好学习。

（摘录自中共广东省委宣传部、中共广东省委党史研究室编:《高山青松——陶铸诞辰 100 周年纪念文集》，广东人民出版社 2008 年版，第 50 页）

风格似青松　典范今犹存

陈越平

自1952年以来，我先后在华南分局、省委办公厅、省委宣传部工作，与陶铸同志接触较多，陶铸同志襟怀坦白、艰苦朴素、忘我工作、严格要求自己、对党和人民高度负责的高尚风格，在今天仍是我们领导干部的表率。

他在广东工作期间，十分重视宣传文化工作和知识分子工作，许多时候都是亲力亲为，以身作则，给我们树立了很好的典范。1952年冬天，陶铸同志在华南分局宣传工作会议上强调宣传工作是跟着形势跑的，什么形势底下我们做什么样的宣传工作，不重视宣传工作就会使一切工作落在形势的后面。他经常深入基层、深入群众进行细致的调查研究，并结合实际工作中碰到的问题，亲自写了一系列的文章，如《松树的风格》、《太阳的光辉》、《革命的坚定性》、《理想、情操、精神生活》，这些文章写得有声有色，感人至深，思想性、针对性很强，在广东乃至全国影响深远。

陶铸同志重视和关心知识分子问题，充分理解知识分子的内心世界，最大的功劳是为知识分子“摘帽加冕”，就是把资产阶级知识分子的帽子摘掉，戴上“劳动人民的知识分子”、“人民知识分子”、“社会主义知识分子”的帽子。1955年，陶铸同志在一个会上说：“从知识分子一般的情况来看，他们是脑力劳动者，他们是劳动人民。中国的知识分子是革命的。”他之所以说脑力劳动，是因为加上劳动就变成劳动人民，“臭老九”的帽子就可摘掉了。1961 年 10 月，他在中南局的高级知识分子座谈会上提出对高级知识分子要重新估价，不能够老是讲人家是什么资产阶级知识分子了，要到此为止，就是不要再把这个帽子给别人扣上去，今后在中南局，一般都不要叫资产阶级知识分子。1962 年 3 月，陶铸同志在全国话剧歌剧创作会议上又一次谈到对知识分子的看法问题，他说我国的知识分子在今后建设社会主义事业的过程中，会起更重要的作用，他们是劳动知识分子。在广州召开的全国科学会议上，周恩来总理和陈毅同志都参加了，陶铸同志在会上第一个发言，提出给知识分子脱帽，叫做“人民知识分子”。这样一来，就解除了知识分子的压力和负担，从根本上把知识分子的积极性都调动起来了，整个知识分子阶层都发动起来了，都很高兴，当时中山大学的著名教授容庚摘了帽子以后，在社联召开的一个座谈会上说，我们的这些老知识分子啊，有三个“人同此心”：热爱祖国，拥护社会主义，拥护共产党。

陶铸同志亲自做知识分子的工作，对他们的日常生活给予无微不至的照顾。他对当时广东的知识分子容庚、刘节、梁方仲、商承祚，等等，都很了解。在经济生活最困难的时候，油、面、米都不够吃，陶铸同志直接跟我说：“你成立一个知识分子办公室，这个办公室专门负责知识分子的生活照顾。”此外，他还在沙面的胜利宾馆开了七个房间，给这些知识分子尽情地到那边休息，到那边写作，到那边看病，吃住不要钱。到那边休息没车时，就由省社联派车接他们出来。陶铸同志对陈寅恪非常尊敬，亲自去拜访他时，他要两个护士，中大的同志说太多了，给他一个就够了，陶铸同志说他眼睛看不见，腿也不能走路，要两个护士怎么算多呢？在陶铸同志的关心下，不仅给陈寅恪派了助手和护士，而且对他的日常生活给予了体贴入微的照顾，在他的住房前面特意修了一条白色的小路，以方便他出行。连这些生活中的细节，陶铸同志都考虑到，陈寅恪先生特别感动，说陶铸同志是知识分子的贴心人，是恰如其分的。

陶铸同志十分重视文化教育工作，重视培育人才。他不仅亲自兼任暨南大学校长，而且想方设法充实文教单位。因为那时候，大家都宁愿选择党的部门而不愿意到文教岗位工作。为此，他把我和几位省委领导叫到他家里专门谈加强文教战线的领导这个问题，后来李嘉人、杨康华两位省长，一个当暨南大学的校长，一个当中山大学的校长。此外，他还把地委的文教书记都调到省里来，充实到文教单位去。我们提出名单，他就一个一个在那边研究，有些其他的省委负责同志不愿意放，他耐心地做说服工作，说服他放人。而有一些人陶铸同志也作出让步，如有些搞农村工作的，当时要调他的时候，其他的省委领导同志提了意见，他就让他继续搞农业工作。陶铸同志不是拿他的权力去发号施令，而是到他家里商量，一次不行，两次，两次不行，三次，现在我们文教战线的人，有一些就是那时候调出来的。陶铸同志这种良好的工作作风，是我们学习的榜样。

陶铸同志党性很强，作风正派，廉洁奉公，思想品质很高，深得大家敬重。他从来不接受别人送来的财物，别人送什么东西，他当面退回去，或者是他走了以后，叫秘书退回去。他下乡检查工作的时候不准迎来送往。有次下乡，当地县委领导跑出几十公里，在公路上搭牌楼，组织小学生跑四五十公里到外边摇旗呐喊来欢迎他，陶铸同志很生气，当即严令把这些学生领回去，否则他不进城。

陶铸同志艰苦朴素，严格自律，反对大吃大喝。“四清”的时候，陶铸在会上强调部所有的干部下去后要跟群众“三同”（同吃、同住、同劳动）。“三同”的纪律是很严格的，陶铸同志身体力行，“三同”的时候也和我们大家一样喝的是稀汤。有一个政治学徒，当时跑到一个学校里边，杀了一只鸡煮了一锅鸡粥吃。我们开会的时候，陶铸同志对这件事情提出了严厉批评，说这个人不能要，不能用，他将来不管到哪个部门工作都做坏事，所以把这个人开除了。

陶铸同志经常深入基层，对工作一丝不苟。他有一次出去的时候，车走在坑坑洼洼的公路上，一高一低，来回颠簸，他把这条路形象地叫做“排骨公路”。从这个“排骨公路”过去以后就要秘书把那个管交通的负责人叫来，叫来他也不说什么话，也不骂他也不批评他，而是叫那个负责人跟他一块坐到汽车上到那个“排骨公路”上跑了几个来回，然后对这位负责同志说：“你回去吧，没事了。”结果那个交通部门的领导回去后马上就调人把公路修好了。

虽然陶铸同志离开我们近 40 年了，但我与他接触的点点滴滴历历在目，萦绕心头。他去世的时候，我作了一首诗：“风格似青松，志坚如岩石；典范今犹在，后世长相依。”意即陶铸同志虽然离开了我们，但他的高尚风格、光辉典范至今犹存，我们这些后辈永远怀念他。

（摘录自中共广东省委宣传部、中共广东省委党史研究室编：《高山青松——陶铸诞辰 100 周年纪念文集》，广东人民出版社 2008 年版，第 55 页）

陶铸同志是一盆火

杜瑞芝

我和陶铸初次见面是在1952年。他刚从广西调来广东，第一次下乡就到新会县棠下区的一个乡考察土改工作。我当时是这个县的县委书记。向他汇报后，他没表态，便一头扎了下去。

陶铸经过几天夜以继日的工作，然后找县委的同志谈话。出乎意料，他一开头便明确指出："群众是基本发动起来了，贫农群众应该说是发动得比较充分的。当然，在一些问题上对富裕中农和部分中农有些伤害，应当注意纠正。"我忐忑不安的心情顿时舒展开来。接着，他用调查所得的丰富而生动的事例来说明他的观点，并从理论上分析了树立贫农优势与团结中农的关系："只有贫雇农群众的充分发动，才能创造争取中农的条件；只有团结好中农，农民的优势才能真正的树立，打倒封建势力才有可靠的保证。"说得有根有据，入情入理，使大家心服口服。原先对前段工作评价上的种种分歧，一扫而空。压在我头上的大石也一下子甩了开去。原以为这盆火一定会烧向谁，谁知他烧去的只是前进中的思想障碍。几天调查，一席谈话，使我信服了他的领导水平和领导艺术。

在以后的工作中，我愈来愈深地体味到陶铸对工作火一般的热情。他下乡考察，一下就插到基层，不知疲倦地调查、座谈、访问……不把问题弄个水落石出决不回程。只要情况一明，他对问题、矛盾的处理便大胆果断，斩钉截铁，没有那么多的“研究研究”，拖拖沓沓，敷衍塞责。他对干部要求严格，容不得马虎懈怠。谁要是工作中出了纰漏，或有错失，肯定会遭到他一顿严厉而又恳切的批评，甚至是当众不留情面的指责。直到今天，广东的老同志看到哪里山上没种上树，哪里公路没维修，哪里工作上出现了推诿扯皮，还总是说：“这事若让陶铸遇上……”确实，这样的事要让陶铸遇上，那里的县委书记准得挨批，而且工作会很快得到补救、改进。人们说，陶铸像是一盆火，他的作风火辣辣的，把你也卷进了他那火热的旋风，不由你不精神抖擞，情绪振奋，即便挨了批，也心情舒畅。因为在劈头盖脸、毫不留情的批评之后，他会坐下来同你研究解决的方法，诚心地支持你，切实帮助你完成任务。

当然，既然是火，就势必会灼人，有时还会烧灼得很痛。在陶铸领导下工作时，我才 30 岁出头，血气方刚，干工作虽有股百折不回的牛劲，急躁、偏激的毛病也不小。顺劲时干得特别欢，遇到思想不通、转不过弯时，就会当面同陶铸顶撞、争辩，甚至面红耳赤地争吵，从不考虑场合与方式。这就等于是火上浇油。为此，我曾好几次激怒过他。他毫不姑息地斥责我的错误看法，直到驳得我理屈词穷。“吵”得最厉害的一回是 1958 年秋的一次会议上。这回，陶铸对我的批评比任何一次都严厉，连在场的省委财贸部长也替我不好受，劝陶铸道：“对小杜不应该那样指责。”陶铸听了后笑了起来，说：“你不了解我和我们。”是的，这种直面的争论之所以能在陶铸与我这样的上下级间一而再、再而三地出现，一方面是因为陶铸了解我，他摸透了我的性格和毛病，知道对我要重锤敲打才能猛醒，而我也受得了重锤，所以他对我的严厉往往超过对其他一些人。另一方面，我也自以为是了解他的。他喜欢率直的论辩，允许下级以不同的方式申述自己的观点。他有大器量，从不为了工作上的争论，哪怕是争吵，而记恨积怨。只要你服了理，或是提出了某些建设性的意见，他就马上转怒为喜，热情地表示支持。因此，每“吵”一次，我反而觉得同陶铸的革命情谊更进了一层。

后来的事实，证明了我对陶铸的了解仍是那样的不足。30 年前，我在政治上是十分幼稚的，只凭对党的一片忠诚埋头工作。遇到想不通、看不惯的是是非非，总是放言无忌。这样，到了1959年庐山会议之后，自忖如果把那些言论集中起来，错失自不待言，欲加之罪，也在所难免。然而，陶铸对下级着眼于教、帮，既严厉也宽容。我终于平安无事。事后很久，我才知道是陶铸对我的言论，从本质上和“右倾言论”加以区分，给予保护。陶铸曾严厉地批评过我的“自由主义”，要我作深刻的检讨反省，坚决改正；但他从不认为我有什么反党言行。虽然我同他“吵”得那么多，那么凶。陶铸如果有丝毫私心，他都可以乘机整我，但他不曾。相反，他在这样的重大关键时刻不诿过于人，并保护了我。直到“文化大革命”那场大动乱中，当他得知广东要召开有外地“造反派”参加的大会揪斗我时，还特地打电话给当时广东省委的负责人，要他们派人保护。陶铸被江青之流诬陷为“中国最大的保皇派”，跌进了灾难的深渊。他为了保护同志，宁愿牺牲自己，义之所在，一往无前。受到他保护的人中，也有像我这样地位不高，又经常同他顶嘴争吵的人。真是“心底无私天地宽”。他正是这样一位既无畏又无私的好领导。

“文化大革命”中间，我被“造反派”挂上了一个大牌，每次大会都要我交代与陶铸“结为死党”的“罪行”。但我多次回答他们：“我和陶铸是‘活党’，不是‘死党’。”我们坦诚相见、光明磊落，为工作可以争得面红耳赤，道理一明，便共同为党的事业竭诚奋斗，这哪里是什么“死党”，分明是活党，是生龙活虎的党啊！在这样活泼的工作与斗争中，陶铸这盆火，永远是激人振作、催人奋进的动力。即便他灼痛你，也是为了使你猛醒，奋然前行。

我不是说陶铸不曾错误地灼伤过人，不是的，他有过失误，在广东工作期间，特别是在某些政治运动中，确曾错伤过一些很好的同志。但我相信，如果陶铸还在世，对此他是会作诚恳的自我批评的。

我相信这一点，并不是想为他遮掩过失，而是从他像火一般光明磊落的性格中得出的信念。在他生前，从不诿过于人，一旦发现工作上的失误，总是勇于承担咎责，严格地解剖自己，坦诚地检讨错误。

1958年，浮夸、瞎指挥、强迫命令的歪风席卷全国。要保持清醒的头脑，顶住这股风是极其困难的。据我所知，陶铸在这段时期也常常为了如何把握局势而苦恼。记得1959年春节前的一天，陶铸把我叫到他家研究“反瞒产”的问题。他认真地对我说：“小杜，许多地方反瞒产，都是报了数字就拉倒。这不行。我们是要真正把粮食拿到手。不要像报上说的什么一造亩产千多斤。照我看，只要每亩能拿到600斤就不要反了。”我说：“三角洲平原历年是一造500斤到600斤，山区还没有平原这么多。”他点了点头说：“对。”以后，我便大致按这个数上报了。结果，这个指标还是高了，使农民吃了苦头。这是我做了对不起人民的事。到了3月，召开省党代会时，大家意想不到陶铸在会上公开检讨：“反瞒产时，我批评了反映实际情况的薛焰等几位同志。事实证明薛焰等同志是对的。我向他们赔礼道歉。”代表们都明白，这是陶铸把“反瞒产”中错误的责任，独自担了起来。

但是，在这一次会上，浮夸风仍未刹住。于是，在5月间省委扩大会议时，陶铸又作了“经验教训二十条”的讲话，基本精神是：革命干劲一定要足，实事求是的方法一定要讲究。与此同时，陶铸还写了《松树的风格》、《太阳的光辉》等几篇脍炙人口的散文，其基本精神是与上述讲话一致的。这些讲话与文章，含蓄委婉，语重心长，对当时深感困惑、迷惘的各级干部，无异于一剂清暑祛热的良药。在“左”的气势咄咄逼人、反“右倾机会主义”已箭在弦上的关头，陶铸敢于论述革命干劲与实事求是的辩证法，鼓励人们为人民的利益要不惜献身，尽管有些话说得十分婉转，但可以看出，他是以极大的勇气，忠心耿耿，从失误的痛苦中认真地总结着经验与教训的。

还有一件事也使我终生难忘。那是在一次会议上，陶铸曾沉痛地解剖自己，说的是“三餐吃干饭”这个错误决定的由来。当时，许多省报的产量都比广东多。他不相信，也不服气。他认为，海口怎么夸都没底，谁能让人民吃饱饭才是真本事。因此，他想用人民实际受益的事实来堵住浮夸者的口。可是，他对粮食产量的估计失算，对敞开肚子吃饭这件事的后果认识不足，结果捅了个大娄子。后来他到潮安县参加县3000人的大会，听取意见。有的干部不知陶铸来了，直率地说：“我们最恨瞎指挥，陶铸叫我们三餐吃干饭，害得我们以后要饿肚皮。”陶铸听后，心情沉重，在大会上自责说：“我就是你们批评的陶铸，我做了错事，实在对不起你们，我向你们检讨！”以后，陶铸常向人们提及此事，并且深感内疚。他就是这样从不文过饰非，一旦发现错误，便诚心诚意向人民检讨，把自己的错误与教训公之于众。君子之过，“如日月之蚀，民皆见之；及其更也，民皆仰之”。陶铸正是如此。

（摘录自中共广东省委宣传部、中共广东省委党史研究室编：《高山青松——陶铸诞辰100周年纪念文集》，广东人民出版社2008年版，第58页）

芳华时节忆春风

——记尊重知识、关怀人才的陶铸同志

王匡

往事如烟。时光的流逝无情地洗去了头脑中许多珍贵的回忆，有时甚至像录音磁带上的信息，不留痕迹地抹得一干二净。不过，也不尽然，说不清是什么原因，这些年来我常常想起陶铸，虽然十几年前的这个时候，听说他在凄风苦雨的长夜里永远离开了我们，但是他的身影，那烈火一般的革命激情和疾风一般的魄力，以及不畏世俗偏见，敢于力排众议的远见卓识，和从善如流、不讳言过的勇气，不仅没有在我的脑海里淡忘，每一念及，反而愈加清晰。他的音容笑貌仍然活在人间。在会议上，听得见他谈笑风生的发言；在田野里，他和农民商谈如何科学种田；他悄悄地走进乡村小学的课堂，走进教授的书斋，同他们议论提高教学的质量。他有用不完的精力，好像是不知疲倦似的。

也许是因为我在陶铸的直接领导下，从事意识形态方面的工作前后达十几年之久，他以无产阶级革命家的胆识、眼光和惊人的魄力，忠实地执行党的知识分子政策，尊重知识，爱惜人才，这些方面给我的印象尤为深刻。这不仅是我个人的感觉，许多曾经在中南地区和广东工作过的同志都深有同感。在贯彻执行党的十二届三中全会制定的《关于经济

体制改革的决定》的今天，回往前尘，以瞻来日，更是令人感到，我们的事业需要大批像陶铸那样真心实意地爱护、关心知识分子的领导干部，不断完善我们对知识分子的工作，动员千千万万的知识分子，投入到振兴中华、建设“四化”的宏伟事业中去。

一

1962年3月，在广州召开的中央科学工作会议和全国话剧、歌剧、儿童剧创作座谈会，曾经被“四人帮”污蔑为“广州黑会”。科学会议先开，是由周总理亲自主持的。戏剧会议打算紧接着科学会议召开。当时要解决的问题是：如何正确估价我国知识分子的现状，纠正在知识分子问题上“左”的错误，实事求是地、全面地肯定知识分子在社会主义建设事业中的重要作用。为了开好这样一个关系重大的会议，记得在科学会议即将结束的前一天，周总理在广东省委小岛招待所召开主席团扩大会议。陈毅、聂荣臻、陶铸出席了，文艺界的田汉、阳翰笙、夏衍（他们是来召开戏剧会议的，但讨论的问题，对他们有头等重要的意义）也应邀出席，还有其他同志。周总理一开始就征询大家的意见，究竟怎样称呼知识分子？总理说，过去把知识分子统统叫做资产阶级知识分子，现在所有制的问题已经基本解决，资产阶级作为一个阶级已经消灭，知识分子是为人民服务的，既然为哪个阶级服务就叫哪个阶级的知识分子，就不能再叫资产阶级知识分子。那么究竟叫什么知识分子？有人说叫人民知识分子，有人说应该叫劳动知识分子，到底怎么称呼？

总理讲话之后，第一个发言的是陶铸。他说：“我拥护给知识分子脱掉资产阶级的帽子，不能再叫资产阶级知识分子。知识分子是为人民服务的，是建设社会主义必不可少的力量，应该叫人民知识分子。”在当时的形势下能够这样旗帜鲜明地为知识分子“脱帽加冕”，是很需要一番勇气和胆识的，甚至是要承担政治风险的。但是，陶铸的话说到了知识分子的心坎上，代表了我们党的正确主张，所以得到了与会同志的一致赞同。这时，坐在我身边的夏衍同志情不自禁地悄声问我：“陶铸同志是大学毕业生吗？是不是大知识分子？”我笑着摇了摇头，我明白，夏衍为陶铸的发言感动了。这次主席团会议一致同意了看法，对我国知识分子进行正确估价，第二天由陈毅同志向大会作总结发言时公开宣布。它的影响之深远，以及对于全国知识分子的振奋和鼓舞，至今仍然成为人们津津乐道的话题。记得当时田汉题诗一首，头两句是“一时春满越王台，水暖山温聚俊才”，说的正是当日的情景。

我之所以想起这件往事，在于说明陶铸对于知识和知识分子在革命事业中的地位和作用，一贯是非常重视的。这种重视并非出于个人的偏爱，也不是出于权宜之计，而是从革命的全局出发，是建立在马克思列宁主义科学的世界观和方法论基础之上的。早在广州会议之前，陶铸在1961年召开的中南区高级知识分子座谈会，广东省文教、科技界知识分子会议和其他场合，就明确地指出：“我们不能老讲人家是资产阶级知识分子，我看到此为止。现在他们是国家的知识分子，民族的知识分子，社会主义建设的知识分子。”他还公开提出：“我建议今后在中南地区一般地不要用‘资产阶级知识分子’这个名词了，这个名词伤感情。”他甚至提出，“不要再用‘白专道路’的名词”。陶铸这些思想，并不是心血来潮之物，而是充分认识到我们党的事业离不开知识和知识分子，必须建设一支强大的知识分子队伍，团结一切新老、大小知识分子。他在党的许多会议上都谈到知识分子问题，谈重视知识和知识分子的重要性。他说：“我们要建设社会主义，没有很多的专家、科学家是不行的。专家越多越好。我们要团结他们。”他喜欢用开汽车的例子来加以说明：汽车半途坏了，你不懂技术，没有修车子的知识，不管你的官多大，你能叫它开动吗？不行！你下多少命令也不行，唯有靠懂得技术的司机同志去修。他多次在党的农村工作会议上大声疾呼：“科学工作和农业生产是有很大关系的，不可以设想，要建设现代化的农业可以不要科学。事实上，农业方面的土壤改良、种子改革、天气控制等等，都不能离开科学工作。因此，各级党委应该重视科学工作，认真领导科学工作。”在这里，我有责任说明的是，陶铸的话并非无的放矢，这是他深入农村得来的感受。广东省种有水稻三千余万亩，禾苗长得很好，又高又壮，可惜每当稻谷成熟时，往往台风肆虐，收成为之大减。1958 年夏，陶铸到了潮汕一带，发现了当地两位青年农民研究出既可防风、防虫，又不怕倒伏，亩产可达千斤的“矮脚南特”，他那狂喜的样子真是无可名状！后来经过继续科研推广，广东新会又出了更为可口的“矮仔粘”，东莞县出了有名的“珍珠矮”，这种矮种水稻成果据说一直推广到江苏苏州地区。陶铸对科学知识的推崇和爱好，无疑的是由于实际的需要，由于农业生产对科学技术知识的需要。

陶铸重视知识和知识分子，维护党的知识分子政策，还可以从他对教育方面的措施看得出来。60 年代初期，广州市许多中学的教育质量普遍下降，有一年，广东的考试平均成绩是全国倒数第二。陶铸通过调查研究发现，主要原因是我们党内一些同志把党的领导片面地理解为党委包办一切，排斥党外的有教学经验的老校长、老教师，挫伤了他们的积极性。为此，陶铸在 1961 年广州中学校长、党支部书记和教师座谈会上，批评了这种包办代替的错误倾向，提出了中学不能由支部领导，要实行校务委员会领导下的校长负责制，校长可以不是党员，要使非党员校长有职有权。他指出：“这并不是不要党的领导，文教部门领导就是党的领导，非党校长实行的党的方针政策也是党的领导，支部在校务委员会起作用也是党的领导，我们就是靠正确的领导而不是只靠权力。”尽管他的这一创议遭到不少人的非议，甚至攻击他是“朱可夫”，但他仍然坚定不移，他为此指出：“我建议重新改变我们对知识分子的认识，知识分子绝大多数可以跟我们一起搞社会主义建设，这点极为重要。”为此，他号召党内同志要克服偏见，对知识分子要真诚相待，“我们要尊重科学家”。他严肃批评那种认为“知识分子可用而不可信”的说法，他说：“照我看来，知识分子要用就要信，而中国的知识分子是可以信赖的，可以重用的。”因为“知识分子在中国历史上是革命的，有功劳的，我们就应当把他们看成是劳动人民”。他严正指出，糟蹋人才应当被认为是一种罪过，对知识分子采取粗暴态度，“是旧官僚军阀作风残余的表现和反动剥削阶级对待人民的态度”，必须迅速纠正。

早在1955年，陶铸在广东省知识分子工作会议上讲了这样一句话："不很好地解决知识分子工作问题，没有高度的科学、文化、科技水平，就不能建设社会主义。"时隔30年了，这富有远见卓识的观点，至今仍发人深省。

二

陶铸不止一次讲过"千金市骨"这个典故，这是一个古老的传说。是讲古代一个君王用五百金买下马骨而终于得到三匹千里马的故事。当然还有不少有关敢用、善用和信任知识分子的通俗故事和比喻，启发我们各级领导干部要"不拘一格"地去物色人才。从这些历史上尽人皆知的故事中，生动地阐明了我们党对知识分子政策的精髓，这就是要尊重知识分子，关心知识分子，使他们的积极性充分发挥出来，为社会主义贡献力量。他说得很明白："社会主义就是要有高度发展的生产力，而要发展生产力，没有数量相当多、质量相当高的专家是不可能的。"

陶铸对中山大学教授陈寅恪的爱护备至，我觉得是团结高级知识分子一个很好的范例。陈寅恪教授是位著名的史学家和文学家，解放前执教于清华大学。北平解放前夕，陈寅恪被傅斯年和胡适强促南行，抵广州后不欲再往台湾。当时广州尚未解放，傅斯年屡次电催赴台，他一口回绝。有人劝他去香港，他说："香港是英帝国主义的殖民地，殖民地的生活是我平生所鄙视的，所以我也不去香港，愿留在国内。"于是，陈寅恪先生便留在岭南大学，以后又在中山大学任教。

当时，陈寅恪先生因患目疾，行动不便，只求能在安定的晚年从事著述和学术研究，所以对一些社会活动一概不予过问。全国政协邀请他为政协委员，他谢绝了；郭老派专人到广州敦促他到北京就任科学院社会科学部历史研究二所所长，他婉谢不就。这些本来很正常的事，当时引起了一些人的闲言碎语。如何看待这样的老专家，是疏远他们还是亲近他们？尤其是有些人并不了解他，几次运动的锋芒几乎就要朝着这位学者身上。但是在百事纷繁中的陶铸并没有忘记这种情况。

记得在1956年的一次全省高等院校教职员的集会上，陶铸说："陈寅恪教授不去台湾，蒋介石要他去他都不去……我看他是个好人！"大概这番话很快传到陈寅恪的耳朵里，这位正直的老知识分子为此深受感动，隔不多久他找人对中山大学领导人冯乃超说："请你告诉北京，全国政协委员本人同意接受。"

陶铸对陈寅恪教授的关心照顾是令人感动的。他经常去看望陈寅恪，解决他的困难。听说他因用脑过度，常为失眠所苦，陶铸即嘱人从香港买来进口的安眠药，我曾多次替他把药送去。1962年，73岁的陈寅恪不慎跌断右腿，住进医院。陶铸得悉这一消息，便指示给他派专职护士，轮班照顾。住院的第三天，他亲自到医院探望，并让专职护士长期照顾陈寅恪。当时有人对此提出非议，陶铸反问道："陈寅恪双目失明，要不要配备一名护士？双目失明又摔断了腿，要不要再配备一名护士？瞎了眼睛还著书立说，要不要再配备一名护士？我看护士派少了，而不是不应派！"此外，为了老教授工作生活上的方便，陶铸还吩咐有关方面为他配备助手，解决抄录文稿之事。在陈寅恪还未完全失明时，陶铸还关照中山大学党委，在陈寅恪经常散步的院子里，修一条白色甬道，以免他迷失方向。

陶铸对知识分子就是这样体贴入微，润物无声，真正体现了一个无产阶级革命家的博大胸怀。他是一个爱才、惜才的人，他关心知识分子在政治上的进步，也关心他们在学术上的成就。解放初期，我国一些著名的艺术家流落香港，有的生活无着，前途渺茫。陶铸根据中央领导同志的指示，通过各种关系把他们接回来，使他们愉快地投入社会主义的文化建设事业中。对于港澳文化界、电影界的一些知名人士，陶铸每年都安排他们回来度假观光，使他们感到祖国的温暖。他到北京开会，还在紧张的会议间隙，跑到北京的琉璃厂买宣纸、买墨，送给关山月等画家。他去莫斯科参加苏共二十大，回国后没有给自己的女儿买一件小礼品，却用自己为数不多的出国津贴，为广东粤剧团买回一台放映字幕的幻灯机……

陶铸是个虚怀若谷、从善如流的人。他非常重视知识分子的成就，中南戏剧会演，他可以花几十个日夜同他们交谈；他也非常注意来自知识分子方面的批评。他认为可以同他们结成诤友。全国知名的作家、艺术家、理论家……都高兴到广东来做他的客人。

三

陶铸尊重知识，尊重知识分子，突出地反映在他十分关心文化方面的建设。作为主管一省和数省的党的第一书记，他的工作千头万绪。他要主持党的日常工作，过问车间的生产，农田的丰歉，财政的收支，社会的治安，但是，从一张报纸、一出戏剧到一部影片，以及学生的课本、作家的作品，他都时刻放在心上。他是一个有所作为、富有创造精神的带头人。他以坚韧不拔的毅力，指挥物质文明的生产，在努力改变本地区工农业生产落后面貌的同时，也以惊人的魄力组织精神文明的生产，使广东省的文化建设出现了蓬蓬勃勃的局面。

他是 1951 年调到广州的。来到广东办的头一件与文化教育有关的事，就是在中山纪念堂附近，盖了一座在当时来说颇具规模的科学馆，为广东省科学工作者开展学术活动提供了一个较好的场所。珠江电影制片厂的筹建，也是陶铸亲自决定、亲自过问的，省里花了成百万港币从香港进口摄影设备，建筑了现代化的摄影棚，建起了我国华南电影事业的中心。陶铸不但提议出版《羊城晚报》、《上游》杂志，还批准用文教事业的盈利，出了个《广东画报》，编印了在世界上也算是第一流的《广东名画家选集》。由于印刷的精美，他建议新建的羊城宾馆（即今东方宾馆）房里就挂“选集”的画页，这样既美观，又富有地方特色。借印这本画册之便，他批准成立了广东美术印刷厂。他不是广东人，但他很尊重广东的文化，对广东的各种地方剧种如此，对岭南画派的绘画是如此，连屈翁山的《广东新语》，他都要我们出版。此外，巍然耸立在越秀山上的电视铁塔，广州二沙头的体育中心，黄花岗对面的农展馆，主要是为培养华侨、港澳同胞子弟创办的暨南大学，以及富集了亚热带珍贵植物的华南植物园，著名的风景区——西樵山、从化温泉区的建设，无不经过他亲自筹划。他每次下乡归来，第一件事就是找广州市负责城市建设的林西副市长，查问各项重大建筑设施的情况。

高山青杉当然，陶铸不仅具体入微地过问这些重大的文化建设项目，而且以过人的精力，对文化、教育、科学、新闻、出版、卫生等方面大量的日常工作，给予极大的关心，出主意，想办法。他在广东工作多年；每年的春天和秋天，必定要和广大教育工作者见面一次，谈形势，征求意见，听取批评，他把这种例会形成一种制度，戏称为“春秋二祭”。至于对广州的两张大报——《南方日报》和《羊城晚报》，从版面、标题、编排到选题、栏目、社论，以及新闻队伍的培养、新闻的写作，几乎没有不过问的。三年困难时期，他提出要关心知识分子的生活，适当增加他们的粮食定量。对高级知识分子（包括演员、盆景专家、高级厨师等在内），一年组织他们到从化温泉疗养一次，吃一顿饭，看一场电影。他为孩子们的健康着想，在党的会议上大声疾呼要解决课堂的灯光照明问题。他说:“学校的灯光很需要，教师要备课，学生要做功课，现在不解决灯光问题，将来要出一大批近视眼！”他呼吁:“要保证学校供电，除了生产以外，机关供电应该不比学校重要，这是为了后一代。”为了解决学校开学没有课本的问题，他亲自打电话给运输部门，要他们开绿灯，首先把课本运下去。纸张紧张，他要求用最好的纸印课本，如果没有纸张，党内刊物可以停刊……

他就是这样为繁荣党的文化教育事业竭尽忠诚的。我想，这也许正是他离开我们多年，人们还在怀念他的原因之一。尽管他并非完人，在工作中不可避免地有过不少过失甚至错误，但是他仍然不愧为共产党人的楷模。

在新的历史时期，我们需要更多的像陶铸这样的一往无前的战士！

（摘录自中共广东省委宣传部、中共广东省委党史研究室编:《高山青松——陶铸诞辰100周年纪念文集》，广东人民出版社2008年版，第62页）

乾坤浩气存

薛光军

我在延安，在东北解放区，在中共中央中南局，先后在陶铸同志直接领导下工作有10年之久。陶铸的崇高形象，一直铭刻在我的心中，成为激励我为实现共产主义伟大理想奋斗终生的巨大力量。

1948年11月初沈阳刚解放，陶铸担任沈阳市军管会副主任兼市委书记。当时陈云是军管会主任。面对的情况是：经过战争破坏，城市秩序非常混乱，生产停顿，供应紧张，生活困难。陶铸积极协助陈云，卓有成效地进行接管城市、恢复生产、改造旧政权等一系列工作。过了几个月，陶铸调到第四野战军政治部担任领导工作，进关南下。

陶铸离开沈阳后，参加了平津战役，曾经作为第四野战军的代表与傅作义将军进行和平解放北平的谈判。继而南下武汉，担任武汉军管会主任，以后到华南分局，在广西领导清匪反霸斗争。1951年底调到广东，领导开展土改运动，后来长期担任广东省委第一书记，领导广东的社会主义革命和社会主义建设工作。

1962年我从北京调到中南局，又同陶铸一起工作。当年4月，中南局在武汉召开会议，研究如何贯彻党中央提出的“调整、巩固、充实、提高”的八字方针，迅速解决三年经济困难时期带来的各种问题，恢复和发展生产。陶铸在会议上，一方面要求大家大胆揭露矛盾，正视困难；

一方面又要求大家充分认识有利条件，增强信心，采取有力措施，千方百计把生产搞上去。他信心百倍地提出要在两年、最多三年内把生产恢复到 1957 年的水平。陶铸这种既重视困难，又藐视困难的革命乐观主义精神，当时对我们感染很深。一部分原来对困难估计过于严重、对在短期内恢复生产缺乏信心的干部，更是受到了很大的教育和鼓舞。后来，事实证明陶铸当时对形势的估计和对工作的部署都是正确的。

为了迅速恢复农业生产，陶铸和广东省委的同志一起，总结推广了清远县洲心公社试行大田作物联系产量、超产奖励的生产责任制的经验。他还曾经和王任重同志一起到广西龙胜县作调查，向毛泽东写了《龙胜调查报告》。报告中提出农业生产要有责任制，可以联系产量，超产奖励，其中冬种作物以及分散的经济作物、边远小块土地等还可以定额管理到人，这样能够充分调动基本核算单位、作业组和劳动者个人的生产积极性，对恢复生产有积极作用。毛泽东高度赞扬了这个报告，说这个报告的分析是马列主义的，提出来的办法也是马列主义的。广东省委根据毛泽东批示的精神，又认真研究了洲心公社的经验，认为在统一领导、统一种植计划、统一支配生产资料、统一调配劳动力、统一分配等前提下，实行以作业组为单位、联系产量、超产奖励的生产责任制，是一种调动群众劳动积极性搞好农业生产的好办法，于是决定在全省若干个县试行。陶铸在实际工作中，就是这样坚持毛泽东一贯倡导的实事求是的马列主义原则，善于从实际出发，调查研究，总结群众创造的新鲜经验。

1964 年 9 月，我跟着陶铸到花县花山公社新和大队去蹲点。出发的时候，陶铸背着行李，跟大家一起上了大卡车，一路上挤着站在车上。到了离新和大队还有三里多路的公路边，下车后，他又背着行李，和大家一起沿着小路步行到新和大队。陶铸在向东生产队一个贫农的家里，住了两个月，坚持“三同”，直到中央通知他去北京开会时才离开。这次试点工作是陶铸亲自领导的。他既放手发动群众揭露这个大队存在的问题，又冷静地分析这些问题。根据陶铸的意见，我们没有轻率地把犯有错误的干部看成蜕化变质分子推出去，而是采取严肃、热情、积极地进行教育和帮助的正确方针，对干部做了大量的工作。后来，这个大队绝大部分干部继续留在领导岗位上。陶铸对向东生产队队长的缺点、错误进行了严肃的批评，但同时又肯定这个队长有干劲，领导生产认真负责。经过耐心教育帮助，这个队长认识了自己的缺点和错误，诚恳地向群众作了检查，继续担任生产队长的职务。在蹲点的过程中，陶铸还十分注意改变新和大队的生产落后面貌。他自己捐出几百元，买了一批树苗、竹苗，发动群众进行绿化。这个村子一个光秃秃的山头和村边路旁，经过当时的植树造林运动，现在各种树木已经长得郁郁葱葱。过去这个村子供不上电，老百姓点煤油灯，在陶铸的倡议下，工作队帮助群众架通了电线，用上了电灯，千家万户一片光明。每当回忆起这一切，我深深感到陶铸的确是一位造福于人民的好领导。难怪在林彪、“四人帮”疯狂诬陷陶铸的时候，新和大队的干部和群众对陶铸就是一点也批不下去啊！

陶铸不但注意在基层蹲点，对大队和公社进行整顿和建设，而且从一个县着眼，重视一个县的领导班子建设、生产建设、文化建设和改善群众生活的问题。在他的直接指导下，花县县委经过认真讨论研究，提出了建设社会主义新花县的十项要求，在全县干部和群众中广泛宣传，把广大干部和群众动员起来，为建设社会主义新农村而奋斗。

陶铸不但对广东，而且对整个中南地区的生产情况，都是很关心的。1963 年 11 月底，陶铸偕同陈郁同志和中南局其他几位领导同志，视察了湘南郴州、衡阳、零陵三个地区的十几个县的工作。每到一个县，他都详细、具体地听取县委的汇报，着重了解他们对改变本县的面貌，有什么远期的和近期的规划，有什么措施，包括粮食生产、经济作物、多种经营、造林绿化、提高群众的收入水平等方面。有些县委缺乏雄心壮志，或者措施不够有力，他都明确地、具体地指出应该着重抓什么，提出什么奋斗目标，采取什么措施，等等。对于有雄心壮志、措施得力的县委，他都给予表扬和鼓励。湘南地区荒山秃岭很多，他到处强调造林，发展油茶。在祁东县，中国科学院土壤研究所一个小组长期在那里开展科学研究活动，陶铸专门去看望了他们，和他们一起座谈，鼓励他们好好工作。当他们讲到当地适宜种粳稻而农民不大愿意种的时候，陶铸问是什么原因，他们说农民都嫌粳稻脱粒困难。陶铸听了风趣地说："U2 飞机都打得下来，为什么粳稻打不下来？"大家听了都笑了起来。祁东县一向种蒲草著名，陶铸专门问了这方面的情况，要求他们加以发展，增加集体经济的收入。听说江华县林业搞得很好，他又专程走了几十里路去看造林，了解造林的经验及存在的问题。当林场同志讲到粮食任务比较重时，陶铸当场对省委的负责同志说，应当减免他们的粮食征购任务，让他们集中精力为国家增产更多的木材。在湘南将近一个月，陶铸"约法三章"：不管到了什么地方，一律不准招待，不吃鸡，不吃肉，不吃鱼，只吃素菜。当地党委一路照办，影响很好。

陶铸以主要精力抓工农业特别是农业的生产，但其他方面的工作，包括文艺、新闻、科学、教育、卫生工作，部队工作，青年工作，知识分子工作，统战工作，历史文物管理和风景区的建设、接待工作等，他都认真地去加强领导。他可以称得上是"善于弹钢琴"的。他在广州各方面的工作，尤其花费了不少心血。

从上述我所接触到的陶铸的革命实践中，可以清楚地看到，作为老一辈的无产阶级革命家，陶铸具有高贵的共产主义品德，高尚的共产主义风格，永远值得我们学习。

陶铸胸怀共产主义远大理想。新中国成立前，无论在革命高潮中还是在白色恐怖下，无论是在战场上还是在敌人的监狱中，陶铸都充满革命的献身精神，为了推翻三座大山，为了建立新中国，不怕抛头颅、洒热血，英勇斗争，坚贞不屈，无私无畏。全国解放后，在社会主义革命和社会主义建设中，他满怀改变祖国山河面貌的雄心壮志，为了造福于人民，日夜操劳，呕心沥血，在中南地区，南粤大地，处处洒下了他的汗水。凡是接触过陶铸的人，凡是读过陶铸的文章、听过陶铸讲演的人，都受到陶铸这种炽热的革命精神的感染，从而增强了革命的事业心，提高了继续革命的觉悟。

陶铸具有忘我的工作精神。他注重实际，不尚空谈，经常深入农村，深入基层，调查研究，指导工作。他一听到什么地方创造了先进经验，不管是深山还是海岛，都要亲自去访问，看现场，作调查。为了研究水稻的丰产经验，他经常不辞辛苦，深入田间。他经常每天工作到深夜，阅读下面送来的大量材料，从中掌握下面的情况，及时进行具体的指导。他一心一意地想着工作，从来没有什么假日和星期天。甚至当病魔缠身的时候，他也念念不忘工作。我记得有一次，陶铸患了急性膀胱炎，排尿严重困难，每排一滴尿都痛得满头大汗。周恩来同志非常关怀陶铸的病情，专门从北京派来医生给他检查治疗。就是在那种情况下，他还把我叫去谈工作问题。他这种忘我工作的精神，实在令人感动。

陶铸有雷厉风行的工作作风。他不论办什么事情，都要抓住不放，一抓到底，抓出成效。他最憎恶只说空话不干实事，只作一般号召不作具体指导，只布置工作不进行检查的官僚主义作风。凡是决定要办的事情，他都要求迅速行动，限期完成，反对拖拖拉拉、疲疲沓沓的坏习气。他对任何工作都是一丝不苟，从严要求，发现缺点一定当场指出，严肃批评并且督促改正。但是，对于下面提出要求解决的问题，凡是应当解决的，又总是及时帮助解决，并且一定兑现。广东过去的造林绿化、公路建设搞得比较好，都是和陶铸这种优良的工作作风分不开的。

陶铸襟怀坦白，光明磊落。他对人对事有什么意见，都摆到桌面上来谈，从来不隐瞒自己的观点，他从来不计较个人的得失。他有空总喜欢和周围一道工作的同志谈心，把自己对一些事物的看法，坦率地告诉大家，有时可以因看法不同而进行争论。但他从来不摆领导架子，使大家感到他既是一个革命的老前辈，是党和国家的政治活动家，又是一个无产阶级的普通战士，是群众中的一员。当然，金无足赤，人无完人。陶铸有时也说错话、做错事，但一经发现，他就坚决改正。

陶铸一贯保持艰苦朴素的生活作风。他下乡蹲点，坚持和农民实行“三同”，到地、县委检查工作，不许大吃大喝。下乡总是坐吉普车，从来不坐小卧车。他特别反对摆阔气、讲排场，坚决反对假公济私，请客送礼。无论是县委和农场送来的食品，还是工厂送来的试制新产品，他都拒不接受，一律退回，并且要对送礼的单位进行批评。他对北京来的中央各部的负责同志，从来不用公家的钱请客送礼，有时他要请人吃饭，都是自己出钱。林彪、“四人帮”一伙自己过着资产阶级的腐朽生活，却在“文化大革命”中造谣污蔑陶铸有什么别墅之类，完全是一派胡言。

“横眉冷对千夫指，俯首甘为孺子牛”，鲁迅这两句诗，可以作为对陶铸一生很恰当的写照。

（摘录自中共广东省委宣传部、中共广东省委党史研究室编:《高山青松——陶铸诞辰100周年纪念文集》，广东人民出版社2008年版，第70页）

巍巍青松

张汉青

大雪压青松，青松挺且直。
要知松高洁，待到雪化时。

这几天，北京正下着大雪。纷纷扬扬的雪花，漫天飞舞，无声地落下来，使房屋、马路、广场、田野、树木，都披上了银装。我站立窗前，眺望着对面田间两棵傲霜斗雪，巍然屹立的松树，默默地背诵着陈毅同志咏松的诗句，想起了已经离开我们的老一辈无产阶级革命家陶铸同志。

陶铸被万恶的陈伯达、江青、张春桥、姚文元一伙残酷迫害，含冤去世。尽管那些吃人魔鬼给陶铸所加的诬陷之词是多么吓人，而时间又是一年复一年地过去，但是广东的人民、全国各地的许许多多革命青年和干部，却越发怀念陶铸，盼望着能够早日为陶铸平反昭雪。这一天终于来到了。党中央和许多革命老前辈，本着对共产主义事业高度负责的精神，执行了历史交给的这一使命。十载沉冤终昭雪，一生功绩照人间。听到党中央的英明决定，我心情万分激动。过去在陶铸身边工作时的往事，一幕幕地重现脑际。他那音容笑貌，历历如在眼前。

陶铸十分喜爱松树。他爱的是松树的性格。他在松树身上倾注了无产阶级革命家的高尚情怀，他赋予松树以共产主义的道德品格。散文《松树的风格》，可以说是他的一篇代表作。他尽情讴歌松树的风格，而他自己就是一棵苍翠挺拔的青松——“要求于人的甚少，给予人的甚多”，这不就是我们的陶铸同志吗？

我是 1963 年 5 月调到陶铸那里工作的。从这时起，我亲自感受到陶铸那火一般的工作热情和对农村工作的巨大关注。当时作为中共中央中南局第一书记的陶铸，按照党中央关于在农村开展社会主义教育运动和“四清”运动的指示，三次亲自下去蹲点，直接取得实践经验，指导全区的运动。第一次是 1963 年夏天，到广东花县炭步公社鸭湖二大队；第二次是 1964 年秋天，到花县花山公社新和大队；第三次是 1965 年秋天，到广西灵川县同化公社下驿田队。除蹲点外，这几年间他还经常到面上检查工作，足迹遍布珠江两岸、粤北山区。1963 年 11 月，陶铸和陈郁等中南局领导同志，还到湖南、广西农村视察，跑了近 20 个县。每到一处，他坐下就听汇报，同那里的同志研究农村工作问题。有时吃罢午饭就上路，也不休息一下。这种风尘仆仆的战斗生活，对陶铸来说，已经成了习惯。有时连我们这些年轻人都感到有点吃不消，但是他却精神抖擞、不知疲倦地坚持下去。1966 年初，在一次下乡检查工作时，他患了急性膀胱炎，但他忍着痛苦，坚持下来，待到回到家里时，剧痛使他满头冒着汗珠，连上楼都很困难了。医生要他安静地卧床休息，但病情稍好一些，他就照样投入紧张的工作中去。

陶铸有着丰富的实际工作经验。广东的很多干部都熟悉陶铸那种可贵的工作作风。这就是他的处事果断，敢作敢为。但是，这种果断决不是主观武断，轻率从事，而是植根于实际，来源于生活，是他经常深入群众、调查研究的成果。当然，陶铸也曾出过错误的主意，比如 1959 年对广东粮食产量的虚夸和号召群众“吃三顿干饭”。但是陶铸襟怀坦白，知错就改，他在各种场合一有机会就检讨，到群众中去检讨，表现了一个老共产党员的高尚品格。

1964 年 9 月，陶铸带领我们中南局机关的一些同志，背着背包，到了花县花山公社新和大队蹲点。他住在向东生产队的一户贫农家里。农村生活是比较艰苦的，但陶铸坚持和农民“三同”（同吃、同住、同劳动）。要说有什么不同，就是有时加点自备的辣椒。他另一方面同县委的同志商量，定出全县经过“四清”在政治、经济、文化和人民生活方面应该达到的目标，动员全县人民为建设社会主义的新花县而努力；另一方面，他就像松树那样，把根深深地扎进泥土里，坚持在基层做调查研究，找群众、干部谈话，引导农民走社会主义道路，反对资本主义倾向。新和大队离广州不算远，国庆节那天，越秀山上庆祝大会的隆隆礼炮声，我们都隐约可以听到。但是，陶铸没有回去参加庆祝大会。陶铸以身作则，深深教育了我们，大家都自觉地坚持下来，生活在群众之中。陶铸既要蹲点，又要指导全区的运动。他经常要批阅许多来自中南各省（区）的“四清”运动材料，推荐给《中南社教运动简报》刊登。我们吃饭用的那张八仙桌，就成了他的办公台。到了晚上，在煤油灯下，他看书，起草文件。农村开会一般都在夜间。我参加群众会或访问群众回来，常常已是深夜。但陶铸往往还没有睡，见到我回来了，就详尽询问开会的情况，了解群众的反映。有时他上床了，但并没有睡着，而是隔着蚊帐，就着床头小桌子上的煤油灯光，在看报纸、刊物和文件。我曾劝他要注意身体，早点休息，第二天听我汇报也不迟。他亲切地说：“做群众工作，要及时注意群众的反映，掌握运动的进程。我多年养成熬夜的习惯了，早睡也睡不着。我躺在这里看东西，总比你出去跑要轻松啊！”

是的，陶铸这种废寝忘食为革命的高尚精神，是几十年如一日的。在家里的时候，他每天晚上都要到午夜以后才睡。我们也慢慢形成了一条不成文的“制度”，就是晚上要坚持工作到陶铸关上房门，我们才离开值班室。一年到头，陶铸真正休息的日子没有多少天。平时，他是不知道哪一天是星期日的。或者说，他脑子里根本没有假日的观念。所以，常常有这样的情况，星期日他照样找人开会或谈工作。有时我们提醒他，他接受我们的意见，会是不开了，却又找广州市的负责同志，坐上汽车看市容，研究市政建设去了……为了搞好广东的革命和建设，陶铸花了多少心血啊！

在陶铸身上，有一种极可宝贵的为革命随遇而安的性格。他是一粒古松的种子，只要一同大地接触，“就不择地势，不畏严寒酷热，随处茁壮地生长起来”。过去我曾听别人讲过，在长夜难明的艰苦岁月，在白色恐怖下，陶铸按照党的决定，坚持地下工作，依靠群众，打开局面，做出优异的成绩。甚至王明故意让他到最困难、最危险的地方，他也能设法坚持下来，撒下革命的火种。全国解放后，情况发生了根本变化，开展工作的条件比过去好得多。但作为一个高级干部，要长期深入到工厂、农村中去，并且很乐意、很自然地坚持同群众在一起，是不容易的。可是，陶铸却甘之如饴。还是在新和大队蹲点时，有一次，我们和社员一齐割稻子。那时陶铸已是50开外的人，又是不常干这种活的。当我们一字儿割到地块尽头时，我看他累得腰都直不起来，心里很过意不去，但他却意味深长地对我说："多受点累，才知道'谁知盘中餐，粒粒皆辛苦'的真谛。"接着，他抓了一把稻草垫在地上，坐了下来，背往田埂上一靠，乐呵呵地说："这一坐，比在家躺到沙发上还舒服呢！"陶铸这种革命乐观主义精神，给我们增添了巨大的力量。

还有一次，陶铸对我们说，眼下城乡差别还很大，在农村工作，就得"入乡随俗"，不能太讲究。又说："到了农村，苍蝇多，灭蝇是需要的。但如果见到苍蝇，就吃不下饭，那就要脱离群众。"他笑了笑，接着说："我现在习惯了，一般小苍蝇爬过的东西，我照样吃，只是见到那红头大苍蝇爬过的，那我还有点怕。"陶铸这种率直的谈吐，使我久久不忘。这是一个老革命家的纯朴感情，而这正是来自他那无私的襟怀。"先天下之忧而优，后天下之乐而乐"，这就是陶铸身体力行的事情。但陶铸所到之处，看到卫生搞得差，造林搞不好，公路坑坑洼洼，他都要严肃地提出批评，要求当地的干部、党员，带领群众搞好卫生、绿化，修好公路。他还亲自爬山越岭，到了乐昌县歧乐大队去总结那里搞好农村卫生工作的经验；他到广州市清平街和群众一起清理水沟污泥，搞环境卫生，用实际行动带领群众改天换地。甘于同群众过艰苦的生活，同时又带领群众用实际行动去争取更好的生活，这就是陶铸作为党的一个高级干部的难能可贵而又感人至深的地方。

陶铸平易近人，善于联系群众。尽管他对广东方言懂得不多，但他能借助一些同志的帮助，亲切地和贫下中农、工人攀谈起来。每当在这种场合，我总感到陶铸见到群众，就像鱼回到水中一样，那样泰然自若，无拘无束。他向群众作调查，真是得心应手，能够摸到群众思想的脉搏。在向东这个村子里，陶铸找了各方面的群众作调查，有老人，有青年，有干部，有普通社员。有时他和社员一起去放牛，就坐在田埂上拉起家常来。向东生产队的队长是一个好同志，对工作敢抓敢管，外号叫做“张飞”。他经常参加劳动，有一次，天正下雨，他在田里赶着牛耙田，突然一声雷响，牛被雷打中，他也受了重伤，过了好些日子才治好，继续当队长。他也有缺点错误，群众开会批判他，但他照常坚持工作；哪怕开会到很迟才散，第二天一早，他又起床吹哨子招呼社员开工。陶铸很喜欢这个队长，认为他是经得起批评的、对革命工作认真负责的好同志。他亲自找队长谈话，批评他，又鼓励他，还多次在干部会上表扬他。这个队长接受了群众的批评，工作更积极了。我们住的“三同户”有个老太太，眼睛患了白内障，几乎失明。陶铸很关心她。当陶铸了解到花山公社有很多群众患有眼疾时，便叫中山医学院附属眼科医院派了一个医疗小组下去，帮助群众治病。陶铸就这样同群众保持着密切的联系，关心群众的疾苦。他是人民的儿子，是平凡的人，他又是伟大的战士，于平凡中显出他的伟大。这里有一件事，可以说明他在群众中没有任何特殊的地方。当时陶铸下去蹲点，开始时是没有公开自己的身份的。两个多月过去了，陶铸要到中央开会，离开那个小村子了。我们告诉村里的人，说中南局第一书记陶铸到过向东队，你们都见过他的；他们猜来猜去，怎么也没有想到，那个经常同他们在一起，衣着朴素，个子不高，头发花白，毫无官架子的老干部，就是陶铸。当时，有一个青年竟像有什么新发现似的，高声说：“我知道。就是那个身材高大、脑袋发亮的大汉！”原来他错把曾经几次到向东村里来向陶铸请示工作的一位中南局的干部，当作陶铸了。

陶铸十分关怀青年的成长，在青年身上寄予很大的期望。我在他身边工作时，他常督促、勉励我要多到群众中去，向群众学习，调查研究，从群众斗争的风雨中吸取政治思想营养。正是在陶铸的教导下，那几年，我除了几次下去蹲点外，还作了农村调查，陶铸仔细地审阅修改过我所写的调查报告和文章，给了我很大的鼓励。1963 年夏天，中南局的领导同志在河南郑州开会。开会的地点在郊外，附近就是一望无垠的田野。当时正值暑假，陶铸的女儿亮亮也跟着到了郑州。陶铸就要我和亮亮到附近的生产大队去调查访问，他说，你们没有到过北方农村，去看一看，也可增长一些见识。当我们回来向他汇报在河南老乡那里的所见所闻时，陶铸十分高兴。记得在“四清”运动时，陶铸亲自在《中南社教运动简报》的一篇评论中，引用了清人赵翼的诗句“李杜诗篇万口传，如今已觉不新鲜。江山代有才人出，各领风骚数百年”来勉励大家，特别是鼓励青年同志要积极投入农村的实际斗争，并且预言这场运动一定会锻炼和造就一批有觉悟、有能力的青年，作为革命事业的接班人。事实正是这样。当时机关中许多青年都轮流到农村去，有些文科的大学生也下去了，还从社会上吸收了一批“政治学徒”参加工作队，经过斗争的锻炼，许多同志都成长起来了。

在“文化大革命”的疾风骤雨中，陶铸为党的事业而无私无畏的战斗精神，更是令人钦佩。他像高山上的劲松一样，不怕狂风，不怕暴雨，不怕烈日，不畏严寒。他于1966年6月初奉调到了北京，担任党中央书记处常务书记兼中央宣传部部长，挑起了繁重的担子，投入了复杂的战斗。到了8月，在党的八届十一中全会上，他又当选为党中央政治局委员、常委，同其他中央领导同志一起，协助敬爱的周总理处理“文化大革命”中出现的纷繁复杂的各种问题，同“四人帮”作斗争。那的确是令人难忘的日日夜夜。“文化大革命”的风暴席卷全国，林彪、陈伯达、江青、张春桥、姚文元这伙野心家要尽阴险恶毒的伎俩，煽动“怀疑一切”、“打倒一切”，把斗争引向邪路，千方百计地要把跟随毛泽东同志南征北战的一大批革命老干部整垮、整死，以便他们篡党夺权。他们的阴谋确实部分地得逞了，他们的魔掌攫取了我们党和国家相当部分的权力。像敬爱的邓小平同志等老一辈无产阶级革命家和一些地区的老干部，都被他们打下去了。魔鬼们在狞笑，亿万革命干部和人民在为党和国家的命运担忧。在那些日子里，各大区、各省的党委因为受到严重冲击而向党中央“告急”的电报、电话，都打到周总理那里，也打到陶铸那里。在我们办公室里，电话铃的响声几乎通宵达旦。有时几部电话同时响了起来。我曾多次不得不在凌晨三四点钟，把陶铸叫醒，让他亲自处理一些紧急的事件。复杂的斗争促使人们思考问题，但纷繁复杂的现象又往往使问题本质不易被人们所察觉。为什么各地党委的“告急”电话都打给周总理或打到陶铸这里来，而不打到中央文革小组那里去？为什么各地“告急”的又总是造反派根据中央文革那些人的“指示”而造成的种种难题？为什么党中央关于农村、工矿、部队的运动问题，大串连问题，等等，在有关文件中都有明确规定，有些人又总要推翻它，并煽动一些人来反对它？而在那些日子里，特别是1966年11月以后，形势变得严峻了，陶铸也更加忙起来。但他仍坚持党中央决定的路线、方针，沉着地处理运动中的各种问题，保了一批老干部，果断地制止了一些地方出现的随便停电、停产等问题。随着后来事态的发展，答案也就清楚了。林彪、陈伯达、江青等唯恐天下不乱，并且把他们所制造的混乱推到周总理这边来，推到陶铸等中央领导同志这边来，煽动那些不明真相的人起来“造反”。陶铸遵照毛主席的批示，和当时在哲学社会科学部抓运动的张际春同志一起，调查林彪、“四人帮”的一个打手的问题时，却遭到林彪、“四人帮”的层层阻挠，他们对陶铸、张际春恨之入骨，必欲置之死地而后快。

一场极端险恶的阴谋在策划中。江青、陈伯达一伙要对陶铸下毒手了。1966年12月初，一个来自湖北的“专揪”当时中南局主要负责同志王任重的代表团，到北京要求陶铸接见。当时陶铸日夜忙于处理“文化大革命”中的问题，接见群众代表。这个代表团要求接见的事推迟了。江青、陈伯达、戚本禹等人的反革命触角可灵了，他们认为这是难得的好机会，便通过他们在《红旗》杂志的党羽施展其伎俩。于是，情况急转直下，要求陶铸接见的人口气变了，到最后变为命令陶铸“回答问题”了。没有人煽风点火，那些天真的青年会这样干吗？这里有鬼！怪不得在接见那天晚上，发生了极为蛮横无理地对待陶铸的场面。凌厉的质问，故意的刁难，这些是怎么来的？显然，这是有人指使的。当陶铸愤怒地对这种无理态度提出抗议时，有的人更加嚣张、鼓噪起来，甚至声言要将陶铸带走。当时在离这个会议室不远处的另一房间里的陈毅同志，听到这一消息，用手在沙发上一拍，斩钉截铁地说："我要保卫陶铸同志！"周总理闻讯后也请李富春同志前来。我们的周总理、陈毅、李富春副总理等老一辈无产阶级革命家，是多么关心陶铸啊！直到陶铸终于把局面扭转过来，结束了这场不寻常的"接见"之后，陈毅、李富春才放心地离开。

但是，江青、陈伯达一伙是不死心的。他们大要反革命两面手法，于1967年1月4日下午，接见了湖北的那个代表团，对陶铸搞突然袭击。陈伯达、江青和那个同林彪、"四人帮"关系很密切、老奸巨猾的家伙，一唱一和，给陶铸横加了许多莫须有的罪名，杀气腾腾地诬蔑陶铸是什么资产阶级路线的"忠实执行者"，"独断专行"，是"变本加厉"的资产阶级反动路线在中央的"新的代表人物"，等等。就这样，一股反革命的妖风毒雾，通过极其卑鄙的手段，播向全北京，扩散到全中国。但所有这些，陶铸本人，都还不知道。他还准备很快就去执行毛主席的指示，在新年过后去外地考察几个省、市运动的情况。就在1月4日深夜，陶铸和谭震林同志一起，还接见了安徽的一个工人代表团。这时，在中南海周围，口号声和广播车的嘈杂声混成一片，"打倒陶铸！"的标语已贴满了街头，江青、陈伯达一伙接见那个代表团的传单也到处散发了。

陶铸就这样遭到了这伙吃人魔鬼的毒手。人妖颠倒，恶魔横行，许多不可思议的事情，竟然成了现实。从此，陶铸同志，我们党中央政治局的一位常委、国务院的一位副总理，就这样被软禁在字廊寓卍字廊寓所里。肃杀的严冬，笼罩着北京。那个在夏天长着茂盛的荷花的池子，如今已厚厚地结了一层冰。只有屋旁几棵苍劲的松柏，仍然一片葱绿，它顽强地抗击着凛冽的寒风，并把叶上的积雪抖落到地上……

历史最公正，历史最无情。一个人的功过是非，可能被颠倒，甚至可能沉冤10年、20年以至更久。可是，历史的主人毕竟是人民，而不是一小撮倒行逆施的野心家。因此，被颠倒了的事物必然颠倒过来。这就是人民的意志，人民的愿望，人民的权利。回顾10年浩劫的风云变幻，更使人们相信历史发展的辩证法，相信人民的力量。"最是劲松绝壁立，崇高风格不须疑。"陶铸1959年写的《和董老游庐山》诗中的这两句，我想用来形容十载沉冤得到昭雪的陶铸本人，是最好不过的了。

“苌弘血化碧，哀痛总能消。”陶铸同志安息吧！

1978 年 12 月 19 日于北京

（摘录自中共广东省委宣传部、中共广东省委党史研究室编：《高山青松——陶铸诞辰 100 周年纪念文集》，广东人民出版社 2008 年版，第 79 页）

革命前辈的光辉形象

关相生　丁励松

当我们听到陶铸同志沉冤昭雪的消息时，不禁悲喜交集，思绪万千，许许多多往事一齐涌上心头，激起了对他的无比崇敬和深切怀念。

无产阶级的伟大战士、我们党的杰出活动家陶铸同志，逝世于万恶的林彪、陈伯达、“四人帮”横行不法之时。恶鬼们肆意捏造罪名，栽赃陷害，刀笔杀伐，残酷地折磨着他那疾恶如仇、刚正不阿的心，直到他肝胆俱碎、病重身亡……可堪告慰的是，人民愤怒地摒弃了这般丑类，而陶铸同志的英名更显示了光辉。有时我们想想，要是陶铸同志还健在，那该多么好啊！他必定矫健地走在人民中间，共享胜利的欢乐，热情奔放地去谱写一曲曲新长征的凯歌。我们在陶铸同志身边工作多年，耳濡目染，深受教益，经常从他身上得到莫大的鼓舞和力量。我们深切地感受到：陶铸同志政治坚定，爱憎分明，具有强烈的革命事业心，在思想、工作和生活中充满了革命活力；他心中装着千百万群众，处处为群众着想，为群众谋利益而昼夜操劳，殚精竭虑；他坚持实事求是、群众路线，深入实际调查研究，善于把党的路线、方针、政策变成群众的自觉行动。陶铸同志的一生，虚怀若谷，光明磊落，无私无畏，奋斗不息，表现了对党、对伟大导师毛主席和敬爱的周总理的一片赤忱。陶铸同志对社会主义事业，特别是对广东的革命和建设事业，进行了艰苦卓绝的斗争，作出了重大的贡献，因而博得了广大共产党员、革命干部和人民群众的崇高赞誉。他的光辉形象，永远矗立在繁花锦簇的岭南大地，永远铭刻在南粤儿女的心中。

人民群众对于我们党的领导者的评价，总是要听其言、观其行的。陶铸同志和其他老一辈的无产阶级革命家一样，对党和人民的事业无限热爱，为着实现伟大的理想，孜孜不倦地工作着。他在领导工作中，热情澎湃，多谋善断，胸中有典型，办事有章法，凡是党中央、毛主席的指示，总要结合实际情况进行认真的研究，做出周密的安排，以保证更好地贯彻执行。他非常注重实际，不尚空谈，反对因循守旧、庸碌无为的懒汉思想，反对满足于开大会、发文件、对上级指示照抄照转的官僚主义习气。他处事果断，说干就干，效率很高，从不敷衍塞责、拖拖拉拉；对于工作中的挫折和困难，更是敢于负责，百折不挠，抓住不放，表现出一般人少有的顽强勇气和坚韧毅力。陶铸同志不论到哪里，总是利用一切机会接近群众、接触实际，具体了解群众的思想和要求，虚心听取各方面的意见，总结实际斗争当中的新鲜经验。他在广东省和中南局工作期间，每年都要抽出三四个月以至更多的时间，深入工厂、农村，深入山区、海岛，深入三大革命运动第一线，从实际出发，根据实际情况贯彻党中央的指示，解决革命斗争中的各种问题。陶铸同志在广东工作十多年的丰富实践，是毛主席倡导的“理论联系实际、密切联系群众、批评与自我批评”三大作风的生动教材。过去，广东各地的许多领导干部，莫不自觉地以陶铸同志为楷模，学习他的好思想、好作风，因而在工作中始终朝气蓬勃，力争上游，深入扎实，开创了一个革命事业蒸蒸日上的大好局面。

广东农村的人民公社，每前进一步，都浇注着陶铸同志的心血。对于人民公社在成长过程中不断出现的新情况、新问题，陶铸同志都要进行实地考察，集中群众的智慧，提出有效的解决办法。1959 年春，各地刮起了“一平二调”、瞎指挥等不正之风，严重影响了集体生产和社员生活，在群众中引起了很大的思想混乱。面对这种情况，陶铸同志先后到东莞、曲江等县进行调查，摸清群众的思想脉搏，掌握大量的第一手材料。一方面，运用调查报告、向报纸发表谈话等方式，热情歌颂人民公社，全力支持这个新生事物；另一方面，向各地干部反复说明一定要保持头脑清醒。他指出，我们不能空谈过渡，而要扎扎实实发展生产，为过渡创造条件，现在我们生产的底子还很薄，产品只有那么多，一碗水倒来倒去，对过渡并没有什么实际意义。1960 年、1961 年，陶铸同志同省委其他领导同志一起，狠抓大办农业、大办粮食和安排好群众生活这个中心环节，同时深入调查工作中存在的问题，开展整风整社运动，纠正错误倾向，使人民公社的发展逐步纳入党中央、毛主席指引的正轨。1961 年春，毛主席在广州主持召开会议，讨论制定农村人民公社“六十条”，陶铸同志被指定担任起草委员会主任，对制定这个文件作出了贡献。在这里，要着重指出的是，由于广东对纠正人民公社工作中的缺点、错误抓得很紧，对大办农业采取了许多有力措施，广东农业生产的恢复在全国各省、区是比较快的。我们通常说的三年经济困难，广东的经济形势实际上从 1962 年上半年就开始有了基本的好转。毫无疑问，这是与陶铸同志坚强有力的领导分不开的。在以后的几年里，陶铸同志又根据“六十条”的精神，对人民公社的分配制度、经营管理等一系列问题，包括建立严格的生产责任制的具体措施，都进行了深入的探索和研究，并且认真总结了有关这些方面的典型经验，向全省推荐、试行。这对于保证党的方针、政策的贯彻执行，促进人民公社的巩固和发展，充分发挥它在阶级斗争、生产斗争中的优越性，起到了重大的指导作用。那时候，全省各地涌现了一大批先进公社、先进生产大队，其中有几个著名的先进社、队，地处海岛、山区，交通很不方便，需要跋山涉水，甚至要步行几十里路程才能到达，但是陶铸同志却不顾劳累，非要一一亲自前往，登门取经。有一次，为了弄清地处海岛的一个大队关于生产经营管理方面的经验，他一路乘电船，坐小艇，上岸后又步行十多里，从大清早出发直到返回住地，奔波了整整 20 小时。人民公社的新鲜经验，像磁铁般强烈地吸引着他，他总是兴致勃勃地亲自去探索，去考察，而且又总是极端负责，一抓到底，充分表现了他那锲而不舍的革命风格。

陶铸同志经常对各地干部说：干革命，一定要有革命的理想，要有革命的干劲。我们所要实现的理想，不是一种离开物质专讲精神的空想。我们要大力提倡“愚公移山”的精神，实干苦干，战天斗地，迅速改变一穷二白的面貌，真正造福于人民。湛江港外有个南三岛公社，过去是个风沙为害，连村庄也时常被吞没的荒凉地方。自从大搞造林以后，“绿色长城”挡住了风沙，相继开辟了盐田、果园、菜地，新建了几座村庄，面貌日新月异，变化很大。有一次，陶铸同志到这个公社视察。在听取汇报时，公社党委的同志指点着一张用不同颜色作标记的规划图，一面介绍情况，一面颇感为难地解释：“地图过时了，过时了。”陶铸同志却不以为然，笑着说：“这张地图过时，很有意思，说明你们的规划实现得又快又好，说明你们都是很有理想的人。有了这一条，再加上干劲和扎扎实实的作风，我们就一定能够把社会主义事业搞得更好。”

以绿化造林饮誉全省的电白县，陶铸同志几乎每年都要去看看。电白的绿化造林确实搞得好，原来那些看上去十分刺眼的灰蒙蒙、赤裸裸的荒山坡地，披上了一色的翠绿，水土流失被制止了，加上修建了不少水库，农业来了个大翻身。陶铸同志看到后，心情格外舒展，不禁挥毫作诗：“电白竟成绿化城，何处植树不成荫。沧海也教精卫塞，只在无心与有心。”电白县的干部和群众是抱负不凡的有心人，他们敢于向大自然开战，硬是用毅力和汗水征服了荒山，浇灌了旱地。陶铸同志特别赞赏这个县年近花甲的县委书记，称誉他是艰苦创业的老英雄。有一次，他风趣地对这位老书记说：电白的名字现在该改了，就改为“电绿”吧，电白的老百姓不会忘记你这位“县太爷”，将来还很可能要给你立一块功德碑哩！当然，这是开玩笑。但是后来陶铸同志每次提及这件事，还总是郑重其事地说：过去的电白，才真正是一穷二白，自然环境那样差，耕作条件那样坏，不苦干实干怎么行！电白的党组织干得好应该记上一功。我们共产党人一不求个人之名，二不图个人之利，我们难道不应该求伟大、光荣、正确的中国共产党之名，图亿万人民、子孙万代之利吗？陶铸同志这番意味深长的话，至今还不时在我们耳际回荡。

陶铸同志非常注意干部作风方面的问题。他看过不少的县、公社乃至大队，深深感到：工作、生产搞得好不好，关键在于那里的领导干部有没有革命的志气，有没有一个好作风。从许多先进单位的事迹中，他清楚地看出有一条红线贯串始终，这就是：不论做什么工作，这些地方的干部都是处处从生产出发，事事为群众着想，他们的思想和工作作风好，就好在能够把生产观点和群众观点很好地结合起来。陶铸同志总是说：具有这种好作风的干部，就一定是很有革命事业心，敢于披荆斩棘地带领群众前进，而不是缺乏雄心和斗志，暮气沉沉，作风疲沓，一定是忠诚老实，实事求是，埋头苦干，而不是华而不实，用形式主义的花架子骗人、害人；一定是密切联系群众，善于走群众路线，非常注意工作方法，而不是高高在上，对群众的疾苦漠不关心，搞特殊化，瞎指挥。陶铸同志为在全省干部中培养这样一种好作风，作了坚持不懈的努力。他亲自到一些先进社、队蹲点调查，同先进模范人物谈思想、谈工作，帮助他们总结经验，克服缺点，并且向全省广泛推荐这些典型，在探纸上大张旗鼓地宣传他们的先进事迹和先进经验。与此同时，他对少数干部在思想作风上的恶劣行为，毫不留情地进行坚决斗争。有的地区生产没有搞好，陶铸同志一发现，就一定对那里的领导干部进行严肃的批评。海南岛有个县专门为书记、常委修建了一座宿舍，陶铸同志知道后，除了当面批评，责令立即把宿舍拨归县人民医院之外，还亲自起草文件，通报全省。正是由于做到了是非分明、好坏分明、赏罚严明，在广东干部队伍中，不论领导干部还是一般干部，也不论机关干部还是基层干部，逐步形成了一种以艰苦奋斗为荣，自觉地深入基层，面向群众，同群众一起大干的好风尚。

陶铸同志要求于人的，也正是他自己身体力行的。他严于解剖自己，严格要求自己，认真对待别人的议论和批评。在三年经济困难时期，陶铸同志始终坚定不移，蔑视困难，组织全省干部和群众同困难作斗争，洋溢着革命的乐观主义精神。我们也看到，在一段时间里，他又是浓眉紧锁，焦虑不安，好像有块大石头压在心窝里，叫他喘不过气来。造成经济困难的根本原因在哪里？仅仅由于自然灾害这个客观原因吗？他反复思索着这些问题，往往因此吃不下饭，睡不着觉。得到的答案是：不，出了问题不从主观上找原因，一味推客观，绝不是共产党人的战斗风格。

我们一定要从实际工作中存在的问题找原因，尤其要严格检查我们自己在领导工作上的缺点、错误。陶铸同志本着对革命事业的高度责任感，三番五次地带头进行自我批评，不仅在党内，还在群众大会上作检讨。1960年春天，他在潮安县专门召开群众大会，作了关于“提倡吃三顿干饭”的错误的检查讲话，到会的干部、群众听了莫不十分感动，深受教育。陶铸同志对来自各方面的批评，总是抱着欢迎的态度，并且坚决改正。他指示报纸要敢于揭露我们工作中的缺点、错误，多刊登一些群众的议论和批评。《羊城晚报·五层楼下》刊登了一些往往不为人们注意的“小事”，陶铸同志却非常认真，看得很仔细，有时候还要打电话告诉有关部门注意检查，迅速改正。他时常说，共产党人应该是最能听取群众的批评意见的。群众批评得越多，我们改正得越迅速、越彻底，就能做到和群众心心相印，把社会主义的建设事业更好地推向前进。

“先天下之忧而忧，后天下之乐而乐”，这句古人的格言，可以说是陶铸同志的座右铭。他一贯廉洁奉公，生活俭朴，坚决抵制那种慷公家之慨、请客送礼的坏风气。1958年，陶铸同志带领一些干部到粤东检查生产，有的县大摆筵席，表示“欢迎”，他见到这种场面非常气愤，匆匆吃碗饭就退席了。从此以后，他每次到各地调查、访问，总是事先“约法三章”：不准迎送、不准请客、不准送礼。说了还不够，还要随身工作人员督促检查，具体落实。这个“约法三章”，后来实际上成为一条严肃的戒律，谁也不敢在他面前搞什么特殊照顾了。陶铸同志在生活上艰苦朴素，在工作上艰苦深入，有时简直到了不顾自己身体健康的地步。整风整社时，他到番禺县大石公社住了一段时间，坚持同其他干部过一样的艰苦生活，每餐吃的都是见不到多少油花的萝卜、白菜，别的同志有时还可以加一点鱼、肉，他却坚决不要，拿出自备的辣椒、腐乳佐餐。长期的艰苦和劳累，使得他经常吐血，体质比较虚弱，而又是这样苛求自己，同志们见了都莫不为他的健康担心。1959年5月，广东各地发大水，北江有的地方堤围告急。陶铸同志刚从乡下检查工作回来，片刻也不停留，立即奔赴北江大堤察看险情，同抗洪大军一起抢救堤围，狂风卷着暴雨，猛烈地抽打着，他穿的一件陈旧的塑料雨衣根本挡不住，浑身上下都被淋湿了。那几天，他的身体本来不舒适，我们看到他脸上挂着水珠，脸色铁青，不禁一阵阵心酸，可是劝他休息他又不肯，一直坚持到天黑。回到招待所一检查，体温竟高达 40.9℃，铁打的汉子也忍受不了呀！从北江大堤回来不久，我们的陶铸同志又拖着疲软的躯体，到东江各地检查灾情，组织生产自救，重建家园。“人民自有回天力，蛇蝎难施螫毒针。我信奇迹现秋后，灾痕不见见新村”。陶铸同志的诗句，忠实地记录了人民群众战胜水灾的坚强信念，而在他宽阔的心胸中，确实只有人民，唯独没有他自己。

在这里，有必要提一下 1960 年秋天粤西、海南之行。陶铸同志这次下去调查、访问，本来没有什么特殊地方，同平常一样，也还是同各地干部和群众共同商量、议论问题，总结经验教训，纠正缺点、错误。这在陶铸同志的工作中，已经形成一种习惯。这是坚持实事求是、群众路线的一种重要的领导方法。同往常相比有所不同的是，这次下乡，根据陶铸同志的提议，由同行的几个人把沿途所见所闻以及和干部、群众议论得来的意见，陆续写成通讯，题为《西行纪谈》，在报纸上发表，以便于及时交流情况和经验。这些通讯发表后，在全省引起了广泛的反响，推动了大办农业的群众运动。可是，就是这个《西行纪谈》，文痞姚文元却大兴问罪之师，连同广大读者喜爱的陶铸同志的两本书，一齐遭到恶毒的攻击，嗥叫什么“炫耀权力的自我吹嘘”啦，想当“南霸天”啦，是几个“黑秀才”，“当作圣旨一样‘记’下来”啦，等等。天下哪有这样荒诞的逻辑！正是这个姚文元，用他自己的反革命行径证明，他倒是一个十足的“炫耀权力”的文霸，是黑得不能再黑的文棍。

斯大林说过，共产党员是“特殊材料”制成的。陶铸同志的一生，志坚似铁，气壮如虹，坐监狱，战沙场，坚韧不拔，勇往直前。他是经过千锤百炼的“特殊材料”熔铸而成的伟大的共产主义战士。说到这里，我们想起了一件事：1957 年夏天，陶铸同志到乐昌九峰山检查工作，车子开到山的高处，他提出要下车休息。只见他回首眺望郁郁葱葱的山川田野，久久默不作声。他若有所思地说：“三十年前，我就是经过这里逃出虎口。”是的。那时年纪不到二十的陶铸同志，怀着崇高的革命理想来到广东，进了黄埔军官学校，随后编入叶挺同志的部队参加八一南昌起义。南昌起义的革命军转战潮汕一带，打了几场恶仗，终于失败了，陶铸同志和一些战友不得不渡海到香港避难。不久，陶铸同志又回到广州，由党决定派他到新成立的警卫团去做策划广州起义的工作。富于光荣革命传统的广州工人、农民、革命士兵和青年学生，在党的领导下拿起武器，同反动派进行了英勇不屈的斗争，无数革命同志倒在血泊之中。在危难之际，陶铸同志机智地躲过反动派的搜捕，坐火车到韶关，然后步行翻过九峰山，回到了自己的故乡湖南。三十年过去了，如今，他肩负着党的重托，要在血沃的南国大地建设先烈们梦寐以求的理想乐园，瞻前思后，怎能不心潮澎湃，感慨系之！陶铸同志对广东的山水、对广东的人民具有如此强烈的革命感情，对广东的建设又是如此热情洋溢，矢志不移，从他的这段光彩照人的革命斗争历史中，也可以得到一点启发。

“风自寒人人自瘦，拼将赤血灌春花。”陶铸同志用毕生的精力和心血在南国大地灌溉起来的“春花”，经过黑暗与寒冷，现在仍然繁花满枝，鲜艳夺目。陶铸同志，您回来看看吧！

（摘录自中共广东省委宣传部、中共广东省委党史研究室编：《高山青松——陶铸诞辰100周年纪念文集》，广东人民出版社2008年版，第103页）

陶铸和广州的城市建设

林西

陶铸同志在广东工作的时候，常诙谐地说：我就当你们广州市的市长啦。他又说，从事城市建设的工作，可以当作是一种休息和享受。这简朴的话语，道出了陶铸对广州城市建设的关心。事实上，广州的城市建设，倾注了他多少心血啊！

平时，陶铸在百忙之中，常常在星期天，坐上一部旅行车，和广州搞城市建设的有关人员沿广州各条马路走一遍，在车上边看边议，这里该怎么做，那里该怎么搞。遇到复杂的问题，他就叫大家下车，坐在人行道上进行议论，许多事情就是在实地议论后定下来的。

陶铸十分重视广州的绿化工作。早在1956年，他就动员全市人民搞好绿化。记得那天下着倾盆大雨，在广州的将军和省、市领导同志都来到种树的现场——越秀山听雨轩附近。电台录音的同志也来了。陶铸在现场作了动员讲话，并请了一些演员进行鼓动宣传，然后他带头种树。这次活动后，广州市每年都坚持发动群众绿化、并成立了专门的绿化部门，订立了一套制度和管理办法。陶铸不仅指示要把广州的公园建设好，还要求把马路一条一条种上树，成为林荫道，使群众暇时和节假日有了休息的场所。

陶铸注意对广州一些被水淹的低洼地的改造，并把这些地方建成人民休息的公园。这突出地反映在他亲自抓广州麓湖、东山湖、流花湖、荔湾湖等四个人工湖的建设上。麓湖原是荒山环绕、杂草丛生的一片洼地。每当雨季，泛滥成灾，街道、农田被淹，给人民生命财产造成损失。陶铸于1958年亲自发动群众，经两个多月的苦战，把麓湖建成了一个美丽的人工湖。东山湖本是污秽不堪的一片臭涌和农田，是严重的蚊蝇孳生地生地。陶铸十分关心东山湖的建造，亲自指定专人负责这项工程。经一年多努力，东山湖建成开放，成为具“东湖春晓”美称的一景。流花湖一带原是牛皮寮，臭得行人掩鼻而过。在陶铸关怀下也建成了秀丽的人工湖。荔湾湖原是一个个污水塘及一片片西洋菜地，每遇洪水季节即成水患。陶铸和广州市人民委员会动员人民义务劳动，经一年多艰苦劳动，建成既美丽，又能防洪、蓄洪的人工湖，“水浸西关”的水灾从此绝迹。

陶铸对珠江两岸的整顿改造和建设做了许多工作。珠江北岸原是布满零乱不齐的大、小码头及影响市容的破烂建筑。陶铸决心对珠江沿岸进行彻底改造。北岸有不少房子要拆迁，而这些建筑所有者均有“后台”。陶铸顶住了各种阻力，坚决支持改建方案。整顿工作从1964年初开始，经一年时间完成。珠江南岸原是一些修造小船艇店户、竹木业和铁器小手工业户、货仓堆栈转运临时竹木码头等，还有不少水上人家的临时性竹木房子。为配合珠江的整治兴建了滨江大道，工程于1965年4月竣工。这样，珠江两岸的整顿改造，在陶铸亲自关怀督促下完成了。

陶铸非常关心广州水上居民的困难。解放前，广州有水上居民1.4万多户，6.8万多人，祖辈以艇为家，漂泊于珠江河面，依靠捕鱼虾、搬运载客、摆渡等为生，生活非常艰苦。解放后，周恩来和陶铸为了改善他们的生活条件，亲自视察了他们的生活情况。周恩来作了关于改善水上居民居住环境的指示，陶铸亲自做了大量工作。国家为水上居民兴建了30多万平方米的住宅，从此他们搬迁陆上，住上了新房子。

陶铸关心广州，热爱广州。他常说，广州是祖国的南大门，把市政建设搞好了，对生产对人民的生活有利，在政治上、经济上均有重大意义。他于1966年春天离开广州时，曾在矿泉别墅和大家话别。他嘱咐广州的同志要很好地保护广州一些具有特色的建筑和城建设施。他的这些话和他在广州建设中的身体力行，一直鞭策着我们每个在广州工作的同志，要加倍努力，把广州建设得更好！

（摘录自中共广东省委宣传部、中共广东省委党史研究室编:《高山青松——陶铸诞辰100周年纪念文集》，广东人民出版社2008年版，第139页）

在陶铸同志身边工作的日子

马恩成

我原在广州军区宣传部工作。1962 年 11 月初，部队刚刚传达完党的八届十中全会精神，领导找我谈话，要调我到陶铸办公室当秘书，并要我立即去报到。从军队转到地方，这对我是一次很大的工作变动。

第二天我先到中南局，办公厅要我立即到陶铸家里去。我进了陶的宿舍，见他正在看文件。一见了我，他就问：怎么今天才来？我说昨天才接到通知。他说明天就下乡去湖南，你赶紧准备出差，具体事情与丁励松秘书联系。

我即转到丁励松房间。说起来也很凑巧，我们俩曾经一同在军区政治部工作。我从政治干部管理部调到宣传部时，是他从四十八军调来接替我的工作；而今又轮到我来接替他的工作。老丁向我简单介绍了情况，说详情出差时再谈。我就这样匆匆忙忙地随陶铸出差了。

受了批评也还要推行生产责任制

这次去湖南历时 22 天，先后到了 6 个县、9 个公社、24 个生产队。

同行的还有中南局候补书记金明、政策研究室副主任李普等。陶铸的考察很深入，每到一地都去看现场，并找各级干部和农民座谈。由于这是八届十中全会后的一次系统考察，湖南方面十分重视，由省委第一书记张平化、农业书记王延春等陪同。陶铸一路上讲了很多，但重点是两个：一个是要掀起农业生产高潮，想方设法增加农民收入；一个是推行田间管理的生产责任制，调动农民的劳动积极性。陶铸反复讲、具体讲，如讲到社员吃“大锅饭”、出工“一窝蜂”时，站起来用手势加重语气。当时我由于不熟悉地方工作，对陶讲的第一个重点还能听明白，对第二个重点却懵懵懂懂，特别对“五定一奖”、“大段包工”等名词更是丈二和尚摸不着头脑。

我还发现，尽管湖南的领导对陶铸很尊重，但对生产责任制问题却未表态。一次到了衡阳县委，听到外边有呼口号声，一问是县里正在开三级干部会传达八届十中全会精神，到会干部在喊“千万不要忘记阶级斗争”、“阶级斗争要年年讲、月月讲、天天讲！”这时湖南省领导问陶铸要不要到会场去看一看，陶铸却带着大家到一个贫穷生产队开座谈会去了。这一点当时我不理解，因为我刚听过中央全会的传达，满脑子灌了阶级斗争的思想，觉得陶铸应该了解一下这方面的情况。后来丁励松悄悄告诉我：在今年的北戴河会议上，陶铸因宣传广东的生产责任制，曾受到柯庆施等人的点名批评。幸亏周总理出来解围，说陶铸讲的生产责任制跟邓子恢讲的包产到户不一样，才使陶铸未受追究。陶在八届十中全会以后还强调农村要推行生产责任制，表明他坚信这是“大跃进”以后调动农民积极性、恢复生产的一项重大措施。

这次湖南之行，陶铸和金明以《湖南的农业情况和若干问题》为题，向党中央、毛主席写了考察报告。报告认为，为了组织农业生产高潮，当前急需抓紧：（1）继续大鼓干劲；（2）搞好社员分配；（3）抓紧水利等备耕工作；（4）安排好困难地区群众的生活；（5）做好生产队明年的生产计划。报告还提出，要解决好以粮为纲与多种经营相结合，特别要积极开拓生产队一级生产门路，以发展农村的集体经济等。这份报告未多谈生产责任制问题，是由于在一个月以前，陶铸根据广东农村的考察，已向党中央、毛主席送过一份专题报告，强调当前农村最突出的问题之一，就是“积极推行田间管理的大段包工责任制”。通过上述两份报告，陶铸向党中央详细阐述了自己对当时农村工作的观点，中心是发展农业生产，改善农民生活，巩固壮大农村集体经济。这不仅对刚刚经受了三年“大跃进”挫折的农村来说十分中肯，而且以今天的观点来看，也仍然符合农村的实际情况，有现实的指导意义。但报告却未多谈阶级斗争方面的问题。这自然与八届十中全会精神有距离。这两份报告送上北京后，都石沉大海，杳无消息。

一个月后的一个晚上，陶铸接到一位领导同志打来的电话，说毛主席最近到湖南考察。陶铸问主席有什么指示，该领导同志回答他们向主席汇报了农村的阶级斗争，特别是存在几股黑风的情况，毛主席很重视，说这些情况很重要。陶铸听完后，在电话机前停了几分钟才走开。

1963 年 2 月召开的中央工作会议上，毛主席认为阶级斗争的情况尚未引起全党的注意，指出：八届十中全会以后我跑了 11 个省，只有刘子厚和王延春向我讲了阶级斗争和社会主义教育的情况；要请他们两位来北京向会议作介绍。中央历次召开工作会议，都是各省第一把手参加，当时刘子厚是河北省长、王延春是湖南省委农业书记，故未与会。当时具体主持会议的是总书记邓小平，立即邀刘、王二位参加了会议。但是只让他们在大区的小组会上介绍了情况，未在大会上讲，不完全符合毛主席的意愿（这件事在“文化大革命”中成为批判邓小平的一条“罪状”）。这次会后，毛主席于四五月份来到杭州，亲自收集各地阶级斗争、社教运动方面的材料，为继续发动作准备。

5 月，陶铸在武汉召开中南局全委会，其中一个重要议题是部署社会主义教育。会上虽然也揭露了若干阶级斗争问题，但强调以正面教育为主。陶铸对此曾作过具体解释：“进行社会主义教育，必须坚持以正面教育为主，通过分析形势和回忆对比，摆事实讲道理，不要采用批判、斗争、戴帽子的办法。有一些特别突出的典型，可以在县的范围内选择一个、两个进行公开批评。”会议期间，中央紧急通知要各大区第一书记立即到杭州参加政治局扩大会。几天以后陶铸带回来一份由陈伯达执笔的

《中共中央关于目前农村工作中若干问题的决定（草案）》（即第一个“十条”），立即向武汉会议传达。这份文件指出“当前中国社会出现了严重的尖锐的阶级斗争……许多同志对于这些现象，并没有认真考察，认真思索，甚至熟视无睹，放任自流”。文件指出社会主义教育要彻底“把各种破坏社会主义的牛鬼蛇神揭露出来……农村要全面清理账目、清理仓库、清理财务、清理工分……农村的‘四清’运动、城市的‘五反’运动，都是打击和粉碎资本主义猖狂进攻的社会主义革命斗争”。从而定出了城乡社会主义教育运动的性质、内容和基本方法。中南局全委会就按照第一个“十条”的精神重新作了部署，各地农村的“四清”和城市的“五反”运动由此逐步铺开。

始终强调“四清”要落实到生产上

1963 年 5 月下旬，陶铸带着中南局副秘书长薛光军和我们几位新老秘书，到花县炭步公社搞小“四清”的试点。下去前，陶铸特别叮嘱我，要我利用这次机会了解农业、熟悉农村，说这也是他的工作重点。

当时陶铸和薛光军住在公社，兼管面上的工作。丁励松、我、张汉青分头下到鸭湖大队三个生产队实行“三同”。他们经常下队，有时找我们上去汇报。和我一起拍档的是县委办公室的谢汉。他既熟悉农村，又能讲能写，凡是出头露面的事我都靠他，我则以更多时间调查了解情况。陶铸当时强调，“四清”要从生产入手，最后要落实到生产上。一开始，我去检查水稻中耕就出了“洋相”。同去的工作组和生产队干部都是赤脚下田，我却穿了一双拖鞋。走田基时几次几乎滑倒，泥水溅了一裤。此后我咬紧牙关，也要赤脚下田。此事传到陶铸耳中，以后几次出差跑田基，他都开玩笑地说：“马秘书小心滑倒。”

此次小“四清”，我们对贫下中农进行了“扎根串连”，查了生产队的账目、工分和财物，却没有发现多大问题。生产队长没有“靠边”，每天照样排工。只是召开了两次有骨干参加的民主生活会。其间也以逃税、拖欠上交款为名，批斗了一个纺织再生布的个体户。现在看来也有些“左”、批过了头。这次小“四清”从中耕到夏收，三个月时间就收了兵。这一期间，我找老农详细了解该村从土改到合作化、公社化的情况；参加了大田作业田间管理的全部检查评比；听懂了一些本地话。这对我以后做农村工作很起作用。

这次小“四清”，陶铸向党中央、毛主席作了题为《关于社会主义教育运动与生产密切结合问题》的专题报告。指出：“社会主义教育运动本身要求密切结合生产，搞好生产……每一段运动的部署，都必须同时研究与部署生产，每一段运动的小结，也必须同时总结抓好生产的经验……工作组每隔若干天要专门检查与讨论一次生产，发现并立即解决问题……运动的结果必然是生产增加，分配收入增加，社员生活改善，否则就是运动没有搞好，或者叫失败。”陶铸在“社教”运动中这样突出发展生产、增加分配，并视之为运动成败的重要标志，看来并不完全符合当时上面的要求。

1963 年 9 月中央召开的工作会议上，毛主席指出各地社教运动进展缓慢，缺乏声势；认为主要是群众没有充分发动起来，领导没有真正深入下去。毛主席还指出“农村有三分之一的领导权不在我们手里”，这是一种“和平演变”；还提出要注意“反修防修”的问题。会议的一条重要措施是请刘少奇出来，对社会主义教育运动亲自督战；还提出要制定一份推动社教的政策性文件（即后来的第二个“十条”）。这次会议以后，一些地方纷纷检讨对阶级斗争、对社教运动的认识不足，作风不深入，有的甚至检查出“思想右倾”。陶铸在广州市的一次会议上，也承认“前一段运动搞得不深不透，有的走了过场，自己去年在炭步公社的点也是低标准的”。

刘少奇于 1963 年 11 月至 1964 年 4 月派王光美到河北省抚宁县桃园大队蹲点，自己经常过问并给以指导。这时不断传来对社教运动的一些新提法，如“农村出现了反革命两面派政权”，“要采取土改时期秘密的扎根串连的做法”，“要集中上千人上万人到一个县搞大兵团作战”等。

王光美在 1964 年七八月份先后到山东、上海、广州等地巡回介绍《关于一个大队的社会主义教育运动的经验总结》(简称"桃园经验")。中共中央于 9 月 1 日向全国肯定和批转了这份经验总结。

在这种对阶级斗争的形势看得越来越严重、社会主义教育运动的温度越升越高的全国大气候下，陶铸便决心全力以赴，从各级机关抽调了几百人，集中到花县花山公社打"四清"运动的"歼灭战"。他一方面隐姓埋名、秘密扎根于新和大队向东生产队，一方面在附近创办并实际主持《中南社教运动简报》，以推动面上的运动。新和大队面上的工作由薛光军、李普等掌握；秘书张汉青随陶铸"三同"；我则被派到《中南社教运动简报》编辑小组，帮陶铸选稿、发稿。这样集中力量坚持了几个月，直到 1964 年 12 月底中央召开工作会议，陶铸才从点上离开。

在中央召开的这次会议上，毛主席和刘少奇对社教运动产生了严重分歧。一个是关于运动的性质：刘少奇认为是"四清与四不清的矛盾，或人民内部矛盾与敌我矛盾的交叉"；毛主席认为是"社会主义与资本主义的矛盾"。另一个分歧是运动的重点和方法：刘少奇认为重点在基层，强调在基层秘密扎根串连，实行大兵团作战；毛主席则认为这是搞"人海战术"、"繁琐哲学"，认为运动的重点是"整党内走资本主义道路的当权派"，对基层干部不应打击面过宽，会议制定的文件《农村社会主义教育运动中目前提出的一些问题》一开始只有 17 条。散会后毛主席认为没有完全解决问题，又把已经回到各省的与会成员紧急召回，重新开会讨论，统一认识，对文件作重新修改。陶铸参加了对文件的修改，写进他一贯主张的：运动要自始至终抓生产，要注意抓好当年分配等内容。这份文件修改补充后简称"二十三条"，于 1965 年 1 月 14 日正式下发。

我虽然随陶铸参加了这次会议，知道一些情况，但对高层的矛盾和文件的新提法，却弄不清楚，不知道提"重点整党内走资本主义道路的当权派"是何所指？其实际意义是什么？当薛光军从新和大队打电话问会议有什么新精神时，我因说不清楚，也不好说，只按文件的后一部分内容，告诉他对基层干部要一分为二，经济退赔可以减缓免，要尽早解放一批干部等。后来才知道，新和大队原来集中批斗的干部就不多，

“二十三条”文件精神一下达，就把这些干部全都解放了。

陶铸参加了这次中央工作会议后，接着参加了全国人民代表大会。在这次会议上他被选为国务院副总理。从北京回来后，再未回向东生产队蹲点，而是跑了许多地方，指导面上的各项工作。如 1965 年 3 月，陶铸以 20 多天时间连续跑了粤北、湘南、桂西的许多边远县、社，一路上关注的主要仍是改变生产面貌、提高群众收入等问题。随行的王琢、杜导正等根据陶铸一路上讲的思想观点，分别写出《当革命的闯将还是当无所作为的庸人》、《大力发展多种经营》等文章，以中南局调查组的名义在中南五省报纸上发表。

1965 年 5 月下旬，陶铸最后一次到花县新和大队，先后和党支部、共青团员、基干民兵座谈，中心议题是:“大家团结起来，坚决搞好集体生产，走共同富裕的道路。”陶铸号召共青团和基干民兵要做好“三个带头”，即带头维护集体利益、带头劳动、带头推广先进科学技术，“成为社会主义先进农村的突击队”。

1965 年夏天，根据党中央、毛主席的批示，各大区主要负责人都要下乡向农民直接宣讲修改后的“双十条”文件。陶铸到清远县洲心公社百嘉大队向干部群众连续开大会宣讲了 5 天。由于连续讲话，过度疲劳，导致尿血发烧。他坚持讲完后才返回广州，经检查怀疑为前列腺癌。周总理知道后，让中央保健局组织了几位专家来穗会诊。最后排除了怀疑，但认为陶身体过于虚弱，需要疗养一段时间，于是从 10 月份起去从化温泉疗养。

陶铸是一个闲不住的人，在从化他先后做了两件事：一件是组织几位“秀才”帮他写学习毛主席著作的体会。共分六个专题，先由他逐章口述，大家分头记录整理，参加执笔的有中南局的姚锡华、王琢、张汉青、我以及从中南地区邀来的两位研究人员。经他审阅后，由王匡作文字修改。第二件事是把《羊城晚报》的丁希凌、杜导正、杨奇、秦牧等全部编委请来开了几天会，逐版面研究如何提高质量，增强思想性、政策性、知识性、趣味性等问题。此次疗养于 1966 年春节前结束。返回广州前陶铸找我谈了一次话，先对我鼓励一番，然后宣布我工作调动，调到中南局理论工作指导小组当办公室副主任。这样，从八届十中全会以后到“文化大革命”开始以前，我结束了为期三年半的秘书生涯。

（摘录自中共广东省委宣传部、中共广东省委党史研究室编:《高山青松——陶铸诞辰100周年纪念文集》，广东人民出版社2008年版，第167页）

四、陶铸在广东大事记

1951 年

11 月 30 日 奉命从广西调到广东，担任华南分局第四书记。

12 月 兼任华南军区党委第三书记、华南军区第二政委。

1952 年

1 月 26 日 任广东省人民政府委员。

2 月 4 日 出席华南分局召开的分局、省、市直属机关和军队科长以上的党员干部大会，在会上作《关于省府直属机关打虎斗争情况的报告》。

3 月 2 日 与华南分局第一书记叶剑英等到广州车站迎接抵达广州的中国人民志愿军归国代表团一行九人。

4 月 1 日至 4 日 出席华南分局为研究广东的土地改革、整编干部等问题召开的扩大干部会议。4 日，在会上作总结报告，指出："无论如何广东大陆明年春耕以前一定要完成土改"。

4 月 29 日 出席华南分局召开的土改工作会议，在会上作《春耕后的土地改革工作，只准做好，不准做坏》的工作报告。

6 月 12 日 出席毛泽东主席在北京亲自主持召开的"广东问题"的小型会议。中南局第三书记邓子恢以及叶剑英、华南分局书记方方等参加了会议。在这次小型会议上，还宣布了中央的决定，陶铸主管广东党的工作和土改运动。

6 月 30 日至 7 月 6 日 出席华南分局召开的扩大会议，在会议上作《关于土改和反地方主义问题》的发言。

7 月 1 日 中共中央批复同意调整后的华南分局由常委 11 人组成。陶铸任第四书记，主管党群工作。

7月13日　在华南分局扩大会议上作《大力完成夏收后的土地改革任务》的总结报告。

8月　兼任华南分局纪律检查委员会书记。

8月　出席省文教厅和广州市教育局组织的广州地区中等学校教师开展思想改造运动会议并作报告。

10月7日　向中财委建议在广州设立天然橡胶研究院。11月13日,陈云复电同意。

10月20日　在中共中央华南分局扩大会议上作《关于目前广东的情况与工作任务》的报告,对全省土改已取得的决定性胜利给予充分肯定,对新的情况下的工作任务提出了新的要求。

11月18日　在海南区党委扩大干部会议上,就广东土改、整队、反地方主义及镇反等问题作了重要讲话。

12月15日　出席华南分局召开的宣传工作会议并在会上作了讲话。会议主要讨论学校教师的思想改造问题、农民报问题和宣传工作的组织建设问题。

1953年

1月20日至29日　出席华南分局召开的各地农村生产工作座谈会,讨论由改革到生产的转变、增产运动和互助合作等问题,确定今后广东农村生产工作的方向和步骤,并对进一步解决上述问题作了指示。

1月26日至2月1日　主持华南分局召开的第一次华侨工作会议并发表讲话。会议主要讨论解决广东土地改革中在处理华侨土地财产方面的遗留问题,并通过了《关于处理华侨土地财产补充办法》。

1月　在华南分局扩大干部会议上讲话,指出当前广东团结问题症结所在,是外来干部对本地干部照顾不够的问题,并宣布分局对本地干部作出的规定。

2 月 关于广东工作问题向毛泽东主席、中共中央报告。“报告”对广东土改的看法是，总的看来是不坏的，敌人的社会基础确实被摧毁了，我们的农村阵地确实是巩固了；但另一方面是广东土改确带有“赶”和“急性”的性质。

2 月 兼任中南军政委员会财政经济委员会华南分会主任。

4 月 向中南局、中央报告 3 月 2 日连山四区发生群众绑架税收人员的事件，并作出决定：（一）三江镇及连山烧酒专卖和对酒类控制办法即行取消。（二）行商及小贩的临时税不满 20 万元（旧币）者不收税。（三）农民出卖小量的副产品如烟、茶叶等不收货物税。

4 月 6 日至 15 日 出席华南分局召开的扩大干部会议，讨论结束广东土地改革和土改后工作安排问题，14 日，在会上作了题为《胜利完成土改，全力转向生产》的总结报告。

4 月 14 日至 21 日 出席华南分局召开的学校工作座谈会，在会上作了重要指示。会议批判了整顿小学问题上官僚主义的错误，研究了今后的工作方针。

4 月 15 日至 22 日 出席在广州举行的广东省第一届工会会员代表大会，并在大会上讲话。大会确定广东省工会的工作方针是：工会工作必须接受党的领导，必须以搞好生产为中心任务。

4 月 16 日至 22 日 出席华南分局及广东省人民政府直属党委举行的反官僚主义大会，在会上作了题为《克服官僚主义，密切联系群众》的总结报告。指出广东省的官僚主义严重，必须坚决反掉，并表示华南分局完全有决心、有力量把华南地区的反官僚主义斗争贯彻下去，直至最后胜利。

5 月 13 日 省选举委员会成立，任主任。

5 月 中共中央电示：叶剑英代理中南局书记兼中南军政委员会代主席，同时继续兼任华南分局第一书记。陶铸代理华南分局书记兼省人民政府代主席。

7 月 5 日 政务院任命陶铸、易秀湘、贺希明、张文为省政府副主席。

9 月 25 日 出席华南分局召开的党员干部会议，作关于增产节约的动员报告，动员党员干部带动群众广泛深入地开展增产节约运动，并指出广东增产的重点应放在农业生产方面。

10月3日至24日 为研究党在过渡时期的总路线、总任务，确定华南党组织在第一个五年计划期间的具体方针与任务，出席在广州召开的中共华南第一次代表会议。在会上作《关于过渡时期党的总路线总任务的传达报告》和《国家五年计划经济建设中华南党的任务》的报告，并作会议总结报告。

11月18日 任广东省粮食统购统销指挥部总指挥。

1954年

1月10日 向党中央建议在华南投资建设糖厂。

1月 在广州文艺界学习会上就文艺创作问题发表讲话。

3月11日至26日 出席华南分局召开的华南区第三次组织工作会议暨第二次纪检工作会议，传达贯彻第二次全国组织工作会议的精神和决议，在会上作了重要指示。

3月29日 出席省教育厅3月16日至30日期间召开的广东省中学、师范教育会议并发表讲话，明确指出培养社会主义建设人才是中等学校的历史任务。

5月1日 出席广州市人民庆祝"五一"劳动节大会，并发表讲话。

5月4日至11日 出席在广州举行的广东省青年第一次代表大会，向大会作《怎样更好地培养青年一代》的报告。

6月11日至7月2日 出席华南分局召开的广东省农业、林业、水利工作会议。会议闭幕时，发表了题为《广东农业生产的任务与领导方针问题》的讲话。

6月30日 到广州机场迎接政务院总理周恩来由缅甸经香港抵达广州。当天，陪同周恩来总理视察了珠江河南河道和停泊在黄沙、白鹅潭、沙面沿江一带的小艇，了解水上居民的工作、生活情况。

7月1日 在广州起义烈士陵园奠基典礼上宣读文告并奠下基石。

7月16日至29日 出席华南分局统战部召开的第三次统战工作会议并作了报告。

8月1日至14日 出席在广州举行的广东省第一届人民代表大会第一次会议，代表分局向大会作《全省人民的任务》的报告。

8月16日至29日 出席华南分局召开的广东省第二次互助合作会议，传达了全国第二次农村工作会议的精神，在会上作了总结。会议确定广东全省今后发展农业生产合作社的计划，要求各级农村党委的领导重点，必须迅速转到互助合作方面来，并决定秋后至翌年春新建9000个农业社。

8月 在广州市高等学校青年团干部学习班上发表讲话，指出大学生的责任重大，青年团肩负着重要的责任，是党的助手，在学校中应该有很高的威信，成为学校中团结广大青年的核心。

11月 陪同到广州开会和视察的刘少奇、周恩来、罗瑞卿等参观广东胡椒园。

12月7日至13日 出席华南分局召开的委员扩大会议，讨论购粮与互助合作问题。在会上作《关于当前互助合作运动中若干问题》的发言。

1955年

1月10日 写信给中共中央，建议在华南投资建糖厂，解决全国食糖供应问题。

1月19日、20日 陪同朱德在广州市视察并汇报广东关于工农业生产情况。

1月27日至29日 中国人民政治协商会议广东省委员会第一届委员会会议在广州召开。被选为政协广东省第一届委员会主席，古大存、林李明、张文、杜国庠、许崇清、丁颖、张醁村、饶彰风、肖隽英、李朗如为副主席。

1 月 31 日至 2 月 6 日 广东省第一届人民代表大会第二次会议在广州举行。会议根据《中华人民共和国宪法》选举产生广东省人民委员会，被选为广东省省长，古大存、冯白驹、贺希明、文敏生、陈汝棠、丘哲、尹林平为副省长。2 月 12 日，广东省人民委员会举行第一次会议，宣布广东省人民委员会成立。

2 月 17 日 华南分局发出关于分局各书记对分局各战线的联系分工与办公制度的通知，负责财经战线。

4 月 24 日 到茂名县重灾区龙首乡和化州等地视察灾情，总结推广龙首经验，解决粤西地区的抗旱问题。鼓励灾区农民继续努力抗旱，战胜灾害。

4 月 到开平检查粮食统购统销工作，并在开平召集粤西区党委和台山、恩平县委领导开会，询问了解粮荒情况。

7 月 1 日 根据中共中央指示，撤销中共中央华南分局，成立中共广东省委。陶铸任省委书记，古大存、冯白驹、林李明等任副书记，贺希明、区梦觉、文敏生、尹林平、林锵云、王德、李坚真为常委。

8 月 10 日 对广东区高等学校教师 1500 多人作题为《必须解决的几个问题》的报告，内容包括：对肃反的看法、对团结知识分子政策的看法和学习辩证唯物主义问题。

9 月 5 日至 14 日 出席在广州举行的中共广东省第二次代表会议。围绕传达和学习全国党代表会议文件和毛泽东关于农业合作化问题，作《坚决完成以农业为重点的广东省第一个五年计划》的报告和会议总结报告。

11 月 13 日至 23 日 出席省委召开的第一次各区党委书记会议。会议主要传达中共七届六中全会（扩大）精神，研究广东省农业合作化问题。在会上作《加强领导，保证质量，实现全省农业合作化任务》的报告和《关于农业合作化与农业生产诸问题》的总结报告。

11 月 27 日至 12 月 2 日 出席在广州举行的广东省第一届人民代表大会第三次会议。会议主要讨论如何贯彻执行广东省第一个五年计划，特别是农业合作化的大发展和农业增产以及加速对资本主义工商业的社会主义改造问题。与叶剑英一起到会并讲话。

12 月 4 日至 13 日 出席省委召开的第一次市、镇委书记会议，在会议上就改造工作问题作了讲话。会议主要传达和讨论中共中央关于资本主义工商业改造问题的决议草案，研究广东省对资本主义工商业实行社会主义改造问题。

12 月 6 日 与广州市各界举行盛大欢送会，欢送广州市青年志愿垦荒队第一队出发海南岛垦荒，并接见垦荒队全体队员，鼓励青年为开发海南宝岛作贡献。

12 月 23 日至 31 日 出席省委召开的关于知识分子问题的会议，并讲话。会议主要学习和讨论《中共中央关于知识分子问题的指示（草案）》，批判党内关于知识分子问题的一些糊涂观念和混乱思想，提出加强党对文化、科学、技术工作及知识分子的领导的初步规划和意见措施。

1956 年

1 月 30 日 出席广州市各界群众 10 万人举行大规模的庆祝社会主义改造胜利联欢大会，并讲话。

2 月 6 日 在广东省扫盲工作会议上发表讲话，指出，工农业要大发展，没有文化、科学是不行的，没有文化建设不了社会主义。一句话，就是要不要把我国社会主义建设好。要的话，就是扫盲。

2 月 10 日和 17 日 邀请广州地区 5 所高校的 70 多位教授座谈，听取他们对党的知识分子政策等方面的意见。

3 月 4 日 出席省人民委员会 2 月 25 日至 3 月 4 日在广州召开的广东省第一届农业劳动模范代表会议，作《必须实现的要求》的总结报告，并代表省人委分别授给粮食“千斤县”——潮安、澄海、潮阳三个县以一面奖旗和一部汽车。

3 月 13 日 出席省委在广州中山纪念堂举行的 5000 人参加的广州地区高等学校教师招待会，就贯彻知识分子政策作了讲话。

3 月 26 日至 4 月 6 日 出席在广州召开的省委第一次工业工作会议。代表省委作会议总结报告，指出广东发展工业应以轻工业为主，但要有一定的重工业和交通运输业。会议着重讨论并解决了广东工业工作的方针任务问题。

4 月 2 日至 7 日 出席在广州举行的政协广东省第一届委员会第二次全体会议。在会上作《怎样实现〈广东省七年农业建设规划〉》的报告。

5 月 21 日 陪同毛泽东主席到广州市岭南文物宫参观广东水产展览馆。

5 月 29 日 陪同毛泽东主席参观广州造纸厂和广州通用机器厂。

6 月 1 日 中国科学院广州分院筹备委员会成立，任筹委会主任。

7 月 10 日至 23 日 出席在广州召开的中共广东省第一次代表大会。会上，代表前届省委作《一定要把广东建设好》的工作报告。会议选举陶铸等 41 人为省委委员，选举李学先等 15 人为候补委员，选举尹林平等 28 人为中共第八次全国代表大会代表，选举谭俊等 3 人为候补代表。会议还一致通过《中国共产党广东省第一次代表大会决议》。

7 月 26 日 出席省委召开的中国共产党广东省一届一次全体会议，会议选举产生新一届省委常务委员会。被选为省委第一书记，古大存、冯白驹、林李明、区梦觉、文敏生等为省委书记处书记，尹林平、李坚真、林锵云、王德、云广英、刘田夫、黄一平、贺希明为常委。

9 月 15 日至 27 日 出席在北京召开的中国共产党第八次全国代表大会，20 日，在大会上作了大会发言。大会选举了新的中央委员会，被选为中央委员。

10 月 8 日至 12 日 出席省委召开的一届二次全体委员（扩大）会议，传达了党的八大精神并作总结发言。会议讨论、布置了是年秋冬全省农村工作。

11 月 省委召集在广州的海南干部召开座谈会，研究解决海南的所谓“地方主义”问题。12 月，在海南主持召开团结会议，听取海南同志的意见。

12 月 陪同罗荣桓等在广州视察珠江。

1957 年

2 月 5 日至 15 日 出席省委召开的一届四次全体（扩大）会议，在会上传达中央召开的省、市委书记会议精神并作总结。

2 月 16 日至 22 日 出席在广州举行的全省农业生产积极分子会议，作题为《高度发挥积极性，力争今年农业大丰收》的报告，要求当年争取全省 90% 的农业社增加生产，90% 的社员增加收入，1/3 社的平均收入达到当地富裕中农的水平。

4 月 4 日至 7 日 省科学技术普及协会第二届会员代表大会在广州召开。大会期间，到会并作了讲话。

4 月 17 日 在广东省宣传工作会议上发表总结讲话，指出党的报纸要宣传成绩，也要揭露缺点。

4 月 20 日至 25 日 出席广州市人大二届二次会议，在闭幕式上发表讲话，要求党政机关干部认真学习毛泽东《关于正确处理人民内部矛盾的问题》的讲话，运用团结——批评——团结的办法处理人民内部矛盾问题。

4 月 22 日至 27 日 出席由省教育厅、团省委在广州举行的全省中等学校学生代表会议，与学生代表两次座谈，并在会上作报告，强调指出毕业生参加劳动生产是光荣的，不是“大材小用”。会议讨论如何进一步提高全省学生的社会主义觉悟，特别是如何培养学生热爱劳动、热爱农村和尊重劳动人民的思想感情。

4 月 27 日 陪同彭真、贺龙出席广东省、广州市政府在越秀山体育场举行的欢迎苏联最高苏维埃主席团主席伏罗希洛夫访穗集会。

4 月 陪同到广东的刘少奇在广州观看演出并与演员们合影。

5 月 2 日至 12 日 出席省政协举行的一届三次全体会议，作题为《如何正确处理广东人民内部矛盾》的报告，提出广东人民内部矛盾 12 个方面的表现及解决它们的主要措施。

5 月 18 日和 19 日 分别到华南师范学院和中山大学与教授们举行座谈，听取意见。

5 月 20 日 省委决定成立整风领导小组，陶铸任组长，冯白驹、区梦觉等任副组长。

5 月 30 日 在省直机关厅、局以上干部大会上传达党中央关于整风指示的精神。

6 月 2 日 主持召开全省地、市委书记会议，讨论如何贯彻党中央关于整风指示精神，并对全省下一阶段的整风运动作了部署。

6 月 4 日 出席省委召开的省、市机关处以上党员干部大会，代表省委作关于党内开展整风运动的动员报告，阐述整风的目的意义，并表示省委应该带头整风的态度。

6 月 19 日 出席省委召开的省级机关党外干部大会，代表省委在报告会上发表对整风以来广东省党外人士提出的一系列批评意见的看法。他代表省委恳切接受并感谢党外人士的善意批评。

6 月 27 日 与广州市 150 多位文艺界人士座谈并发表讲话，强调文艺要坚持工农兵方向，要把广州发展成为一个文化事业发达的城市。

7 月 25 日至 8 月 10 日 出席在广州召开的广东省一届六次人代会。作为省长作《关于广东省人民委员会的工作报告》。因担任省委第一书记、省政协主席，任务重，特向本次大会请求辞去省长职务。大会接受请求。8 月，选举陈郁为省人民委员会省长。

8 月 11 日 根据省委常委会议安排，10 名常委分别到韶关、高要、湛江、佛山、汕头、合浦（今属广西）、海南、惠阳等地区，参加为期 20 天的三类社民主整社的试点工作，了解粮食情况及粮、油、猪任务包干问题。按照安排到韶关曲江、乐昌等粤北农村开展两条路线大辩论的调研。

9 月 6 日 在韶关地委召开的三级干部会议上谈农村整社问题。他认为，当前农村中的矛盾，概括起来，就是两条道路的斗争，到底是走社会主义道路，还是走资本主义道路，这个矛盾不解决，农村工作不仅不能前进一步，而且要倒退。

秋 到宝安沙头角镇“中英街”视察，站在归中方管理的东边视察时，看到归港英管理的西边铺面整齐，生意兴隆，而东边铺面破旧，生意冷清，连问当地干部为什么？并提出应该允许中方放开经营。

10 月中旬 出席省委召开的一届六次全体委员（扩大）会议，传达党的八届三中全会精神。

10 月 24 日 出席省委召开的厅局长以上党员干部会议，代表省委宣布：广东省的整风运动，将由反击右派阶段，转入以整改为重点的阶段，同时继续深入反击右派并搞好广东历史问题的大辩论。

10 月 27 日 在广州地区高校政治理论课教师学习会上，向 1000 多名学员作关于马列主义教育问题的报告。

10 月 29 日 出席并主持省委整风领导小组召开的省委、省人委各战线领导小组负责人会议，检查各单位开展“广东历史问题大辩论”情况。强调转入整改后，首先要把“广东历史问题大辩论”搞好。

11 月 21 日至 12 月 5 日 出席在广州召开的中共广东省第一届代表大会第二次会议，部署社会主义教育、整风和反“地方主义”等工作，作会议总结。

12 月 11 日 与省长陈郁共同出席广东省、广州市各界 3 万多人在广州起义烈士陵园举行的纪念广州起义 30 周年盛大集会，在会上讲话。

12 月 7 日至 19 日 省委在广州召开一届八次全体委员（扩大）会议，开展反“地方主义”斗争。19 日，在会上作总结讲话。

12 月 23 日 出席省委召开的精简机构、干部下放动员大会，向 5000 多名科以上干部作动员，号召他们到生产战线上去，到最艰苦的地方去，到党最需要的地方去。

12 月 25 日 在广东省文艺界整风学习会上作有关整风问题的报告。

1958 年

1 月 23 日　陪同毛泽东主席在广州接见奉调回国的印度驻华大使尼赫鲁及其夫人。24 日，陪同毛泽东主席在广州中山纪念堂接见省、市直属机关和军区干部，并观看了文艺演出。

1 月　与陈郁、李坚真等到海陵岛、电白县检查工作。

2 月 14 日　与陈郁等到省委干部实验农场检查工作。

4 月 5 日至 8 日　出席省委召开的一届十次全体委员（扩大）会议，专门讨论思想大解放问题，在会上作讲话。

4 月 25 日至 27 日　省委连续召开两次常委会议，专门研究钢铁生产的问题。省委决定：省委、广州市委，各地委、市委和 22 个炼铁重点县的县委第一书记，必须立即亲自挂帅抓钢铁生产，省委由陶铸担任省委钢铁小组组长，副组长由陈郁、文敏生、王德担任。

4 月 30 日　陪同毛泽东主席视察广州市郊的棠下农业社和广东省农具改革展览会。

4 月　陪同毛泽东主席在广州接见越南领导人胡志明。

四五月间　到东莞、惠阳、汕头等地调研。

5 月 28 日　省委决定组织农村生产万人检查团，深入每个乡、社，传达党的八大二次会议精神，检查生产，推动生产。任东路（汕头、惠阳）检查团团长。5 月，到陆丰等地调研；6 月 26 日在汕头、惠阳专区农村考察后发表谈话说，广东农村已出现农业技术革命全面高涨的新形势。7 月，到潮汕一带检查工作，并先后到揭阳棋盘寮和澄海冠山高级农业生产合作社和冠山大队及潮安县枫溪公社视察。此次大检查历时一个多月，至 7 月 9 日结束。

6 月 8 日　应华南师范学院邀请，担任教授，是日首次到该学院讲政治课。

7 月　陪同周恩来视察广州造船厂。

8 月 1 日　省委理论刊物《上游》创刊。首篇登载了陶铸的文章《从反“冒进”的错误中应吸取的教训》。

9 月 3 日至 6 日　出席省委召开的一届十一次全体委员（扩大）会议，传达关于中共中央政治局北戴河扩大会议的决议和毛泽东主席讲话的传达报告。

9 月 12 日　省委举办县委书记以上干部轮流集中学习毛主席著作的学习班第一期在从化温泉开学，共吸收了 120 名学员，与区梦觉一起领导学习。

9 月 20 日至 26 日　出席在广州召开的省第二届代表大会第一次会议，就“东风压倒西风”、全党把主要力量转向工业、实现人民公社化等问题作详细的阐述。

9 月 24 日　出席暨南大学举行庆祝建校和开学典礼大会，并发表讲话。

秋　在广州市清平街视察并参加清理淤泥劳动。

11 月 19 日　出席省委召开的常委会议，讨论有关庆祝国庆十周年的准备工作，决定成立省委筹备庆祝国庆十周年总指挥部，亲自担任总指挥，陈郁、区梦觉、文敏生、尹林平、王德等任副总指挥。

12 月 27 日　出席省委召开的省市直属机关干部动员大会，向省级机关参加整社干部作关于整顿人民公社的动员报告。

12 月 27 日　接见从港澳回广州参观的记者代表团，就人民公社问题发表谈话。

12 月 29 日　出席省委召开的常委会议，听取宣传文教部部长杨康华汇报赴苏联参加十月革命 41 周年观礼情况，并讨论干部问题和组团下乡检查问题。

12 月　到韶关曲江县马坝公社视察，并指示对 6 月在曲江马坝乡狮子山岩洞发现的人类头盖骨化石要进行妥善保护。

是年　到电白视察博贺林带，并命名为“三八林带”（绿色长城），对电白的绿化工作给予高度赞扬。

1959 年

1 月 11 日　亲自带领工作队到东莞县开展整社试点工作，在虎门住了一个星期。参加东莞县召开的生产队长以上反瞒产干部大会，反对“瞒产私分”，并就此事给省委写信指出，反瞒产的锋芒主要应对准原来的小社干部打埋伏。此后，省委在全省范围内开展了以反瞒产、反私分和统一财务、反对本位主义为主要内容的整社运动。此次运动，不仅助长了浮夸风，而且给农村粮食安排带来很大困难。

1 月中旬　到东莞县虎门公社调查农村情况，并同当时正在虎门体验生活的中山大学中文系师生座谈，以松树为话题，勉励他们要像松树那样培养坚强的性格。2 月 26 日，经过一周调研而形成的《虎门公社调查报告》在《南方日报》发表。

2 月 2 日至 5 日　出席在广州举行的省政协二届一次全体会议，作总结报告。被选为省政协主席，文敏生、王德、张文、杜国庠、许崇清、张醁村、罗范群、冯燊、古大存、邓文钊、肖隽英、李朗如、黄洁、蚁美厚为副主席，郑天保为秘书长。

2 月 6 日　会见港澳知名人士百余人，共商港澳经济贸易往来，议定由深圳建设水库向香港供水。11 月 15 日，深圳水库开始全面施工。1960 年 11 月 5 日，宝安县人委、港英当局就深圳水库向香港供水问题达成协议。协议规定，深圳水库每年应供应香港用水 50 亿加仑左右。1961 年 2 月 1 日，深圳水库正式向香港供水。

2 月 11 日　向到广东视察的朱德汇报广东工作。

2 月 14 日　出席省委召开的开发海南和湛江热带地区的座谈会，会议形成了《关于加速开发海南和湛江热带地区的座谈纪要》。

2 月 17 日至 25 日　出席在广州举行的中共广东省第一届代表大会第三次会议，会上作了报告和会议总结。

3 月 3 日　参加中共中央第二次郑州会议返回广州，立即召集省委书记处书记会议，扼要传达第二次郑州会议精神，一致认为处理公社体制问题广东更是“时不可失，机不可得”，稍纵即逝，刻不容缓。

3月25日 正在上海参加中央政治局扩大会议时电告广东省委：（一）还要承认生产小队部分所有制；（二）吃饭不要钱还要坚持，要有措施保证；（三）旧账一般要算；（四）包产不要超过实际可能；（五）公粮任务不仅要定比例，而且要定绝对数字不变；（六）对穷队穷社要贷款支持，全省可先拿出3000万元。

4月27日 在全省市镇委书记会上作总结，阐述了对当前经济紧张的看法，指出工作中存在的一些缺点。

5月6日至15日 出席省委在汕头召开的常委扩大会议，对工作中高指标、瞎指挥、浮夸风、反瞒产的错误作了检讨，作了《总路线与工作方法》的检查报告。会议根据中央政治局上海会议的精神，着重从思想方法和工作方法方面总结了1958年的工作，检查错误，分析危害和造成的损失。

5月27日 5月中旬在汕头所写的《太阳的光辉》在《南方日报》发表。

6月5日至20日 出席省委召开的工业会议并作指示。会议讨论1958年全省工业工作及经验教训，确定全省1960年工业生产及基建的调整方案。

6月中旬 东江流域发生特大洪水，下游的东莞、增城、博罗、惠阳等地受灾严重。6月16日，亲乘空投救灾物资的飞机来到灾区视察，亲临抗洪第一线，指挥抗洪抢险，先后到惠阳、博罗、东莞、增城等地视察灾情。11月13日，再次到增城视察，组织召开省委关于灾区恢复经济工作会议，详细听取汇报，实地察看灾区恢复生产，重建家园的工作。

6月22日 与省委书记区梦觉等到北江大堤，冒雨上堤视察和慰问正在抢修加固大堤的抗洪战士、民工、工人和机关干部，勉励他们鼓足干劲，争取时间，在抗击即将到来的特大洪水的斗争中获得胜利。

6月30日 出席广东省庆祝中华人民共和国成立十周年大会，并在会上作了《欢呼建国十年的伟大胜利》。7月1日，《南方日报》全文登载。

8月21日 出席省委召开的常委扩大会议，在会上传达中共中央政治局扩大会议及八届八中全会精神。

9 月 30 日 出席广东省人民庆祝中华人民共和国成立十周年大会并讲话。

10 月 4 日至 11 日 出席在广州召开的省第二届人大第二次会议，并作讲话。

10 月 9 日 在省委召开的电话会议上宣布：省委决定立即在全省农村大张旗鼓地开展一场社会主义建设总路线教育运动，并把它作为当前党在农村的中心任务。

10 月 10 日 接见广东省参加第一届全国运动会代表团，并发表讲话，充分肯定代表团这次到北京参加全国运动会比赛，创造了良好的成绩，为全省人民争得了荣誉，胜利地完成了任务归来。

11 月 15 日 出席深圳水库动工典礼。1960 年 3 月 5 日，出席深圳水库主体工程完工庆祝大会。

11 月 与到海南岛崖县（今三亚）的刘少奇等组成读书小组，研读苏联出版的《政治经济学教科书（修订版）》下册（社会主义部分）和有关资料，并陪同刘少奇在榆林港基地观看海防。

11 月 广东高考合格率由 1957 年的 22.7% 下降到 1959 年的 9.49%，在全国排 16 位。陶铸认为，必须“大声疾呼，大题大做，大张旗鼓来搞。”接着于 12 月召开地市委文教书记会议，提出“千方百计提高教学质量”的口号。

12 月 12 日至 22 日 出席省委召开的全省工业会议并作了指示。会议总结当年工交、基建工作的经验，初步制订 1960 年工业生产和基建计划，部署 1960 年第一季度工业和基建工作。

1960 年

1 月 29 日至 2 月 2 日 陪同邓小平、彭真、李先念、柯庆施、李井泉等到海南岛等地参观视察。

2月2日 陪同邓小平、彭真、李井泉等到湛江视察湛江港、堵海工程、湖光岩等地。3日，陪同邓小平、彭真等视察电白县绿化造林和公路建设。到两阳县岗列公社岗列大队视察养猪场。4日，陪同邓小平、彭真、柯庆施等到江门、新会视察新会农业机械厂、江门甘化厂。5日，陪同邓小平到佛山市视察市卫生街道。

2月2日至12日 出席省委、省人委召开的全省教育工作会议并有针对性地作了指示。会议总结了两年来全省教育工作的成绩和经验教训，分析研究了当时教学质量低下的原因，并进行了热烈的讨论。

2月4日至10日 出席在广州举行的全省养猪先进工作者会议并作了指示。

2月10日 对广东省宣传部门工作同志发表讲话，鼓励宣传部门的同志要大力宣传新生事物。

2月10日 邀请民主党派人士140人座谈，并就当时形势和发挥民主党派的作用作了讲话。

2月12日 出席广东省委、省人委于1960年2月2日至12日召开的全省教育工作会议，并作讲话。他论述了社会主义建设需要培养人才的重要意义，要求学校“真正能担负起为国家培养各项建设人才的任务”。

2月12日 在暨南大学开学典礼上以暨南大学校长的身份对暨南大学师生讲话，勉励学校要培养学生有远大、崇高的理想，丰富的精神生活，考虑大的问题。

2月中旬 参加毛泽东在广州三次召集周恩来、邓小平、彭真、李富春、李先念等人开会。

2月29日 出席省委召开的省、地、县、公社和一部分生产大队、生产小队参加的六级会议，并作指示和会议总结。会议主要讨论关于在广东省贯彻执行党中央和毛泽东确定的国民经济以农业为基础的方针问题。

3月5日 出席深圳水库建成庆功大会。

3月9日 在省委小岛招待所受到毛泽东主席的接见。

3月9日 在广东省三级干部会议上作总结报告，要求全省必须重视科学、教育和卫生工作。

3 月 30 日 在省委政治经济学学习班上作《学习政治经济学》的讲话。就学习政治经济学的目的、怎样理解从资本主义到共产主义的过渡时期、过渡时期的经济规律与我国的经验总结三个问题作了详细的阐述。5 月 13 日,《南方日报》头版全文刊登。

5 月 14 日 出席在汕头地委召开的有各县县委书记参加的座谈会,会上就怎样提前实现“农业纲要四十条”以及迅速改善工作作风等问题作了指示。

5 月 30 日 主持省委常委第 183 次会议,研究农村粮食紧张和农村整风等问题。

5 月 到汕头地区澄海、饶平、潮州、潮阳等县进行农村调查。到兴宁合水水库视察,指出全省所有大中型水库应当像合水水库那样,成为副食品生产基地和绿化荒山的示范区。

5 月 对华南师范学院和暨南大学学生发表讲话,要求每一个大学生都要有崇高的理想、高尚的情操和革命的精神生活。

6 月 14 日 中央批转广东省委关于农村“三反”问题的两个文件——《陶铸同志关于搞好农村“三反”彻底改进干部作风的意见)(5 月 21 日)和《农村三反一定要大获全胜》(6 月 4 日)。认为“广东省委提出来的问题和对这些问题的处理办法是正确的、可供各地参考”。

6 月 20 日 对广东省各新闻单位负责人进行谈话,提出报纸工作应该跟省委对于改善干部作风、关心群众生活、反对形式主义的决心相适应,要采取革命措施来改进报纸的宣传工作。

9 月 3 日至 10 月 15 日 带人到粤西农村、湛江地区和海南岛进行调查研究。沿途同地委、县委、公社党委以及基层干部广泛接触,边看边听边谈,共同商量,也到群众中作了一些调查、访问。同行的同志把大家议论得来的意见写成通讯,题为《西行纪谈》,寄给《南方日报》发表,陆续写陆续登,共得 27 篇,在广东影响很大。

11 月 15 日 主持省委召开电话会议,强调要注意解决社员的“小自由”,“不要怕自发势力,现在不是自发太多,而是统得太死”,以大队为基础的三级所有制至少七年不变。

12 月 1 日 经中共中央批准，新的中共中央中南局在广州成立，陶铸为第一书记，王任重为第二书记，吴芝圃、刘建勋、张平化、陈郁、黄永胜为书记。广东省委隶属中南局领导，是日开始在广州正式办公。

1961 年

1 月 22 日 出席中南区城市工作会议，并作了讲话。

2 月 13 日 毛泽东主席从长沙乘专列抵穗。2 月中旬，开始组织起草人民公社工作条例，决定起草工作班子由中南局第一书记、广东省委第一书记陶铸挂帅。

3 月 15 日至 23 日 出席在广州珠江宾馆举行的中央工作会议。会议主要研究解决农村工作中的问题，继续讨论制定《农村人民公社工作条例（草案）》（简称"农业十六条"）。中共中央和各中央局，各省市区领导人毛泽东、刘少奇、周恩来、朱德、陈云等出席会议。3 月 15 日，向毛泽东报送关于广东南海县大沥公社沥西大队试行生产队包干上调任务的调查材料，毛泽东于第二天作出批示："请各组讨论，这个办法是否可以在各地推广。"

4 月 10 日 出席广州市召开的三级干部会议，在会上发表了长篇讲话，号召干部要深入基层调查研究。

5 月至 6 月 两次到宝安检查工作，提出香港和宝安是城乡关系，香港是宝安的城市，宝安是香港的郊区，要利用香港建设宝安。

6 月 19 日至 7 月 6 日 出席省委召开的三级干部会议，传达中共中央北京工作会议精神，研究贯彻执行"农业六十条修正草案"。在会议总结中，强调要在组织上健全党的民主生活，切实保障党员充分运用党的八大党章所赋予的党员权利，各级领导要作发扬民主的典范，对被处分错了的干部实行平反。

8 月 5 日 出席广州市中学校长、党支部书记和教师恳谈会，就党委对教育的重视、党内党外关系问题、生活问题、政策问题、红专的问题等方面发表讲话。

9 月 27 日　出席省委召开的广东各民主党派、无党派知名人士座谈会，就党外同志的团结问题作了重要讲话，号召加强团结，落实党的政策。

9 月 28 日　出席省委召开的有 1000 多人参加的高级知识分子座谈会，在会上提出对知识分子要作重新估价，要团结和尊重他们，要发挥他们的特长。

10 月中旬　陪同贺龙、罗荣桓、聂荣臻到汕头、梅县、惠阳等地视察。

10 月 11 日至 25 日　出席中南局在广州从化召开的有 100 多人参加的高级知识分子座谈会（广东省 29 人），在会上建议此后在中南地区一般不再用“资产阶级知识分子”这个名词。

11 月 23 日至 29 日　出席在广州举行的省二届四次人代会，作《关于形势与任务》的报告。

12 月 7 日至 14 日　出席在广州召开的中国共产党广东省第二次代表大会，作会议总结。16 日，省委二届一次全体委员会议召开，再次被选为第一书记，区梦觉、林李明、尹林平、王德、李坚真、赵武成、刘田夫为省委书记。

1962 年

3 月 1 日　陪同到广州视察的周恩来和聂荣臻等与科学界、文艺界的党内负责人座谈。

3 月 5 日　出席在广州召开的全国话剧、歌剧和儿童剧创作座谈会，在会上就《对繁荣创作的意见》发表讲话。

3 月　出席在广州召开的中央科学工作会议，在会上作了发言，明确提出“拥护给知识分子脱掉资产阶级的帽子，不能再叫资产阶级知识分子。应该叫人民知识分子”。周恩来发表重要讲话。

5 月 23 日 出席省委文教部举行的报告会，就国内形势与文教事业的调整方针作了重要报告，全面阐述了我国社会主义建设事业取得的成就、经验及出现的问题。

5 月 出席省委在从化温泉召开的省一级干部谈心会，传达中共中央七千人大会和中南局常委扩大会议精神，鼓励大家提意见。

6 月 到清远洲心公社调研。赞赏洲心公社实行的联产责任制为“洲心经验”，指出“洲心经验”是“把私人积极性和集体积极性高度结合”的好办法。7 月 27 日，省委发出《介绍清远县洲心公社实行的产量责任制——批转省委工作组的一个调查材料》，向全省各县、市推广“洲心经验”。

7 月 1 日 出席纪念中国共产党成立 41 周年大会，作《高度发扬革命的自豪感》的讲话。

9 月 25 日至 10 月 11 日 出席省委召开的三级干部会议，传达中央工作会议精神。

10 月 10 日至 11 月 到从化、花县、清远、新会、台山、开平等县调查，向毛泽东写《当前农村工作若干问题》的报告。

10 月 30 日 到新会县参加该县公社党委书记会议，作农村若干政策问题的讲话。

11 月 10 日 出席省委召开的各厅局党组书记以上干部会议，并作讲话，谈当前农村工作问题。指出要进一步克服平均主义，提高社员的分配水平。

12 月 出席在广州召开的中南五省（区）宣传工作座谈会，在会上就办好省报的“农民版”发表讲话。

1963 年

1 月 在广州召开的中南科学技术工作会议上讲话，阐述科技工作者的任务、责任等问题。

3月7日至12日　出席省委召开的区党委、地市委书记会议，并在会上作了讲话。会议传达和讨论中共中央工作会议精神，研究开展增产节约和“五反”运动、农村社会主义教育运动和反对现代修正主义学习问题。

3月9日　在广东省、广州市文艺界座谈会作《关于文艺下乡》的讲话，勉励文艺工作者加强阶级和阶级斗争观点，为无产阶级政治服务，为广大工农兵服务，为社会主义建设服务。

3月26日至4月5日　全省工交、基建、农业、财贸社会主义建设先进集体和先进生产（工作）者代表大会在广州召开，有1100多名先进代表出席了大会。期间到会并讲话。

3月　到肇庆罗定，湛江的雷州、电白、阳江等五个县调研，重点考察林业情况。26日在电白县检查工作，赞扬电白县做到了生产好、水利好、绿化好、交通好、卫生好。

4月14日　致信省委和广州市委并转《南方日报》《羊城晚报》编辑部，认为《读者中来》《群众中来》（均为内部刊物）很能真正反映工作中和社会上我们所不能看到的一些严重问题。今后必须加强处理报刊读者来信的工作。他建议，省、市委作出几条规定，授权两报执行。

4月28日　向国家建议把茂名市建设成为化工基地。

5月至7月　按照党中央在农村开展社会主义教育运动和“四清”运动的指示，到花县炭步公社鸭二大队蹲点三个月。蹲点期间，深入农村访贫问苦，发动群众，与农民同吃同住同劳动，了解干部情况。蹲点结束后向党中央、毛泽东主席写了题为《关于社会主义教育运动与生产密切结合的问题》的专题报告。

7月5日至14日　出席省委召开的县委书记会议，在会上作了重要讲话。会议讨论当时农村形势、社会主义教育运动的意义和搞好运动等问题。

8月　到乐昌县检查工作，听取了省工作队在廊田开展社教试点的工作汇报。

9月3日　为某部六连题词，号召中南地区部队和人民都要学习六连的硬骨头精神。

10月10日至11月初　省委召开思想工作座谈会，着重研究当时文艺工作问题。参加座谈会的有162人。11月1日，出席会议并作了讲话，阐述了文艺如何更好地反映时代的问题。

11月18日　为解放军"五好战士"欧阳海题词，赞扬他的献身精神，号召大家向他学习。欧阳海11月18日勇敢推开铁路上的惊马，避免了一场火车出轨的重大事故而英勇献身。

12月6日　陪同周恩来和张治中参观黄埔军校旧址。

12月8日　与省长陈郁一起就向香港增供淡水石马河建设工程问题向周恩来作了汇报。

12月8日至9日　陪同周恩来接见全省现代剧目汇演的剧团负责人及主要演员，并观看演出。

12月24日　出席广东省、广州市人大代表及政协委员会议，作了国内外形势的讲话。

1964年

1月23日至31日　出席在广州召开的省农业先进单位、先进生产（工作）者会议，并发表《正确认识形势，确立大跃进思想》的讲话。

2月7日　陪同朱德在广东视察并谈话。

同日　出席广州部队四好连队、五好战士代表会议和广州部队举行的"欧阳海班"命名大会，号召学习欧阳海的共产主义精神。

2月16日　设宴招待抵达广州访问的新西兰共产党总书记威尔科克斯。正在广州的朱德、邓小平、董必武等出席宴会。18日，出席威尔科克斯应邀到省委党校作的关于国际共产主义运动重大原则问题的报告。

2月25日　陪同在穗的贺龙、徐向前、聂荣臻、叶剑英和罗瑞卿接见广州部队几个会议的代表。

2月　在从化主持召开市郊公社党委书记会议，决定郊区两县（从化、花县）同全省其他五个县（新会、清远、惠阳、廉江、潮安）一起试行联产承包责任制。

3月21日 在广州重型机械厂接见该厂的“五好集体”和“五好职工”代表。24日还在厂观看广东话剧团的演出，勉励演员要下乡下厂。

3月28日 参加广州市委召开的40个重点厂座谈会，倡议深入开展比学赶帮运动并发表讲话。

4月29日 出席广东省高等医学院校历届毕业生参加农村卫生工作积极分子座谈会，在会上谈加强农村卫生工作、保障人民健康、支援农业生产等问题，并号召医学院应届毕业生到农村去、到边远地区去。

4月 在广东省委三级干部会议上作《大兴调查研究之风》的报告。

7月9日至23日 出席并主持召开省委二届二次全体会议，作会议总结。

7月10日 给周恩来写信，建议从企业利润中提取5%给广州市作为市政建设维护费。还建议新建火车站和剧院。

7月14日 在广州地区高等院校5000多人参加的应届毕业生大会上发表讲话。

7月25日至30日 出席省人委召开的全省第三次烈属、军属、残废军人、复员退伍军人、老革命人员社会主义建设积极分子和优抚工作先进单位代表会议并接见了代表。会议表彰先进，总结经验，树立标兵，开展比学赶帮活动。

8月11日至17日 出席在广州召开的省下乡回乡知识青年代表会议并讲话，勉励知识青年坚决走革命化、劳动化的道路。

8月21日 观看广东话剧团演出《金沙洲》，赞扬该团下乡演出、深入生活。

8月 与陈郁、王首道等一起出席省工业部门在广州举行的产品质量工作会议，参观了会议举办的优良产品展览会。

9月至11月 带领中南局机关和广州市、花县的干部，农业科技人员，加上一批大学生，到花县花山公社新和大队蹲点三个月，坚持和农民“三同”（同吃、同住、同劳动），开展“四清”运动。

10月4日和8日 与越南党政代表团团长、越南广宁省书记阮寿真等就两省相互学习、相互支援等问题进行会谈。

12 月 陪同李富春到湛江市视察。

1965 年

1 月 4 日 任国务院副总理。

2 月 5 日 在中南局、广州军区和省市机关党员干部大会上作报告，结合广东“四清”情况，讲解中共中央制定的《农村社会主义教育运动中目前提出的一些问题》（简称“二十三条”）。

2 月 9 日 参加广州市委、市人委在越秀山体育场举行的广州 3 万多贫下中农代表誓师集会，掀起农业生产新高潮的大会。

2 月 10 日 参加广州市委、市人委在越秀山体育场召开的有 3 万多人参加的全市工交、文教、卫生、手工业、街道等各条战线的先进生产（工作）者代表大会。

2 月 12 日至 19 日 省委召开二届三次全体委员（扩大）会议，经中共中央批准，陶铸不再兼任省委第一书记。

3 月 12 日至 14 日 到韶关地区的连山、阳山、英德等县调研，了解开发山区、发展多种经营问题，对农业生产提出了“平整土地，提高排灌，发展畜牧，多种绿肥，大搞多种经营，大搞绿化造林”的二十八字方针。

5 月 8 日至 17 日 出席省委组织部召开的全省组织工作会议，作关于越南形势和备战动员报告。

5 月 15 日 出席省委统战部举行的民主人士座谈会，在会上就国内形势问题作了重要讲话。

5 月 22 日 在中南区农村幻灯放映与电影发行工作会议上作报告，提出要解决农民看电影难的问题。

5 月 27 日 接见花县新和大队共青团员和武装基干民兵，与他们座谈共青团和民兵的作用，号召共青团和基干民兵要带头维护集体利益、带头劳动、带头推广先进科学技术，“成为社会主义先进农村的突击队”。

5月28日至29日 陪同周恩来出席在白云山召开的有关第二次亚非会议的会谈。陈毅及印度尼西亚第一副总理兼外交部长苏班德里约出席了会谈。

6月5日 接见出席省贫下中农代表和农业先进单位代表会议的代表，并与他们合影。

6月7日 出席在广州举行的中南区3000人戏剧观摩会演，会演前发表讲话，指出要搞好会演，不但要剧本好，表演好，还要组织领导得好，招待好，要让广州成为一个有文化的城市。

6月8日 在其蹲点的花县花山公社接见该公社贫下中农代表，勉励代表们更好地发展集体经济，巩固社教运动成果，把花山公社办成先进公社。

6月13日至25日 出席广东省第一次贫农下中农代表和农业先进单位代表会议，在会上作了讲话。

6月22日 在中山纪念堂接见表演音乐舞蹈史诗《东方红》的省内1000多名文艺工作者。

6月24日 与陈郁等领导接见中山医学院为工人梁锦开实行断脚再植手术成功的有关医务人员，祝贺手术成功。

7月1日至8月15日 出席中南局在广州举行的中南区戏剧观摩演出大会，在闭幕式上作了题为《革命现代戏要迅速地全部地占领舞台》的报告。

7月16日 与周恩来、陈毅等在广州观看了由广东省1000多名专业和业余文艺工作者演出的音乐舞蹈史诗《东方红》，以及由著名粤剧演员红线女等演出的现代粤剧《山乡风云》，并接见了港澳第三批观摩中南区戏剧会演的代表。

7月20日 与中南局及省委领导人陈郁、区梦觉、雍文涛等接见参加广东省第一批农村巡回医疗队的全体队员和欢送第二批即将下乡的部分专家和高级医务人员，并发表讲话，指出：卫生工作面向农村，为农民服务，是一个方向问题，他要求把组织城市医务人员参加农村巡回医疗队形成制度。

夏 根据党中央指示，到清远县洲心公社百嘉大队向干部群众连续五天宣讲修改后的“双十条”文件。

8月6日至13日 出席在广州举行的广东省学生第三次代表会议，并作了指示。

8月15日 在中南区戏剧观摩演出大会上发表讲话，鼓励文艺工作者要更多地塑造社会主义英雄人物形象。

8月21日 到中山大学参加广州青年和日本青年的友好联欢活动。

8月23日至31日 出席在广州召开的共700多人参加的全省学习毛泽东主席著作积极分子经验交流会，接见代表并讲话。

8月 在广州接见广东省、广州市和中山医学院医疗队时发表讲话，指出医生、医学、卫生为农民服务，这是当前最迫切的。组织医疗队到农村去，帮助农民治病，了解农民生活，了解农民疾苦，这不仅是一项很重要的建设社会主义新农村的工作，对医生本人的锻炼和提高也大有帮助。

9月 与陈郁等省领导在中山纪念堂接见广东省工交财贸系统“五好”先进会议的代表。

10月23日 在佛山以副总理身份接见共青团中央举办的全国农村青年科学实验会议代表并与他们谈话。

11月7日 陪同周恩来、彭真到从化温泉探望在此治病疗养的越南领导人胡志明。

12月20日至27日 出席在广州召开的省三届人大三次会议。会议主要讨论社会主义教育运动问题。

1966年

1月11日 主持中南局第十次全体委员会议，讨论第三个五年建设计划问题。

1 月 25 日　作为中南局第一书记、广州军区政委，出席中南局在广州召开的学习毛主席著作报告会，在会上作了关于认真学习毛主席著作的报告。出席报告会的有中南局，广州部队，广东省委、省人委，广州市委、市人委和广州市各大专学校的负责人和党员干部共 5000 多人。

1 月 26 日　与《羊城晚报》负责人谈如何进一步办好晚报，强调要有鲜明的地方特色和风格。

1 月　视察三水高丰、南边公社农业生产和北江大堤，要求三水县委要特别重视水利，巩固北江大堤，保卫广州、佛山、南海、清远、花县、三水“两市四县”的安全。

3 月 12 日　出席中国人民解放军广州军区四级干部会议，在会上讲话，指出军队各级领导不要搞特殊化，要尽量地搞得群众化一点，平等一点，要有普通一兵的作风，才能更好地联系群众。

5 月 16 日　在中南区地委书记会议上作讲话。

5 月 19 日　出席在广州中山纪念堂召开的中南地区文化革命动员大会，在会上作了文化革命的动员报告。

6 月 1 日　离开广州北上北京。

后　记

陶铸同志是中国共产党的优秀党员、久经考验的忠诚的共产主义战士、杰出的无产阶级革命家、党和国家的卓越领导人。他一生为民族独立、人民解放和国家富强、人民幸福作出了重要贡献，建立了卓越功勋。为缅怀陶铸同志在广东的光辉业绩，学习和研究陶铸同志的生平和思想，发挥党史存史、资政和育人作用，中共广东省委党史研究室编写《陶铸在广东》一书。

《陶铸在广东》一书主要反映新中国成立后陶铸同志在广东十几载的工作情况。全书主要由图片、工作概述、文集摘录、回忆文章、大事记等组成。根据工作安排，编者依据广东省档案馆馆藏档案、《陶铸文集》等，重点搜集了陶铸在广东各种会议上的讲话、发言、报告和在报刊上发表的文章等 100 多篇，共 60 多万字。由于篇幅所限，只筛选了部分重要内容，并根据需要，摘录其中的全部或部分内容，共 27 万字左右；老同志部分回忆文章摘录自中共广东省委宣传部、中共广东省委党史研究室所编的《高山青松——陶铸诞辰 100 周年纪念文集》；工作概述由梁向阳、陈宪宇（调查研究、绿化造林、勇于担责部分）撰写；大事记由陈宪宇整理。

由于编者的理论水平及所查资料有限，本书编辑难免有疏漏和不足之处，敬请批评指正。

编　者

2023 年 9 月